Die
gesammten Materialien

zu den

das Bürgerliche Gesetzbuch und seine Nebengesetze betreffenden bayerischen Gesetzen und Verordnungen

nebst den

einschlägigen Ministerialerlassen

herausgegeben

von

Heinrich Becher.

III. Abtheilung.

Gesetz über das Liegenschaftsrecht in der Pfalz

vom 1. Juli 1898.

München, 1899.
J. Schweitzer Verlag.
(Arthur Sellier.)

Die

gesammten Materialien

zu dem Gesetze

über das

Liegenschaftsrecht in der Pfalz

vom 1. Juli 1898.

Herausgegeben

von

Heinrich Becher.

München, 1899.

J. Schweitzer Verlag.

(Arthur Sellier.)

Inhaltsverzeichniß.

Alphabetisches Sachregister.

B. = Begründung; A.V. = Verhandlungen der freien Kommission; St. = Stenographischer Bericht über die Verhandlungen der K. d. Abg.; B. = Bericht des Reichsrathes Dr. von Schmitt; A.R. = Verhandlungen des Ausschusses der K. d. Reichsräthe; St.R. = Stenographischer Bericht der Verhandlungen der K. d. Reichsräthe; V. = Verordnung vom 28. Aug. 1898; M.B. = Min.-Bek. vom 14. Sept. 1898. Die Zahlen bedeuten die Seiten.

III. Abtheilung.

Das Gesetz über das Liegenschaftsrecht in der Pfalz.

1.

Vorbemerkung.

Am 12. Mai 1898 legte das K. Staatsministerium der Justiz den Gesetzentwurf nebst Begründung der Kammer der Abgeordneten vor. (Beil. z. d. Verhandl. d. K. d. Abg. 1898 Bd. XVI Nr. 1054 S. 179, 180.) Auf Grund einer zwischen der K. Staatsregierung und den Landtagsabgeordneten der Pfalz getroffenen Vereinbarung wurde der Gesetzentwurf zunächst in einer freien Kommission berathen, welcher nur die Abgeordneten der Pfalz Brünings, Michel, Dr. Andreae, Dr. Deinhard, Diehl, Dr. Jäger, Kaub, Kuby, Leinenweber, Schloßstein und Wenz angehörten. (Beil. z. d. Verhandl. d. K. d. Abg. 1898 Bd. XVI Nr. 1080 S. 269 ff.) In der 445. Sitzung der Kammer der Abgeordneten vom 20. Mai 1898 wurde dieß der Kammer mitgetheilt und hier unter Umgangnahme von einer Verweisung des Gesetzentwurfs an einen ständigen oder besonderen Ausschuß beschlossen, den Gesetzentwurf sofort im Plenum zu verhandeln. Zur Berichterstattung hierfür wurde der Abgeordnete Kuby vorgeschlagen. (Stenogr. Ber. über die Verhandl. d. K. d. Abg. 1898 Bd. XII Nr. 445 S. 771, 772.)

Das Gesetz enthält im ersten Theile, anschließend an die Artikel 181 ff. des Einf.Ges. z. B.G.B., Uebergangsvorschriften, die solange gelten, als die hiervon betroffenen Rechtsverhältnisse bestehen, im zweiten Theile Vorschriften über die Anlegung des Grundbuchs, die solange Geltung haben, bis das Grundbuch in allen Bezirken der Pfalz als angelegt erklärt ist (Art. 186 des E.G. z. B.G.B.); **im dritten Theile werden einige Bestimmungen des pfälzischen Rechtes für immer aufgehoben.**

2.

Vorlage.

(Beilage Nr. 1054 z. d. Verhandl. d. K. d. Abg. 1898 Bd. XVI S. 179.)

Das S. 179.

Königliche Staatsministerium der Justiz

an das

Präsidium der Kammer der Abgeordneten.

Seine Königliche Hoheit Prinz Luitpold, des Königreichs Bayern Verweser, haben auf erstattetes Gutachten des Staatsraths allerhuldvollst zu genehmigen geruht, daß an den Landtag, und zwar zunächst an die Kammer der Abgeordneten, der

Entwurf eines Gesetzes über das Liegenschaftsrecht in der Pfalz

gebracht werde.

S. 179. Der ergebenst Unterzeichnete beehrt sich demgemäß, den Gesetzentwurf nebst Begründung dem sehr verehrlichen Präsidium der Kammer der Abgeordneten zu übersenden, und benützt mit Vergnügen auch diesen Anlaß zur Versicherung seiner ausgezeichnetsten Hochachtung.

München, den 12. Mai 1898.

Dr. Freiherr **von Leonrod.**

3.

Entwurf eines Gesetzes

über das Liegenschaftsrecht in der Pfalz.

(Beilage Nr. 1054 z. d. Verhandl. d. K. d. Abg. 1898 Bd. XVI S. 179 bis 182.)

Im Namen Seiner Majestät des Königs.

Seine Königliche Hoheit Prinz Luitpold, des Königreichs Bayern Verweser, haben nach Vernehmung des Staatsraths mit Beirath und Zustimmung der Kammer der Reichsräthe und der Kammer der Abgeordneten beschlossen und verordnen, was folgt.

I. Uebergangsvorschriften.

Artikel 1.

Vorzugsrechte und Hypotheken, die zu der Zeit, zu der das Grundbuch als angelegt anzusehen ist, in das Hypothekenbuch eingeschrieben sind, gelten von dieser Zeit an als Sicherungshypotheken.

Nicht eingeschriebene Vorzugsrechte und Hypotheken verwandeln sich in Ansprüche auf Bestellung einer Sicherungshypothek.

Artikel 2.

Kann eine Einschreibung, die bei dem Hypothekenamte vor der Zeit beantragt worden ist, zu welcher das Grundbuch als angelegt anzusehen ist, bis dahin nicht mehr erfolgen, so wird sie durch die Eintragung des Antrags in das Hinterlegungsregister des Hypothekenbewahrers ersetzt. Der Inhalt des Einschreibungsantrags gilt als Inhalt der Einschreibung.

Artikel 3.

Die gesetzliche Hypothek des Mündels besteht von dem Inkrafttreten des Bürgerlichen Gesetzbuchs an nur zur Sicherung solcher Ansprüche aus der Führung der Vormundschaft, die vor diesem Zeitpunkt entstanden sind.

Artikel 4.

Die gesetzliche Hypothek des Mündels wird von dem Inkrafttreten des Bürgerlichen Gesetzbuchs an auf Ersuchen des Vormundschaftsgerichts in das Hypothekenbuch eingeschrieben. Als erwählter Wohnsitz soll die Gerichtsschreiberei des ersuchenden Gerichts angegeben werden. Die Kosten der Einschreibung fallen dem Mündel zur Last.

Artikel 5. S. 180.

Für die Beschränkung oder Löschung der Einschreibung der Mündelhypothek gelten von dem Inkrafttreten des Bürgerlichen Gesetzbuchs an, solange das Amt des Vormunds dauert, die Vorschriften des § 1844 des Bürgerlichen Gesetzbuchs.

War der Vater oder die Mutter Vormund, so gelten während der Dauer der elterlichen Gewalt die Vorschriften des § 1671 und des § 1672 Abs. 1 des Bürgerlichen Gesetzbuchs; die Kosten fallen dem Kinde zur Last.

Artikel 6.

Liegen nach dem Ermessen des Vormundschaftsgerichts die Voraussetzungen vor, unter denen der Vormund, der Pfleger oder der Beistand zur Sicherheitsleistung angehalten werden kann, so ist das Gericht von dem Inkrafttreten des Bürgerlichen Gesetzbuchs an bis zu der Zeit, zu der das Grundbuch als angelegt anzusehen ist, befugt, eine Hypothek an Grundstücken des Vormunds, des Pflegers oder des Beistands zu bestellen. Der Vormund, der Pfleger oder der Beistand soll, soweit thunlich, vorher gehört werden. Die Hypothek entsteht mit dem Beschlusse des Gerichts. Der Beschluß muß bestimmen, für welchen Geldbetrag und an welchen Grundstücken die Hypothek bestellt wird. Die Vorschriften des Art. 4 finden Anwendung.

Artikel 7.

Die gesetzliche Hypothek der Ehefrau besteht von dem Inkrafttreten des Bürgerlichen Gesetzbuchs an nur zur Sicherung solcher Ansprüche, die vor diesem Zeitpunkte entstanden sind.

Artikel 8.

Ein zur Gütergemeinschaft gehörendes Grundstück ist von dem Inkrafttreten des Bürgerlichen Gesetzbuchs an der gesetzlichen Hypothek der Ehefrau in gleicher Weise unterworfen, wie die Grundstücke des Mannes, wenn die gesetzliche Hypothek in das Hypothekenbuch eingeschrieben ist. Die gesetzliche Hypothek kann jedoch nicht zum Nachtheile derjenigen Rechte geltend gemacht werden, welche während der Gütergemeinschaft vor diesem Zeitpunkte an dem Grundstück erworben worden sind. Ist die gesetzliche Hypothek nicht eingeschrieben, so erlischt sie.

Die gesetzliche Hypothek erstreckt sich nicht auf Grundstücke, die erst nach dem Inkrafttreten des Bürgerlichen Gesetzbuchs gütergemeinschaftlich werden.

Ein vor dem Inkrafttreten des Bürgerlichen Gesetzbuchs veräußertes gütergemeinschaftliches Grundstück wird von der gesetzlichen Hypothek frei.

Artikel 9.

Ist die Gütergemeinschaft zur Zeit des Inkrafttretens des Bürgerlichen Gesetzbuchs aufgehoben, so bleiben, unbeschadet der Vorschriften des Artikel 1, für die gesetzliche Hypothek der Ehefrau an den zur Gütergemeinschaft gehörenden Grundstücken die bisherigen Bestimmungen maßgebend.

Das Gleiche gilt, wenn zur Zeit des Inkrafttretens des Bürgerlichen Gesetzbuchs ein Gütertrennungsverfahren anhängig ist. Wird der Antrag auf Gütertrennung abgewiesen, so gilt das Verfahren als nicht anhängig geworden.

S. 180. Artikel 10.

Die gesetzliche Hypothek der Ehefrau erlischt, wenn sie nicht innerhalb eines Jahres nach der Auflösung der Ehe eingetragen wird. Das Gleiche gilt für den der Ehefrau nach Artikel 1 Abs. 2 zustehenden Anspruch.

Artikel 11.

Besteht zu der Zeit, zu der das Grundbuch als angelegt anzusehen ist, eine Subrogation in die gesetzliche Hypothek der Ehefrau mit Wirksamkeit gegen Dritte, so gilt zu Gunsten des Subrogirten die gesetzliche Hypothek von dieser Zeit an als Sicherungshypothek, auch wenn sie nicht in das Hypothekenbuch eingeschrieben ist.

Artikel 12.

Eine Urtheilshypothek, die zu der Zeit, zu der das Grundbuch als angelegt anzusehen ist, nicht in das Hypothekenbuch eingeschrieben ist, erlischt.

Artikel 13.

Auf Vorzugsrechte und Hypotheken an Nießbrauchsrechten finden die Vorschriften der Artikel 1, 2 mit der Maßgabe Anwendung, daß an die Stelle der Sicherungshypothek ein Pfandrecht an dem Nießbrauche tritt.

Artikel 14.

Ist ein Arrest in das unbewegliche Vermögen vor der Zeit vollzogen worden, zu der das Grundbuch als angelegt anzusehen ist, so gilt das Vorzugsrecht des Gläubigers von dieser Zeit an als eine Sicherungshypothek. Der nach § 803 der Civilprozeßordnung festgestellte Geldbetrag gilt als der Höchstbetrag der Forderung, für den das Grundstück haftet.

Artikel 15.

Für Verfügungsbeschränkungen, die zu der Zeit bestehen, zu der das Grundbuch als angelegt anzusehen ist, kann die Eintragung eines Widerspruchs gegen die Verfügungsbefugniß des Eigenthümers oder des sonstigen Berechtigten verlangt werden.

Artikel 16.

Das den Erbschaftsgläubigern und den Vermächtnißnehmern nach Artikel 2111 des pfälzischen Civilgesetzbuchs zustehende Vorzugsrecht an den zum Nachlasse gehörenden Grundstücken gilt, falls es zu der Zeit, zu der das Grundbuch als angelegt anzusehen ist, in das Hypothekenbuch eingeschrieben ist, von dieser Zeit an als Verfügungsbeschränkung des Inhalts, daß Rechte an den zum Nachlasse gehörenden Grundstücken zum Nachtheile der Erbschaftsgläubiger und Vermächtnißnehmer nicht erlangt werden können. Die konkursrechtlichen Wirkungen des Vorzugsrechts bleiben unberührt.

Ist das Vorzugsrecht zu dieser Zeit nicht eingeschrieben, so erlischt es.

Artikel 17.

Steht dem früheren Eigenthümer eines Grundstücks auf Grund eines Rechtsgeschäfts, durch welches das Grundstück veräußert worden ist, ein Recht zu, kraft dessen bei dem Eintritt eines bestimmten Umstands das Eigenthum

an dem Grundstücke mit rückwirkender Kraft an ihn zurückfällt, so verwandelt S. 180.
sich das Rückfallsrecht zu der Zeit, zu der das Grundbuch als angelegt anzusehen ist, in den Anspruch || auf Rückübertragung des Eigenthums und Befreiung des S. 181.
Grundstücks von den Lasten, die nach der Uebertragung des Eigenthums auf den Erwerber entstanden sind. Zugleich treten die mit der Eintragung einer Vormerkung zur Sicherung des Anspruchs verbundenen Wirkungen ein, bei dem im Artikel 2 des Gesetzes vom 26. April 1888 bezeichneten Auflösungsrechte jedoch nur, wenn das Auflösungsrecht gemäß Artikel 2 oder Artikel 40 des angeführten Gesetzes gewahrt ist.

Artikel 18.

Ist bei der Veräußerung eines Grundstücks vertragsmäßige Versteigerung bedungen worden, so finden die Vorschriften des Artikel 17 mit der Maßgabe Anwendung, daß die Uebertragung des Eigenthums auf den Ersteher zu erfolgen hat, dem das Grundstück bei der vertragsmäßigen Versteigerung zugeschlagen wird. Für die Versteigerung sind die Vorschriften des Artikel 202 Abs. 1, 4 bis 7 des Gesetzes vom 23. Februar 1879 zur Ausführung der Reichs-Civilprozeßordnung und Konkursordnung maßgebend.

Artikel 19.

Das zur Zeit des Inkrafttretens des Bürgerlichen Gesetzbuchs bestehende Sondereigenthum an einem selbständigen Bauwerke, das sich auf oder unter der Oberfläche eines fremden Grundstücks befindet, gilt von diesem Zeitpunkt an als Erbbaurecht im Sinne des Bürgerlichen Gesetzbuchs.

Das Sondereigenthum an einzelnen Räumen eines fremden Gebäudes gilt von dem Inkrafttreten des Bürgerlichen Gesetzbuchs an als das veräußerliche und vererbliche Recht an dem fremden Grundstück, auf diesem den Gebäudetheil zu haben. Die Vorschriften der §§ 1016, 1017 des Bürgerlichen Gesetzbuchs finden entsprechende Anwendung.

Artikel 20.

Das Stockwerkseigenthum nach Art. 664 des pfälzischen Civilgesetzbuchs gilt von dem Inkrafttreten des Bürgerlichen Gesetzbuchs an als Miteigenthum an dem Grundstücke mit der Maßgabe, daß jedem Miteigenthümer die ausschließliche und dauernde Benützung derjenigen Theile des Gebäudes zusteht, welche ihm zur Zeit des Inkrafttretens des Bürgerlichen Gesetzbuchs gehören, und daß der Aufwand für ihre Unterhaltung ihm zur Last fällt. Der Anspruch auf Aufhebung der Gemeinschaft ist ausgeschlossen.

Auf die Benutzungsrechte der Miteigenthümer findet die Vorschrift des § 1010 Abs. 1 des Bürgerlichen Gesetzbuchs entsprechende Anwendung.

Artikel 21.

Steht ein Grundstück, das bestimmten wirthschaftlichen Zwecken anderer Grundstücke dient, nach den bisherigen Vorschriften im Miteigenthum der jeweiligen Eigenthümer dieser Grundstücke, so gilt es von dem Inkrafttreten des Bürgerlichen Gesetzbuchs an als zu Gunsten des jeweiligen Eigenthümers eines jeden dieser Grundstücke mit einer Grunddienstbarkeit des Inhalts belastet, daß er es zu den bestimmten Zwecken benutzen darf.

S. 181. Artikel 22.

Die im Artikel 191 Abs. 2 des Einführungsgesetzes zum Bürgerlichen Gesetzbuche zum Schutze der Ausübung von Grunddienstbarkeiten gegebenen Vorschriften gelten von dem Inkrafttreten des Bürgerlichen Gesetzbuchs an, auch bevor das Grundbuch als angelegt anzusehen ist.

II. Vorschriften über die Anlegung des Grundbuchs.

Artikel 23.

Ist ein Grundstück mit einem Rechte belastet, das zur Erhaltung der Wirksamkeit gegenüber dem öffentlichen Glauben des Grundbuchs der Eintragung bedarf, so muß das Recht im Anlegungsverfahren bei dem Amtsgerichte zur Eintragung angemeldet werden, widrigenfalls es im Range hinter die angemeldeten Rechte zurücktritt.

Durch die Anmeldung wird die nach den bisherigen Gesetzen erforderliche Einschreibung in das Hypothekenbuch nicht ersetzt.

Artikel 24.

Ist ein Recht der im Artikel 23 bezeichneten Art vor dem Ablaufe der für die Anmeldung bestimmten Ausschlußfrist erworben worden, so muß es vor diesem Zeitpunkt angemeldet werden, widrigenfalls es im Range hinter die vor dem Ablaufe der Frist angemeldeten Rechte zurücktritt.

Ist das Recht in den letzten zehn Tagen vor dem Ablaufe der Frist erworben worden, so genügt die Anmeldung innerhalb zehn Tage nach dem Ablaufe der Frist.

Artikel 25.

Auf Rechte, die an einem der in den Artikeln 23, 24 bezeichneten Rechte bestehen, und auf Verfügungsbeschränkungen finden die Vorschriften dieser Artikel entsprechende Anwendung.

Artikel 26.

Ist ein Grundstück mit einem Rechte belastet, dessen Eintragung in das Grundbuch im Anlegungsverfahren verlangt werden kann, so ist der Eigenthümer verpflichtet, die Bewilligung zur Eintragung auf Verlangen des Berechtigten zu ertheilen.

Diese Vorschrift findet auf die Eintragung von Rechten an den im Abs. 1 bezeichneten Rechten entsprechende Anwendung.

Artikel 27.

Die Amtsgerichte, denen die Anlegung des Grundbuchs obliegt, sind zur Beurkundung von Erklärungen, Eintragungsbewilligungen und Verträgen zuständig, die durch die Anlegung des Grundbuchs veranlaßt werden. Der Beiziehung eines Gerichtsschreibers bedarf es nicht.

Diese Vorschriften gelten im Falle der Rechtshilfe auch für das ersuchte Gericht.

Artikel 28.

Mit den Vorbereitungsarbeiten für die Herstellung des Grundbuchs, insbesondere mit der Feststellung der an den Grundstücken bestehenden Rechte und

mit den im Artikel 27 Abs. 1 bezeichneten Beurkundungen kann das Staats- S. 181.
ministerium der Justiz geprüfte Rechtspraktikanten betrauen.

Die Vornahme eidlicher Vernehmungen und die Befugniß, eine Strafe zu verhängen, steht den Rechtspraktikanten nicht zu.

Artikel 29.

Die Notare haben im Anlegungsverfahren dem Amtsgericht auf Ersuchen die Urschriften ihrer Urkunden zu übersenden oder über deren Inhalt Auskunft zu geben. Im Falle der Uebersendung der Urschrift ist die Zurückbehaltung einer Abschrift nicht erforderlich.

Für die Erledigung eines nach Abs. 1 gestellten Ersuchens kann eine Ge- S. 182.
bühr nicht beansprucht werden.

Artikel 30.

Die Hypothekenbewahrer haben im Anlegungsverfahren dem Amtsgericht auf Ersuchen die von ihnen verwahrten Urkunden zu übersenden oder Auskunft über die in den Hypothekenregistern enthaltenen Einschreibungen zu geben.

Für die Erledigung eines nach Abs. 1 gestellten Ersuchen kann eine Gebühr nicht beansprucht werden.

Artikel 31.

Die Gemeindebehörden können zur Mitwirkung im Anlegungsverfahren herangezogen werden.

Finden Vernehmungstermine außerhalb des Gerichtssitzes statt, so hat die Gemeinde geeignete Räumlichkeiten zur Verfügung zu stellen, sowie für die Beheizung, Beleuchtung und Reinigung Sorge zu tragen. Ein Anspruch auf Ersatz der Aufwendungen steht der Gemeinde nicht zu.

Artikel 32.

Das Verfahren, in dem die Anlegung des Grundbuchs erfolgt, einschließlich der im Art. 27 Abs. 1 bezeichneten Beurkundungen ist gebührenfrei.

Die baaren Auslagen werden auf die Staatskasse übernommen.

III. Schlußbestimmung.

Artikel 33.

Mit dem Inkrafttreten des Bürgerlichen Gesetzbuchs treten außer Kraft:

1. der Artikel 170 des Gesetzes vom 23. Februar 1879 zur Ausführung der Reichs-Civilprozeßordnung und Konkursordnung,
2. die Artikel 5 bis 8, der Artikel 9 Satz 2, der Artikel 10 Abs. 1 Satz 4, Abs. 2 Satz 1, Abs. 3 und der Artikel 11 des Gesetzes vom 26. April 1888, die Abänderung von Bestimmungen des in der Pfalz geltenden Hypotheken- und Vormundschaftsrechts betreffend.

Gegeben . . . .

Für den Entwurf:

Dr. Freiherr von Leonrod.

4.

Begründung des Entwurfs.

(Beilage Nr. 1054 z. d. Verhandl. d. K. d. Abg. 1898 Bd. XVI S. 183 bis 199.)

S. 183. Das Liegenschaftsrecht des Bürgerlichen Gesetzbuchs beruht auf dem Grundbuchsysteme, setzt also zu seiner vollen Durchführung das Vorhandensein des Grundbuchs voraus. In denjenigen Rechtsgebieten, welche ein den Vorschriften des Bürgerlichen Gesetzbuchs entsprechendes Grundbuch nicht haben, wird das Liegenschaftsrecht des Bürgerlichen Gesetzbuchs in vollem Umfange nicht schon mit dem Inkrafttreten des Bürgerlichen Gesetzbuchs Geltung erlangen können, sondern erst dann, wenn dort das Grundbuch angelegt sein wird. Demgemäß schließt der Artikel 189 Abs. 1 des Einführungsgesetzes zum Bürgerlichen Gesetzbuche bis zu diesem Zeitpunkt alle Normen des Bürgerlichen Gesetzbuchs von der sofortigen Geltung aus, für deren Anwendbarkeit das Vorhandensein des Grundbuchs Voraussetzung ist, und läßt bis zu jenem Zeitpunkte die entsprechenden Bestimmungen des bisherigen Rechtes bestehen.

Dieses Verhältniß trifft insbesondere für die Pfalz zu, deren Liegenschaftsrecht auf dem Inskriptionssysteme des französischen Rechts beruht, somit auf ganz anderen Grundlagen aufgebaut ist, als das Liegenschaftsrecht des Bürgerlichen Gesetzbuchs. Wohl werden auch in der Pfalz für bestimmte Rechte an Grundstücken öffentliche Bücher geführt, allein diese Bücher haben im Wesentlichen nur die Aufgabe, die bestehenden hypothekarischen Rechte aufzunehmen, um sie gegen Dritte wirksam zu machen. Das Eigenthum an Grundstücken und die dinglichen Belastungen außer den Hypotheken werden überhaupt nicht eingetragen. Die pfälzischen Inskriptionsregister können nach ihrer ganzen Einrichtung nicht in Grundbücher umgewandelt werden, es besteht vielmehr die Nothwendigkeit, in der Pfalz die Grundbücher neu zu schaffen, wobei die vorhandenen Register nur in sehr beschränkter Weise als Hilfsmittel herangezogen werden können. Alle Rechte an Liegenschaften, welche nach den künftigen Vorschriften zur Erhaltung ihre Wirksamkeit gegenüber dem öffentlichen Glauben des Grundbuchs der Eintragung bedürfen, müssen in einem dazu bestimmten Verfahren ermittelt, festgestellt und in das Grundbuch eingetragen werden, und zwar zum Theil von Amtswegen, zum Theil auf Antrag der Berechtigten. Bis zur Herstellung des Grundbuchs werden die Normen des bisherigen Liegenschaftsrechts in den durch den Artikel 189 Abs. 1 des Einführungsgesetzes zum Bürgerlichen Gesetzbuche gezogenen Grenzen in Geltung bleiben, und da die Anlegung des Grundbuchs gemeindeweise erfolgt, so ist es unvermeidlich, daß längere Zeit hindurch zwei ganz verschiedene Systeme des Liegenschaftsrechts in der Pfalz neben einander in Kraft stehen. Um die hieraus für den Liegenschaftsverkehr entstehenden Störungen auf das geringste Maß zu beschränken, ist es geboten, die Arbeiten für die Anlegung des Grundbuchs thunlichst zu beschleunigen und so rasch als möglich durchzuführen. Mit Rücksicht hierauf sollen die Anlegungsarbeiten in der Pfalz schon vor dem Inkrafttreten des Bürgerlichen Gesetzbuchs beginnen. Das Grundbuch wird aber in den Gemeinden, in denen die Anlegungsarbeiten etwa vor dem Inkrafttreten des Bürgerlichen Gesetzbuchs zu Ende geführt sein sollten, selbstverständlich erst in diesem Zeitpunkte für angelegt erklärt werden können.

Um den Beginn der Anlegungsarbeiten zu ermöglichen, müssen die Grundlagen des Anlegungsverfahrens, soweit dieses nicht durch landesherrliche Ver-

ordnung geregelt werden kann, im Wege der Gesetzgebung festgestellt werden, S. 183.
und zwar darf, wenn die Bestimmungen rechtzeitig in Kraft treten sollen, die gesetzliche Regelung nicht bis zur Erlassung des in Aussicht genommenen Ausführungsgesetzes zum Bürgerlichen Gesetzbuche verschoben, sondern sie muß sofort vorgenommen werden. Es ist daher die Erlassung eines besonderen Gesetzes geboten.

Mit der Anlegung des Grundbuchs hängt ein Anderes zusammen:

Die bestehenden Rechte an Grundstücken werden nach Form und Inhalt nicht in ihrem heutigen Bestande, sondern nur so in das Grundbuch eingetragen, wie sie sich nach der Einführung des Grundbuchrechts gestalten werden; denn der heutige Inhalt vieler Rechte ist mit den künftigen Normen nicht vereinbar. Sie müssen deßhalb im Einzelnen umgestaltet werden.

Die Umgestaltungen treten in dem Zeitpunkt in Wirksamkeit, in dem das Grundbuch als angelegt anzusehen ist; die Rechte müssen aber schon bei der Anlegung des Grundbuchs in der Gestalt eingetragen werden, die sie künftig haben sollen. Deßhalb müssen die erforderlichen Umgestaltungen schon jetzt gesetzlich festgestellt werden. Des Zusammenhangs wegen empfiehlt es sich, damit auch die anderen Uebergangsvorschriften zu verbinden, die in Ansehung des Liegenschaftsrechts in der Pfalz sich als geboten erweisen und die an sich in dem in Aussicht genommenen Ausführungsgesetze zum Bürgerlichen Gesetzbuch ihre Stelle finden könnten. Demgemäß vereinigt der Gesetzentwurf alle Ueberleitungsvorschriften, die für die Pfalz in Ansehung des Liegenschaftsrechts in Folge der Einführung des Bürgerlichen Gesetzbuchs nothwendig werden.

Hienach zerfällt der Entwurf, abgesehen von der Schlußbestimmung, in zwei Theile, von denen der eine die mit der Anlegung des Grundbuchs unmittelbar in Verbindung stehenden Bestimmungen enthält, während der andere die Uebergangsvorschriften für das pfälzische Liegenschaftsrecht zusammenfaßt. Da diese Vorschriften im Wesentlichen materiellrechtlicher Natur sind, werden sie im Entwurfe vorangestellt.

Bei der Lösung seiner Aufgabe sieht sich der Entwurf nach zweifacher Richtung Schranken gezogen: Einerseits wird das Verfahren, in welchem die Anlegung des Grundbuchs erfolgt, nach Artikel 186 Abs. 1 des Einführungsgesetzes zum Bürgerlichen Gesetzbuche durch landesherrliche Verordnung bestimmt; der Weg der Gesetzgebung ist deßhalb nur insoweit zu beschreiten, als es sich um Vorschriften handelt, die nicht durch Verordnung getroffen werden können. Anderseits ist die Ueberleitung der bestehenden Rechte an Grundstücken im Allgemeinen bereis im Einführungsgesetze zum Bürgerlichen Gesetzbuche durchgeführt; die Landesgesetzgebung kann also weitere Ueberleitungsvorschriften nur innerhalb des ihr nach diesem Gesetz eingeräumten Spielraums treffen. Aus dieser doppelten Beschränkung ergibt sich, daß der Entwurf nothwendiger Weise ein bruchstückartiges Gepräge hat und daß es, um ihn vollständig beurtheilen zu können, erforderlich ist, zum ersten Abschnitte die einschlägigen Vorschriften des Einführungsgesetzes zum Bürgerlichen Gesetzbuche heranzuziehen, zum zweiten aber den Gang des Anlegungsverfahrens zu Grunde zu legen, wie er sich nach der zu erlassenden Königlichen Verordnung gestalten wird.

Zu dem Inhalte der beiden Abschnitte ist im Allgemeinen noch Folgendes zu bemerken:

I.

Das Einführungsgesetz zum Bürgerlichen Gesetzbuche geht von dem Gedanken aus, daß die unter der Herrschaft || der bisherigen Gesetze begründeten S. 184.

S. 184. Rechte mit ihrem bisherigen Inhalte bestehen bleiben. In Ansehung der dinglichen Rechte erfährt dieser Satz eine gewisse Einschränkung. Da die dinglichen Rechte ihrem Inhalte nach zumeist auf die Dauer berechnet sind, so sieht sich der Gesetzgeber, wenn er nicht das Nebeneinanderbestehen gleichbenannter Rechte mit verschiedenem Inhalt auf Jahrzehnte hinaus gestatten will, genöthigt, in ihren Bestand tiefer einzugreifen, als dieß etwa bei den ihrem Wesen nach nur vorübergehenden Forderungsrechten geboten erscheint. Auf dem gleichen Standpunkte steht der Entwurf. Er kann sich des Eingriffs in bestehende Rechte nicht enthalten, läßt sich aber bei seinen Vorschriften stets von dem Gedanken leiten, daß an dem Inhalte bestehender Rechte so wenig als möglich geändert werden soll.

Die Aufgabe der Landesgesetzgebung ist nicht den sämmtlichen dinglichen Rechten gegenüber die gleiche, weil das Einführungsgesetz sie in seinen Ueberleitungsvorschriften nicht gleichmäßig behandelt. Wo diese die Bestimmungen des Bürgerlichen Gesetzbuchs für sofort anwendbar erklären, ist für die Landesgesetzgebung überhaupt kein Raum; nur wo das Einführungsgesetz das bisherige Recht bestehen läßt oder wo es der Landesgesetzgebung ausdrücklich die Befugniß selbständiger Regelung beilegt, ist diese in der Lage, einzugreifen.

Hienach bestimmt sich die Stellung des Entwurfs zu den einzelnen dinglichen Rechten in folgender Weise:

1. Eigenthum.

Nach Artikel 181 Abs. 1 des Einführungsgesetzes finden auf das bei dem Inkrafttreten des Bürgerlichen Gesetzbuchs bestehende Eigenthum von dieser Zeit an die Vorschriften des Bürgerlichen Gesetzbuchs Anwendung. Dieser Satz erleidet in Ansehung des Eigenthums an Grundstücken eine Einschränkung durch den Artikel 189 Abs. 1, wonach der Erwerb und der Verlust des Eigenthums bis zur Anlegung des Grundbuchs nach den bisherigen Gesetzen erfolgen. Daran hält auch der Entwurf fest. Landesgesetzliche Uebergangsvorschriften sind daher nur hinsichtlich des widerruflichen Eigenthums, hinsichtlich des Sondereigenthums an Bauwerken oder Gebäudetheilen auf fremden Grundstücken sowie des Stockwerkseigenthums und hinsichtlich der sogenannten nothwendigen Gemeinschaft geboten. Sie finden sich in den Artikeln 17—21 des Entwurfs.

2. Dienstbarkeiten.

Was zunächst den Nießbrauch betrifft, so sind nach Artikel 184 des Einführungsgesetzes für den Inhalt und den Rang eines bei dem Inkrafttreten des Bürgerlichen Gesetzbuchs bestehenden Nießbrauchsrechts auch nach dieser Zeit die bisherigen Gesetze maßgebend.

Da der Inhalt, den das Bürgerliche Gesetzbuch dem Nießbrauche beilegt, in einigen Punkten von demjenigen abweicht, der ihm nach den bisherigen Gesetzen zukommt, so ist es nicht zu vermeiden, daß künftig ein Unterschied bestehen wird, je nachdem der Nießbrauch vor oder nach dem Inkraftreten des Liegenschaftsrechts des Bürgerlichen Gesetzbuchs entstanden ist. Allein hieraus werden nennenswerthe Schwierigkeiten nicht erwachsen, weil, soweit es sich nicht um die elterliche oder um die eheliche Nutznießung handelt, der Nießbrauch im Verkehre nur geringe Bedeutung hat. Gerade für die genannten Fälle aber wird die Vorschrift des Artikel 184 nicht in Geltung treten. Die bestehende elterliche Nutznießung unterwirft der Artikel 203 des Einführungsgesetzes sofort mit dem Inkrafttreten des Bügerlichen Gesetzbuchs dessen Vorschriften, und hinsichtlich der Nutznießung des Ehemanns ist in dem Ausführungsgesetze zum Bürgerlichen Gesetzbuche eine Regelung in Aussicht genommen, nach der auf sie die Vorschriften des Bürgerlichen Gesetzbuchs über das eheliche Güterrecht Anwendung finden. S. 184.

Den bestehenden Nießbrauchsrechten wird die Uebertragbarkeit, soweit sie ihnen nach den bisherigen Gesetzen zukommt, gewahrt werden, während sie das Bürgerliche Gesetzbuch für die künftig zur Entstehung kommenden Nießbrauchsrechte ausschließt. Daß von der Zeit an, zu der das Grundbuch als angelegt anzusehen ist, die Uebertragung nur nach Maßgabe der §§ 873 ff. des Bürgerlichen Gesetzbuchs stattfinden kann, bedarf der Hervorhebung nicht. Aber mit Rücksicht darauf, daß nach den bisherigen Gesetzen der Nießbrauch an Grundstücken als ein zu den Liegenschaften gehörendes Recht betrachtet wird, während er nach dem Bürgerlichen Gesetzbuche nicht zu den Rechten gehört, für welche die sich auf die Grundstücke beziehenden Vorschriften gelten, ist eine Bestimmung geboten, welche die an einem Nießbrauchsrechte bestehenden Hypotheken dem künftigen Rechte anpaßt. Das Nähere ergibt sich aus dem Artikel 13 und der Begründung zu diesem.

Für die übrigen persönlichen Dienstbarkeiten des pfälzischen Rechts soll es bei den Vorschriften des Artikel 184 des Einführungsgesetzes sein Bewenden haben. Nach der Anlegung des Grundbuchs bedürfen sie wie das Nießbrauchsrecht zur Erhaltung der Wirksamkeit gegenüber dem öffentlichen Glauben des Grundbuchs der Eintragung.

Bei den bestehenden Grunddienstbarkeiten liegt das Verhältniß anders. Sie sind durch den Artikel 187 Abs. 1 des Einführungsgesetzes von dem Eintragungszwange befreit. Zwar kann die Landesgesetzgebung sie nach Maßgabe des Artikel 187 Abs. 2 dem Eintragungszwang unterwerfen, allein die Entscheidung darüber, ob und in welchem Umfange von dieser Befugniß Gebrauch gemacht werden soll, muß einer späteren Zeit vorbehalten werden. Daraus folgt unter Anderem, daß für die Aufhebung der bestehenden Dienstbarkeiten auch nach der Herstellung des Grundbuchs die bisherigen Vorschriften in Kraft bleiben (Art. 189 Abs. 3 des E.-G.).

Nach Artikel 184 bleiben auch in Ansehung des Ranges und des Inhalts die bisherigen Gesetze mit der Einschränkung maßgebend, daß die Vorschriften der §§ 1020 bis 1028 des Bürgerlichen Gesetzbuchs auf die bestehenden Dienstbarkeiten Anwendung finden.

Nur in einem Punkte erscheint das Eingreifen der Landesgesetzgebung in Ansehung der Grunddienstbarkeiten geboten. Die Vorschrift findet sich im Artikel 22, auf dessen Begründung verwiesen wird.

3. Superfizies.

Die Superfizies im Sinne einer dinglichen Belastung des fremden Grundstücks ist dem pfälzischen Rechte fremd; dieses kennt sie nur in der Gestalt des superfiziarischen Eigenthums. Darüber ist im Artikel 19 das Erforderliche bestimmt.

4. Emphyteuse.

Die Frage, ob die Begründung von Erbpachtverhältnissen oder von sonstigen emphyteutischen Rechten nach dem heutigen Stande der pfälzischen Gesetzgebung zulässig ist, war bisher nicht unbestritten. Ihre Beantwortung hängt davon ab, || ob dem Artikel 1 des Gesetzes vom 18./29. Dezember 1790 S. 185.

S. 185. über die Ablösung der Grundrenten neben dem pfälzischen Civilgesetzbuche noch Geltung zukommt oder nicht. Für die Zukunft wird diese Streitfrage gegenstandslos werden, da beabsichtigt ist, in dem Ausführungsgesetze zum Bürgerlichen Gesetzbuche das Gesetz vom 18./29. Dezember 1790 aufzuheben. Von dem Vorbehalte des Artikel 63 des Einführungsgesetzes soll für die Pfalz kein Gebrauch gemacht werden.

Sollten in der Pfalz auf Grund des Gesetzes vom 18./29. Dezember 1790 Erbpachtverhältnisse oder sonstige emphyteutische Rechte an Grundstücken bestehen, so würden auf sie die bisherigen Gesetze fortdauernd Anwendung zu finden haben mit der Maßgabe, daß sie nach der Anlegung des Grundbuchs als Rechte, die den Grundstücken gleichgeachtet sind (§ 1017 des B. G.-B.), zu gelten hätten. Für die Landesgesetzgebung aber besteht kein Anlaß zu weiteren Maßnahmen.

5. Pfandrechte.

Die bestehenden Pfandrechte werden von dem künftigen Recht in besonders eingreifender Weise beeinflußt. Hier erscheint eine Reihe von Ueberleitungsvorschriften geboten, um den dermaligen Rechtszustand den künftigen Gesetzen anzupassen; sie bilden den umfangreichsten und wichtigsten Theil des ersten Abschnitts und sind daher an die Spitze gestellt.

An die Bestimmungen über Pfandrechte schließen sich die Ueberleitungsbestimmungen in Ansehung des Arrests und der Verfügungsbeschränkungen wegen des inneren Zusammenhangs unmittelbar an.

6. Reallasten.

Diese Belastungen sind nach den Vorschriften des pfälzischen Rechts unzulässig, und nach Artikel 115 des Einführungsgesetzes kann das Verbot aufrecht erhalten werden. Die Frage, ob und in welchem Umfange Reallasten in der Pfalz einzuführen seien, wird in dem Ausführungsgesetz ihre Lösung finden.

7. Vorkaufsrechte.

Vorkaufsrechte mit dinglicher Wirkung sind dem pfälzischen Rechte fremd.

II.

Es ist bereits in der Einleituug bemerkt, daß die im zweiten Abschnitt enthaltenen Vorschriften ihre Ergänzung in einer Königlichen Verordnung finden werden, durch die das Verfahren bei der Anlegung des Grundbuchs zu regeln sein wird. Es ist daher geboten, hier den Gang des Anlegungsverfahrens, wie es sich nach der zu erwartenden Königlichen Verordnung gestalten wird, zu schildern:

Die Anlegung des Grundbuchs erfolgt gemeindeweise durch die Amtsgerichte. Das Staatsministerium der Justiz bestimmt die Gemeinden, für die die Anlegung geschehen soll, sowie die Beamten des Amtsgerichts, denen die Anlegungsarbeiten obliegen.

Nachdem von dem Amtsgerichte die Vorbereitungsarbeiten erledigt sind, wird eine Bekanntmachung ergehen, in der der Beginn der Anlegung zur öffentlichen Kenntniß gebracht wird. Alsdann wird in das Ermittelungsverfahren eingetreten. Es muß nämlich der Eintragung in das Grundbuch ein Verfahren vorangehen, in dem die an den Grundstücken bestehenden Rechte im Einzelnen festgestellt werden: diese Feststellung ist nothwendig, weil den Eintragungen im Grundbuch öffentlicher Glaube zukommen wird (§§ 891, 892 des B. G.-B.) und demnach die Rechte nur dann eingetragen werden dürfen, wenn anzunehmen ist, daß sie wirklich bestehen. S. 185.

Von den Rechten an Grundstücken kommt in erster Linie das Eigenthum in Betracht. Da die Anlegung des Grundbuchs von Amtswegen zu erfolgen hat, ohne Eintragung des Eigenthums aber die Anlegung des Grundbuchs nicht möglich ist, so erfolgt die Eintragung des Eigenthums von Amtswegen. Um die Eigenthümer der im Gemeindebezirke liegenden Grundstücke in das Grundbuch eintragen zu können, muß das Amtsgericht Anhaltspunkte dafür haben, welchen Personen Grundeigenthum im Gemeindebezirke zusteht. Als Grundlage bei der Feststellung der Eigenthumsverhältnisse bietet sich zunächst das Grundsteuerkataster dar. Dieses ist aber in Anlage und Fortführung nicht so verlässig, daß es ohne Weiteres für die Eintragungen in das Grundbuch maßgebend sein könnte. Es ist daher ausgeschlossen, daß Jemand, der im Grundsteuerkataster als Besitzer eines Grundstücks bezeichnet ist, hiewegen allein schon als Eigenthümer dieses Grundstücks in das Grundbuch eingetragen werden könnte. Dazu muß vielmehr noch kommen, daß er sein Eigenthum dem anlegenden Beamten glaubhaft macht. Immerhin kann das Kataster insoweit herangezogen werden, daß die darin als Besitzer bezeichneten Personen vorgeladen werden, um über die Rechtsverhältnisse des ihnen zugeschriebenen Grundstücks vernommen zu werden. Zu diesem Zwecke stellt das Amtsgericht auf Grund eines von dem Rentamt anzufertigenden Flurbuchs eine Liste derjenigen Personen auf, die als Besitzer der im Gemeindebezirke liegenden Grundstücke im Kataster verzeichnet sind, und lädt nach dieser Liste die Besitzer zur Vernehmung vor. Jeder Vorgeladene hat dem Amtsgerichte über die Rechtsverhältnisse des Grundstücks, das ihm im Kataster zugeschrieben ist, Auskunft zu ertheilen, sowie seine Erwerbstitel und sonstigen behelflichen Urkunden vorzulegen. Im Vernehmungstermine wird ermittelt, ob die im Kataster auf den Namen des Vorgeladenen eingetragenen Grundstücke dessen Eigenthum sind. Ein voller Nachweis des Eigenthums wird nicht verlangt, sondern es genügt, wenn der Vorgeladene sein Eigenthum glaubhaft macht. Die Glaubhaftmachung kann auf verschiedene Weise erfolgen. Die einfachste Art ist die, daß der Vorgeladene sich durch seine Erwerbsurkunden als Eigenthümer ausweist. Da in der Pfalz seit dem 1. Oktober 1879 der Zwang zur notariellen Verbriefung herrscht und für die Zeit vorher, soweit keine notariellen Urkunden errichtet wurden, doch bei vertragsmäßigem Eigenthumsübergange zumeist Privaturkunden aufgenommen zu werden pflegten, die in Folge der Registrirung ein sicheres Datum erhielten, wird die Vorlegung von Erwerbsurkunden keinen allzu großen Schwierigkeiten begegnen. Wo aber Erwerbsurkunden nicht zu erbringen sind, kann das Zeugniß von Nachbarn oder sonst mit den Verhältnissen vertrauten Personen über den Besitz und dessen Dauer zur Glaubhaftmachung genügen. Auch eine bürgermeisteramtliche Eigenthumsbescheinigung soll von dem Vorgeladenen erholt werden können (vergl. unten Art. 31 Abs. 1 und Begründung). Neben denjenigen Personen, welche auf Grund der Bezeichnungen im Kataster vorgeladen werden, kann Jedermann, der das Eigenthum an einem Grundstücke glaubt in Anspruch nehmen zu können, seinen Anspruch bei dem Amtsgerichte zur Anmeldung bringen. Das Gericht hat solche Anmeldungen durch Vernehmung der Betheiligten und in sonstiger Weise klarzustellen, wie es überhaupt von Amtswegen mitzuwirken hat, um die Eigenthumsverhältnisse an den Grundstücken zu ermitteln.

S. 186. Neben der Eintragung des Eigenthums werden sich die Anlegungsarbeiten auf die Eintragung derjenigen an den Grundstücken bestehenden Rechte zu erstrecken haben, welche künftig dem Buchungszwang unterliegen. In Betracht kommen hauptsächlich die Dienstbarkeiten und die Hypotheken. Die bestehenden Grunddienstbarkeiten bedürfen zwar zur Erhaltung der Wirksamkeit gegenüber dem öffentlichen Glauben des Grundbuchs der Eintragung nicht, sollen aber auf Antrag ebenso eingetragen werden, wie die buchungspflichtigen Rechte. Im Gegensatze zu der Eintragung des Eigenthums erfolgt die Eintragung der sonstigen Rechte an den Grundstücken nicht von Amtswegen, weil es für die Anlegung des Grundbuchs genügt, wenn das Eigenthum eingetragen ist. Die Eintragung dieser Rechte wird daher von der Anmeldung bei dem anlegenden Gericht abhängig gemacht. Nicht angemeldete Rechte erlöschen indessen nicht, sondern sie können noch später, nachdem das Grundbuch angelegt ist, eingetragen werden; sie sollen aber, soweit sie buchungspflichtig sind, im Range hinter die im Anlegungsverfahren angemeldeten Rechte zurücktreten und müssen bis zur Eintragung den öffentlichen Glauben des Grundbuchs gegen sich gelten lassen. Außerdem erleidet, wer die Anmeldung im Anlegungsverfahren versäumt, den Nachtheil, daß die spätere Eintragung nicht mehr kostenlos vorgenommen wird, während die im Anlegungsverfahren erfolgenden Eintragungen gebührenfrei sein sollen. Die Anmeldung des Rechts kann sowohl von dem Inhaber des Rechts als von dem Eigenthümer des belasteten Grundstücks ausgehen. Aber die Anmeldung als Berechtigten allein genügt nicht, vielmehr wird außerdem verlangt, daß der Eigenthümer des belasteten Grundstücks die Bewilligung zur Eintragung ertheilt oder daß, wenn die Einwilligung verweigert wird, der Berechtigte das Bestehen seines Rechts nachweist, und zwar wird hier nicht, wie für die Eintragung des Eigenthums, nur die Glaubhaftmachung, sondern der vollständige Beweis des Rechts und seines Ranges zu verlangen sein. Wohl werden die Inhaber der einzutragenden Rechte hiedurch in die Nothwendigkeit versetzt, ihre Rechte erst nachzuweisen, allein vor dem bösen Willen und der Chikane der Eigenthümer der belasteten Grundstücke können sie dadurch geschützt werden, daß den Eigenthümern die Verpflichtung auferlegt wird, für bestehende Rechte die Eintragungsbewilligung zu ertheilen, und daß die Berechtigten ihr Recht, wenn sie es zwar nicht nachzuweisen vermögen, aber es wenigstens glaubhaft machen, durch Eintragung eines Widerspruchs (§ 894 des B. G.-B.) wahren können. Bei denjenigen Rechten, welche nach den bisherigen Gesetzen nicht in das Hypothekenbuch eingeschrieben zu werden brauchen, insbesondere bei Dienstbarkeiten, wird der Nachweis in der Regel durch die Vorlegung der Erwerbsurkunde erbracht werden können; Grunddienstbarkeiten, für die keine Titel bestehen, werden voraussichtlich selten zur Eintragung angemeldet werden. Bei Hypotheken aber genügt die Vorlegung der Bestellungsurkunde nicht, weil diese den Rang nicht ersehen läßt; hier ist noch der Nachweis der erfolgten Einschreibung zu erbringen. Da die pfälzischen Hypothekenbücher weder nach Gemeindebezirken ausgeschieden, noch nach Realfolien angelegt sind, so wäre dieser Nachweis auf Grund der Bücher allein nur auf umständlichem und kostspieligem Wege zu erbringen. Um das Anlegungsverfahren nicht zu verschleppen und um den Betheiligten Kosten zu ersparen, ist daher durch die Königliche Verordnung vom 4. Juni 1897 (Ges.- u. Verordn.-Bl. S. 213) die Anfertigung von Hypothekenlisten angeordnet worden, welche dazu dienen, dem Amtsrichter den Nachweis darüber zu verschaffen, welche einzelnen Einschreibungen bezüglich der Grundstücke des Gemeindebezirks sich im Hypothekenbuche finden. An der Hand dieser Hypothekenlisten und der auf Grund der Listen ihm vom Hypothekenbewahrer zugestellten Einschreibungsvermerke wird der Richter bei der Vernehmung der Betheiligten die auf den Grundstücken lastenden Hypotheken ohne Schwierigkeiten feststellen können. S. 186.

Wenn die Vernehmungen über das Eigenthum und die Belastungen der Grundstücke zu Ende geführt sind, wird eine öffentliche Bekanntmachung zu erlassen sein, in der alle Personen, die Rechte an Grundstücken des Gemeindebezirks glauben geltend machen zu können, aufgefordert werden, diese Ansprüche innerhalb einer Ausschlußfrist von mehreren Monaten bei dem Amtsgerichte anzumelden. Die während der Ausschlußfrist zur Anmeldung kommenden Rechte werden ebenso behandelt wie die früher angemeldeten. Nach dem Ablaufe der Ausschlußfrist und nach der Erledigung der innerhalb der Frist noch eingelaufenen Anmeldungen erfolgt die Eintragung der festgestellten Rechte in das Grundbuch. Sind die Eintragungen gemacht, so wird durch öffentliche Bekanntmachung das Grundbuch in der Gemeinde für angelegt erklärt.

So, wie es hier in großen Zügen geschildert wurde, soll sich das Verfahren bei der Anlegung des Grundbuchs gestalten. Es ist aber, wie schon hervorgehoben wurde, geboten, noch einige Bestimmungen zu treffen, die zwar zur Förderung des Anlegungsverfahrens dienen und insofern mit diesem zusammenhängen, über die durch den Artikel 186 Abs. 1 des Einführungsgesetzes der landesherrlichen Verordnung eingeräumten Befugnisse aber hinausgreifen, weßhalb eine Regelung im Wege der Gesetzgebung nothwendig erscheint. Diese Bestimmungen bilden den Gegenstand des zweiten Abschnitts.

Zu den einzelnen Artikeln des Entwurfs ist Folgendes zu bemerken:

I. Uebergangsbestimmungen.

Die Artikel 1 bis 16 behandeln die Umgestaltung, die das bestehende Pfandrecht an Grundstücken und die damit zusammenhängenden Rechte erfahren.

Der Artikel 1 enthält die allgemeinen Vorschriften über die Umgestaltung der Vorzugsrechte und Hypotheken. Der Artikel 2 gibt eine Ueberleitungsvorschrift in Ansehung der Einschreibung. Die Artikel 3 bis 6 behandeln die gesetzliche Hypothek des Mündels, die Artikel 7 bis 11 die gesetzliche Hypothek der Ehefrau, der Artikel 12 die Urtheilshypothek und der Artikel 13 die Hypothek an einem Nießbrauchsrechte, während sich der Artikel 14 auf das Vorzugsrecht des Arrestgläubigers, die Artikel 15 und 16 auf die Verfügungsbeschränkungen beziehen.

Artikel 1.

Nach Artikel 192 des Einführungsgesetzes zum Bürgerlichen Gesetzbuche verwandeln sich die Pfandrechte, die zu der Zeit, zu der das Grundbuch als angelegt anzusehen ist, an einem Grundstücke bestehen, in Buchhypotheken; ist jedoch der Betrag der Forderung, für welche das Pfandrecht besteht, nicht bestimmt, so gilt das Pfandrecht als Sicherungshypothek. Im Artikel 193 ist der Landesgesetzgebung die Befugniß eingeräumt, auch diejenigen Pfandrechte, bei denen der Betrag der Forderung bestimmt ist, in Sicherungshypotheken zu verwandeln.

Von dieser Befugniß macht der Artikel 1 Abs. 1 für die Pfalz Gebrauch. S. 187.
Die dermalen bestehenden Pfandrechte des pfälzischen Rechts stehen ihrem Wesen nach der Sicherungshypothek des Bürgerlichen Gesetzbuchs gleich; denn das dingliche Recht des Gläubigers bestimmt sich ausschließlich nach der Forderung,

S. 187. für welche die Hypothek eingeschrieben ist, und die Einschreibung in das Hypothekenbuch begründet keine Vermuthung für das Bestehen der Forderung. Wollte die Gesetzgebung davon abweichend den bestehenden Hypotheken den Charakter von Verkehrshypotheken, wenn auch nur als Buchhypotheken, beilegen, so würde sie in den meisten Fällen über den vermuthlichen Willen der Betheiligten hinausgehen und insbesondere den Schuldner gewissen Fährlichkeiten aussetzen, mit denen er bei dem Abschlusse des Hypothekenbestellungsvertrags nicht rechnen konnte. Wollen die Betheiligten eine bestehende Hypothek in eine Verkehrshypothek umwandeln, so zeigt der § 1186 des Bürgerlichen Gesetzbuchs den Weg zur Erreichung ihrer Absicht.

Aus dem Satze des Abs. 1, daß die bestehenden Pfandrechte zu Sicherungshypotheken werden, ergeben sich unter Anderem nachstehende Folgerungen:

1. Der Inhalt der Pfandrechte verändert sich mit der Einführung des Grundbuchs, denn an die Stelle des bisherigen Inhalts tritt derjenige, den die Sicherungshypotheken nach dem Bürgerlichen Gesetzbuche haben. Dieß ist wichtig z. B. hinsichtlich der Haftung des Grundstücks für Zinsen und Kosten (§ 1118 des B. G.-B. gegenüber den Art. 2151, 2155 des pfälz. C.-G.-B.); der Anspruch des Drittbesitzers für Verwendungen und Verbesserungen (Art. 2175 des pfälz. C.-G.-B.) fällt weg, weil das Bürgerliche Gesetzbuch einen solchen nicht kennt (§ 93 Abs. 2 des Ges. über die Zwangsversteigerung und die Zwangsverwaltung).

2. Die späteren Hypothekengläubiger rücken, falls eine ihnen im Range vorgehende Forderung getilgt wird, nicht mehr, wie nach dem bisherigen Recht, im Range vor, sondern die Hypothek geht auf den Eigenthümer über (§§ 1143, 1163 des B. G.-B.). Nach der Vorschrift des Artikel 194 des Einführungsgesetzes ist der Landesgesetzgebung die Möglichkeit offengelassen, das bisherige Recht aufrecht zu erhalten. Von dieser Befugniß macht jedoch der Entwurf keinen Gebrauch, weil die nachfolgenden Gläubiger kein Recht auf Vorrückung haben und weil es sich nicht empfiehlt, in dieser Richtung zwischen den bestehenden und den neu zur Errichtung kommenden Hypotheken einen Unterschied zu begründen. Wo im einzelnen Fall etwa ein vertragsmäßiger Anspruch des nachstehenden Hypothekengläubigers auf Tilgung einer Vorhypothek zum Zweck der Vorrückung bestehen sollte, kann der Berechtigte nach der Anlegung des Grundbuchs diesen Anspruch auf Grund der Vorschrift des § 1179 des Bürgerlichen Gesetzbuchs mit dinglicher Wirkung ausstatten.

3. Da nach dem bisherigen Rechte die Vorzugsrechte und Hypotheken unabhängig von der Einschreibung in das Hypothekenbuch bestehen, so würden bei uneingeschränkter Durchführung des im Abs. 1 enthaltenen Satzes auch die zur Zeit der Einführung des Grundbuchs nicht eingeschriebenen Vorzugsrechte und Hypotheken sich in Sicherungshypotheken verwandeln, selbst wenn ihre Eintragung in das Grundbuch nicht erfolgt ist. Sie würden hiedurch einerseits mit den Vorschriften des Bürgerlichen Gesetzbuchs, das, von seltenen Ausnahmen abgesehen, zur Entstehung der Hypothek die Eintragung verlangt, in Widerspruch treten, anderseits den Satz des bisherigen Rechts, daß die Hypotheken Dritten gegenüber nur wirken, wenn sie eingetragen sind, durchbrechen, denn nach § 892 des Bürgerlichen Gesetzbuchs wären sie auch ohne Eintragung Dritten gegenüber, die Kenntniß von ihrem Bestehen haben, wirksam. Um diese Rechtslage zu vermeiden, empfiehlt es sich, nur diejenigen Pfandrechte als Sicherungshypotheken weiter bestehen zu lassen, welche zu der Zeit, zu der das Grundbuch als angelegt anzusehen ist, in das Hypothekenbuch eingeschrieben

sind. Die nicht eingeschriebenen Pfandrechte sollen aber nicht untergehen, S. 187.
sondern sie sollen sich in einen Anspruch auf Bestellung einer Sicherungshypothek verwandeln. Dieß soll — vorbehaltlich der Bestimmung im Artikel 12 — auch für Generalhypotheken in Ansehung derjenigen Grundstücke gelten, die der Schuldner erst nach der Zeit erwirbt, zu der das Grundbuch als angelegt anzusehen ist.

Ein solcher — rein obligatorischer — Anspruch wirkt Dritten gegenüber nicht, gibt also dem Berechtigten die Möglichkeit, die Eintragung zu erwirken nur, solange das Grundstück im Eigenthum des Verpfänders steht, es sei denn, daß zur Sicherung des Anspruchs eine Vormerkung eingetragen worden ist.

Die Forderung, zu deren Sicherung das Vorzugsrecht oder die Hypothek besteht, wird durch die Umwandlung in einen Anspruch auf Bestellung der Sicherungshypothek nur insofern berührt, als zu ihrer Sicherung nun nicht mehr die Hypothek, sondern dieser Anspruch gegeben ist. Die an der Forderung von Dritten durch Cession, Pfändung u. s. w. erworbenen Rechte bleiben unberührt; sie erfassen, wenn demnächst die Sicherungshypothek in das Grundbuch eingetragen wird, diese ganz ebenso, wie sie die bisherige Hypothek erfassen, bis die Umwandlung eintritt und ermöglichen es dem Berechtigten, den Anspruch auf Bestellung der Sicherungshypothek geltend zu machen.

Artikel 2.

In den letzten Tagen vor dem Inkrafttreten des Grundbuchrechts werden sich auf dem Hypothekenamte die Anträge auf Einschreibung in das Hypothekenbuch so häufen, daß der Hypothekenbewahrer ihnen voraussichtlich bis zu dem Tage, von dem an das Grundbuch als angelegt gilt, nicht wird entsprechen können. Um die Betheiligten vor den aus der Nichtausführung ihrer Einschreibungsanträge drohenden Nachtheilen zu schützen, schreibt der Artikel 2 vor, daß hinsichtlich der in den letzten Tagen vor dem Inkrafttreten des Grundbuchrechts einlaufenden Anträge die Einschreibung in das Hypothekenbuch ganz unterbleiben kann und durch die Eintragung dieser Anträge in das Hinterlegungsregister des Hypothekenbewahrers ersetzt werden soll. Da die Eintragung in das Hinterlegungsregister inhaltlich nicht alles das enthält, was nach den bestehenden Gesetzen in das Hypothekenbuch eingeschrieben werden muß, so sieht der Artikel 2 weiter vor, daß der Inhalt der Einschreibungsanträge (Bordereaux) als Inhalt der Einschreibungen zu gelten hat, so daß die Frage, ob eine rechtsgiltige Einschreibung im Sinne des Artikel 2148 des pfälzischen Civilgesetzbuchs vorliegt, sich nach dem Inhalte der Bordereaux beantwortet.

Die

Artikel 3 bis 6

haben die hypothekarische Sicherung zum Gegenstande, die das Gesetz dem Mündel an den Grundstücken des Vormunds einräumt. Während die Artikel 3 bis 5 Ueberleitungsbestimmungen für die gesetzliche Hypothek des bisherigen Rechts enthalten, trifft der Artikel 6 Bestimmungen über eine von ‖ dem Inkraft- S. 188.
treten des Bürgerlichen Gesetzbuchs an zu Gunsten des Mündels zugelassene Sicherungshypothek.

Artikel 3.

Die Mündelhypothek ist nach den Bestimmungen des pfälzischen Rechts eine gesetzliche Kautionshypothek, die mit dem Beginne der Vormundschaft

S. 188. entsteht und dem Mündel von diesem Zeitpunkt an für alle Ansprüche Sicherung gewähren soll, die ihm aus der Führung der Vormundschaft erwachsen. Die Hypothek besteht sonach vom Beginne der Vormundschaft an zu Gunsten aller künftig dem Mündel erwachsenden Ansprüche. Aus dieser Natur der Mündelhypothek kann aber nicht gefolgert werden, daß sie dem Mündel in der Folgezeit auch für solche Ansprüche zukommt, die nach dem Inkrafttreten des Bürgerlichen Gesetzbuchs zur Entstehung gelangen. Nach Artikel 210 des Einführungsgesetzes finden auf eine bei dem Inkrafttreten des Bürgerlichen Gesetzbuchs bestehende Vormundschaft die Vorschriften des Bürgerlichen Gesetzbuchs Anwendung. Diese gelten selbstverständlich auch für die Sicherung des Mündelvermögens. Das Bürgerliche Gesetzbuch sucht diese Sicherung dadurch zu erreichen, daß es den Vormund in seiner Vertretungsmacht weit gehenden Beschränkungen unterwirft, ihn zur Hinterlegung oder Umschreibung der dem Mündel gehörenden Werthpapiere verpflichtet und dem Vermundschaftsgerichte gewisse Aufsichtsrechte beilegt, während das pfälzische Recht die Vertretungsmacht des Vormunds weniger einengt, dafür aber dem Mündel eine gesetzliche Hypothek an allen gegenwärtigen und künftigen Liegenschaften des Vormunds einräumt. Mit dem Inkrafttreten des Bürgerlichen Gesetzbuchs werden die Vorschriften des pfälzischen Rechts über die Sicherung des Mündelvermögens in ihrer Gesammtheit durch die entsprechenden Vorschriften des Bürgerlichen Gesetzbuchs ersetzt, und damit kommt die gesetzliche Hypothek als Sicherungsmittel für Ansprüche des Mündels, die erst nach dem Inkrafttreten des Bürgerlichen Gesetzbuchs entstehen, in Wegfall; sie bleibt nur in Ansehung derjenigen Ansprüche aufrechterhalten, welche schon vor dem Inkrafttreten des Bürgerlichen Gesetzbuchs dem Mündel gegen den Vormund aus der Führung der Vormundschaft entstanden sind.

In dem Umfange, den der Artikel 3 der Mündelhypothek gibt, besteht sie auch zu Gunsten des volljährig gewordenen Mündels, ingleichem zu Gunsten eines Kindes, das nach Artikel 208 des Einführungsgesetzes zum Bürgerlichen Gesetzbuche mit dem Inkrafttreten des Bürgerlichen Gesetzbuchs unter die elterliche Gewalt kommt.

Artikel 4.

Die Bestimmungen des bisherigen Rechts über die Einschreibung der Mündelhypothek sowie über die Beschränkung und die Löschung der Einschreibung werden für die Zeit nach dem Inkrafttreten des Bürgerlichen Gesetzbuchs insoweit hinfällig, als sie auf dem bisherigen Vormundschaftsrechte beruhen; es fällt also die Mitwirkung des Familienraths und des Landgerichts weg. An ihre Stelle soll für die Uebergangszeit bis zur Anlegung des Grundbuchs das Vormundschaftsgericht treten.

Dieß ist im Artikel 4 für die Einschreibung zum Ausdrucke gebracht. Wird nach dem Inkrafttreten des Bürgerlichen Gesetzbuchs die Einschreibung der Mündelhypothek erforderlich, so wird sie auf Ersuchen des Vormundschaftsgerichts durch das Hypothekenamt vorzunehmen sein. Daß für den Inhalt des Ersuchens und der Einschreibung die Vorschriften des Artikel 2153 des pfälzischen Civilgesetzbuchs und des Artikel 4 des Gesetzes vom 26. April 1888 maßgebend bleiben, bedarf der Hervorhebung nicht. Die Summe, für welche die Einschreibung zu nehmen ist, wird nach dem Artikel 3 des Entwurfs zu bestimmen sein. Aus dem Artikel 5 des angeführten Gesetzes ist die Vorschrift über die Angabe des erwählten Wohnsitzes übernommen. Auch die Bestimmung, daß dem Mündel die Kosten der Einschreibung zur Last fallen, schließt sich an das

geltende Recht an. Für die Einschreibung, die der großjährig gewordene Mündel S. 188.
nach Beendigung der Vormundschaft erwirkt, bleibt der Artikel 9 Satz 1 des Gesetzes vom 26. April 1888 in Kraft.

Artikel 5.

Der Artikel 5 hat die Beschränkung und die Löschung der bei dem Inkrafttreten des Bürgerlichen Gesetzbuchs bereits eingeschriebenen oder erst nachher zur Einschreibung gelangenden Mündelhypotheken zum Gegenstande. Er setzt an die Stelle der bisherigen Vorschriften den § 1844, und für den Fall, daß der Vater oder die Mutter gesetzlicher Vormund gewesen ist und nach Artikel 203 des Einführungsgesetzes zum Bürgerlichen Gesetzbuch die elterliche Gewalt erlangt, den § 1671 und den § 1672 Abs. 1 des Bürgerlichen Gesetzbuchs. Hienach wird das Vormundschaftsgericht die Beschränkung oder die Löschung der Einschreibung künftig unter den gleichen Voraussetzungen zu bewilligen haben, unter denen es die Aenderung oder Aufhebung einer von ihm nach den Vorschriften des Bürgerlichen Gesetzbuchs angeordneten Sicherheitsleistung zu bewilligen hat.

Hiedurch wird das Interesse des Mündels und des Kindes in zureichender Weise gewahrt, aber auch der Vormund und der Inhaber der elterlichen Gewalt werden durch diese Vorschriften nicht beschwert. Zwar wird die Beschränkung oder Löschung der Mündelhypothek von dem Ermessen des Vormundschaftsgerichts abhängen; allein da das Gericht sich bei seinen Entschließungen lediglich davon leiten lassen wird, ob für das der vormundschaftlichen oder der elterlichen Verwahrung unterliegende Vermögen ausreichende Sicherung geboten ist, so wird die Beschränkung oder die Löschung der Einschreibung thatsächlich unter den gleichen Voraussetzungen wie nach dem bestehenden Rechte zu erwirken sein. Insbesondere wird eine Einschreibung, die über das im Artikel 3 bezeichnete Maß hinausgeht, entsprechend beschränkt werden können.

Bestimmungen über den Vollzug einer Anordnung des Vormundschaftsgerichts, nach der eine bestehende Einschreibung beschränkt oder gelöscht werden soll, sind entbehrlich. Es versteht sich von selbst, daß der Hypothekenbewahrer der gerichtlichen Anordnung auf Beschränkung oder Löschung der Einschreibung zu entsprechen hat, wenn ihm der Gerichtsbeschluß vorgelegt wird.

Durch die Gestaltung, die der gesetzlichen Hypothek des Mündels in den Artikeln 3 bis 5 gegeben wird, werden die Artikel 5 bis 8 und der Artikel 9 Satz 2 des Gesetzes vom 26. April 1888 entbehrlich, sie können also, auch soweit sie sich auf das Hypothekenrecht beziehen, mit dem Inkrafttreten des Bürgerlichen Gesetzbuchs außer Geltung gesetzt werden. Dieß geschieht im Artikel 33 des Entwurfs.

Artikel 6.

Nach § 54 des Entwurfs eines Gesetzes über die Angelegenheiten der freiwilligen Gerichtsbarkeit ist das Vormundschaftsgericht, wenn es die Voraus-
setzungen für gegeben ‖ hält, unter denen der Vormund, der Pfleger oder der S. 189.
Beistand zur Sicherheitsleistung angehalten werden kann, befugt, das Grundbuchamt um die Eintragung einer Sicherungshypothek zu ersuchen. Diese Vorschrift setzt das Bestehen des Grundbuchs voraus, kann also nicht schon mit dem Inkrafttreten des Bürgerlichen Gesetzbuchs Geltung erlangen. Dagegen steht es der Landesgesetzgebung frei, für die Zeit bis zur Anlegung des Grundbuchs eine entsprechende, dem bestehenden Hypothekenrecht angepaßte Uebergangsvorschrift zu erlassen. Von dieser Befugniß macht der Entwurf im

S. 189. Artikel 6 Gebrauch, dessen Vorschriften sich möglichst eng an das bisherige Recht anschließen. Hienach soll die Hypothek durch den Beschluß des Vormundschaftsgerichts zur Entstehung gelangen und Dritten gegenüber durch die Einschreibung in das Hypothekenbuch Wirksamkeit erhalten. Der Beschluß muß bestimmen, für welchen Geldbetrag und an welchen Grundstücken des Vormunds die Hypothek entsteht. Die Einschreibung erfolgt auf Ersuchen des Vormundschaftsgerichts nach Maßgabe des Artikel 4.

Die

Artikel 7 bis 11

enthalten Uebergangsvorschriften in Ansehung der gesetzlichen Hypothek der Ehefrau. Der Artikel 7 bestimmt, für welche Ansprüche der Frau nach dem Inkrafttreten des Bürgerlichen Gesetzbuchs noch die gesetzliche Hypothek zustehen soll, die Artikel 8 und 9 betreffen die an gütergemeinschaftlichen Grundstücken bestehenden Hypotheken, und zwar der Artikel 8 für den Fall, daß die Gütergemeinschaft bei dem Inkrafttreten des Bürgerlichen Gesetzbuchs noch besteht, der Artikel 9 für den Fall, daß sie in diesem Zeitpunkte schon aufgehoben ist. Der Artikel 10 handelt vom Erlöschen der gesetzlichen Hypothek, der Artikel 11 hat die Subrogation in die gesetzliche Hypothek zum Gegenstande.

Artikel 7.

Das Bürgerliche Gesetzbuch kennt eine gesetzliche Hypothek der Ehefrau nicht; in Ehen, die erst nach dem Inkrafttreten des Bürgerlichen Gesetzbuchs abgeschlossen werden, steht daher der Frau für die Ansprüche, die nach dem bisherigen Rechte durch die gesetzliche Hypothek gesichert sind, eine solche nicht zu.

Bei Ehen, die zur Zeit des Inkrafttretens des Bürgerlichen Gesetzbuchs bereits abgeschlossen sind, muß unterschieden werden, ob Ansprüche der Frau, für welche nach dem bisherigen Rechte die Hypothek gewährt ist, zu dieser Zeit bereits entstanden sind oder nicht.

Für die bereits entstandenen Ansprüche ist die Hypothek der Ehefrau ins Leben getreten, und zwar auch in Ansehung solcher Grundstücke, die der Mann erst in der Zukunft erwirbt. In diesem Falle bleibt das Recht der Ehefrau mit der Maßgabe bestehen, daß sich die Hypothek, wenn sie bei der Einführung des Grundbuchs eingeschrieben ist, nach Artikel 1 in eine Sicherungshypothek, wenn sie nicht eingeschrieben ist, in einen Anspruch auf Bestellung einer solchen verwandelt.

Wenn dagegen bei dem Inkrafttreten des Bürgerlichen Gesetzbuchs der Ehefrau eine Forderung der bezeichneten Art gegen den Mann nicht zusteht, so hat ihre Hypothek keinen Inhalt, und es kann sich nur fragen, ob sie nicht wirksam wird, wenn der Frau in der Folgezeit eine der Forderungen erwächst, die nach den Vorschriften des bisherigen Rechts durch die Hypothek gesichert sind. Für die bei dem Inkrafttreten des Bürgerlichen Gesetzbuchs bestehenden Ehen ist beabsichtigt, die dermalen herrschenden güterrechtlichen Bestimmungen durch die entsprechenden Bestimmungen des Bürgerlichen Gesetzbuchs zu ersetzen, wobei nur in Einzelheiten Abweichungen erforderlich sein werden. Die Folge wird sein, daß die Ehegatten mit dem Inkrafttreten des Bürgerlichen Gesetzbuchs unter die entsprechenden Vorschriften des neuen Rechts treten. Damit wird die Frau aller derjenigen Sicherungsmittel theilhaftig, die ihr das Bürgerliche Gesetzbuch in den einzelnen Güterständen zum Schutze ihres Ver-

mögens gewährt. Ihr daneben noch die Sicherungsmittel zu belassen, die auf S. 189.
Grund einer erheblich abweichenden Gestaltung des Rechtsverhältnisses der Ehegatten zu einander das bisherige Recht in der gesetzlichen Hypothek gewährt, besteht kein Grund. Die Aufrechterhaltung der gesetzlichen Hypothek zur Sicherung auch der erst künftig entstehenden Ansprüche der Frau würde eine Ungerechtigkeit gegen den Mann in sich schließen.

Die Vorschrift des Artikel 8 bezieht sich auf alle Ehen, die bei dem Inkrafttreten des Bürgerlichen Gesetzbuchs bestehen, ohne Unterschied, unter welchem Güterstande die Ehegatten leben. Es soll hienach die Frau in dem erwähnten Umfange die gesetzliche Hypothek auch dann verlieren, wenn die Ehegatten unter dem Dotalrechte leben. Zwar ist nicht beabsichtigt, das Dotalrecht unter die Vorschriften des Bürgerlichen Gesetzbuchs überzuleiten; gleichwohl wird auch hier die gesetzliche Hypothek nicht in weiterem Umfang aufrecht zu erhalten sein als bei den übrigen Güterständen, weil eine ungleiche Behandlung der Ehefrauen in dieser Richtung nicht angeht.

Artikel 8.

Besondere Vorschriften sind erforderlich für die gesetzliche Hypothek der Ehefrau, soweit sie gütergemeinschaftliche Grundstücke zum Gegenstande hat.

Da beabsichtigt ist, die Gütergemeinschaften des pfälzischen Rechts in die Formen des Bürgerlichen Gesetzbuchs überzuleiten, so fragt es sich, welchen Einfluß diese Ueberleitung auf die gesetzliche Hypothek an gütergemeinschaftlichen Grundstücken hat. Die Beantwortung dieser Frage hängt davon ab, wie die Hypothek an gütergemeinschaftlichen Grundstücken nach dem geltenden Rechte zu beurtheilen ist. Dieß ist aber bestritten. Läßt man sie nur mit Rücksicht darauf zu, daß die gütergemeinschaftlichen Grundstücke, wenn sie in Folge des Verzichts der Ehefrau auf die Gütergemeinschaft oder in Folge der Auseinandersetzung der Gütergemeinschaft an den Mann fallen, auf Grund der rückwirkenden Kraft der Theilung so angesehen werden, als ob sie ihm von Anfang an gehört hätten, so kommt man zu dem Ergebnisse, daß die Hypothek in ihrer dermaligen Gestalt die Ueberleitung nicht überdauert, weil nach dem Bürgerlichen Gesetzbuche die Voraussetzung, unter der die Hypothek endgiltig wirksam wird, nicht mehr eintreten kann. Zu anderem Ergebniß gelangt man, wenn man der Frau die gesetzliche Hypothek an gütergemeinschaftlichen Grundstücken als solchen einräumt und nur die Hypothek mit rückwirkender Kraft in Wegfall kommen läßt, wenn die belasteten Grundstücke bei der Theilung der Frau zufallen. Im Interesse der Frau und ihrer subrogirten Gläubiger kann die Lösung dieser Zweifel nicht der Rechtsprechung überlassen werden. Der Artikel 8 Abs. 1 schreibt daher vor, daß die gütergemeinschaftlichen Grundstücke in gleicher Weise der Hypothek der Frau unterworfen sein sollen, wie die Grundstücke des Mannes. Dieß soll aber nur gelten, wenn die Hypothek zur Zeit des Inkrafttretens des Bürgerlichen Gesetzbuchs in das Hypothekenbuch eingeschrieben ist: ist sie nicht eingeschrieben, so darf angenommen werden, daß die Frau auf den Fortbestand der Hypothek keinen Werth legt. || Der Entwurf S. 190.
läßt daher die Hypothek an gütergemeinschaftlichen Grundstücken erlöschen, wenn sie zu der genannten Zeit nicht eingeschrieben ist. Zugleich entzieht er der Frau die Möglichkeit, die Hypothek auf diejenigen Grundstücke einschreiben zu lassen, welche erst nach dem Inkrafttreten des Bürgerlichen Gesetzbuchs für die Gütergemeinschaft erworben werden, weil für diese Grundstücke zu der Zeit, zu der sie gütergemeinschaftlich werden, nicht mehr die Vorschriften über die rückwirkende Kraft der Theilung maßgebend sind.

S. 190. Die gesetzliche Hypothek der Frau an gütergemeinschaftlichen Grundstücken soll diejenigen Verfügungen, welche der Mann über gütergemeinschaftliche Grundstücke vor dem Inkrafttreten des Bürgerlichen Gesetzbuchs getroffen hat, nicht beeinträchtigen. Daher bestimmt der Artikel 8, daß die Hypothek erlischt, wenn das Grundstück vor dem Inkrafttreten des Bürgerlichen Gesetzbuchs veräußert worden ist, und daß sie im Range zurücktritt, wenn sonstige Rechte an dem Grundstücke bestellt worden sind. Ebenso wie der Rechtsbestand der gesetzlichen Hypothek der Frau soll auch das Bestehen der aus Verfügungen des Mannes erworbenen Rechte endgiltig festgestellt werden.

Artikel 9.

Die Vorschrift des Artikel 8 bezieht sich nur auf solche Fälle, in denen bei dem Inkrafttreten des Bürgerlichen Gesetzbuchs die Gütergemeinschaft noch besteht. Ist die Gütergemeinschaft in diesem Zeitpunkte bereits aufgehoben, so sollen nach den für das eheliche Güterrecht beabsichtigten Ueberleitungsbestimmungen hinsichtlich der Rechte und Pflichten der Ehegatten die bisherigen Gesetze maßgebend bleiben; insbesondere soll der Frau die Befugniß gewahrt werden, auf die Gütergemeinschaft zu verzichten, und die Auseinandersetzung der Gemeinschaftsmasse soll nach den bisherigen Vorschriften und mit den bisherigen Wirkungen zu erfolgen haben. Hienach fehlt es an einem Grunde, die gesetzliche Hypothek der Ehefrau auch in diesen Fällen in einer von dem geltenden Rechte abweichenden Weise zu gestalten.

Demgemäß schreibt der Artikel 9 vor, daß für die gesetzliche Hypothek an gütergemeinschaftlichen Grundstücken die bisherigen Bestimmungen maßgebend bleiben, wenn bei dem Inkrafttreten des Bürgerlichen Gesetzbuchs die Gütergemeinschaft bereits aufgehoben ist. Besteht die Gütergemeinschaft bei dem Inkrafttreten des Bürgerlichen Gesetzbuchs zwar noch, ist aber eine Klage auf Gütertrennung anhängig oder ein Antrag auf Gütertrennung eingereicht, so sollen sich nach den in Aussicht genommenen güterrechtlichen Ueberleitungsvorschriften die Rechte und Pflichten der Ehegatten bis zu dem Zeitpunkte nach den bisherigen Gesetzen bestimmen, in dem der Antrag auf Gütertrennung rechtskräftig abgewiesen ist. Diese Vorschriften müssen folgeweise auch auf die gesetzliche Hypothek an Grundstücken der Gütergemeinschaft Anwendung finden. Ist demnach bei dem Inkrafttreten des Bürgerlichen Gesetzbuchs ein Gütertrennungsverfahren anhängig, so wird der Ausgang des Verfahrens von Einfluß darauf sein, ob für die gesetzliche Hypothek an den Grundstücken der Gemeinschaft der Artikel 8 oder der Artikel 9 gilt.

Artikel 10.

Der Satz 1 schließt sich an das geltende Recht an (Art. 10 Abs. 3 des Gesetzes vom 26. April 1888). Nur als Folgerung aus dieser Vorschrift erscheint der Satz 2, wonach auch der Anspruch auf Bestellung einer Hypothek erlöschen soll, wenn nicht innerhalb der gesetzlich bestimmten Frist die Eintragung der Hypothek erfolgt. Wollte man nach dem Ablaufe dieser Frist den Anspruch auf Bestellung der Hypothek noch zulassen, so würde damit der Ehefrau ein Recht beigelegt, das ihr die bestehende Gesetzgebung versagt und zu dessen Einräumung kein zureichender Grund besteht.

Durch die Vorschrift des Artikel 10 wird der Artikel 10 Abs. 3 des Gesetzes vom 26. April 1888 schon mit dem Inkrafttreten des Bürgerlichen Gesetzbuchs entbehrlich. Im Artikel 33 des Entwurfs wird er aufgehoben.

Die Vorschriften des Artikel 10 Abs. 1, 2 des genannten Gesetzes werden S. 190.
mit Ausnahme des Satzes 4 im Abs. 1 bis zur Anlegung des Grundbuchs aufrechtzuerhalten sein. Dieß gilt insbesondere für die im Abs. 1 verschiedenen Personen beigelegte Berechtigung oder Verpflichtung, die Einschreibung der gesetzlichen Hypothek herbeizuführen. Diese Bestimmungen können neben den Vorschriften des Bürgerlichen Gesetzbuchs bestehen bleiben; der Umstand, daß künftig die Ehefrau einer Beschränkung in der Geschäftsfähigkeit nicht mehr unterliegt, läßt sie nicht als überflüssig erscheinen, denn auch nach dem bisherigen Rechte bedarf die Ehefrau zur Erwirkung der Einschreibung ihrer gesetzlichen Hypothek der Zustimmung des Mannes nicht. Der Artikel 10 Abs. 2 Satz 1 des angeführten Gesetzes wird von dem Inkrafttreten des Bürgerlichen Gesetzbuchs an bedeutungslos sein und wird deßhalb im Artikel 33 aufgehoben.

Im Anschluß hieran ist zu bemerken, daß auch der Artikel 11 des Gesetzes vom 26. April 1888 das Inkrafttreten des Bürgerlichen Gesetzbuchs nicht überdauern kann. Da die Frau von diesem Zeitpunkt an unbeschränkt geschäftsfähig sein wird, unter welchem Güterstande sie auch leben mag, so kann sie über die ihr zustehenden Hypotheken frei verfügen und bedarf sie des Schutzes, den ihr der Artikel 11 bei der Beschränkung ihrer gesetzlichen Hypothek gewährt, nicht länger. Wie zu Gunsten jedes anderen Hypothekenschuldners, kann sie auch zu Gunsten des Mannes auf ihr Hypothekenrecht verzichten. Auch soweit die Vorschriften des Artikel 11 den Zweck haben, der Frau gegen etwaige Beeinflussungen durch den Mann einen Rückhalt zu geben, sind sie ebenso entbehrlich, wie in den übrigen vermögensrechtlichen Beziehungen der Ehegatten das Bürgerliche Gesetzbuch auf besondere Schutzvorschriften für die Frau dem Manne gegenüber verzichtet hat.

Kann aber die Frau unbeschränkt zu Gunsten des Mannes auf die Hypothek verzichten, so kann auch die Vorschrift, daß sie während des Bestehens der Ehe auf das Recht der Einschreibung dem Manne gegenüber nicht verzichten kann, nach dem Inkrafttreten des Bürgerlichen Gesetzbuchs nicht aufrecht erhalten werden. Demnach wird der Artikel 10 Abs. 1 Satz 4 schon mit dem Inkrafttreten des Bürgerlichen Gesetzbuchs aufzuheben sein (Art. 33).

Artikel 11.

Einer besonderen Vorschrift bedarf es hinsichtlich der Subrogation in die gesetzliche Hypothek der Ehefrau für den Fall, daß die gesetzliche Hypothek zu der Zeit, zu der das Grundbuch als angelegt anzusehen ist, nicht in das Hypothekenbuch eingeschrieben ist. Ist die Hypothek eingeschrieben, so bietet die Ueberleitung in Ansehung der Subrogationen keine Besonderheiten, denn an der Sicherungshypothek, in die sich die gesetzliche Hypothek der Frau verwandelt, bleiben dem Subrogirten nach Rang und Inhalt die Rechte erhalten, die ihm nach den bisherigen Gesetzen kraft der Subrogation an der gesetzlichen Hypothek zustehen. Auch ist der || Subrogirte nach Artikel 26 Abs. 2 des S. 191.
Entwurfs berechtigt, im Anlegungsverfahren sein Recht anzumelden und dessen Eintragung in das Grundbuch herbeizuführen.

In Ansehung der Subrogation in eine gesetzliche Hypothek, die in dem genannten Zeitpunkte nicht in das Hypothekenbuch eingetragen ist — nach den bestehenden Vorschriften kann nur eine Subrogation in Frage stehen, die schon vor dem Inkrafttreten des Gesetzes vom 26. April 1888 erfolgt war — würde das Recht des Subrogirten unter Umständen gefährdet sein, wenn es nach Artikel 1 Abs. 2 nur den Anspruch der Frau auf Bestellung der Sicherheitshypothek zum Gegenstand hätte. Es ist daher im Artikel 11 bestimmt, daß

S. 191. die gesetzliche Hypothek der Frau zu Gunsten des Subrogirten sich auch dann in eine Sicherungshypothek verwandelt, wenn sie zu der Zeit, zu der das Grundbuch als angelegt anzusehen ist, nicht in das Hypothekenbuch eingeschrieben ist. Voraussetzung ist dabei, daß die Subrogation nach Maßgabe der bisherigen Gesetze Dritten gegenüber Wirksamkeit hat, daß also, soweit die Wirksamkeit an die Einschreibung der Subrogation gebunden ist — Subrogation zu Gunsten des Gläubigers der Ehefrau, Art. 1 Abs. 2, 3, Art. 3 des Gesetzes vom 16. Mai 1868, Art. 39 Abs. 3 Satz 1 des Gesetzes vom 26. April 1888 — die Einschreibung der Subrogation erfolgt ist. In den Fällen, in denen die Subrogation nach dem bisherigen Rechte Dritten gegenüber auch ohne Einschreibung wirksam ist — Subrogation zu Gunsten des Drittbesitzers eines vom Ehemanne veräußerten Grundstücks, Art. 1 Abs. 4 des Gesetzes vom 16. Mai 1868, Art. 39 Abs. 3 Satz 4 des Gesetzes vom 26. April 1888 — wird die Hypothek für den Subrogirten auch dann zur Sicherungshypothek, wenn die Einschreibung der Subrogation in das Hypothekenbuch nicht erfolgt ist. Die Bestimmung des bisherigen Rechts, wornach gewisse Subrogationen der letzteren Art auch nach dem heutigen Rechte noch ohne Einschreibung der Subrogation mit Wirksamkeit gegen Dritte bestehen, wird durch die Vorschriften des Bürgerlichen Gesetzbuchs über den öffentlichen Glauben des Grundbuchs insofern eingeschränkt, als diese Wirksamkeit, wenn nicht die Eintragung in das Grundbuch erwirkt wird, nur Denen gegenüber erhalten bleibt, die von dem Bestehen der Subrogation Kenntniß haben.

Die Wirkung der Umwandlung beschränkt sich auf den Subrogirten (vgl. Art. 39 Abs. 3 des Gesetzes vom 26. April 1888), für die Ehefrau selbst verwandelt sich die nicht eingeschriebene Hypothek in den im Artikel 1 Abs. 2 bezeichneten persönlichen Anspruch.

Artikel 12.

Die Urtheilshypothek erstreckt sich als Generalhypothek nach den Vorschriften des pfälzischen Rechts auf alle Grundstücke, welche der Schuldner hat oder in der Zukunft erwirbt. Hieran soll für die Zeit bis zur Anlegung des Grundbuchs nichts geändert werden. Nach dieser Zeit ist der Gläubiger, der eine vollstreckbare Urkunde gegen den Schuldner erworben hat, in der Lage, eine Zwangshypothek auf alle Grundstücke eintragen zu lassen, die der Schuldner besitzt oder erwirbt. Es besteht kein Bedürfniß, daneben den Anspruch auf Bestellung einer Sicherungshypothek nach dem Artikel 1 Abs. 1 zu gewähren. Allerdings soll nach den Beschlüssen des Reichstags zu dem Gesetzentwurf betreffend die Aenderungen der Civilprozeßordnung*) die Eintragung einer Zwangshypothek auf Grund eines Vollstreckungsbefehls überhaupt nicht und auf Grund anderer vollstreckbarer Schuldtitel nur für Forderungen im Betrag von über dreihundert Mark beantragt werden können. Allein dieselben Gründe, die zu dieser Beschränkung der Zwangshypothek geführt haben, müßten zu der gleichen Beschränkung der Urtheilshypothek führen.

Artikel 13.

Das Nießbrauchsrecht an Grundstücken verliert, wie schon in den einleitenden Bemerkungen dargelegt worden ist, mit der Anlegung des Grundbuchs die Eigenschaft eines den Liegenschaften gleichgestellten Rechts. Für die bestehenden Nießbrauchsrechte wird daher ein selbständiges Grundbuchblatt nicht

*) Vergl. nunmehr § 757 b Abs. 3 C.P.O. nach dem Gesetze, betreffend Aenderungen der Civilprozeßordnung, vom 17. Mai 1898 Nr. 232 (R.G.Bl. S. 312).

angelegt, Hypotheken können an ihnen nicht mehr bestellt werden und für die S. 191.
Zwangsvollstreckung in den Nießbrauch gelten die Vorschriften der Civilprozeßordnung über die Zwangsvollstreckung in das bewegliche Vermögen.

Die an einem Nießbrauchsrecht etwa erworbenen Hypotheken können als solche nicht fortbestehen. Der Artikel 13 verwandelt sie daher nach Maßgabe der Artikel 1 und 2, soweit sie eingeschrieben sind, in Pfandrechte an dem Nießbrauchsrechte, soweit sie nicht eingeschrieben sind, in einen Anspruch auf Bestellung solcher Pfandrechte.

Artikel 14.

Während die Vollziehung des Arrestes in das unbewegliche Vermögen nach Artikel 25 des Gesetzes zur Ausführung der Reichs-Civilprozeßordnung und Konkursordnung durch Einschreibung einer Beschlagnahme zur Sicherung der Zwangsvollstreckung bewirkt wird, die zu Gunsten des Arrestgläubigers nach Artikel 30 a. a. O. ein Vorzugsrecht begründet, erfolgt sie in Zukunft nach § 811 der Civilprozeßordnung*) durch Eintragung einer Sicherungshypothek. Im Anschluß an den Artikel 1 Abs. 1 des Entwurfs empfiehlt es sich, vorzuschreiben, daß das bisherige Vorzugsrecht des Arrestgläubigers sich von der Zeit an, zu der das Grundbuch als angelegt anzusehen ist, in eine Sicherungshypothek für die Forderung des Arrestgläubigers verwandelt. Die Stellung des Arrestgläubigers erfährt hiedurch keine wesentliche Aenderung.

In Ansehung der Arreste, die vor der Anlegung des Grundbuchs erlassen sind, aber erst nach diesem Zeitpunkte vollzogen werden, findet der § 811 der Civilprozeßordnung Anwendung.

Artikel 15.

Unter den Verfügungsbeschränkungen sind im Artikel 15 nur diejenigen verstanden, welche zu Gunsten bestimmter Personen bestehen. Diese bedürfen nach dem Bürgerlichen Gesetzbuch, auch soweit sie sich auf Grundstücke, Rechte an Grundstücken oder Rechte an solchen Rechten beziehen — und nur solche kommen hier in Betracht — zu ihrer Entstehung nicht der Eintragung in das Grundbuch und sie wirken vorbehaltlich der Vorschriften über den öffentlichen Glauben des Grundbuchs auch ohne die Eintragung gegen Dritte. Nach pfälzischem Rechte tritt die Wirksamkeit solcher Verfügungsbeschränkungen gegen Dritte im Allgemeinen unabhängig von der Einschreibung in das Hypothekenbuch ein; nur für das in einer einstweiligen Verfügung enthaltene Verbot der Veräußerung, Belastung oder Verpfändung einer unbeweglichen Sache ist eine Ausnahme vorgesehen. Nach Artikel 32 des Gesetzes zur Ausführung der Reichs-Civilprozeßordnung und Konkursordnung wirkt dieses Verbot gegen Dritte erst von dem Zeitpunkt der Einschreibung in das Hypothekenbuch an; || nicht ein- S. 192.
getragene Verbote wirken Dritten gegenüber auch dann nicht, wenn diese sie kennen.

Die bestehenden Verfügungsbeschränkungen bleiben nach Artikel 168 des Einführungsgesetzes zum Bürgerlichen Gesetzbuche wirksam, Dritten gegenüber kommen jedoch die Bestimmungen über den öffentlichen Glauben des Grundbuchs zur Anwendung. Die zu Gunsten bestimmter Personen bestehenden Verfügungsbeschränkungen müssen daher zur Erhaltung ihrer Wirksamkeit gegenüber dem öffentlichen Glauben des Grundbuchs eingetragen werden. Die Eintragung ist ihrem Wesen nach Eintragung eines Widerspruchs gegen die unbeschränkte Verfügungsbefugniß des eingetragenen Berechtigten. Demgemäß

*) Vergl. Nr. 249 des Gesetzes, betreffend Aenderungen der Civilprozeßordnung, vom 17. Mai 1898 (R.G.Bl. S. 318).

S. 192. schreibt der Artikel 15 vor, daß für die bestehenden Verfügungsbeschränkungen die Eintragung eines Widerspruchs verlangt werden kann.

Die Verfügungsbeschränkungen werden in das Grundbuch mit dem Rang übernommen, der ihnen nach den bisherigen Gesetzen zukommt, vorausgesetzt, daß den für die Wahrung des Ranges im Anlegungsverfahren vorgesehenen Bestimmungen (Art. 25 des Entwurfs) Genüge geleistet ist. Was insbesondere das Veräußerungsverbot des Artikel 32 des Gesetzes zur Ausführung der Reichs-Civilprozeßordnung und Konkursordnung anlangt, so wird es unter dieser Voraussetzung nach dem Range, den es gemäß seiner Einschreibung hat, in das Grundbuch übernommen; ist es zur Zeit der Anmeldung noch nicht eingeschrieben, so erhält es den Rang, den es durch die etwaige nachträgliche Einschreibung während des Anlegungsverfahrens erwirbt. Ist es überhaupt nicht eingeschrieben, so erlangt es erst mit der Anlegung des Grundbuchs die durch den öffentlichen Glauben des Grundbuchs beschränkte Wirksamkeit gegen Dritte.

Artikel 16.

Das nach Artikel 2111 des pfälzischen Civilgesetzbuchs den Erbschaftsgläubigern und Vermächtnißnehmern zustehende Vorzugsrecht kann, wenn der Erblasser vor dem Inkrafttreten des Bürgerlichen Gesetzbuchs gestorben ist, bis zur Anlegung des Grundbuchs nach den bisherigen Vorschriften geltend gemacht werden, von diesem Zeitpunkte an aber muß es mit den Bestimmungen des Grundbuchrechts in Einklang gebracht werden.

Die Vorschriften des Artikel 1 des Entwurfs können auf das Vorzugsrecht des Artikel 2111 keine Anwendung finden, denn dieses ist in Wirklichkeit kein Vorzugsrecht im Sinne der Artikel 2102, 2103 des pfälzischen Civilgesetzbuchs; es ist überhaupt kein Pfandrecht, insbesondere verleiht es nach der herrschenden Ansicht ein droit de suite selbst dann nicht, wenn es eingeschrieben ist. Es hat vielmehr nur die Bedeutung, daß die Erbschaftsgläubiger und die Vermächtnißnehmer bei dem Zugriff auf die Nachlaßgrundstücke denjenigen Personen vorgehen, die nach der Eröffnung der Erbschaft, sei es gegenüber dem Erben, sei es gegenüber den Nachlaßgrundstücken Rechte erworben haben.

Mit diesem Inhalte soll das Recht auch für die Zeit nach der Anlegung des Grundbuchs erhalten, in der Form aber soll es den Vorschriften des neuen Rechts angepaßt werden. Dieß geschieht, indem den Erbschaftsgläubigern und den Vermächtnißnehmern die Befugniß ertheilt wird, die Eintragung einer Verfügungsbeschränkung des Inhalts zu verlangen, daß keine Hypothek an den Nachlaßgrundstücken zu ihrem Nachtheil erlangt werden kann. An den konkursrechtlichen Wirkungen, die dem Vorzugsrechte der Erbschaftsgläubiger und der Vermächtnißnehmer nach den biserigen Vorschriften zukommen, wird nichts geändert, was im Hinblick auf den § 10a des Gesetzentwurfs, betreffend Aenderungen der Konkursordnung*), ausdrücklich zu bestimmen ist.

Die Umwandlung in eine Verfügungsbeschränkung soll jedoch nur eintreten, wenn das Recht aus Artikel 2111 zu der Zeit, zu der das Grundbuch als angelegt anzusehen ist, durch Eintragung in das Hypothekenbuch gewahrt ist. Ist dieß geschehen, so soll das Recht, vorbehaltlich der Bestimmung im Artikel 25 des Entwurfs, im Anlegungsverfahren in das Grundbuch mit dem Range übernommen werden, der ihm nach der Einschreibung zukommt; insbesondere soll, wenn die Einschreibung innerhalb der gesetzlichen Frist von sechs

*) Vergl. Nr. 7 des Gesetzes, betreffend Aenderungen der Konkursordnung, vom 17. Mai 1898 (R.G.Bl. S. 231).

Monaten nach dem Eintritte des Erbfalls vorgenommen worden ist, der Rang S. 192.
auf den Tag des Erbfalls zurückreichen, was im Grundbuche zum Ausdrucke zu bringen sein wird. Ist dagegen das Vorzugsrecht zu der Zeit, zu der das Grundbuch als angelegt anzusehen ist, nicht in das Hypothekenbuch eingeschrieben, so wäre es bedenklich, es in eine Verfügungsbeschränkung umzuwandeln, denn als solche würde es Dritten gegenüber, die es kennen, auch ohne Eintragung in das Grundbuch wirken, was hier zu Irrungen Anlaß geben könnte. Der Entwurf bestimmt daher im Artikel 16 Abs. 2, daß das Vorzugsrecht erlischt, falls es zu der Zeit, zu der das Grundbuch als angelegt anzusehen ist, nicht in das Hypothekenbuch eingeschrieben ist, wobei es keinen Unterschied macht, ob die im Artikel 2111 festgesetzte Frist zu dieser Zeit noch läuft oder schon beendigt ist. Durch eine solche Vorschrift erleiden die Erbschaftsgläubiger und Vermächtnißnehmer keine Einbuße an ihrem Rechte, weil ihnen selbst in den Fällen, in denen die Erbschaft in den letzten Tagen vor dem Inkrafttreten des Bürgerlichen Gesetzbuchs eröffnet wird, bis zur Anlegung des Grundbuchs immer noch ein längerer Zeitraum bleibt, innerhalb dessen sie die Einschreibung erwirken können. Der Zeitpunkt, von dem an das Grundbuch als angelegt anzusehen ist, wird aber so frühzeitig zur allgemeinen Kenntniß gebracht werden, daß darnach noch ausreichend Gelegenheit bleibt, die Einschreibung zu erlangen.

Die

Artikel 17 bis 21

enthalten diejenigen Ueberleitungsvorschriften, welche in Ansehung des Eigenthums an Grundstücken als erforderlich erscheinen. Der Artikel 17 behandelt das widerrufliche Eigenthum (Rückfallsrecht) und insbesondere das im Artikel 2 des Gesetzes vom 26. April 1888 bezeichnete Auflösungsrecht aus Artikel 1184 des pfälzischen Civilgesetzbuchs. Im Anschluß daran ordnet der Artikel 18 das Recht der vertragsmäßigen Versteigerung. Der Artikel 19 hat das superfiziarische Eigenthum des geltenden Rechts zum Gegenstande, der Artikel 20 enthält Ueberleitungsbestimmungen in Ansehung des bestehenden Stockwerkseigenthums, der Artikel 21 paßt die sogenannte nothwendige Gemeinschaft den Vorschriften des Bürgerlichen Gesetzbuchs an.

Artikel 17.

Nach dem bisherigen Rechte fällt das Eigenthum, das auf Grund eines Rechtsgeschäfts auf einen Anderen übergegangen ist, bei dem Eintritt eines bestimmten Umstandes mit rückwirkender Kraft an den früheren Eigenthümer oder seinen allgemeinen Rechtsnachfolger zurück. Der Rückfall setzt voraus,
daß das Rechtsgeschäft, auf Grund dessen das ‖ Eigenthum übergegangen ist, S. 193.
seinem Inhalte nach bei dem Eintritt eines bestimmten Umstandes unwirksam wird, daß es rechtsgeschäftlich oder gesetzlich von einer auflösenden Bedingung abhängig ist. Die Auflösung erfolgt entweder von selbst mit dem Eintritt eines bestimmten Umstandes oder auf Klage des früheren Eigenthümers durch Urtheil. Fälle der ersten Art finden sich z. B. in den Artikeln 1183, 960 des pfälzischen Civilgesetzbuchs, Fälle der zweiten Art im Artikel 1184 in seiner Anwendung auf die verschiedenen zweiseitigen Verträge. Hier kommt der Eigenthumsrückfall nur insoweit in Betracht, als er sich auf Grundstücke bezieht.

Der Rückfall tritt in der Regel mit voller Wirkung gegen Dritte ein, ohne daß das Rückfallsrecht in einem öffentlichen Buch eingetragen zu sein braucht; nur bei dem im Artikel 2 des Gesetzes vom 26. April 1888 bezeich-

S. 193. neten Auflösungsrechte aus Artikel 1184 des pfälzischen Civilgesetzbuchs ist die Wirksamkeit gegen Dritte, die Rechte an dem Grundstück erworben haben, an die Einschreibung des dem Veräußerer zustehenden Vorzugsrechts oder des Auflösungsrechts selbst gebunden.

Der Einfluß des künftigen Rechts auf das Rückfallsrecht ist verschieden, je nachdem der Rückfall in dem Zeitpunkte, in dem das Grundbuch als angelegt anzusehen ist, bereits erfolgt ist oder nicht. Ersteren Falls kann der frühere Eigenthümer, an den nunmehr das Eigenthum zurückgefallen ist, die Eintragung als Eigenthümer in das Grundbuch verlangen und gegenüber einer von dem Erwerber erwirkten Eintragung sein Recht nach §§ 894, 899 des Bürgerl. Gesetzbuchs geltend machen. Daran hindert ihn auch nicht eine etwaige Weiterveräußerung oder Belastung, wobei jedoch nach der Anlegung des Grundbuchs die Vorschriften über den öffentlichen Glauben des Grundbuchs Anwendung finden. Bei dem im Artikel 2 des Gesetzes vom 26. April 1888 bezeichneten Auflösungsrecht aber muß der Berechtigte die Weiterveräußerung oder Belastung durch den Erwerber gegen sich gelten lassen, wenn das Auflösungsrecht nicht nach Artikel 2 oder Artikel 40 dieses Gesetzes gewahrt ist und demgemäß seine Wirksamkeit gegen Dritte, die Rechte an dem Grundstück erworben haben, verloren hat.

Für den Fall, daß zu der Zeit, von der an das Grundbuch als angelegt gilt, der Rückfall noch nicht eingetreten ist, schlägt der Entwurf eine Umgestaltung des Rückfallsrechts vor, um dieses mit dem Liegenschaftsrechte des Bürgerlichen Gesetzbuchs in Einklang zu bringen. Das Bürgerliche Gesetzbuch kennt bei Grundstücken eine bedingte Eigentumsübertragung nicht (§ 925 Abs. 2), es ermöglicht aber die Erreichung der Zwecke, denen diese im bisherigen Rechte dient, durch die Vormerkung, die nach § 883 Abs. 2, 3 eine ähnliche dingliche Bindung bewirkt, wie die Bedingung (§ 161). Der Entwurf verwandelt deßhalb das Rückfallsrecht in einen Anspruch auf Rückübertragung des Eigenthums und Befreiung des Grundstücks von den Lasten, die nach dem Uebergange des Eigenthums auf den Erwerber entstanden sind, und läßt gleichzeitig mit dieser Umwandlung die Wirkungen eintreten, die nach dem Bürgerlichen Gesetzbuche mit der Eintragung einer Vormerkung zur Sicherung des Anspruchs verbunden sind (vergl. Art. 194 des E.-G. z. B. G.-B., wo ebenfalls das Vorhandensein einer Vormerkung kraft Gesetzes angenommen wird). Der Anspruch und die ihm kraft des Gesetzes beigelegte Sicherung tritt in allen Beziehungen an die Stelle des bisherigen Rückfallsrechts; seine dingliche Sicherung hat insbesondere den gleichen Rang, der nach den bisherigen Gesetzen dem Rückfallsrechte zukommt. Die Folge ist, daß der Berechtigte gegen alle rechtlichen Veränderungen, die Seiten des Erwerbers oder eines Rechtsnachfolgers an dem Grundstück etwa vorgenommen wurden, den gleichen Schutz genießt, den ihm nach den bisherigen Gesetzen das Rückfallsrecht gewährte. Bei der Anlegung des Grundbuchs wird der Eintritt dieser Wirkung durch Eintragung einer Vormerkung in dem dem Rückfallsrechte zustehenden Rang ersichtlich zu machen sein.

Das im Artikel 2 des Gesetzes vom 26. April 1888 bezeichnete Auflösungsrecht kann mit dieser dinglichen Sicherung nur ausgestattet werden, wenn nach den Vorschriften der bisherigen Gesetze seine Wirksamkeit gegen Dritte, die Rechte an dem Grundstück erworben haben, gewahrt ist. Ist diese Wirksamkeit verloren, so ist das Rückfallsrecht nicht mehr dinglich gesichert, und es nimmt mit dem Eintritte der Herrschaft des Grundbuchrechts die Eigenschaft eines persönlichen Anspruchs, eines Forderungsrechts an, das nunmehr

allerdings durch Eintragung einer Vormerkung wieder dingliche Sicherung, S. 193.
aber nur unbeschadet der inzwischen erworbenen Rechte, erlangen kann.

Die bestehenden Anfechtungsrechte (Art. 1304 des pfälz. C.-G.-B.) stimmen in der Wirkung mit dem Anfechtungsrechte des Bürgerlichen Gesetzbuchs (§ 142) überein und werden von dem Artikel 17 nicht berührt.

Artikel 18.

Die vertragsmäßige Versteigerung hat ihre Grundlage in einer Vereinbarung, die dem Verkäufer das Recht gibt, bei Säumniß des Käufers in der Zahlung des Kaufpreises den Kaufvertrag unter Einhaltung gewisser Förmlichkeiten aufzulösen, ohne daß es einer Anrufung des Gerichts bedarf. Es liegt ihr also ein Auflösungsrecht im Sinne des Artikel 1183 des pfälzischen Civilgesetzbuchs zu Grund, auf welches die im Artikel 17 gegebenen Vorschriften Anwendung zu finden haben. An die Stelle der Auflösung des Kaufvertrags tritt daher von der Zeit an, zu der das Grundbuch als angelegt anzusehen ist, auch bei der vertragsmäßigen Versteigerung ein persönlicher Anspruch des Verkäufers gegen den Käufer. Die von dem Käufer geschuldete Leistung — die Uebertragung des Eigenthums und die Befreiung des Grundstücks von den erst nach dem Uebergange des Eigenthums auf den Erwerber entstandenen Belastungen — ist aber nicht an den Verkäufer selbst, sondern an den Ersteher zu bewirken, dem das Grundstück bei der von dem Verkäufer vertragsmäßig veranstalteten Versteigerung zugeschlagen wird. Der Anspruch auf Leistung an den Ersteher ist, wenn das Versteigerungsrecht nach den Artikeln 2, 40 des Gesetzes vom 26. April 1888 Seitens des Verkäufers gewahrt ist, durch die mit der Eintragung einer Vormerkung verbundenen Wirkungen dinglich gesichert.

Für die vertragsmäßige Versteigerung verbleibt es im Uebrigen bei den Vorschriften des Artikel 202 Abs. 1, 4 bis 7 des Gesetzes zur Ausführung der Reichs-Zivilprozeßordnung und Konkursordnung; die prozeßrechtliche Vorschrift des Abs. 8 und die Vorschriften in Abs. 2, 3 und 9 fallen weg.

Ist ein Verfahren auf vertragsmäßige Versteigerung anhängig, so soll es nach den bisherigen Gesetzen zu Ende geführt werden. Das Grundbuch wird in Ansehung der davon betroffenen Grundstücke erst nach der Beendigung des Verfahrens als angelegt zu erklären sein. Hiefür bedarf es einer gesetzlichen Vorschrift im Hinblick auf den Artikel 186 Abs. 2 des Einführungsgesetzes zum Bürgerlichen Gesetzbuche nicht.

Artikel 19. S. 194.

Das pfälzische Civilgesetzbuch geht in Ansehung der auf einem Grundstücke befindlichen Pflanzungen und Bauwerke von einer anderen Auffassung aus als das Bürgerliche Gesetzbuch. Es betrachtet Anlagen solcher Art zwar auch als Bestandteile des Grundstücks (Art. 552), aber nicht als nothwendige in dem Sinne, daß sie nicht Gegenstand besonderer Rechte sein können (§ 93 des B. G.-B.); es läßt vielmehr ein Sondereigenthum an stehenden Bodenerzeugnissen, insbesondere an Bäumen, sowie an Bauwerken und selbst an einzelnen Theilen eines Bauwerks zu (Art. 553). Mit dieser Auffassung hängt die Anerkennung eines Stockwerkseigenthums als Sondereigenthums an den einzelnen Stockwerken eines Hauses zusammen, dessen Grundfläche, Hauptmauern und Dach im Miteigenthume der Betheiligten stehen (Art. 664).

S. 194. Das bei dem Inkrafttreten des Bürgerlichen Gesetzbuchs bestehende Sondereigenthum an stehenden Bodenerzeugnissen, insbesondere Bäumen, ist im Artikel 181 Abs. 2 des Einführungsgesetzes zum Bürgerlichen Gesetzbuche vorbehalten, und hiebei kann es sein Bewenden haben; auch das bestehende Stockwerkseigenthum kann nach Artikel 182 aufrechterhalten werden. Der Artikel 20 des Entwurfs nimmt jedoch eine Umgestaltung vor.

Bei dem Sondereigenthum an Bauwerken und Theilen von solchen handelt es sich eigentlich um das Recht, das fremde Grundstück oder das fremde Gebäude, auf oder in welchem der Berechtigte die ihm gehörende Anlage hat, zu dem Halten der Anlage zu benutzen. Hat daher der Berechtigte ein selbständiges Bauwerk auf oder unter der Oberfläche eines fremden Grundstücks, so ist dieses Recht, trotzdem daß das pfälzische Recht hier von Eigenthum spricht, seinem Wesen nach nichts anderes als ein Erbbaurecht im Sinne des Bürgerlichen Gesetzbuchs. Beschränkt sich dagegen das Recht auf einen Theil eines fremden Bauwerks, so kommt es darauf an, ob dieser Theil für den Berechtigten ein selbständiges Vermögensstück bildet oder ob er Bestandtheil einer eigenen Anlage des Berechtigten ist. Im ersten Falle, z. B. wenn Jemand Eigenthümer eines Zimmers oder eines sonstigen Raumes in einem fremden Hause ist, besteht ein dem Erbbaurecht ähnliches veräußerliches und vererbliches Recht; im zweiten Falle, z. B. wenn Jemand die fremde Mauer als Träger einer eigenen Mauer benutzen darf oder in seinem Hause einen Keller hat, der sich in das Nachbargrundstück hineinerstreckt, liegt im Sinne des Bürgerlichen Gesetzbuchs eine Grunddienstbarkeit vor. Der Inhalt aller dieser Rechte wird durch den Artikel 184 des Einführungsgesetzes gewahrt.

Der Entwurf verwandelt die superfiziarischen Eigenthumsrechte an selbstständigen Bauwerken auf oder unter der Oberfläche eines fremden Grundstücks in Erbbaurechte des Bürgerlichen Gesetzbuchs, erklärt also außer dem § 1017 des Bürgerlichen Gesetzbuchs, der schon nach Artikel 184 des Einführungsgesetzes Anwendung findet, auch die §§ 1012 bis 1014, 1016 des Bürgerlichen Gesetzbuchs für anwendbar. Die im § 1012 ausgesprochene Veräußerlichkeit und Vererblichkeit und die im § 1016 ausgesprochene Rechtsfolge gelten schon nach dem bisherigen Rechte für das superfiziarische Eigenthum; die §§ 1013, 1014 passen auch für dieses.

Bei den auf einzelne Räume in einem Grundstücke beschränkten Rechten ist die Umwandlung in Erbbaurechte deßwegen nicht möglich, weil die Beschränkung des Erbbaurechts auf einen Theil eines Gebäudes nach § 1014 des Bürgerlichen Gesetzbuchs unzulässig ist. Diese Rechte sind ebenso wie das Erbbaurecht veräußerlich und vererblich, und stehen nach den bisherigen Gesetzen dem Eigenthum an Grundstücken gleich. Der Entwurf spricht die Veräußerlichkeit und Vererblichkeit ausdrücklich aus und erklärt, indem er von dem Vorbehalte des Artikel 196 des Einführungsgesetzes Gebrauch macht, den § 1017 des Bürgerlichen Gesetzbuchs für anwendbar. Daß auch der § 1016 Anwendung finden soll, entspricht dem regelmäßigen Inhalte solcher Rechte.

Das superfiziarische Eigenthum an Bauwerken und Theilen von solchen nimmt die Eigenschaft der im Artikel 19 bestimmten Rechte schon mit dem Inkrafttreten des Bürgerlichen Gesetzbuchs an. Aus der Anwendbarkeit des § 1017 des Bürgerlichen Gesetzbuchs ergibt sich ohne Weiteres, daß die Rechte in gleicher Weise wie Grundstücke (Art. 2118 des pfälz. C.-G.-B.) mit Hypotheken belastet werden können. Bei der Anlegung des Grundbuchs müssen sowohl das Erbbaurecht als das Recht an einem Raum in einem fremden Gebäude als Belastungen des Grundstücks eingetragen werden, auf dem sich das

Gebäude befindet; beide erhalten aber, weil sie in Ansehung der Veräußerung und Belastung den Grundstücken gleichstehen, auf Antrag ein besonderes Grundbuchblatt (§§ 7, 83 der Grundbuchordnung). Ist das Recht mit Hypotheken belastet, so wird das besondere Grundbuchblatt von Amtswegen angelegt (§ 7 der Grundbuchordnung). S. 194.

Artikel 20.

Das Stockwerkseigenthum wird nach pfälzischem Rechte (Art. 664 des pfälz. C.-G.B.) als ausschließliches Eigenthum jedes Betheiligten an dem einzelnen Stockwerk und als Miteigenthum nicht an dem Gebäude als Ganzem, sondern nur am Grund und Boden, an den Fundamenten, den Hauptmauern und dem Dach, sowie an allen denjenigen Theilen des Gebäudes betrachtet, die zum gemeinsamen Gebrauche der Betheiligten dienen.

Dem Bürgerlichen Gesetzbuche ist das Stockwerkseigenthum fremd, es ist also nach dessen Inkrafttreten eine Neubegründung in dieser Rechtsform ausgeschlossen. Dagegen wird durch den Artikel 182 des Einführungsgesetzes das bei dem Inkrafttreten des Bürgerlichen Gesetzbuchs bestehende Stockwerkseigenthum aufrecht erhalten und ist im Artikel 131 der Landesgesetzgebung die Befugniß eingeräumt, eine in den thatsächlichen Verhältnissen mit dem Stockwerkseigenthum übereinstimmende Theilung von Gebäuden in anderer Rechtsform zuzulassen. Die Frage, ob in Bayern die Landesgesetzgebung von dieser Befugniß Gebrauch machen wird, ist zur Zeit noch nicht entschieden. Wenn es geschieht, so kann das bestehende Stockwerkseigenthum des pfälzischen Rechts in seiner bisherigen Gestalt schon um deßwillen nicht aufrecht erhalten werden, weil sonst künftig für den gleichen Zweck zwei Rechtsformen neben einander bestünden, was nur zu Verwirrungen führen müßte. Aber auch abgesehen von der Frage, ob die bayerische Landesgesetzgebung von dem Vorbehalte des Artikel 131 Gebrauch macht, erscheint es wünschenswerth, das bestehende Stockwerkseigenthum den Vorschriften des Artikel 131 anzupassen, weil das Stockwerkseigenthum in der Gestalt, die es im pfälzischen Rechte erhalten hat, mit den Grundsätzen des Bürgerlichen Gesetzbuchs über das Eigenthum nicht im Einklange steht und in der Anwendung mancherlei Schwierigkeiten bietet, für deren Lösung die pfälzischen Gerichte auch künftig auf die französische Rechtswissenschaft und Rechtsprechung angewiesen blieben.

Nach Artikel 131 soll das Grundstück einschließlich des Gebäudes im Miteigenthume sämmtlicher Betheiligten stehen, während jedem einzelnen Betheiligten an dem Theile des Gebäudes, der ihm bei dem Inkrafttreten des Bürgerlichen Gesetzbuchs gehört, ein ausschließliches und dauerndes Benutzungsrecht zukommt, und das Recht, die Aufhebung der Gemeinschaft zu verlangen, ausgeschlossen ist (indivision forcée des bisherigen Rechts). Das ausschließliche Benutzungsrecht der einzelnen Betheiligten ist lediglich Ausfluß der für das Gemeinschaftsverhältniß in Ansehung der Benutzung des Gebäudes maßgebenden Ordnung (§§ 745, 746 des B. G.-B.) und kann deßhalb von dem Antheile des Miteigenthümers an dem Grundstücke nicht getrennt werden. Die Vertheilung der ausschließlichen Benutzung nach Stockwerken ist in das Grundbuch als Belastung der Antheile der Miteigenthümer einzutragen (§ 1010 Abs. 1 des B. G.-B.). Der Ausschluß der Theilung bedarf der Eintragung nicht, weil er auf gesetzlicher Vorschrift beruht. Da aber die Theilung nur dann kraft des Gesetzes ausgeschlossen ist, wenn die Benutzung des Gebäudes unter den Miteigenthümern in dauernder Weise geregelt ist, so muß bei der Eintragung des S. 195.

S. 195. Stockwerkseigenthums im Grundbuch ersichtlich gemacht werden, daß das ausschließliche Benutzungsrecht der Miteigenthümer ein dauerndes ist.

Wenn in sonstigen Fällen des Miteigenthums die Miteigenthümer die Benutzung unter sich regeln, ohne daß damit eine dauernde Ordnung festgestellt werden soll, und die Theilung ausschließen, so muß sowohl die Regelung der Benutzung als der Ausschluß der Theilung nach § 1010 des Bürgerlichen Gesetzbuchs in das Grundbuch eingetragen werden.

Artikel 21.

Der Artikel 21 behandelt Fälle der sogenannten nothwendigen Gemeinschaft (copropriété avec indivision forcée). Nach pfälzischem Rechte kann ein Grundstück, das im Miteigenthume steht, nicht getheilt werden, wenn es für die wirthschaftliche Benutzung anderer den Miteigenthümern gehörender Grundstücke nicht entbehrt werden kann. Hierher gehören gemeinschaftliche Höfe, Einfahrten, Wege, Brunnen u. dgl. Das im Miteigenthume stehende Grundstück ist zwar ein selbständiges Grundstück, es ist aber wegen seiner Unentbehrlichkeit für die wirthschaftlichen Zwecke der anderen Grundstücke mit diesen so verbunden, daß das Miteigenthum den jeweiligen Eigenthümern der anderen Grundstücke zusteht und für sich allein weder den Gegenstand einer rechtsgeschäftlichen Verfügung noch den einer Zwangsvollstreckung bildet.

Ein derartig gestaltetes Rechtsverhältniß ist dem Bürgerlichen Gesetzbuche fremd; der wirthschaftliche Zweck, dem es unter dem bisherigen Rechte dient, muß daher unter der Herrschaft des Bürgerlichen Gesetzbuchs durch eine andere Rechtsform verwirklicht werden. Das für den Zweck Wesentliche ist die Verbindung des Rechts zu dem Gebrauche des gemeinschaftlichen Grundstücks mit dem Eigenthum an den anderen Grundstücken und die Untheilbarkeit des Gebrauchsrechts.

Von diesem Gedanken ausgehend, gestaltet der Artikel 21 die indivision forcée in Grunddienstbarkeiten um, die zu Gunsten des jeweiligen Eigenthümers eines jeden der anderen Grundstücke an dem gemeinschaftlichen Grundstücke bestehen, und zwar in Dienstbarkeiten des Inhalts, daß das gemeinschaftliche Grundstück zu den bestimmten wirthschaftlichen Zwecken der anderen Grundstücke benutzt werden darf; es sind so viele solcher Dienstbarkeiten gegeben, als Grundstücke vorhanden sind, die aus dem gemeinschaftlichen Grundstücke wirthschaftlichen Nutzen ziehen. Die Untheilbarkeit des gemeinschaftlichen Grundstücks wird bei der Umwandlung des Rechts an diesem in eine Grunddienstbarkeit entbehrlich, denn ist das Grundstück mit den Dienstbarkeiten belastet, so bleibt die Möglichkeit, es als Ganzes zu den wirthschaftlichen Zwecken der anderen Grundstücke zu benutzen, auch dann bestehen, wenn es in der Folge getheilt wird (§ 1026 des B. G.-B.). Die Art der Benutzung, zu der die Dienstbarkeit berechtigt, hängt von den wirthschaftlichen Zwecken ab, denen das gemeinschaftliche Grundstück im einzelnen Falle dient.

Fälle der sogenannten indivision forcée finden sich im pfälzischen Recht auch bei Grenzanlagen, und zwar in der Gestalt der mitoyenneté, sowie bei der Abgrenzung zweier an einander stoßender Grundstücke durch einen gemeinschaftlichen Zwischenraum, Winkel, Rain, Weg u. s. w. Die Grenzanlagen sind Bestandtheile der beiden Grundstücke, die bis an die Grenze reichen; sie bilden für sich allein kein selbständiges Grundstück, das zwischen den beiden Grundstücken der Angrenzer läge und eine eigene Plannummer hätte. Das Verhältniß ist vielmehr so gedacht, daß das Recht eines jeden der beiden Angrenzer sich über die Grenze seines eigenen Grundstücks hinaus auf eine bestimmte Fläche des angrenzenden Grundstücks und die darauf befindlichen Anlagen erstreckt, so daß diese Fläche zu beiden Seiten der Grenzlinie gleichzeitig dem Rechte beider Angrenzer unterliegt. Dieses Verhältniß nennt das pfälzische Recht ein Miteigenthum der Angrenzer zu ungetheilten Antheilen an der gemeinschaftlichen Grundfläche und den darauf befindlichen Anlagen. Das Bürgerliche Gesetzbuch bezeichnet dagegen das Rechtsverhältniß, dessen Gegenstand die einen Bestandtheil der an einander grenzenden Grundstücke bildenden Grenzanlagen sind, nicht als Miteigenthum, sondern als eine gemeinschaftliche Berechtigung zur Benutzung der Grenzanlagen (§ 921) und bestimmt den Inhalt dieser Berechtigung im § 922 im Wesentlichen übereinstimmend mit dem pfälzischen Rechte. Insbesondere gewährleistet es den dauernden Bestand der Grenzanlage, dem im pfälzischen Rechte die Ausschließung der Theilbarkeit dient, dadurch, daß es die Beseitigung oder Aenderung der Grenzeinrichtung so lang untersagt, als einer der Angrenzer, der an deren Fortbestand ein Interesse hat, widerspricht. S. 195.

Der Entwurf geht davon aus, daß diese Vorschriften des Bürgerlichen Gesetzbuchs zufolge des Artikel 181 Abs. 1 des Einführungsgesetzes mit dessen Inkrafttreten auf das bestehende Eigenthum Anwendung finden, und an die Stelle der Vorschriften des pfälzischen Rechts über die mitoyenneté und über sonstige Grenzanlagen treten, daß also für eine landesgesetzliche Vorschrift dieses Inhalts kein Raum ist.

Artikel 22.

Die zur Zeit der Einführung des Grundbuchs bestehenden Grunddienstbarkeiten bedürfen nach Artikel 187 Abs. 1 des Einführungsgesetzes zum Bürgerlichen Gesetzbuche zur Erhaltung der Wirksamkeit gegenüber dem öffentlichen Glauben des Grundbuchs der Eintragung nicht, wenn nicht die Landesgesetzgebung sie dem Eintragungszwang unterwirft. Für Bayern ist dieß zunächst nicht in Aussicht genommen. Von der Herstellung des Grundbuchs an finden daher zum Schutze der Ausübung der bestehenden Grunddienstbarkeiten die Vorschriften des Artikel 191 Abs. 2 des Einführungsgesetzes Anwendung. Bis zur Herstellung des Grundbuchs dagegen bleiben nach Artikel 191 Abs. 1 die bisherigen Gesetze über den Schutz im Besitze von Grunddienstbarkeiten in S. 196.
Geltung, falls nicht nach Artikel 218 die Landesgesetzgebung ein Anderes verfügt.

Das pfälzische Recht ordnet den Schutz im Besitz einer Grunddienstbarkeit im Wesentlichen in derselben Weise, wie den Schutz im Sachbesitz; insbesondere finden die Vorschriften des Artikel 170 des Gesetzes zur Ausführung der Reichs-Civilprozeßordnung und Konkursordnung auf beide Anwendung. Für den Sachbesitz treten die bisherigen Gesetze mit dem Inkrafttreten des Bürgerlichen Gesetzbuchs außer Kraft (Art. 180 des E.-G. zum B. G.-B). Die bisher für den Besitzschutz im Allgemeinen geltenden Bestimmungen würden also von diesem Zeitpunkt an sich auf den Schutz der Grunddienstbarkeiten beschränken. Dazu kommt, daß die Geltung der bisherigen Vorschriften nur von kurzer Dauer sein würde; denn mit der Einführung des Grundbuchrechts müßten sie doch verschwinden. Es erscheint daher zweckmäßig, sofort mit dem Inkrafttreten des Bürgerlichen Gesetzbuchs in Ansehung des Schutzes der bestehenden Grunddienstbarkeiten diejenigen Bestimmungen in Geltung treten zu lassen, die ohnehin nach der Herstellung des Grundbuchs in Geltung treten werden. Demgemäß erklärt der Artikel 22 die im Artikel 191 Abs. 2 zum Schutze der Ausübung einer Grunddienstbarkeit gegebenen Vorschriften auch für die Zeit vor

S. 196. der Herstellung des Grundbuchs für anwendbar. Der Artikel 170 des Gesetzes zur Ausführung der Reichs-Civilprozeßordnung und Konkursordnung kann hienach mit dem Inkrafttreten des Bürgerlichen Gesetzbuchs beseitigt werden (Art. 33).

II. Vorschriften über die Anlegung des Grundbuchs.

Artikel 23.

Die Eintragung der auf den Grundstücken ruhenden Belastungen in das Grundbuch geschieht im Anlegungsverfahren — im Gegensatze zur Eintragung des Eigenthums — nicht von Amtswegen, sondern ist von der Anmeldung der Betheiligten abhängig gemacht. Wer ein ihm zustehendes Recht in das Grundbuch eintragen lassen will, hat es im Anlegungsverfahren bei dem Amtsgericht anzumelden; Rechte, die nicht zur Anmeldung gelangen, werden nicht eingetragen. Sie erlöschen infolge hievon zwar nicht, aber sie müssen den öffentlichen Glauben des Grundbuchs gegen sich gelten lassen. Soweit dieser nicht entgegensteht, kann das Recht auch nach der Herstellung des Grundbuchs noch eingetragen werden.

Wenn das Gesetz über den Rang eines solchen erst nach der Anlegung des Grundbuchs zur Eintragung gelangenden Rechts keine Bestimmungen träfe, so behielte das Recht auch gegenüber den im Anlegungsverfahren angemeldeten und eingetragenen Rechten den ihm nach den bisherigen Gesetzen zustehenden Rang (Art. 184 des E.-G. zum B. G.-B.). Geht dieser dem Range der auf Grund der Anmeldung eingetragenen Rechte vor, so könnte im Wege der Berichtigung des Grundbuchs der dem nicht angemeldeten Rechte zustehende Rang auch nachträglich im Grundbuch ersichtlich gemacht werden. Dieß ist unbedenklich, solange nicht neue Rechte in das Grundbuch eingetragen worden sind. Andernfalls aber kommt man zu schwer lösbaren Verwickelungen; denn sind inzwischen neue Rechte eingetragen worden, deren Erwerber von dem Bestehen des alten nicht eingetragenen Rechts keine Kenntniß hatten, so gehen die neuen Rechte dem alten im Range vor, während letzteres hinwieder auf Grund seines alten Ranges den im Anlegungsverfahren eingetragenen Rechten vorgeht. Eine solche Gestaltung des Rangverhältnisses müßte zu einer Quelle von Rechtsstreiten werden. Es empfiehlt sich daher, gesetzlich einzugreifen und zu bestimmen, daß die Rechte, die im Anlegungsverfahren nicht angemeldet werden, im Range hinter die zur Anmeldung kommenden auch dann zurückzutreten haben, wenn sie an sich und Kraft der bisherigen Gesetze ihnen vorgingen. Für das Verhältniß der Rechte, die im Anlegungsverfahren überhaupt nicht angemeldet werden, zu einander bleibt der Rang maßgebend, der ihnen nach dem bisherigen Recht im Verhältnisse zu einander zukommt. Der Nothwendigkeit, ein bestehendes Recht zur Erhaltung seines Ranges im Anlegungsverfahren anzumelden, entspricht die dem Eigenthümer des belasteten Grundstücks im Artikel 26 des Entwurfs auferlegte Verpflichtung, die Bewilligung zur Eintragung des Rechts in das Grundbuch zu ertheilen.

Durch die Anmeldung wird den angemeldeten Rechten nur der bestehende Rang gewahrt. Wird daher eine Hypothek angemeldet, ehe sie in das Hypothekenbuch eingeschrieben ist, so wahrt ihr die Anmeldung nur den Rang, den sie durch eine spätere, noch im Laufe des Anlegungsverfahrens erfolgende Einschreibung erhält. Für Vorzugsrechte, die zur Zeit der Anmeldung noch nicht eingeschrieben sind, ergibt sich, daß, wenn sie innerhalb der gesetzlichen Frist S. 196. von fünfundvierzig Tagen im Laufe des Anlegungsverfahrens eingeschrieben werden, der Rang vom Tage der Entstehung an gewahrt wird. Die Auflösungsrechte nach Artikel 2 des Gesetzes vom 26. April 1888 stehen unter den für die Vorzugsrechte geltenden Normen.

Da von dem Tage an, an dem das Grundbuch als angelegt anzusehen ist, eine Einschreibung in das Hypothekenbuch mit den von der bisherigen Gesetzgebung daran geknüpften Folgen nicht mehr vorgenommen werden kann, so vermögen Hypotheken, die an diesem Tage nicht eingeschrieben sind, durch die Anmeldung einen Rang überhaupt nicht zu wahren; hier ist die Anmeldung belanglos, die Hypothek verwandelt sich nach dem Artikel 1 Abs. 2 in einen persönlichen Anspruch. Das Gleiche hat aber auch für Vorzugsrechte zu gelten, und zwar selbst in dem Falle, daß an dem genannten Tage die fünfundvierzigtägige Wahrungsfrist noch im Lauf ist. Denn mit dem Tag, an dem das Grundbuch als angelegt gilt, hört der Lauf dieser Frist auf.

Es ist nicht zu verkennen, daß hiedurch unter Umständen Personen, die kurz vor diesem Zeitpunkte Rechte an Grundstücken erwerben, in die Lage kommen, die Anmeldung und Einschreibung mit größter Eile betreiben zu müssen, wenn sie sich vor Nachtheil schützen wollen. Aufgabe der Notare wird es insbesondere sein, hier den Betheiligten mit Rath und That an die Hand zu gehen. Aber die Thätigkeit der Betheiligten allein würde nicht ausreichen, es muß daher die Gesetzgebung ihnen zu Hilfe kommen. Dieß geschieht durch die Vorschrift des Artikel 2, auf dessen Begründung hier Bezug genommen wird.

Artikel 24.

Erlangte die Vorschrift des Artikel 23 uneingeschränkt Geltung, so wäre zu befürchten, daß viele Anmeldungen erst gegen das Ende des Anlegungsverfahrens, also kurz vor dem Tage einliefen, von dem an das Grundbuch als angelegt anzusehen ist. Hiedurch würde der ordnungsgemäße Fortgang des Verfahrens gestört und die rechtzeitige Fertigstellung des Grundbuchs in Frage gestellt. Es muß deßhalb dafür Sorge getragen werden, daß die Anmeldungen in der || Hauptsache schon in einem früheren Abschnitte des Verfahrens erfolgen. S. 197. Dieß wird durch die Bestimmung einer Ausschlußfrist erreicht, mit deren Versäumung ein bestimmter Rechtsnachtheil verknüpft wird. Der Artikel 24 Abs. 1 bestimmt diesen Rechtsnachtheil dahin: Rechte, die bis zum Ablaufe der Ausschlußfrist nicht angemeldet sind, erleiden eine Einbuße an ihrem Range, indem die innerhalb der Frist zur Anmeldung gekommenen Rechte ihnen vorgehen.

Da die Ausschlußfrist jeweils auf mehrere Monate erstreckt werden wird, so sind die Inhaber der anmeldungspflichtigen Rechte sehr wohl in der Lage, sich vor Nachtheilen zu schützen. Allein zur Unbilligkeit kann die Vorschrift des Artikel 24 Abs. 1 dann werden, wenn das Recht so kurze Zeit vor dem Ablaufe der Ausschlußfrist erworben worden ist, daß die Anmeldung im Anlegungsverfahren nicht mehr erfolgen kann. Für solche Fälle sieht der Abs. 2 eine zehntägige Nachfrist vor, innerhalb welcher die Anmeldung mit der gleichen Wirkung erfolgen kann, wie vor dem Ablaufe der Ausschlußfrist. Um aber zu verhüten, daß sich in diesen zehn Tagen Anmeldungen, die an sich schon früher hätten vorgenommen werden können, in geschäftsstörender Weise zusammendrängen, soll die verlängerte Anmeldungsfrist nur für solche Rechte gewährt werden, die erst in den letzten zehn Tagen vor dem Ablaufe der Ausschlußfrist erworben worden sind.

S. 197.

Artikel 25.

Was in den Artikeln 23, 24 für Rechte, die ein Grundstück belasten, vorgeschrieben ist, muß auch für diejenigen Rechte gelten, die an solchen Belastungen bestehen, weil diese, wenn sie nicht eingetragen werden, ebenfalls den öffentlichen Glauben des Grundbuchs gegen sich gelten lassen müssen. Ist also z. B. eine Hypothekforderung verpfändet, so kann der Pfandgläubiger sein Pfandrecht während des Anlegungsverfahrens zur Anmeldung bringen, und er wahrt ihm durch rechtzeitige Anmeldung den ihm nach den bisherigen Gesetzen zukommenden Rang. Wird das Pfandrecht aber nicht zur Anmeldung gebracht, so tritt es im Range hinter die angemeldeten Rechte zurück. Hat etwa der Inhaber der Hypothekforderung diese nach der Verpfändung unter Verschweigung dieses Umstands auf einen Anderen übertragen, so ist dem Erwerber gegenüber die Verpfändung wirkungslos, wenn zwar der Erwerber, nicht aber der Pfandgläubiger sein Recht an der Hypothekforderung im Anlegungsverfahren anmeldet.

Artikel 26.

Die nach den bisherigen Gesetzen begründeten dinglichen Rechte an einem Grundstücke bedürfen theils der Eintragung in ein öffentliches Buch überhaupt nicht, theils bedürfen sie zwar zur Wirksamkeit gegen Dritte der Eintragung, diese erfolgt aber, ohne daß die Bewilligung des Eigenthümers des belasteten Grundstücks erforderlich ist. Nach den bisherigen Gesetzen besteht hienach für den Eigenthümer keine Verpflichtung, die Bewilligung zur Eintragung eines an seinem Grundstücke bestehenden Rechts in ein öffentliches Buch zu ertheilen. Dem Bürgerlichen Gesetzbuch und der Grundbuchordnung gegenüber wird diese Rechtslage nach zweifacher Richtung geändert, und zwar auch hinsichtlich der schon bestehenden dinglichen Rechte:

1. sie bedürfen — abgesehen von den bestehenden Grunddienstbarkeiten — zur Wirksamkeit gegenüber dem öffentlichen Glauben des Grundbuchs der Eintragung,
2. die Eintragung erfolgt nur mit Bewilligung des Eigenthümers.

Ist das Grundbuch angelegt, so kann der Berechtigte die Bewilligung der Eintragung seines Rechts nach Maßgabe der §§ 894 ff. des Bürgerlichen Gesetzbuchs erzwingen. Anders liegt das Rechtsverhältnis im Anlegungsverfahren. Hier muß die Gesetzgebung eingreifen, wenn der Berechtigte vor Nachtheil geschützt werden soll. Denn sieht sich dieser zur Wahrung seines Rechts in die Nothwendigkeit versetzt, im Anlegungsverfahren die Eintragung in das Grundbuch herbeizuführen, so darf die Eintragung nicht von dem guten Willen des Eigenthümers abhängen; es muß daher dem Eigenthümer die gesetzliche Pflicht auferlegt werden, die Eintragung zu bewilligen, wenn die Belastung zu Recht besteht. Zwar soll die Einwilligung des Eigenthümers durch den Nachweis des Rechts ersetzt werden, allein es ist auch der nicht seltenen Fälle zu gedenken, in denen der Nachweis der Entstehung eines Rechts mit Weitläufigkeiten und Schwierigkeiten verbunden ist. In solchen Fällen soll der Berechtigte verlangen können, daß der Eigenthümer die Eintragungsbewilligung ertheilt; im Weigerungsfall ist sie im Prozeßweg erzwingbar.

Die Bestimmung des Artikel 26 bezieht sich auch auf Rechte an solchen Grundstücken, die vom Buchungszwange befreit sind (vergl. § 90 der Grundbuchordnung). Mittelbar wird hiedurch auf den Eigentümer des befreiten Grundstücks ein Zwang zur Eintragung des Grundstücks selbst geübt.

Die Vorschrift des Artikel 26 beschränkt sich nicht auf solche Rechte, die S. 197.
zur Erhaltung der Wirksamkeit gegenüber dem öffentlichen Glauben des Grundbuchs der Eintragung bedürfen, sondern sie umfaßt alle Rechte, deren Eintragung der Berechtigte nach den künftigen Vorschriften verlangen kann; dieß hat nach Artikel 187 Abs. 1 des Einführungsgesetzes Bedeutung für die bestehenden Grunddienstbarkeiten.

Was für die Rechte an Grundstücken gilt, muß auch für die an solchen Rechten etwa bestehenden Rechte gelten. Diesem Gedanken trägt der zweite Absatz Rechnung.

Artikel 27.

Nach den bisherigen Gesetzen obliegt die Beurkundung von rechtsgeschäftlichen Erklärungen der Parteien dem Amtsgerichte nur in beschränktem Maße. Bei der Anlegung des Grundbuchs aber ist es geboten, dem anlegenden Gerichte die Zuständigkeit zur Beurkundung solcher Erklärungen beizulegen, welche die Betheiligten, um eine Eintragung in das Grundbuch zu ermöglichen, bei ihrer Vernehmung vor Gericht abgeben wollen. Nach dem geltenden Rechte ist die Beurkundung von rechtsgeschäftlichen Erklärungen in Sachen der freiwilligen Gerichtsbarkeit der Hauptsache nach Aufgabe der Notare. Wollte man diese Zuständigkeit auch im Anlegungsverfahren den Notaren ausschließlich belassen, so müßten die Betheiligten häufig vom Amtsgerichte weg zum Notare gehen, um ihre Erklärungen zu Protokoll zu geben. Hierin läge nicht nur eine erhebliche Erschwerung und Verzögerung des Anlegungsverfahrens, sondern die Betheiligten würden auch aus Anlaß der Anlegung des Grundbuchs mit Kosten belastet, während doch das ganze Anlegungsverfahren grundsätzlich für die Betheiligten kostenlos sein soll.

Der Entwurf will daher die Betheiligten in den Stand setzen, die etwa nothwendig werdenden Erklärungen bei dem Amtsgerichte zu Protokoll zu geben, und legt diesen Beurkundungen die gleiche rechtliche Wirksamkeit bei wie den notariellen. Dabei wird hinsichtlich der zu beurkundenden ‖ Rechtsgeschäfte S. 198.
keine Schranke gezogen; der Entwurf umfaßt einseitige und zweiseitige Rechtsgeschäfte und unter den letzteren alle Arten von Verträgen über Grundstücke und über Rechte an Grundstücken. Damit erleidet der Artikel 219 des Gesetzes zur Ausführung der Reichs-Civilprozeßordnung und Konkursordnung für das Anlegungsverfahren eine Aenderung. Aber diese Aenderung hat nicht die Bedeutung, daß die Betheiligten schlechthin die Wahl hätten, sich für gerichtliche oder für notarielle Beurkundung zu entscheiden. Vielmehr bleibt in der Regel die notarielle Beurkundung geboten; nur wenn im Zusammenhange mit den Verhandlungen vor Gericht eine Erklärung abgegeben wird, die nach sonstigen Bestimmungen wirksam nur in einer notariellen Urkunde niedergelegt werden kann, soll die Beurkundung der Erklärung Seitens des Gerichts nicht um deswillen unterbleiben müssen, weil sonst die Notare zur Aufnahme der Urkunde zuständig sind. So können also z. B. die Betheiligten vor dem Anlegungsgerichte Grenzberichtigungen, den Verkauf eines Grundstücks, die Bestellung eines Nießbrauchs, einer Grunddienstbarkeit vereinbaren und sofort vom Gerichte beurkunden lassen.

Der § 70 des preußischen Gesetzes vom 12. April 1888 über das Grundbuchwesen und die Zwangsvollstreckung in das unbewegliche Vermögen im Geltungsbereiche des Rheinischen Rechts, der eine ähnliche Bestimmung enthält wie der Artikel 27 des Entwurfs, schließt die Zuständigkeit der Amtsgerichte

S. 198. für die Errichtung von Testamenten, Schenkungen und Eheverträgen aus. Diese Beschränkung ist wohl im Wesentlichen dadurch veranlaßt, daß in dem Geltungsbereiche des Gesetzes die Zuständigkeit zur Beurkundung von Rechtsgeschäften den Gerichten allgemein und nicht blos für das Anlegungsverfahren beigelegt ist. In dem Entwurfe dürfte eine solche Beschränkung entbehrlich sein. Indem die dem Amtsgericht eingeräumte Zuständigkeit sich nur auf Beurkundungen von solchen rechtsgeschäftlichen Erklärungen erstreckt, die sich aus Anlaß der Anlegung des Grundbuchs ergeben, ist mit hinreichender Deutlichkeit die Grenze der Zuständigkeit bezeichnet. Testamente und Eheverträge scheiden damit thatsächlich aus dem Kreise der in Betracht kommenden Beurkundungen aus; Schenkungen mögen in vereinzelten Fällen vorkommen, dann besteht aber kein Bedenken, die amtsgerichtliche Zuständigkeit auf deren Beurkundung zu erstrecken.

Nur die Beurkundung ist den Gerichten durch den Artikel 27 übertragen. Damit ist ausgedrückt, daß es nicht Aufgabe des Gerichts sein kann, Vorprüfungen und Ermittelungen hinsichtlich eines erst abzuschließenden Geschäfts anzustellen; diese müssen vielmehr den Betheiligten überlassen bleiben. Die Thätigkeit des Gerichts beschränkt sich darauf, den feststehenden Parteiwillen schriftlich niederzulegen; die beantragte Beurkundung ist daher abzulehnen, solange erst noch Erhebungen oder Verhandlungen vorgenommen werden sollen.

Für die Form der Beurkundung sind Vorschriften nicht gegeben; die Urkunden sind in den gleichen Formen aufzunehmen, in denen sonst gerichtliche Urkunden aufgenommen werden.

Hinsichtlich der Vollstreckbarkeit ist der § 702 Nr. 5 der Civilprozeßordnung, hinsichtlich der Ertheilung vollstreckbarer Ausfertigung ist der § 705 der Civilprozeßordnung maßgebend.

Im Interesse der Beschleunigung des Verfahrens und zur Ersparung der Kosten ist bestimmt, daß es bei den Beurkundungen durch das Amtsgericht der Zuziehung eines Gerichtsschreibers nicht bedarf.

Der Abs. 2 hat die Fälle im Auge, in denen Betheiligte außerhalb des Bezirks des anlegenden Amtsgerichts wohnen. Nach dem Artikel 77 des Ausführungsgesetzes zum Gerichtsverfassungsgesetze haben sich die Gerichte in Angelegenheiten der freiwilligen Gerichtsbarkeit Rechtshilfe zu leisten. Die Rechtshilfe kann im Anlegungsverfahren in fördernder Weise nur dann geleistet werden, wenn das ersuchte Amtsgericht in gleicher Weise zuständig ist wie das ersuchende. Da die Zuständigkeit im Abs. 1 nur für die anlegenden Gerichte selbst erweitert ist, könnte ein Betheiligter, der in einem anderen Bezirke wohnt, vor dem dortigen Amtsgerichte rechtsgeschäftliche Erklärungen, die nach den bisherigen Gesetzen von den Amtsgerichten nicht beurkundet werden können, nicht zu Protokoll geben. Aber diese Möglichkeit soll insbesondere für die Eintragungsbewilligungen geschaffen werden.

Indem der Abs. 2 jedes ersuchte Amtsgericht für zuständig erklärt, unterscheidet er nicht, ob sich das Amtsgericht in den Landestheilen rechts oder in den Landestheilen links des Rheins befindet. Es sollen also auch vor den rechtsrheinischen Gerichten im Anlegungsverfahren Beurkundungen der im Abs. 1 bezeichneten Art auf Ersuchen des Anlegungsgerichts vorgenommen werden können.

Artikel 28.

Könnten die den Amtsgerichten obliegenden Anlegungsarbeiten nur durch richterliche Beamte vorgenommen werden, so würde die Einführung des Grundbuchs einen ungewöhnlich hohen Kostenaufwand erfordern und die Vollendung der Anlegung würde empfindlich verzögert. Es ist daher unerläßlich, nach

dem Vorgang anderer Bundesstaaten zur Unterstützung der Richter auch nicht- S. 198.
richterliche juristische Kräfte heranzuziehen. Diese bieten sich in den geprüften Rechtspraktikanten. Der Artikel 28 sieht vor, daß solche mit den Vorbereitungsarbeiten für die Herstellung des Grundbuchs beauftragt werden können. Unter den Vorbereitungsarbeiten ist jede Thätigkeit im Anlegungsverfahren bis zur endgiltigen Eintragung in das Grundbuch — diese nicht miteinbegriffen — zu verstehen, wie z. B. die Vorbereitung der Ladungen, die Vernehmungen, die Ermittelungen zur Feststellung des Eigenthums und der hypothekarischen Belastungen, die Entgegennahme von Anmeldungen und Eintragungsbewilligungen, die Beurkundung der Erklärungen der Betheiligten, die Erlassung der Bekanntmachungen u. s. w.

Die Verwendung der Rechtspraktikanten ist so gedacht, daß das Staatsministerium der Justiz zunächst einzelne Rechtspraktikanten, die dem Gerichte zur Erledigung der Anlegungsarbeiten beigegeben werden, mit den Vorbereitungsarbeiten für die Herstellung des Grundbuchs allgemein beauftragt. Sache des mit der Anlegung befaßten Richters wird es dann sein, die Rechtspraktikanten nach dem Umfange der zu bewältigenden Anlegungsgeschäfte entweder zu einzelnen Arbeiten oder zu einem geschlossenen Kreise von Geschäften heranzuziehen. Die ihm so übertragenen Arbeiten hat der Rechtspraktikant selbständig zu erledigen, vorbehaltlich der Befugniß des Richters, sie im einzelnen Falle nachzuprüfen und, wenn nöthig, zu ergänzen; insbesondere soll der Rechtspraktikant zur Vornahme der im Artikel 27 Abs. 1 bezeichneten Beurkundungen in gleicher Weise wie der Richter zuständig sein, und wenn ihm die Feststellung der Eigenthumsverhältnisse an Grundstücken übertragen ist, so soll er selbständig darüber zu befinden haben, ob das Eigenthum glaubhaft gemacht ist, ohne daß der Richter zu einer Nachprüfung verpflichtet ist. Die eidliche Vernehmung von Zeugen nnd die Verhängung von Strafen müssen aber dem Richter vorbehalten bleiben.

Artikel 29, 30. S. 199.

Im Anlegungsverfahren wird es häufig vorkommen, daß zur Feststellung des Eigenthums an einem Grundstück oder zur Feststellung der ein Grundstück belastenden Rechte auf den Inhalt notarieller Urkunden zurückgegriffen werden muß, die den Betheiligten nicht zur Hand sind. Wollte man in solchen Fällen immer eine Abschrift der Notariatsurkunde verlangen, so würde dieß das Verfahren sehr verzögern und nicht unerhebliche Kosten verursachen. Es ist daher geboten, in allen geeigneten Fällen das Gericht in die Lage zu setzen, sich auf dem einfachsten Wege Kenntniß von dem Inhalt einer Notariatsurkunde zu verschaffen, sei es daß das Gericht sich die Urkunde kurzer Hand vom Notare zur Einsichtnahme erholt, sei es daß es den Notar um Auskunft über den Inhalt angeht.

Angesichts der Bestimmungen des pfälzischen Notariatsgesetzes ist es zur Ausschließung von Zweifeln geboten, durch Gesetz die Verpflichtung der Notare festzustellen, diesen Ersuchen zu entsprechen. Von der Anfertigung einer Abschrift der an das Gericht auszuhändigenden Urkunden kann Umgang genommen werden, weil die Urkunden dem Gerichte nur zu vorübergehendem Gebrauche zugehen und das Gericht gehalten ist, sie nach dem Gebrauche sofort dem Notare zurückzusenden.

Mit der Unentgeltlichkeit des ganzen Anlegungsverfahrens hängt es zusammen, daß für die Erledigung solcher Ersuchen den Notaren eine Gebühr nicht gewährt wird.

S. 199. Hinsichtlich der Hypothekenbewahrer liegen die Verhältnisse ganz ähnlich wie hinsichtlich der Notare, es rechtfertigen sich also für sie die gleichen Bestimmungen. Die besonderen Gebühren, die für die Anfertigung der Hypothekenlisten und die Aushändigung der Bordereaux an das Amtsgericht durch die Verordnung vom 4. Juni 1897, die Feststellung der hypothekarischen Belastung bei Anlegung des Grundbuchs in der Pfalz betreffend (Ges.- und Verordn.-Bl. S. 213), den Hypothekenbewahrern bewilligt sind, werden durch die Vorschrift des Artikel 30 Abs. 2 nicht beeinflußt.

Artikel 31.

Die Mitwirkung der Gemeindebehörden im Anlegungsverfahren ist im Interesse der Beschleunigung und der Kostenersparung von großer Bedeutung. In Betracht kommt hier in erster Linie die Vermittelung des Verkehrs zwischen den Gerichten und den Betheiligten. Sodann ist die Gemeindebehörde vor Anderen befähigt, dem Gericht Aufschlüsse über die Rechtsverhältnisse der einzelnen im Gemeindebezirke liegenden Grundstücke zu ertheilen. Insbesondere aber werden die Gemeindebehörden bei der Glaubhaftmachung des Eigenthums an einem Grundstücke förderliche Dienste leisten können. Die Fälle werden nicht selten sein, daß der im Kataster als Besitzer Bezeichnete Eigenthümer des Grundstücks ist, ohne in der Lage zu sein, eine Erwerbsurkunde vorzulegen. Hier soll die Glaubhaftmachung des Eigenthums dadurch ermöglicht werden, daß die Gemeindebehörde dem Eigenthümer eine Eigenthumsbescheinigung ausstellt. Diese Bescheinigung wird sich darüber auszusprechen haben, ob der im Kataster als Besitzer Bezeichnete in der Gemeinde als Eigenthümer gilt, wobei in Betracht zu ziehen sein wird, ob er das Grundstück wirklich im Besitze hat, wie lang der Besitz des jetzigen Besitzers und seiner Rechtsvorgänger schon dauert und ob Ansprüche Anderer auf das Gruudstück nicht bekannt geworden sind. Den Gemeindebehörden wird es unter Zuziehung der Feldgeschworenen, der Flurschützen und der Gemeindeeinnehmer nicht schwer fallen, derartige Eigenthumsbescheinigungen auszustellen.

Bei der Regelung des Anlegungsverfahrens wird davon ausgegangen werden, daß die Vernehmungen zur Feststellung des Eigenthums und der dinglichen Rechte an den Grundstücken regelmäßig nicht am Sitze des Gerichts, sondern in den Ortschaften des Bezirks stattfinden. Da hiedurch den Angehörigen der einzelnen Gemeinden eine große Ersparniß an Zeit und Kosten geboten ist, so ist es nicht unbillig, die Gemeinden zu verpflichten, unentgeltlich dem Gerichte geeignete Vernehmungsräumlichkeiten zur Verfügung zu stellen, sowie für die Beheizung, Beleuchtung und Reinigung der Räumlichkeiten Sorge zu tragen.

Artikel 32.

Da die Anlegung des Grundbuchs im öffentlichen Interesse erfolgt, so muß das Verfahren, einschließlich der Beurkundungen nach Artikel 27 Abs. 1 und der Eintragung in das Grundbuch, kostenfrei sein. Durch den Artikel 32 wird nicht nur die Freiheit von Gebühren gewährt, sondern es werden auch die baaren Auslagen auf die Staatskasse übernommen.

Artikel 33.

Die Begründung der Schlußbestimmung ist aus den Ausführungen zum Artikel 22, zu den Artikeln 3 bis 5 und zum Artikel 10 zu entnehmen.

5.

Verhandlungen der freien Kommission.

I.

Protokoll

über die 1. Sitzung der freien Kommission zur Berathung des Entwurfes eines Gesetzes über das Liegenschaftsrecht in der Pfalz.

(Beilage Nr. 1080 z. d. Verhandl. d. K. d. Abg. 1898 Bd. XVI S. 269 bis 277.)

München, den 14. Mai 1898. S. 269.

Gegenwärtig:

a) als Vertreter der k. Staatsregierung der k. Oberregierungsrath Schneider;

b) die Kommissionsmitglieder:

Brünings, Vorsitzender, Michel, Schriftführer, Dr. Andreae, Dr. Deinhard, Diehl, Dr. Jäger, Kaub, Kuby, Leinenweber, Schloßstein, Wenz.

Nach einleitenden Worten des Herrn Abg. **Brünings** wird dieser auf Vorschlag des Herrn Abg. **Kuby** als Vorsitzender, Herr Abg. **Michel** als Schriftführer gewählt. Zur Berichterstattung an das Plenum erklärt sich Abg. **Kuby** bereit.

In der hierauf eröffneten **Generaldiskussion** nimmt zunächst das Wort

Oberregierungsrath **Schneider**: Der Entwurf hat den Zweck, die Einführung in das neue Liegenschaftsrecht des Bürgerl. Gesetzbuchs zu ermöglichen. Ich darf vielleicht kurz daran erinnern, daß unser jetziges Liegenschaftsrecht in seiner ursprünglichen Gestalt im Wesentlichen formlos war. Sie wissen, daß man früher Eigenthum an Grundstücken erwerben und dingliche Rechte an Grundstücken, wie z. B. Grunddienstbarkeiten, Nießbrauchrechte begründen konnte, ohne daß eine Förmlichkeit einzuhalten war. Nur für die Hypotheken bestand eine Ausnahme. In diesem Rechtszustand ist erst im Jahre 1879 durch das Ausführungsgesetz zur Civilprozeßordnung eine Aenderung eingetreten, indem der Notariatszwang für alle Verträge eingeführt wurde, die Grundstücke zum Gegenstand haben. Von da an konnten Rechte an Liegenschaften nur auf Grund eines Notariatsaktes vertragsmäßig begründet werden. In Bezug auf die Hypotheken, unter welchen auch die Privilegien mitzubegreifen sind, schreibt unsere Gesetzgebung außerdem vor, daß sie zur Wirksamkeit gegen Dritte in öffentliche Bücher, die Hypothekenbücher, eingeschrieben werden müssen. Die Hypothekenbücher der Pfalz weisen nicht den Grundbesitz aus, den eine Person in einem bestimmten Bezirke hat, sondern sie umfassen nichts weiter als die Hypotheken, die auf den im Hypothekenamtsbezirk gelegenen Grundstücken errichtet sind; auch hat die Einschreibung in den Büchern nicht die Bedeutung, daß durch die Einschreibung die Hypothek erst zur Entstehung kommt; die Hypothek entsteht vielmehr durch den Vertrag oder durch Gesetz oder durch Urtheil, und die Einschreibung hat nur die Bedeutung,

S. 269. daß auch Dritten gegenüber die Hypothek wirksam wird. Dieses System des französisch-pfälzischen Rechts heißt man das Inskriptionssystem. Die Mängel dieses Systems sind in der Pfalz selbst schon frühzeitig erkannt worden und man hat bereits in den 30er Jahren versucht, die bessernde Hand anzulegen. Es wurde damals ein Gesetzentwurf ausgearbeitet, der im Wesentlichen die Grundsätze enthalten hat, die späterhin in mehreren anderen Gebieten des französischen Rechts Gesetz wurden und die theilweise schon Anklänge an das Grundbuchsystem enthalten. Aber dieser Gesetzentwurf kam deßhalb zu Fall, weil man sich in der Pfalz unbedingt weigerte, in das geschlossene System des damals noch ungeschwächten französischen Rechts eine Lücke zu legen. Die späteren Versuche, die bestehenden Mängel des geltenden Hypothekenrechts zu beseitigen, bezogen sich immer nur auf Einzelheiten, am weitestgehenden im Gesetz vom Jahre 1888, das die Grundsätze der Publizität und Spezialität im Hypothekenbuch ganz durchgeführt hat. So haben wir die eigenthümliche Erscheinung, daß, während alle anderen Gebiete des französischen Rechts das System des Code civil längst verlassen haben, die Pfalz das einzige Land ist, in welchem dieses wenigstens in seinen Grundzügen noch besteht. Schon dieser geschichtliche Rückblick wird genügen, um zu zeigen, welch' großer Fortschritt darin liegt, daß wir nun dieses als fehlerhaft und ungenügend erkannte System verlassen und zu einem anderen System, dem Grundbuchsystem, übergehen können. Im Wesentlichen unterscheidet sich dieses System vom französischen dadurch, daß

1. kein Recht an einem Grundstück künftig mehr zur Entstehung gelangen kann, ohne daß es im Grundbuch eingetragen ist — im Gegensatz zum französischen Recht, wo die Eintragung, soweit sie überhaupt verlangt wird, nicht zur Entstehung, sondern lediglich zur Wirksamkeit gegen Dritte erforderlich ist — und
2. daß das Grundbuch öffentlichen Glauben hat.

Wohl hat auch das pfälzische Hypothekenbuch in gewissem Sinne öffentlichen Glauben, aber nur nach negativer Richtung, d. h. in der Art, daß Hypotheken, die nicht eingeschrieben sind, Dritten gegenüber nicht wirken. Wenn also Jemand in der Pfalz einen Hypothenbuchsauszug erhält und es stehen Hypotheken nicht darin, so kann er sich darauf verlassen, daß die Hypotheken ihm gegenüber nicht geltend gemacht werden können. Der öffentliche Glaube des Hypothekenbuchs ist aber nicht positiv in dem Sinne, daß das, was im Hypothekenbuch steht, auch als wahr angenommen wird; die Einschreibung gibt keine Vermuthung für das Bestehen des Rechts. Es ist bekannt, daß im Hypothekenbuche der Pfalz viele Hunderte von Hypotheken stehen, die längst erloschen sind, und ebenso ist es denkbar, daß Hypotheken bestehen, ohne eingetragen zu sein. Die positive Seite des öffentlichen Glaubens ist also im französischen System nicht ausgebildet. Im Grundbuchsystem wird nun auch die positive Seite ihre Ausbildung erfahren, d. h. es soll jede Eintragung im Grundbuch die Vermuthung der Richtigkeit für sich haben und es soll Jedermann, der im guten Glauben an diese Eintragung ein eingetragenes Recht erwirbt, dieses Recht auch dann erwerben, wenn es in Wirklichkeit nicht besteht.
S. 270. Der Vortheil, den dieser öffentliche Glaube des || Grundbuchs bietet, liegt darin, daß der Liegenschaftsverkehr sich auf die Eintragungen im Buche unbedingt verlassen kann und daß Rechtsverhältnisse, die außerhalb des Buches sich vollziehen, den gutgläubigen Erwerbern gegenüber bedeutungslos sind. Wenn also ein Gläubiger das Grundbuch einsieht, so sieht er nicht nur in

verlässiger Weise, welche Belastungen an dem Grundstücke bestehen, sondern S. 270.
wer ein Grundstück kaufen oder ein eingetragenes Recht erwerben will, ist in der Lage, sich vollständig aus dem Buche selbst über die Rechtsverhältnisse an den Grundstücken zu unterrichten.

Um aber zu dem Grundbuchsystem übergehen zu können, ist erforderlich, daß im Gegensatz zu den bisherigen Büchern die künftigen Grundbücher nicht nur die Hypotheken aufweisen, sondern alle Rechte an Grundstücken, und darin liegt der erste einschneidende Unterschied zum heutigen Rechte. Das künftige Grundbuch soll alle Rechtsverhältnisse, die an Grundstücken bestehen, zur Darstellung bringen. Es muß daher in erster Linie eingetragen werden das Eigenthum. Es ist zweitens nöthig, daß alle dinglichen Belastungen eingetragen werden, Hypotheken, Nießbrauchrechte 2c.; für Grunddienstbarkeiten besteht eine Ausnahme. Während aber in den Landestheilen rechts des Rheins an den bestehenden Hypothekenbüchern eine Grundlage vorhanden ist, auf der weiter gebaut werden kann, steht man in der Pfalz sozusagen vor dem Leeren. Wir müssen dort von Grund aus neu aufbauen und es bleibt nichts übrig, als daß in einem eigenen Verfahren von Gemeinde zu Gemeinde, von Plannummer zu Plannumer vorgeschritten wird, indem die Rechtsverhältnisse an jedem einzelnen Grundstück festgestellt werden, ehe zur Eintragung in das Grundbuch geschritten werden kann.

Nun erhebt sich in erster Linie die Frage: wie bringen wir das Eigenthum zur Eintragung, wie lernen wir überhaupt die Eigenthümer der Grundstücke kennen? Da ist man auf das Grundsteuerkataster angewiesen. Aber es ist bekannt, daß das Grundsteuerkataster mangelhaft ist. Es wird daher nicht Jedermann, der im Grundsteuerkataster als Besitzer vorgetragen ist, eben wegen dieses Umstandes schon als Eigenthümer in das Grundbuch eingetragen, sondern grundsätzlich wird nur Derjenige als Eigenthümer in das Grundbuch eingetragen, der im Anlegungsverfahren dem anlegenden Beamten sein Eigenthum an dem Grundstücke glaubhaft macht. Um den Schwächen des Katasters zu begegnen, sind zur Zeit Verhandlungen zwischen dem Justiz- und dem Finanzministerium eingeleitet, die den Zweck haben, eine allerdings nur beschränkte Berichtigung des Katasters in der Weise vorzunehmen, daß in jeder einzelnen Gemeinde, bevor die Anlegungsarbeiten beginnen, ein Messungsbeamter die Flur begeht, Grundstück für Grundstück mit dem Katastervortrag vergleicht und prüft, 1. ob das Grundstück, das im Kataster unter einer bestimmten Nummer steht, auch in Wirklichkeit vorhanden ist, 2. ob das Grundstück in Wirklichkeit Demjenigen gehört, auf dessen Namen es im Kataster eingetragen ist. Auf Weiteres soll die Messungsbehörde sich nicht einlassen, insbesondere nicht auf die Berichtigung etwaiger Grenzverwirrungen, Aenderungen in der Gestalt u. s. f.; denn das Grundbuch gewährleistet nicht die Größe des Grundstücks, dessen Umfang und Gestalt, sondern nur die Identität. So viel über die Eintragung des Eigenthums.

Was die Belastungen an Grundstücken anlangt, so scheiden die Grunddienstbarkeiten vor Allem aus, weil die bestehenden Grunddienstbarkeiten nur auf Antrag eingetragen werden und es nicht wohl zu erwarten ist, daß die Grunddienstbarkeitsberechtigten häufig von diesem Rechte Gebrauch machen werden, wie denn auch in anderen Gebieten des rheinisch-französischen Rechts, z. B. in den preußischen Rheinlanden und in Elsaß-Lothringen die Dienstbarkeiten in äußerst beschränkter Zahl eingetragen werden. Andere dingliche Rechte dagegen werden in großer Zahl eingetragen werden und hier insbesondere die Hypotheken und an ihnen bestehenden Rechtsverhältnisse. Aber gerade in

S. 270. Ansehung der Hypotheken ist man bei den Anlegungsarbeiten in einer schwierigen Lage, weil unsere Hypothekenbücher vermöge ihrer Einrichtung nicht unmittelbar zu Anlegungszwecken herangezogen werden können; denn sie sind nur nach der Zeitfolge geordnet, nicht aber nach Gemeinde- oder Amtsgerichtsbezirken ausgeschieden. Das Hypothekenbuch enthält von einem bestimmten Tage an beginnend der Reihe nach alle Einschreibungen aus dem ganzen Hypothekenamtsbezirk, d. i. dem Landgerichtsbezirk, so daß man an der Hand des Hypothekenbuchs allein nicht feststellen kann, welche Belastungen auf die Grundstücke einer bestimmten Gemeinde treffen; das läßt sich nur unter Zuhilfenahme verschiedener Register und auch da zum Theil nicht genau feststellen. Nun muß aber bei der Anlegung des Grundbuchs unbedingt ermittelt werden, in welcher Weise jedes Grundstück der anzulegenden Gemeinde mit Hypotheken belastet ist. Der Gläubiger weiß das vielleicht, der Schuldner und Eigenthümer aber nicht; es ist eine bekannte Erfahrung, daß insbesondere die Schuldner vom Lande in der Regel keine genaue Kenntniß davon haben, wie ihre Hypothekverhältnisse gelagert sind. Der anlegende Beamte kann sich also auf die Angaben, die die Eigenthümer über die Belastungen machen, in keiner Weise verlassen, sondern er muß anderweitige, nähere Anhaltspunkte haben, wonach er ermessen kann, welche Hypotheken auf jedem einzelnen Grundstück ruhen. Zu diesem Zweck ist seit 1. Juli v. Js. auf den Hypothekenämtern ein Verfahren eingeleitet, das den Zweck hat, dem anlegenden Richter die Belastungsverhältnisse der einzelnen Gemeinden in geordneter Weise vorzuführen. Es werden Hypothekenlisten angelegt, die Bordereaux, die sich auf Einschreibungen an den Grundstücken des betreffenden Gemeindebezirks beziehen, von den Hypothekenbewahrern ausgehoben und den Amtsgerichten behändigt; auf Grund dieses Materials kann mit Leichtigkeit die Belastung jedes einzelnen Grundstücks festgestellt werden. Mit diesem Rüstzeug versehen, mit einem richtig gestellten Kataster also, dessen Einträge vom Rentamt in ein Flurbuch zusammengestellt werden, und mit den Hypothekenlisten hat der Amtsrichter in das Anlegungsverfahren einzutreten.

Nun werden aber bei den Eintragungen in das Grundbuch die bestehenden Rechte nicht in der Gestalt eingetragen, die sie nach dem jetzigen Rechte haben, sondern in der Gestalt, die sie künftig haben müssen, damit sie den Anforderungen des künftigen Rechts gewachsen sind. Da aber die Rechtsformen des französisch-pfälzischen Rechts und die des künftigen deutschen Rechts in vielen Punkten von einander abweichen, so ist es unerläßlich, die bestehenden Rechtsformen umzuwandeln in die Rechtsformen des Bürgerl. Gesetzbuchs, wobei selbstverständlich immer der Inhalt der Rechte so weit gewahrt werden muß, als dieß überhaupt möglich ist.

Entsprechend diesen zwei Hauptaufgaben des Entwurfs: Eintragung der bestehenden Rechte in den Formen des neuen Rechts und Anlegung des Grundbuchs, zerfällt der Gesetzentwurf in zwei Haupttheile: in Uebergangs- und Anlegungsvorschriften. Ein dritter Abschnitt schließt sich an, der einige entbehrlich werdende Gesetzesvorschriften aufhebt. Die beiden ersten Abschnitte des Entwurfs sind lückenhaft und zwar um deswillen, weil erstens die Uebergangsvorschriften vom alten zum neuen Recht in der Hauptsache schon im Einführungsgesetz zum
S. 271. Bürgerl. Gesetzbuch enthalten || sind und hier nur so weit Bestimmungen getroffen werden können, als dort der Landesgesetzgebung Raum gelassen ist. Und was zweitens die Anlegungsvorschriften des Entwurfs anlangt, so sind diese deßwegen lückenhaft, weil nach dem Einführungsgesetz zum Bürgerl. Gesetzbuch die Bestimmungen über die Anlegung des Grundbuchs nicht durch Gesetz, sondern durch landesherrliche Verordnung getroffen werden; folgeweise wird

im Allgemeinen der Gang des Anlegungsverfahrens durch Verordnung geregelt S. 271.
und die Bestimmungen, die im Entwurfe stehen, sind nur aus dem Grunde in das Gesetz aufgenommen, weil man vielleicht im einzelnen Falle zweifeln konnte, ob sie überhaupt im Wege der Verordnung erlassen werden konnten. Zur Ergänzung der Unvollständigkeit der einzelnen Abschnitte müssen also zum ersten Abschnitte die Uebergangsbestimmungen des Einführungsgesetzes zum Bürgerl. Gesetzbuch, zum zweiten Abschnitt die Vorschriften der noch zu erlassenden Allerhöchsten Verordnung herangezogen werden. Nun hat aber das Einführungsgesetz für die Ueberleitung des Rechts an Grundstücken nicht etwa einheitliche Normen aufgestellt, sondern die Behandlung der Ueberleitung ist in Ansehung der einzelnen Rechte eine sehr von einander abweichende. Während das Eigenthum an Grundstücken sofort von den neuen Bestimmungen erfaßt wird, bleiben die dinglichen Rechte an Grundstücken, also die Dienstbarkeiten, Hypotheken u. s. w. ihrem wesentlichen Inhalt nach bestehen. Dieser Unterschied hat eine für die ganze Gestaltung des Gesetzentwurfs grundlegende Bedeutung gewonnen und nöthigte den Gesetzentwurf, gegenüber den Ueberleitungsbestimmungen in Ansehung des Eigenthums einen anderen Standpunkt einzunehmen, als gegenüber den Ueberleitungsbestimmungen in Ansehung der sonstigen Rechte an Grundstücken.

Was zunächst das Eigenthum angeht, so bestimmt das Einführungsgesetz in Artikel 181, daß mit dem Inkrafttreten des Bürgerl. Gesetzbuchs der Inhalt des Eigenthums sich nach dem neuen Recht bemißt. Die Folge ist, daß diejenigen Rechtsbildungen, welche im französischen Recht als Eigenthum aufgefaßt werden, künftighin nur dann als Eigenthum weiter bestehen können, wenn auch das neue Recht sie ihrem Inhalt nach als Eigenthum anerkennt; andernfalls fallen sie weg. In der That würden einzelne derartige Rechte wegfallen, wenn nicht der Entwurf helfend eingreifen und die Rechte in diejenigen Formen kleiden würde, in welchen sie auch gegenüber den Vorschriften des Bürgerl. Gesetzbuchs bestehen können. Was die anderen Rechte an Grundstücken anlangt, so bleiben diese nach Artikel 184 des Einführungsgesetzes bestehen; für die Hypotheken aber ist eine Sondervorschrift gegeben, sie verwandeln sich nach Artikel 192 in die Hypothekform des Bürgerl. Gesetzbuchs, zunächst also in die Buchhypothek. Die Buchhypothek ist diejenige Hypothek, bei welcher der öffentliche Glaube des Grundbuchs sich auch auf die Forderung bezieht. Neben dieser Buchhypothek gibt es noch die Sicherungshypothek; sie ist diejenige Form der Hypothek, bei welcher der öffentliche Glaube des Grundbuchs sich nicht auf die Forderung erstreckt. Mit anderen Worten ausgedrückt: Zwischen der Sicherungshypothek und der Buchhypothek besteht ein ähnlicher Unterschied wie zwischen dem Wechsel und einer sonstigen Schuldverschreibung. Gleichwie der Wechsel als Verkehrspapier dem Aussteller, dem Verpflichteten Einreden nur in gewissem Umfange zuläßt, ebenso soll bei der Buchhypothek der Hypothekarschuldner Einreden aus der Forderung nur in beschränktem Maße haben. Und wie der Wechselaussteller, wenn er auf den Wechsel schreibt „nicht an Ordre", es verhindert, daß ihm die Einreden gegen Dritte abgeschnitten werden, ebenso hat das Bürgerl. Gesetzbuch eine Form der Hypothek geschaffen, die dem Hypothekarschuldner die Einreden aus der Forderung gegen jeden Hypothekgläubiger wahrt. Diese letzte Form der Hypothek, die Sicherungshypothek, kann für die bestehenden Hypotheken landesgesetzlich an die Stelle der Buchhypothek gesetzt werden. Der Entwurf stand also bei der Umbildung der Hypotheken vor der Frage: Sollen die bestehenden Hypotheken Buchhypotheken oder sollen sie Sicherungshypotheken werden? Er hat sich für die Form der Sicherungshypothek entschieden. Maßgebend hiefür war die Er-

S. 271. wägung, daß unsere jetzigen Hypotheken im Wesentlichen mit den Sicherungshypotheken des neuen Rechts sich decken. Deßhalb sieht Artikel 1 des Entwurfs, zu dem ich mich nun wende, vor, daß die bestehenden Hypotheken als Sicherungshypotheken gelten sollen. Sie werden damit nach Inhalt, Bedeutung und Wirkung im Wesentlichen das bleiben, was sie heute sind, es soll insbesonders die Hypothek dann hinfällig sein, wenn die Forderung, für die sie eingetragen ist, nicht mehr besteht, während die Buchhypothek gutgläubigen Dritten gegenüber auch dann noch als bestehend gilt, wenn die Forderung nicht mehr besteht, soferne sie nicht im Grundbuch gelöscht wird. Zwar sind Stimmen laut geworden in der Pfalz und anderwärts im Gebiete des französischen Rechts, die sich dafür aussprachen, die bestehenden Hypotheken in Buchhypotheken umzuwandeln, weil die Buchhypotheken im Verkehr leichter zu handhaben sind und der Erwerber der Hypothek sich nicht darum zu kümmern braucht, ob die Valuta bezahlt ist, ob die Forderung noch besteht u. s. w. Diese größere Verkehrsfähigkeit der Buchhypothek hat namentlich in Bankkreisen den Wunsch rege werden lassen, daß unsere bestehenden Hypotheken in Buchhypotheken umgewandelt würden. Der Entwurf hat geglaubt, das nicht thun zu sollen. Die Hypotheken sind nun einmal bis jetzt keine Verkehrshypotheken und sollen es auch nicht werden, solange die Betheiligten, Gläubiger und Schuldner, das nicht wollen. Der Entwurf will den bestehenden Hypotheken die Verkehrsfähigkeit nicht aufzwingen; das Bürgerl. Gesetzbuch aber gibt den Betheiligten die Möglichkeit, durch Vereinbarung die Hypothek in eine Buchhypothek umzuwandeln; wenn also das Bedürfniß hervortritt, der Hypothek Verkehrsfähigkeit zu geben, so sind die Mittel da, es zu thun. Ich glaube, daß das Vorgehen des Entwurfs namentlich den Kreditverhältnissen auf dem Lande entspricht. Denn hätte man die Buchhypothek als Ersatz für die bestehenden Hypotheken eingeführt, so wären insbesonders die ländlichen Schuldner unter Umständen sehr schwer gefährdet. Hat z. B. Jemand auf seinem Grundstück eine Hypothek für 600 M. und er bezahlt 300 M. ab, läßt aber für diesen Theilbetrag nicht löschen, wie das ja in der Pfalz bisher gewöhnlich der Fall ist, so wäre, wenn eine Buchhypothek vorläge, zwar die Hypothekforderung zur Hälfte getilgt, die Hypothek stünde aber noch ganz im Grundbuch, und wenn sie weiter übertragen würde, so könnte der neue Hypothekgläubiger 600 M. aus dem Grundstück verlangen, obwohl 300 M. auf die Hypothekforderung abgezahlt sind. Das ist eine Gefahr, der wir unsere ländliche Bevölkerung nicht aussetzen dürfen.

Im Anschluß an das Bisherige darf ich nun noch den Abs. 2 des Artikel 1 behandeln. Damit hat es folgende Bewandtniß: Die Hypotheken bestehen nach pfälzischem Rechte ohne Eintragung, jedoch wirken sie nicht gegen Dritte, wenn sie nicht eingetragen sind. Man muß also damit rechnen, daß bei der Anlegung des Grundbuchs eine Reihe von Hypotheken bestehen, die im Hypothekenbuch nicht eingeschrieben sind; es werden das im Wesentlichen diejenigen Hypotheken sein, welche so kurz vor der Einführung des Grundbuchs begründet wurden, daß sie nicht mehr eingeschrieben werden konnten. Nun stand der Entwurf vor der Frage: Wie soll man diese nicht eingeschriebenen Hypotheken behandeln? Würden sie schlechthin als Sicherungshypotheken
S. 272. erklärt wie ‖ die eingeschriebenen Hypotheken, so würde man mit dem ganzen Herkommen und den Anschauungen im Gebiete des pfälzischen Rechts brechen, denn man würde Hypotheken mit Wirkung gegen Dritte anerkennen, die nicht eingeschrieben sind. Daher sagt der Entwurf: wer seine Hypothek bis zu dem Tage, von dem an das Grundbuch als angelegt zu betrachten ist, nicht hat

in das Hypothekenbuch einschreiben lassen, der soll künftig überhaupt keine S. 272.
Hypothek mehr haben; aber er soll sein Recht nicht ganz verlieren, sondern er soll von seinem Schuldner verlangen können, daß er ihm nunmehr eine neue Hypothek einräume; mit anderen Worten, das dingliche Recht soll sich in ein obligatorisches verwandeln, vermöge dessen der Berechtigte verlangen und wenn nöthig im Klageweg erzwingen kann, daß zu seinen Gunsten eine Sicherungshypothek in dem gleichen Umfang in das Grundbuch eingetragen werde, in dem vor der Umwandlung ihm die Hypothek des bisherigen Rechts zustand. Uebrigens wird hiedurch in der Regel der Hypothekgläubiger, der versäumt hat, seine Hypothek vor der Anlegung des Grundbuchs einschreiben zu lassen, in seinem Recht nicht gekürzt werden. Denn da er das erzwingbare Recht hat, von dem Schuldner zu verlangen, daß Hypothek bestellt werde, so wird der Schuldner schon im eigenen Interesse, um sich Kosten und Weiterungen zu ersparen, die Hypothek bestellen, sobald es verlangt wird; einem etwaigen Uebelwollen des Schuldners gegenüber aber hat der Gläubiger das Recht, zur Sicherung seines Anspruchs auf Hypothekbestellung eine Vormerkung in das Grundbuch eintragen zu lassen. Ist die Vormerkung eingetragen, so ist das Recht des Gläubigers, auch wenn es noch nicht eingetragen ist, gegen alle Verfügungen gesichert, die der Eigenthümer später an dem Grundstück etwa vornimmt. Es hat also der Gläubiger, der versäumt hat, seine Hypothek noch vor der Anlegung des Grundbuchs in das Hypothekenbuch einschreiben zu lassen, keinen Grund, sich zu beschweren, er muß nur zusehen, daß er nach der Anlegung des Grundbuchs alsbald Eintragung erwirkt; denn wenn er nicht eintragen läßt, ergeht es ihm ähnlich wie jetzt, wo seine Hypothek Dritten gegenüber nicht gilt. Wenn das belastete Grundstück vor der Eintragung der Hypothek weiter veräußert wird, hat der Gläubiger nicht mehr wie jetzt 14 Tage nach der Veräußerung noch Zeit, eintragen zu lassen; vielmehr wirkt dann der öffentliche Glaube des Grundbuchs und der Erwerber, der das Grundstück nach Ausweis des Grundbuchs hypothekenfrei gekauft hat, hat einen Anspruch darauf, daß es ihm hypothekenfrei überliefert werde.

Abg. **Leinenweber:** Wenn an einem Tage auf einem Grundstück zwei Hypotheken bestellt wurden, so waren sie nach bisherigem Rechte gleichberechtigt. Ich möchte mir die Anfrage erlauben, wie das in Zukunft ist.

Oberregierungsrath **Schneider:** Nach § 879 des Bürgerl. Gesetzbuchs und § 46 der Grundbuchordnung gilt der Satz, daß von mehreren an einem Tag eingetragenen Hypotheken die zuerst eingetragene den Vorrang hat.

Abg. **Diehl:** Wenn Jemand eine Hypothek z. B. für 3,000 M. hat und es werden hiefür 20 Grundstücke verpfändet, ist dann jedes Grundstück mit der ganzen Hypothek belastet oder wird der Betrag auf die einzelnen Grundstücke nach einer Taxation derselben ausgeschieden?

Oberregierungsrath **Schneider:** Wenn eine Hypothek auf 20 Grundstücken ruht, so ist jedes Grundstück mit der ganzen Summe belastet. So ist es heute und so wird es auch künftig sein.

Abg. **Kuby:** Unsere Aufgabe ist zunächst, darüber klar zu werden, ob hier ein Bedürfniß vorliegt, und wenn ja, ob das Bedürfniß ein dringendes ist. Das Liegenschaftsrecht des Bürgerl. Gesetzbuchs beruht auf dem Grund-

S. 272. buchsystem; solange also das Grundbuch nicht eingeführt ist, kann auch das Immobiliarrecht in der Pfalz nicht nach dem Bürgerl. Gesetzbuch beurtheilt werden. Demgemäß ist das Grundbuch die Voraussetzung für die Anwendung des neuen Rechts und damit ist die erste Frage bejaht.

Das Gleiche ist der Fall auch bei der zweiten Frage; wir Alle wissen, welche Masse von Grundstücken wir in der Pfalz haben, wo der Besitz so sehr parzellirt ist wie kaum in einer anderen Provinz. Nach Artikel 189 des Einführungsgesetzes zum Bürgerl. Gesetzbuch richten sich Erwerb, Aenderung und Verlust des Eigenthums und der sonstigen Rechte an Grundstücken in der Pfalz so lange nach dem bisherigen Rechte, bis das Grundbuch angelegt ist. Es ist daher das Bedürfniß als ein dringendes zu erachten; denn bei der großen Masse einzelner Parzellen wird lange Zeit vergehen, bis das Grundbuch angelegt ist. Dazu kommt noch, daß wir so wenig feste Grundlagen für die Grundbuchsanlegung haben; denn die Kataster sind zwar in der letzten Zeit ziemlich korrekt geführt, lassen aber immer noch Manches zu wünschen übrig.

Eine dritte Frage für uns ist, ob wir die einzelne Gestaltung der Rechte so billigen, wie der Entwurf uns vorschlägt. Die Rechte müssen so umgewandelt werden nach Form und Inhalt, daß sie in das Grundbuch eingetragen werden können, und da haben wir hauptsächlich den Standpunkt einzunehmen, daß die bestehenden Rechte möglichst erhalten bleiben. Wir werden dann weiter zu prüfen haben, ob der Zweck vollständig erreicht ist.

Es soll also hauptsächlich von uns berücksichtigt werden, ob die bestehenden Rechtsverhältnisse möglichst geschont sind, und da sehen wir gleich in Artikel 1, daß der Entwurf das Richtige getroffen hat. Man war thatsächlich, wenn man bisher in der Pfalz Hypotheken bestellt hat, der Meinung, daß, wenn die Schuld getilgt ist, auch die Hypothek nicht mehr bestehe, wenigstens keinen Gegenstand mehr habe. Wenn nun der Entwurf sagt, wir wandeln die bestehenden Hypotheken in Sicherungshypotheken um, die der unserigen im Wesen gleich steht, so hat er gewiß das Richtige getroffen, denn an eine Buchhypothek, an eine Verkehrshypothek, die von Hand zu Hand geht, trotzdem die Schuld bezahlt ist, hat gewiß Niemand gedacht.

Abg. Dr. **Jäger** ist ebenfalls der Ansicht, daß der Gesetzentwurf auf dem richtigen Wege ist.

Abg. **Michel** bittet den Ministerialkommissär, bekannt zu geben, in welcher Weise dafür gesorgt werde, daß diese Sicherungshypotheken als solche in das Grundbuch eingetragen werden.

Oberregierungsrath **Schneider:** Was im Grundbuch eingetragen ist, gilt gutgläubigen Dritten gegenüber als wahr. Von diesem Satze ausgehend muß jede Eintragung genau ersehen lassen, was sie bezweckt. Der eintragende Beamte muß sich also genau vergewissern: was wollen die Betheiligten, welche Rechte sollen begründet werden? Da nun die Hypothek im Bürgerl. Gesetzbuch in erster Linie als Buchhypothek konstruirt ist, so gilt eine Hypothek, welche nur als solche, als Hypothek ohne weiteren Zusatz eingetragen wird, jedem gutgläubigen Dritten gegenüber als Buchhypothek, auch wenn sie als Sicherungshypothek begründet werden wollte. Hieraus ergibt sich, daß der Eintragungs-
S. 273. beamte darauf sehen muß, daß die Sicherungs || hypothek als solche im Hypothekenbuch kenntlich gemacht werde. Wenn der eintragende Beamte das versäumen würde, hätte er nicht nur pflichtwidrig gehandelt, sondern er hätte eine civil-

rechtliche Verantwortlichkeit auf sich geladen, die ihn unter Umständen haftbar machen könnte. Es versteht sich daher von selbst, daß eine Hypothek, die von der Buchhypothek abweicht, mit Rücksicht auf den öffentlichen Glauben des Grundbuchs deutlich gekennzeichnet werden muß. Dieß geschieht bei der Sicherungshypothek am einfachsten durch den Eintrag des Wortes „Sicherungshypothek". Es wird das sowohl in der Anlegungsordnung als später in der Anweisung über die Führung des Grundbuchs den anlegenden Beamten und späteren Grundbuchrichtern genau vorgeschrieben werden. Außerdem wird die Richter ihre eigene Haftbarkeit zwingen, die Sicherungshypothek als solche einzutragen. S. 273.

Abg. **Kuby:** Ich möchte fragen, ob ich richtig verstanden habe, daß die nicht eingeschriebenen Vorzugsrechte und Hypotheken nach Artikel 1 Abs. 2 sich von Gesetzeswegen in Ansprüche auf Bestellung einer Sicherungshypothek verwandeln. (Wird vom Ministerialkommissär bejaht.) Dieser Anspruch wird also dadurch effektuirt, daß der Gläubiger eine Eingabe an den Amtsrichter macht und dieser eine einstweilige Verfügung erläßt, daß der Anspruch einzutragen sei; dazu gehört nicht nothwendig, daß der Schuldner gehört wird oder daß der Gläubiger eine Gefahr nachweist, wohl aber, daß er einen Anspruch hat.

Oberregierungsrath **Schneider:** Die nächste Voraussetzung ist, daß der Schuldner der Eigenthümer des Grundstücks sein muß. Der Gläubiger hat ein klagbares Recht darauf, daß der Schuldner in die Eintragung der Hypothek einwillige; nur für den Fall, daß der Schuldner sich ungerechtfertigter Weise weigern sollte, muß der Gläubiger den Richter anrufen. Er ist also in derselben Lage wie jetzt, wenn der Schuldner sich weigert, etwas zu thun, wozu er persönlich verpflichtet ist. In der Regel wird sich die Sache so abwickeln, daß nach Anlegung des Grundbuchs Gläubiger und Schuldner zum Grundbuchamte kommen und erklären, es werde zu Gunsten des Gläubigers Hypothek bestellt; darauf wird die Hypothek sofort eingetragen und besteht zu Recht; einer weiteren Förmlichkeit bedarf es nicht. Sollte sich der Schuldner weigern, die Eintragungsbewilligung zu ertheilen, z. B. weil er behauptet, die Schuld sei erloschen oder nicht mehr in dem behaupteten Betrage geschuldet, so hat der Gläubiger das Recht, im Wege einstweiliger Verfügung die Eintragung einer Vormerkung zu erreichen. Diese einstweilige Verfügung wird nach den Vorschriften der Civilprozeßordnung erlangt mit der Maßgabe, daß eine Gefährdung des Anspruchs nicht nachzuweisen ist. Alsdann kann der Schuldner, wenn er glaubt, daß ihm Unrecht geschehen sei, die Löschung der Vormerkung zu erwirken suchen.

Abg. **Kuby:** Es wird sich die Frage aufwerfen, ob wir nicht in das Gesetz noch Einiges hineinnehmen könnten, was nicht darin ist, wie auch im Landesausschusse von Elsaß-Lothringen in letzter Zeit solche Fragen behandelt wurden. So haben wir in der Pfalz noch verschiedene Grundzinse von Gemeinschaften her, von Ganerben u. s. w. Wie soll es damit künftig gehalten werden? Sodann haben wir einige Bestimmungen zur Sicherung des Staates, der Gemeinde und anderer Korporationen gegen ihre Einnehmer bezüglich deren Recesse. Endlich haben wir in der Pfalz noch Erbpachtsverhältnisse.

Oberregierungsrath **Schneider:** Die Grundzinsen sind, soweit sie noch bestehen, keine Rechte an Grundstücken mehr, sondern persönliche Rechte

S. 273. gegen Denjenigen, welcher zur Zeit der Begründung der Grundzinsen Eigenthümer des Grundstücks war oder dessen Rechtsnachfolger, wenn dieser persönlich in die Verpflichtung eingetreten ist. Grundzinsen im Sinne von Reallasten haben wir in der Pfalz nicht. Wenn solche Grundzinsen bestehen, so hat der Berechtigte, z. B. die Gemeinde, das Recht, auf Grund ihres Titels für Sicherung der Grundzinsforderung Hypothek einschreiben zu lassen. Wenn die Grundzinsforderungen hypothekarisch gesichert sind, hat die Gemeinde eine Hypothek und diese Hypothek verwandelt sich in eine Sicherungshypothek, die behandelt wird wie jede andere. Die bestehenden Grundzinsen verwandeln sich nicht durch die Einführung des Bürgerl. Gesetzbuchs in dingliche Rechte, sondern bleiben persönliche Rechte, wenn auch das neue Recht die Möglichkeit der Begründung dinglicher Grundzinsen zuläßt. Ich möchte nur kurz zur Erläuterung des Unterschiedes Folgendes bemerken: Ein Grundzins, wie er jetzt in der Pfalz besteht, gibt dem Grundzinsberechtigten nur das Recht, von Demjenigen Hypothekbestellung zu verlangen, der für den Grundzins persönlich haftet; das ist zunächst Derjenige, der ihn bewilligt hat; wenn der Grundzinspflichtige das Grundstück veräußert hat, so kann der Berechtigte sich nicht an den Erwerber, sondern immer nur an den Besteller und dessen Erben halten, außer wenn der Erwerber seinerseits wieder persönlich die Verpflichtung, den Grundzins zu zahlen, übernommen hat. Aber der Berechtigte hat ein Mittel, den künftigen Erwerber zu binden dadurch, daß er von dem ihm persönlich haftenden Eigenthümer zur Sicherung der bestehenden Grundzinsforderung Hypothekeinschreibung erlangt. Dann ist auch der künftige Erwerber gebunden und so ist gegenwärtig die Rechtslage. Künftig kann ein Grundzins als dingliche Last, als Reallast, bestellt werden, also mit der Wirkung, daß der weitere Erwerber des Grundstücks kraft Gesetzes für den Grundzins haftet. Es braucht daher bei künftigen Grundzinsen, die in der Form der Reallast bestellt werden, nicht mehr eine Hypothek eingeschrieben zu werden, sondern es genügt, daß man den Grundzins als Reallast in das Grundbuch eintragen läßt.

Die Frage der Erbpachtverhältnisse kann in diesem Gesetze nicht erledigt werden, sondern muß einheitlich für das ganze Königreich im Ausführungsgesetz geregelt werden. Es liegt hier ähnlich, wie bei den Reallasten: Von den Reallasten spricht das Gesetz nicht, weil hier Uebergangsbestimmungen nicht zu treffen sind. Es berührt uns daher hier nur die Frage, wie man die vorhandenen Erbpachtverhältnisse behandeln soll. Diese sind nach Artikel 63 des Einführungsgesetzes Rechte, die den Grundstücken gleichgeachtet werden, sind also ähnlich wie die Erbbaurechte zu behandeln. Sie werden in Abtheilung II des belasteten Grundstücks als Lasten eingetragen werden und es kann für sie ein eigenes Grundbuchblatt errichtet werden. Wenn also Jemand ein Erbpachtrecht hat, so wird dieses auf dem Grundstück des Berechtigten in der ersten Abtheilung unter den Plannummern als aktives Recht, auf dem Grundstücke des Belasteten in der Abtheilung II als Belastung eingetragen. Jedenfalls bleiben diese Rechte in ihrem heutigen Umfange auch künftig bestehen.

Was die Frage der gesetzlichen Hypothek gegen Einnehmer anlangt, so wird auch diese Frage einheitlich für das ganze Königreich im Ausführungsgesetz geregelt. Es soll den Gemeinden, Korporationen, Stiftungen und sonstigen öffentlich-rechtlichen Rechtssubjekten mit Vermögensverwaltung eine gewisse Sicherung gegen ihre Einnehmer gewährt werden, die sich an die heutigen Bestimmungen anschließt. Solange das Ausführungsgesetz nicht Gesetz ist, be-
S. 274. stehen die nach dem jetzigen Rechte vorhandenen gesetz || lichen Hypotheken, und es sind daher die Gemeinden rc. jederzeit bei der Anlegung des Grundbuchs

in der Lage, die bestehende gesetzliche Hypothek als Sicherungshypothek ein- S. 274.
schreiben zu lassen; sie werden es vermuthlich nicht thun, wenn sie hören, daß diese Hypothek entweder beseitigt oder umgestaltet wird.

Für die Strafgelder besteht für die Pfalz eine eigene gesetzliche Bestimmung aus französischer Zeit. Es ist das eine gesetzliche, nicht eine Urtheilshypothek, die der Staat für die Strafgelder hat; aber da diese Hypothek dem rechtsrheinischen Rechte fremd ist, so ist beabsichtigt, sie auch in der Pfalz fallen zu lassen.

Abg. **Diehl:** In Annweiler sind vor 50—80 Jahren Gemeindewaldungen vertheilt und die betheiligten Grundstücke je nach der Bonität mit einer kleinen Last von 30 Kreuzer bis 1 Gulden belastet worden. Diese kleinen Beträge wurden früher nicht eingeschrieben, sondern waren ein Privilegium auf dem Grundstück. Sie wurden erst eingeschrieben, als sie in Folge des neuen Gesetzes zu Anfang der Neunziger Jahre eingetragen werden mußten. Man hat nun damals versucht, die Sache abzulösen, weil die Hypothek mehr kostet, als die Last beträgt. Es hat sich dann aber ein Modus gefunden, indem sie insgesammt in einer Einschreibung eingetragen und die Kosten vertheilt wurden. Wenn nun jetzt wieder umgeschrieben werden muß und eventuell eine solche einmalige Einschreibung nicht mehr zulässig ist, so wären thatsächlich die Kosten der Einschreibung höher als die kleinen Beträge, die jetzt auf den Grundstücken ruhen.

Oberregierungsrath **Schneider:** Wenn diese kleinen Lasten als Hypotheken eingetragen sind, dann können sie ruhig stehen bleiben, wie sie jetzt stehen. Ihre Uebernahme in das Grundbuch im Anlegungsverfahren erfolgt kostenlos. Sie werden als Sicherungshypotheken übernommen.

Spezialdiskussion.

Artikel 1.

Ist schon in der Generaldiskussion besprochen.*)

Artikel 2.

Oberregierungsrath **Schneider:** Artikel 2 ist eine Folgerung aus Artikel 1, die darin ihren Grund hat, daß unter Umständen in den allerletzten Tagen, ehe das Grundbuch für angelegt erklärt wird, auf dem Hypothekenamt sehr viele Einschreibungen von Hypotheken beantragt werden, die die Hypothekenbewahrer nicht mehr alle einschreiben können. Ist die Hypothek nicht eingeschrieben, so würde sie sich nach Artikel 1 Abs. 2 an sich in einen Anspruch auf Einräumung einer Sicherungshypothek verwandeln; aber wenn der Hypothekenbewahrer den Einschreibungsanträgen wegen mangelnder Zeit nicht mehr nachkommen konnte, sollen die Antragsteller, die Alles gethan haben, was ihnen zur Wahrung ihres Rechts oblag, in keiner Weise in ihrem Rechte eine Veränderung erleiden; deßwegen schlägt Artikel 2 vor, daß diese angemeldeten Hypotheken, bei denen das Bordereau bereits dem Hypothekenbewahrer übergeben worden ist, genau so behandelt werden, als ob sie eingeschrieben wären. Wenn ein derartiger Einschreibungsantrag beim Hypothekenamte einläuft, so

*) Vergl. oben S. 41 ff.

S. 274. trägt ihn der Hypothekenbewahrer in sein Hinterlegungsregister nach dem Datum des Einlaufs ein. Artikel 2 schlägt vor, daß diese Eintragung in das Hinterlegungsregister, die jeden Tag gemacht werden muß, unmittelbar nach Einlauf des Antrags, als Einschreibung der Hypothek gilt und daß der Inhalt des Bordereaus, der ja auch sonst wörtlich in's Hypothekenbuch eingeschrieben werden müßte, als Inhalt der Einschreibung gilt. Damit wird erreicht, daß Jeder, der noch am letzten Tag eine Hypothek erlangt, in der Lage ist, sein volles Recht zu wahren. Durch diesen Artikel 2 wird sonach das Anwendungsgebiet des Artikel 1 Abs. 2 in weitgehender Weise eingeschränkt, wobei der Entwurf von dem Bestreben geleitet war, alle bestehenden Rechte zu schonen.

Artikel 3—5.

Abg. **Kaub:** Es heißt in Artikel 4, als erwählter Wohnsitz solle die Gerichtsschreiberei des ersuchenden Gerichts angegeben werden. Wie steht es nun mit den Umlagen, die der betreffende Minderjährige zu bezahlen hat; sind diese am Sitze der Gerichtsschreiberei zu bezahlen?

Oberregierungsrath **Schneider:** Es handelt sich hier lediglich um die gesetzliche Hypothek, die der Mündel am Vermögen des Vormunds hat. Was der Mündel bezahlen muß, kommt hier nicht in Frage. Der Vormund hat das Vermögen des Mündels in der Hand, und damit der Mündel gesichert ist, gibt ihm das pfälzische Recht an dem gesammten Vermögen des Vormunds eine Hypothek. Diese Hypothek soll durch die Artikel 3—5 den neuen Verhältnissen angepaßt werden.

Nach Artikel 3 soll sich die Hypothek des Mündels künftighin nicht mehr auf diejenigen Ansprüche beziehen, die der Mündel nach dem Inkrafttreten des Bürgerl. Gesetzbuchs erlangt, und zwar um deswillen nicht, weil von dem Inkrafttreten des Bürgerl. Gesetzbuchs an nach Artikel 210 des Einführungsgesetzes für das Vormundschaftsrecht sofort das neue Recht in Kraft tritt. Es wird deßhalb jeder Mündel von diesem Augenblick an unter all' die Sicherungsmittel gestellt, die das neue Gesetz dem Mündel gewährt, folgeweise können auch die Sicherungsmittel des alten Rechts nicht mehr aufrecht erhalten werden. Wenn das Bürgerl. Gesetzbuch die Mündelhypothek nicht aufgenommen hat, so hat es damit erklärt, daß es das nicht für nothwendig hält, daß auf den ganzen jetzigen und künftigen Besitz des Vormunds eine Generalhypothek gelegt werde. In der That sind im Bürgerl. Gesetzbuch in umfassender Weise Vorschriften getroffen, die dem Mündel einen weit wirksameren Schutz gewähren, als dieß die gesetzliche Hypothek des pfälzischen Rechts vermag, die ja, wenn der Vormund keine Grundstücke hat, inhaltslos ist. Artikel 3 zieht demnach die Folge aus dem sofortigen Inkrafttreten des neuen Rechts und sagt: In dem Augenblick, wo die Sicherungsmittel des neuen Rechts Platz greifen, hören die alten auf.

Artikel 4 trifft Fürsorge dafür, daß in den Fällen, in denen eine Hypothek besteht, aber noch nicht eingeschrieben ist, die Vormundschaftsbehörde benannt wird, die die Einschreibung veranlassen kann. Die bei dem Inkrafttreten des Bürgerl. Gesetzbuchs nicht eingeschriebene Mündelhypothek bleibt, soweit sie Ansprüche des Mündels betrifft, die von*) diesem Zeitpunkt erwachsen sind, in ihrem heutigen Umfang bestehen und kann auch nach dieser Zeit noch eingeschrieben werden. Die bei der Anlegung des Grundbuchs nicht ein-

*) Muß wohl heißen: „vor".

geschriebene Mündelhypothek wird sich in einen Anspruch auf Bestellung einer S. 274.
Sicherheitshypothek verwandeln. ‖ Artikel 4 hat die Zeit bis zur Anlegung des S. 275.
Grundbuchs im Auge und gibt dem Vormundschaftsgerichte in derselben Weise die Befugniß, die Mündelhypothek in das Hypothekenbuch einschreiben zu lassen, wie dieß nach jetzigem Rechte schon auf Ersuchen des Amtsgerichts geschieht; eine Aenderung tritt nur insoferne ein, als nicht mehr der Familienrath vor der Einschreibung gefragt wird. Die Mitwirkung des Familienraths fällt weg, weil dem Bürgerl. Gesetzbuch der Familienrath als ein neben dem Vormundschaftsgerichte stehendes Organ fremd ist. In den Fällen, in denen im Bürgerl. Gesetzbuch dem Vormundschaftsgericht Verrichtungen übertragen sind, tritt da, wo ein Familienrath bestellt wird, der Familienrath an die Stelle des Vormundschaftsgerichts.*) Ist aber ein Familienrath nicht bestellt, so bestimmt das Vormundschaftsgericht selbständig, auf welche Grundstücke, für welche Summe Hypothek eingeschrieben werden soll.**) Ein ähnliches Verhältniß besteht bei Artikel 5. Der Vormund hat nach heutigem Rechte die Möglichkeit, eine gegen ihn eingeschriebene Hypothek in einem bestimmten Verfahren zur Löschung oder Beschränkung zu bringen; hiezu muß der Familienrath seine Zustimmung geben und der Beschluß des Familienraths muß vom Landgericht bestätigt werden. Auch unter der künftigen Gesetzgebung muß dem Vormund die Möglichkeit gegeben werden, eine Hypothek, die im Mißverhältniß zu dem Vermögen steht, das er vom Mündel in Händen hat, beschränken zu lassen. Hier soll ihm ein Weg eröffnet werden, der ihm diese Beschränkung auf einfache Weise erreichen läßt. Der Familienrath fällt weg, das Landgericht verliert seine Zuständigkeit und an deren Stelle tritt das Vormundschaftsgericht; nur dieses allein kann also thätig werden. Als Vorbild bietet sich die Bestimmung des § 1844 des Bürgerl. Gesetzbuchs: Wenn das Vormundschaftsgericht glaubt, daß das Mündelvermögen durch die im Gesetz vorgesehenen Sicherungen nicht genügend gesichert ist, kann es vom Vormund eine Sicherheitsleistung verlangen. Ist eine derartige Sicherheitsleistung bestellt, so hat das Vormundschaftsgericht nach seinem Ermessen die bestellte Sicherung zu vermindern oder aufzuheben, wenn es die Voraussetzungen hiefür als gegeben erachtet. Diese letztere Bestimmung soll auf die bestehenden Mündelhypotheken Anwendung finden. Artikel 5 Abs. 2 hat dann dem Umstand Rechnung getragen, daß von dem Inkrafttreten des Bürgerl. Gesetzbuchs an die Eltern als gesetzliche Vormünder wegfallen, weil Kinder, deren einer Elterntheil noch lebt, nicht mehr unter Vormundschaft stehen. Auch diesen früheren Vormündern soll die Möglichkeit eröffnet sein, während der Dauer der elterlichen Gewalt die auf Grund der früheren Vormundschaft gegen sie eingeschriebenen Mündelhypotheken in einfacher Weise beschränken oder löschen zu lassen.

Abg. **Kuby**: Wenn wir uns fragen, ob die Mündelinteressen genügend gewahrt sind, so müssen wir das bejahen. Artikel 3 sagt zwar, daß nur für Ansprüche, die bis zum Inkrafttreten des Bürgerl. Gesetzbuchs entstanden sind, die gesetzliche Hypothek besteht. Allein für künftige Ansprüche einen Schutz zu gewähren, besteht kein Anlaß, weil nach dem Bürgerl. Gesetzbuch das Vormundschaftsgericht eintritt. Im Bürgerl. Gesetzbuch***) ist auch noch vorgeschrieben, daß in Allen wichtigeren Fällen — und dazu gehört wohl auch die Löschung

---

*) § 1872 des B.G.B.

**) Vergl. hierzu § 1844 und § 232 des B.G.B. sowie § 54 Abs. 1 des Gesetzes über die Angelegenheiten der freiwilligen Gerichtsbarkeit vom 17. Mai 1898 (R.G.Bl. S. 199).

***) § 1847 des B.G.B.

S. 275. von Hypotheken — das Vormundschaftsgericht Verwandte und Verschwägerte hören soll; daran wird sich das Vormundschaftsgericht zu seiner eigenen Deckung wohl halten.

Abg. **Diehl:** Mit dem 1. Januar 1900 fällt eine Reihe von Vormundschaften weg, weil das Gesetz neben dem überlebenden Elterntheil keinen Vormund kennt. Ist nun, wenn der überlebende Ehetheil ein recht verschwenderisches Leben führt oder sich wieder verheirathet, das Mündelvermögen genügend gesichert?

Oberregierungsrath **Schneider:** Diese Frage ist durch das Bürgerl. Gesetzbuch selbst geregelt. Zunächst hat nach § 1640 der überlebende Elterntheil ein Inventar zu errichten. Sodann hat der Vater, wenn er zu einer neuen Ehe schreitet, gleichfalls Inventar zu errichten und die Theilung des ihm mit dem Kinde gemeinschaftlichen Vermögens herbeizuführen.*) Wenn die Mutter wieder heirathet, so verliert sie die elterliche Gewalt und hat das Kindesvermögen an den zu bestellenden Vormund herauszugeben.**) Wenn endlich ein Elterntheil das Kindesvermögen verschleudert oder auch nur gefährdet, so kann das Vormundschaftsgericht das Erforderliche anordnen, insbesondere dem Elterntheil die Vermögensverwaltung entziehen und einen Pfleger bestellen.***)

Artikel 6.

Oberregierungsrath **Schneider:** Das Vormundschaftsgericht ist künftig, wenn der Vormund in irgend einer Weise zu Besorgnissen Veranlassung gibt, in der Lage, Sicherheitsleistung von ihm zu verlangen.†) In Ausführung dieses Gedankens ermächtigt § 54 des Gesetzes über die freiwillige Gerichtsbarkeit das Vormundschaftsgericht, gegen den Vormund die Eintragung einer Sicherheitshypothek beim Grundbuchamte zu veranlassen. Diese Vorschrift kann erst in der Zeit nach Anlegung des Grundbuchs in Kraft treten. Vorher hat das Vormundschaftsgericht das Recht, eine solche Hypothek eintragen zu lassen, nicht, weil noch kein Grundbuch besteht. Es empfiehlt sich aber, für die Zwischenzeit bis zur Anlegung des Grundbuchs die Lücke auszufüllen. Dieß beabsichtigt Artikel 6; er gibt dem Vormundschaftsgerichte die Möglichkeit, eine Hypothek gegen den Vormund in das Hypothekenbuch einschreiben zu lassen, wenn dieß im Interesse der Sicherheit des Mündelvermögens geboten erscheint.

Artikel 7—11.

Oberregierungsrath **Schneider:** Hier handelt es sich um die gesetzliche Hypothek der Ehefrau. Nach pfälzischem Rechte hat die Ehefrau zur Sicherung ihres Eheeinbringens und der Ansprüche aus Verpflichtungen, die sie im Laufe der Ehe zu Gunsten des Mannes eingeht, eine gesetzliche Hypothek an allen Grundstücken, die der Mann hat oder in der Folge erwirbt. Das Bürgerl. Gesetzbuch kennt die Hypothek der Ehefrau nicht, sondern sucht die Sicherung, die das pfälzische Recht durch Einräumung der gesetzlichen Hypothek gewähren will, in anderer Weise zu erreichen, und zwar in erster Linie durch Einschränkung der Verfügungsbefugniß des Mannes und Erweiterung der Verfügungsbefugnisse der Frau. Während nach pfälzischem Rechte der Mann

*) §§ 1669, 1670 des B.G.B.
**) § 1697 des B.G.B.
***) §§ 1667, 1668, 1670, 1686, 1909 des B.G.B.
†) Vergl. oben S. 53 Anm. **.

über die Grundstücke der Gütergemeinschaft frei verfügen, insbesonders sie ver- S. 275. äußern kann, ohne die Frau fragen zu müssen, gibt das Bürgerl. Gesetzbuch dem Manne dieses Recht nicht, sondern verlangt dazu die Zustimmung der Frau*); wie denn überhaupt das Bürgerl. Gesetzbuch die Frau in einer weit über unser bisheriges Recht hinausgehenden Weise selbständig stellt. So hat auch das Bürgerl. Gesetzbuch die Beschränkung in der Geschäftsfähigkeit der Frau beseitigt, der sie nach französischem Recht unterliegt. Einerseits kann die Frau selbständig ihre Vorbehaltsrechte wahren, ohne den || Mann zu fragen; S. 276. anderseits ist der Mann in Ansehung des eingebrachten Guts der Frau, das er in Händen hat, überhaupt nur in bestimmten Ausnahmefällen zu verfügen berechtigt.**) Im Allgemeinen geht das Bürgerl. Gesetzbuch von dem Gedanken aus, daß zur Verfügung sowohl über gütergemeinschaftliche Grundstücke als über das eingebrachte Gut der Frau ein Zusammenwirken von Mann und Frau nothwendig ist. Wird die Frau während des Bestehens des Güterstands durch Rechtshandlungen des Mannes in ihren Rechten gefährdet oder beeinträchtigt, so kann sie von dem Manne Sicherheit verlangen und unter bestimmten Voraussetzungen Gütertrennung herbeiführen.***) Mit Rücksicht auf diese Sicherungsmittel hat das Bürgerl. Gesetzbuch geglaubt, auf die gesetzliche Hypothek der Frau verzichten zu können. Man wird diesen Standpunkt schon mit Rücksicht darauf billigen müssen, daß die gesetzliche Hypothek der Frau ähnlich wie die Mündelhypothek gegenstandslos ist, wenn Grundstücke des Mannes nicht vorhanden sind, in diesem Falle also eine Sicherung der Frau nach unserem heutigen Recht überhaupt nicht besteht.

Nun schreibt Artikel 7, anschließend an den Gedanken, der im Artikel 3 zum Ausdruck gekommen ist, vor, daß der Frau die gesetzliche Hypothek künftig nur zur Sicherung derjenigen Ansprüche zustehen soll, die vor dem Inkrafttreten des Bürgerl. Gesetzbuchs entstanden sind. Diese Bestimmung hängt damit zusammen, daß in dem Ausführungsgesetz zum Bürgerl. Gesetzbuch Bestimmungen aufgenommen werden sollen, nach welchen die bestehenden Güterstände des pfälzischen Rechts in die Güterstände des Bürgerl. Gesetzbuchs umgewandelt werden, so daß, wer heute in gesetzlicher Gütergemeinschaft lebt, mit dem Inkrafttreten des Bürgerl. Gesetzbuchs von selbst und ohne sein Zuthun unter die Bestimmungen des Bürgerl. Gesetzbuchs über die Fahrnißgemeinschaft tritt; und wer zufolge seines Ehevertrags in Errungenschaftsgemeinschaft lebt, tritt von dem genannten Zeitpunkte an unter die Bestimmungen des Bürgerl. Gesetzbuchs über die Errungenschaftsgemeinschaft u. s. w. Weil sonach für die bestehenden Güterstände des pfälzischen Rechts die Bestimmungen über die Güterstände des Bürgerl. Gesetzbuchs Platz greifen und damit Sicherungsvorschriften Geltung gewinnen, die darin der Frau gewährt sind, kann auch für die bestehenden Ehen in Ansehung der Ansprüche der Frau, die erst nach dem Inkrafttreten des Bürgerl. Gesetzbuchs in's Leben treten, auf die Sicherungen des pfälzischen Rechts verzichtet werden. Es sollen also zur Sicherung solcher Ansprüche der Frau, die ihr erst nach dem Inkrafttreten des Bürgerl. Gesetzbuchs erwachsen, die Grundstücke des Mannes nicht mehr kraft Gesetzes mit einer Hypothek belastet sein, sondern die Frau soll sich mit denjenigen Sicherungsmitteln begnügen, die das Bürgerl. Gesetzbuch ihr an die Hand gibt. Das ist der Gedanke des Artikel 7.

*) §§ 1376, 1379, 1445, 1447 bis 1449, 1519 Abs. 2, § 1549 des B.G.B.
**) Vergl. die §§ 1376, 1377, 1525 Abs. 2, § 1550 Abs. 2 des B.G.B.
***) Vergl. die §§ 1391 bis 1393, 1418 Abs. 1 Nr. 1, §§ 1468, 1542, 1549 des B.G.B.

S. 276. Die Artikel 8 und 9 behandeln eine der schwierigsten Fragen des pfälzischen Rechts, nämlich die Frage der gesetzlichen Hypothek der Frau an den gütergemeinschaftlichen Grundstücken. Die Frage, ob der Frau zur Geltendmachung ihrer Ansprüche gegen den Mann eine Hypothek an den errungenen Grundstücken zusteht, ist in unserem Rechte sehr bestritten, und es fragt sich insbesonders, wie das Rechtsverhältniß sich dann gestaltet, wenn die Frau die Gütergemeinschaft annimmt, d. h. wenn sie nach dem Tode des Mannes oder nach sonstiger Auflösung der Gütergemeinschaft erklärt, daß sie an den Vortheilen und den Nachtheilen der Gütergemeinschaft theilnehmen will. Wenn die Frau die Gütergemeinschaft annimmt, so genehmigt sie damit alle Verfügungen, die der Mann während des Bestehens der Gemeinschaft an den gütergemeinschaftlichen Grundstücken vorgenommen hat. Folgeweise kann sie nicht verlangen, daß ihre Hypothek den vom Manne an gütergemeinschaftlichen Grundstücken bestellten Hypotheken vorgeht; sie wird vielmehr gerade so behandelt, als ob sie selbst diese Hypothek mitbestellt hätte. Verzichtet die Frau dagegen auf Gütergemeinschaft, so werden die Grundstücke so angesehen, als ob sie von jeher Grundstücke des Mannes gewesen wären; die gesetzliche Hypothek der Frau besteht und gilt mit dem Range, der ihr nach den bisherigen Gesetzen zusteht, in gleicher Weise, wie die Hypothek an den Grundstücken des Mannes. Nun kennt aber das Bürgerl. Gesetzbuch weder Annahme noch die Ausschlagung der Gütergemeinschaft und es erhebt sich die schwierige Frage, wie sich Angesichts dieser Rechtslage das Schicksal der gesetzlichen Hypothek der Frau gestaltet. Der Entwurf möchte die Austragung dieser Frage nicht der Rechtsprechung überlassen, sondern entscheidet sich dafür, die gesetzliche Hypothek an gütergemeinschaftlichen Grundstücken in gleicher Weise fortbestehen zu lassen, als ob die Frau die Gütergemeinschaft ausgeschlagen hätte, d. h. die Hypothek soll in gleicher Weise fortbestehen, wie sie an den Grundstücken des Mannes besteht. Nur soll die Frau die Verfügungen gegen sich gelten lassen, die der Mann während der Dauer der Gemeinschaft in Ansehung der gütergemeinschaftlichen Grundstücke getroffen hat. Der Entwurf schützt also die Frau nicht nur in ihrem Rechte, sondern er setzt an die Stelle eines Rechts, das bisher nicht unbestritten war und nicht unter allen Umständen zum Zuge kam, ein vollwirksames Recht und gibt ihr in allen Fällen eine wirksame Hypothek. Anderseits aber gewährt er die Hypothek nur so weit, als sie vor dem Inkrafttreten des Bürgerl. Gesetzbuchs in das Hypothekenbuch eingeschrieben worden ist. Denn wenn die Frau vorher die Hypothek nicht hat einschreiben lassen, hat sie nach Auffassung des Entwurfs bewiesen, daß sie kein Interesse an der Hypothek hat und dann besteht wohl auch künftig dafür kein Bedürfniß. Nun ist bekannt, daß von den pfälzischen Frauen nur ein geringer Theil die Hypothek einschreiben läßt; überall da, wo die Verhältnisse geordnet sind, denkt man nicht daran, die Hypothek einschreiben zu lassen. In diesen Fällen hat zwar die Frau bis zum Inkrafttreten des Bürgerl. Gesetzbuchs noch das Recht, die Hypothek einschreiben zu lassen; unterläßt sie aber die Einschreibung, dann soll die Hypothek erlöschen, denn dann besteht vom Standpunkte des Entwurfs aus kein Grund, den Mann damit zu belasten.

Artikel 9 hat den Fall im Auge, daß die Gütergemeinschaft bei dem Inkrafttreten des Bürgerl. Gesetzbuchs bereits aufgelöst ist. Hier sollen die bestehenden Rechtsverhältnisse vor der Einführung des neuen Rechts unberührt bleiben. Die Frau soll die Gütergemeinschaft annehmen oder ablehnen können; folgeweise soll wie nach heutigem Recht das Schicksal ihrer Hypothek von der Annahme oder Ausschlagung abhängig sein.

Artikel 10 bringt in Satz 1 eine Bestimmung des geltenden Rechts und ziehṭ in Satz 2 eine Folgerung daraus und Art. 11 sucht in den Fällen, in denen die Frau die Hypothek nicht hat eintragen lassen, die subrogirten Gläubiger zu schützen. S. 276.

Abg. **Diehl:** Wenn die Frau jetzt nicht eintragen läßt, so hat sie auch keine Hypothek. Nun wäre die Frage, ob sie nicht später eintragen lassen kann.

Oberregierungsrath **Schneider** verneint das; die gesetzliche Hypothek sei im Allgemeinen kein Institut, das von der Gesetzgebung besonders zu fördern sei.

Artikel 12. S. 277.

Oberregierungsrath **Schneider:** Jeder gerichtliche Akt, der eine Verurtheilung in sich schließt, gibt dem Gläubiger das Recht, auf sämmtlichen Grundstücken des Schuldners Einschreibung einer Hypothek zu nehmen. Bis zum Jahre 1888 konnten diese Einschreibungen generell genommen werden, ohne daß die belasteten Grundstücke einzeln benannt werden mußten, aber seit dem 1. Januar 1889 müssen in der Hypothekeinschreibung die einzelnen Grundstücke angegeben werden. Nun hätte die Urtheilshypothek so behandelt werden können wie die gesetzliche Hypothek der Frau und des Mündels, man hätte sie also auch in Ansehung derjenigen Grundstücke, die der Schuldner erst nach Anlegung des Grundbuchs erwirbt, fortbestehen lassen können für die Ansprüche, die bereits entstanden sind. Allein es kommt da zu bedenken, daß durch die neuen Bestimmungen der Civilprozeßordnung*) die Zwangshypothek eingeführt wird. Diese gibt dem Gläubiger das Recht, auf Grund eines vollstreckbaren Titels eine Sicherungshypothek eintragen zu lassen. Würde die Urtheilshypothek in demselben Umfange wie bisher weiter bestehen, so könnte Jemand, der einen vollstreckbaren Titel hat, auf zweierlei Weise sein Hypothekenrecht verwirklichen, in der Gestalt der bisherigen Urtheilshypothek des pfälzischen Rechts und in der Gestalt der Zwangshypothek des Reichsrechts. Das geht nicht wohl an und gäbe zu Verwirrung Anlaß; es muß daher eine Form beseitigt werden. Nun kann aber die pfälzische Urtheilshypothek für die Zukunft um so leichter weichen, als durch die Zwangshypothek allen billigen Anforderungen zu Gunsten der Gläubiger entsprochen wird. Der Unterschied zwischen beiden Hypothekenformen ist nur der, daß die Urtheilshypothek nach unserem jetzigen Rechte eingeschrieben werden kann, ehe das Urtheil rechtskräftig oder vorläufig vollstreckbar ist. Wer aber eine Urtheilshypothek nach heutigem Rechte hat, wird in den meisten Fällen auch einen vollstreckbaren Titel haben, denn es handelt sich dabei stets nur um Urtheile, die ergangen sind, ehe das Grundbuch angelegt ist, die also auf eine gewisse Zeit zurückliegen und deren Rechtskraft in den meisten Fällen eingetreten sein wird. Bis zur Anlegung des Grundbuchs tritt in Ansehung der Urtheilshypotheken keine Aenderung ein. Nur nach einer Richtung hin liegt in der Zwangshypothek eine Abminderung des Rechts des Gläubigers, insofern nämlich als sie überhaupt nicht mehr zugelassen ist auf Grund von Vollstreckungsbefehlen und weiter nicht auf Grund sonstiger vollstreckbarer Urkunden, die auf einen Betrag von nicht über 300 M. lauten. Wenn aber das Reichsgesetz es aus wirthschaftlichen Gründen ablehnt, auf Grund von solchen Urkunden eine Zwangshypothek eintragen zu lassen, so

*) §§ 757b bis 757d R.C.P.O. in Nr. 234 des Gesetzes, betreffend Aenderungen der C.P.O., vom 17. Mai 1898 (R.G.Bl. S. 314).

S. 277. dürfte die nothwendige Folge sein, daß auch die Landesgesetzgebung eine Urtheilshypothek aus solchen Urkunden nicht wohl gestatten kann.

Artikel 13.

Oberregierungsrath **Schneider**: Die hier berührten Fälle werden selten vorkommen. Sie werden nach Analogie der sonstigen Hypotheken behandelt mit dem Unterschied, daß an einem Nießbrauch künftig keine Hypothek mehr bestehen kann, weßhalb die Hypothek in ein Pfandrecht umgewandelt werden soll.

Artikel 14.

Oberregierungsrath **Schneider**: Dieser Artikel enthält die Umbildung des auf Grund eines Arrestes erlangten Vorzugsrechts in die Formen des Bürgerl. Gesetzbuchs. Wer heute einen Arrest erwirkt hat, läßt ihn in's Hypothekenbuch eintragen und hat vom Tage der Eintragung an ein Vorzugsrecht an den belasteten Grundstücken. Dieses Vorzugsrecht soll im Hinblick auf § 811 der Civilprozeßordnung in eine Sicherungshypothek umgewandelt werden.

Artikel 15.

Oberregierungsrath **Schneider**: Auch hier handelt es sich nur um eine Anpassung an die Rechtsformen des neuen Rechts. Bei Verfügungsbeschränkungen ist der Schuldner in der Verfügung über das von der Verfügungsbeschränkung betroffene Grundstück beschränkt. Es hat also der Gläubiger ein Widerspruchsrecht dagegen, daß eine Verfügung der Verfügungsbeschränkung zuwider vorgenommen werde. Diesem Gedanken gibt der Artikel 15 in den Formen des Bürgerl. Gesetzbuchs Ausdruck.

Artikel 16.

Oberregierungsrath **Schneider**: Nach dem Tode ihres Schuldners haben die Gläubiger und die Vermächtnißnehmer das Recht zu verlangen, daß nicht das Vermögen des Verstorbenen mit dem Vermögen des Erben sich vermische, sondern daß das Vermögen des Verstorbenen ihnen als Zugriffsobjekt gewahrt bleibe, daß also insbesondere die Gläubiger des Erben nicht das Vermögen des Verstorbenen angreifen können. Nach pfälzischem Recht vermögen die Erbschaftsgläubiger dieses ihr sogenanntes Absonderungsrecht dadurch zu sichern, daß sie es innerhalb sechs Monaten nach dem Tode des Erblassers in das Hypothekenbuch einschreiben lassen. Artikel 16 will den Erbschaftsgläubigern und Vermächtnißnehmern ihr Recht in demselben Umfange sichern, wie es bisher bestand. Zu diesem Zwecke sollen sie eine Verfügungsbeschränkung in das Grundbuch eintragen lassen dürfen, welche den Erben die Belastung der Nachlaßgrundstücke zu ihrem Nachtheil unmöglich macht. Es handelt sich dabei überhaupt nur um solche Erbschaften, die vor dem 1. Januar 1900 eröffnet sind; denn wenn die Erbschaft nachher eröffnet wird, gilt nach Artikel 213 des Einführungsgesetzes das neue Recht.

(Die Sitzung wird vertagt.)

Brünings,
Vorsitzender.

Michel,
Schriftführer.

II.

Protokoll

über die 2. Sitzung der freien Kommission zur Berathung des Entwurfes eines Gesetzes über das Liegenschaftsrecht in der Pfalz.

(Beilage Nr. 1080 z. d. Verhandl. d. K. d. Abg. Bd. XVI. S. 279 bis 286).

München, den 18. Mai 1898. S. 279.

Gegenwärtig:

a) als Vertreter der k. Staatsregierung der k. Oberregierungsrath Schneider;

b) die Kommissionsmitglieder:

Brünings, Vorsitzender, Michel, Schriftführer, Dr. Andreae, Bischoff, Diehl, Freudenberg, Kaub, Kuby, Leinenweber, Orb, Ott, Schloßstein, Wenz.

Vorsitzender Abg. **Brünings** eröffnet um 3 Uhr die Diskussion zu

Artikel 17.

Oberregierungsrath **Schneider:** Bevor ich auf Artikel 17 näher eingehe, möchte ich noch bezüglich des Artikel 12 konstatiren, daß der Entwurf unter Urtheilshypothek nicht blos die Hypothek auf Grund eines Urtheils versteht, sondern auch diejenige auf Grund eines Vollstreckungsbefehls und anderer gerichtlicher oder ihnen gleich stehender Verfügungen, welche eine Hypothek gewähren. Genauer sollte es vielleicht „gerichtliche Hypothek" heißen. Der Begriff ist aber so bekannt, daß man aus der Bezeichnung „Urtheilshypothek" kein Bedenken wird ableiten können.

Was den Artikel 17 anlangt, so betrifft er eine besondere Eigenthümlichkeit des pfälzischen Rechts, welche die größten Schwierigkeiten für die Ueberleitung in das Grundbuchsystem geboten hat und zwar um deswillen, weil das Bürgerl. Gesetzbuch ihr nichts Analoges an die Seite zu setzen hat. Wenn nach pfälzischem Recht Jemand einen zweiseitigen Vertrag, z. B. einen Kaufvertrag, abschließt, so ist der Vertrag dadurch bedingt, daß der Käufer den Kaufpreis bezahlt und zwar in dem Sinne, daß im Falle er das unterläßt, der Verkäufer das Recht hat, die Auflösung des Vertrags zu verlangen. Mit dem Augenblick, wo der Kauf aufgelöst ist, fällt kraft Gesetzes das auf den Erwerber übergegangene Eigenthum an den Verkäufer zurück und alle Rechtsänderungen, die der Käufer inzwischen vorgenommen, fallen zusammen. Wenn also Jemand ein Grundstück verkauft, und der Käufer bezahlt den Kaufpreis nicht, so kann der Verkäufer im Wege der Klage die Auflösung des Kaufes erwirken; ist das Urtheil rechtskräftig, dann wird der Verkäufer kraft Gesetzes wieder Eigenthümer des Grundstücks, und die Hypotheken und sonstigen Veränderungen, die in der Hand des Käufers eingetreten sind, sind dem Verkäufer gegenüber wirkungslos. Der herkömmliche Ausdruck für dieses Rechtsverhältniß ist Resolutionsrecht.

Außer dem angeführten Beispiele kennt das pfälzische Recht noch eine ganze Reihe anderer Fälle, von denen einige, wie der angezogene Fall, auf einem Vertragsverhältnisse beruhen, andere dagegen wohnen kraft Gesetzes dem Rechtsgeschäft inne, das die Veräußerung des Grundstücks zum Gegenstand hat. Wenn z. B. Jemand einem Anderen ein Grundstück schenkt und er bekommt nach der Schenkung eheliche Kinder, so wird kraft Gesetzes die Schenkung

S. 279 hinfällig und das Grundstück fällt an den Schenkgeber zurück, frei von allen Lasten, die vom Schenknehmer auf dasselbe gelegt worden sind.

An und für sich wäre es nicht schwer, diesen Eigenthumsrückfall dem Grundbuchrechte anzupassen, denn auch das Bürgerl. Gesetzbuch kennt einen solchen.*) Die Schwierigkeit liegt nur darin, daß er mit rückwirkender Kraft eintritt, daß also die Sache so angesehen wird, als ob das Eigenthum nicht aus der Hand des Veräußerers weggekommen wäre, und als ob die Lasten, die inzwischen auf das Grundstück gelegt worden sind, überhaupt nicht bestünden. Der Uebernahme dieser Folgen aus der Auflösung des Rechtsgeschäfts bot der das Grundbuchsystem beherrschende Satz von dem öffentlichen Glauben des Grundbuchs die größten Schwierigkeiten. Der Entwurf versucht diese Schwierigkeiten auf folgende Weise zu lösen: Wenn der Zeitpunkt des Rückfalles eingetreten ist, wenn also, um bei den vorerwähnten Beispielen zu bleiben, der Verkäufer auf Grund der Klage eine rechtskräftige Entscheidung dahin erwirkt hat, daß der Kaufvertrag aufgelöst ist, oder wenn der Schenkgeber der Schenkung nachgängig ein eheliches Kind bekommen hat, dann soll dem Auflösungsberechtigten gegen den Erwerber des Grundstücks ein persönlicher Anspruch auf Rückübertragung des Eigenthums und Befreiung des Grundstücks von den Lasten, die nach der Uebertragung des Eigenthums entstanden sind, zustehen. Um aber den Veräußerer und Auflösungsberechtigten gegen die weiteren Verfügungen über das Grundstück zu schützen, die von dem Erwerber ausgehen können, soll dieser Anspruch kraft Gesetzes mit einer Vormerkung gesichert sein, so daß zu Gunsten dessen, für den die Vormerkung eingetragen wird, keine seinen Rechten widerstreitende Veränderung bezüglich des Grundstücks vorgenommen werden kann. Es verwandelt sich also das Rückfallsrecht in einen persönlichen Anspruch, der kraft Gesetzes mit einer Vormerkung geschützt ist. Diese Umwandlung tritt erst in dem Augenblick ein, in dem das Grundbuch als angelegt erklärt wird; bis zu diesem Zeitpunkt bleibt das Resolutionsrecht bestehen. Wie nach dem jetzigen Rechtszustande alle Veränderungen, die in der Hand des Erwerbers eingetreten sind, auf Grund des Auflösungsrechts hinfällig werden, so werden auch künftig auf Grund der kraft Gesetzes mit dem Anspruch verbundenen Vormerkung die Veränderungen, die in der Hand des Dritten eingetreten sind, dem Veräußerer gegenüber unwirksam sein. Wenn die Vormerkung nicht kraft Gesetzes mit dem Anspruch verbunden wäre, dann hätte die Vormerkung erst nach der Anlegung des Grundbuchs mit Wirksamkeit gegen Dritte eingetragen werden können. Es hätten dann in der Zwischenzeit Veränderungen am Grundstück vorgenommen werden können, denen der Auflösungsberechtigte im Hinblick auf den öffentlichen Glauben des Grundstücks machtlos gegenüber gestanden wäre. Hier ist dagegen das Grundbuch von vornherein zu Gunsten des Berechtigten in dem Augenblick, da es als angelegt erklärt wird, gesperrt und es kann zu seinem Nachtheile keine Eintragung mehr gemacht werden. Der Auflösungsberechtigte ist also in gleicher Weise geschützt, wie nach bisherigem Rechte. Der Anspruch ist darauf gerichtet, daß der Erwerber das Grundstück dem Veräußerer rücküberträgt und zwar frei von allen Lasten, die darauf ruhen. Die Rückübertragung ist in der Form der Rückauflassung vorzunehmen, während heute das Eigenthum einfach kraft des Gesetzes zurückfällt. Künftig bleibt also der Erwerber zunächst Eigenthümer, er hat aber die persönliche Verpflichtung, das Eigenthum an den Veräußerer zurückzuübertragen, dadurch daß er vor dem Grundbuchamte die Auflassungserklärung

*) Vergl. § 142 des B.G.B.

abgibt. Im Weigerungsfalle wird seine Erklärung durch das richterliche Urtheil S. 279.
ersetzt. Bis zu der Eintragung der || Auflassung in das Grundbuch ist der S. 280.
Berechtigte durch die Vormerkung geschützt.

Nun besteht aber im pfälzischen Rechte noch eine Eigenthümlichkeit in Ansehung derjenigen zweiseitigen Verträge, bei welchen zur Sicherung der Forderung des Berechtigten (Veräußerers) ein Privilegium zugelassen ist. In diesen Fällen wird das Auflösungsrecht Dritten gegenüber, die Rechte an dem Grundstück erworben haben, unwirksam, wenn das Privileg nicht innerhalb ordnungsmäßiger Zeit eingeschrieben ist. Es gibt einige Fälle, in denen die Vertragstheile zur Sicherung ihrer Ansprüche ein Vorzugsrecht haben, nämlich der Kauf und der Tausch, sowie die Theilung. Wer ein Grundstück verkauft, hat kraft Gesetzes auf dem verkauften Grundstück ein Privilegium dafür, daß ihm der Verkäufer den Kaufpreis bezahle. Die Einschreibung desselben besorgt in der Regel der Notar, ohne daß sich die Parteien darum zu kümmern brauchen. Wo nun dieses Privilegium und das Auflösungsrecht zusammenfallen, da ist das Auflösungsrecht in seiner Wirkung gegen Dritte daran gebunden, daß das Vorzugsrecht rechtzeitig eingetragen wird. Diesen Bestimmungen ist in Satz 2 des Artikel 17 am Schlusse Rechnung getragen. Wenn das Auflösungsrecht nicht gewahrt ist, dann tritt die Umwandlung nicht in der Weise ein, daß der Anspruch des Berechtigten kraft Gesetzes durch eine Vormerkung geschützt ist. Wenn also der Verkäufer es versäumt hat, sein Privilegium eintragen zu lassen, so kann ihn Artikel 17 nicht schützen gegen die nachtheiligen Verfügungen, die der Erwerber über das Grundstück getroffen hat.

Der Artikel 17 bezieht sich nicht auf diejenigen Fälle, in denen das Rückfallsrecht seinen Grund nicht in dem Rechtsgeschäft selbst hat; also z. B. nicht auf Fälle, in denen sich herausstellt, daß der Wille eines Vertragsschließenden mit Mängeln behaftet war, oder daß ein Vertragschließender z. B. beim Kauf über $^7/_{12}$, bei der Theilung über $^1/_4$ benachtheiligt wurde; er bezieht sich also nicht auf die Fälle, in denen das pfälzische Recht die Anfechtungsklage zuläßt; ferner gehören nicht hieher die Fälle, in denen es sich darum handelt, daß die Erben die Verfügung des Erblassers wegen Ueberschreitung der verfügbaren Quote anfechten. Für diese Verhältnisse gilt das heutige Recht fort, und da für sie die gleichen Grundsätze gelten, die das Bürgerl. Gesetzbuch für die Wirkung der Anfechtung aufstellt, so sind für sie Uebergangsvorschriften entbehrlich. Das Bürgerl. Gesetzbuch läßt ebenso wie das pfälzische Recht die Anfechtung des Vertrags wegen Irrthum oder Betrugs zu mit der Wirkung, daß im Falle der Anfechtung der Vertrag als nicht geschlossen gilt. Es ist dieß ein Fall, in dem auch das Bürgerl. Gesetzbuch die Vertragsauflösung mit rückwirkender Kraft kennt.*) Es wird, wenn es sich um die Veräußerung eines Grundstücks handelt, kraft Gesetzes der Eigenthumsübergang aufgehoben, und der frühere Eigenthümer kann verlangen, daß das Grundbuch berichtigt wird. Hiebei kommt aber der öffentliche Glaube des Grundbuchs zur Geltung. Es kann beispielsweise der Veräußerer, der betrogen worden ist, die Rückgabe des Grundstücks verlangen, er kann die Auflösung des Veräußerungsvertrags herbeiführen und wieder Eigenthümer werden. Wenn aber der Betrüger das Grundstück inzwischen weiter veräußert oder belastet hat, und diese Aenderungen im Grundbuch ordnungsmäßig eingetragen sind, so muß der erste Veräußerer diese Rechtsänderungen gegen sich gelten lassen. Dieß kann für den Betrogenen unter Umständen von großem Nachtheil sein,

---

*) Vergl. die §§ 119, 123, 142 des B.G.B.

S. 280. aber den im öffentlichen Glauben des Grundbuchs wurzelnden Folgen kann man sich nicht entziehen. Im dießseitigen Bayern haben wir bisher schon nach einer Richtung hin eine ähnliche Rechtslage. Das bayerische Hypothekenbuch hat öffentlichen Glauben, soweit es Hypothekeneinträge betrifft. Wird also ein Vertrag wegen Betrugs aufgelöst, und hat der Betrüger das Grundstück veräußert, so fällt zwar das Eigenthum, wie in der Pfalz, an den Betrogenen zurück; hat er aber auf das Grundstück eine Hypothek gelegt, so bleibt diese zu Gunsten des gutgläubigen Erwerbers bestehen.

Uebrigens sind diese Fälle der Anfechtung außerordentlich selten, so daß schon aus diesem Grund ein gesetzgeberisches Eingreifen nicht geboten erscheint. Dieß gilt namentlich für die Fälle der Anfechtung eines Kaufes wegen Schädigung über $^{7}/_{12}$ und der Anfechtung einer Theilung wegen Schädigung über $^{1}/_{4}$.

Ich darf wohl meine Bemerkungen zu

Artikel 18

hier gleich anreihen.

(Vorsitzender verliest den Artikel 18.)

Im Liegenschaftsverkehr der Pfalz kommt es bei Veräußerungsverträgen sehr häufig vor, daß der Verkäufer für den Fall, daß der Käufer den Kaufpreis nicht bezahlt, sich das Recht vorbehält, das Grundstück zu versteigern und sich für seine Ansprüche aus dem Kaufvertrag aus dem erzielten Erlöse zu befriedigen. Es ist dieß ein abgekürztes Liquidationsverfahren, welches sich wegen seiner Einfachheit allgemeiner Beliebtheit erfreut. Es gibt wohl kaum einen Veräußerungsvertrag über Grundstücke, in dem diese Klausel nicht aufgenommen ist. Diese praktisch wichtige Einrichtung soll daher in's neue Recht übernommen werden. Auch hier ist die Schwierigkeit der Umbildung nicht gering gewesen. Wenn man davon ausgeht, daß die Wiederversteigerung eine Auflösung des Veräußerungsvertrags zu Gunsten des ersten Veräußerers ist, so kann man die Wiederversteigerung an dieselben Rechtsbildungen anlehnen, die im Artikel 17 gegeben sind. Der Unterschied ist nur der, daß in den Fällen des Artikel 17 der Erwerber das Grundstück an den Veräußerer zurückzuübertragen hat, während hier, wenn der Zuschlag erfolgt ist, der Verkäufer von dem Käufer verlangen kann, daß er das Eigenthum an dem Grundstück dem Ansteigerer überträgt. Diese Verpflichtung kann durch Klage erzwungen werden, in Folge wovon der richterliche Ausspruch die Auflassungserklärung des Käufers ersetzt.

Abg. **Diehl:** Den Artikel 18 begrüße ich besonders, weil er einer besonderen Eigenthümlichkeit des pfälzischen Rechts Rechnung trägt. Wird ein Grundstück verkauft, so wird in demselben Akt vorbehalten, daß, wenn der Käufer den Zahlungstermin nicht einhält, der Vertrag nach fruchtlosem vierzehntägigen Zahlbefehl sich von Rechtswegen auflöst und das Grundstück durch den Notar versteigert werden kann. Artikel 17 beziehungsweise 18 des Entwurfs führen zu dem gleichen Ergebniß, indem bestimmt ist, daß der erste Käufer das Grundstück Demjenigen, der es bei Wiederveräußerung erworben, wieder herausgeben muß. Im Weigerungsfall kann mit Klage gegen ihn vorgegangen werden. Ich habe nun das Bedenken, daß bei der großen Parzellirung des Grundbesitzes in der Pfalz, wo es vorkommt, daß Grundstücke um 10 M. versteigert werden, und bei dem Umstand, daß die Grundstücke in Zukunft im Werth noch mehr sinken werden, daß durch die Führung eines Prozesses verhältnißmäßig große Kosten entstehen, so daß der Veräußerer vielleicht

es vorziehen wird, das Grundstück ganz aufzugeben, um keinen theuren Prozeß S. 280.
zu führen, der mehr kostet, als das Stück werth ist. Während bisher das Verfahren einfach und mit wenig Kosten verbunden war, wird es künftig verwickelter und kostspieliger werden. Bei kleinen Grundstücken wird dadurch eine nicht geringe Schädigung || eintreten. Ich möchte daher anregen, ob man nicht S. 281.
ein erleichterndes Verfahren in das Liegenschaftsgesetz aufnehmen könnte.

Vorsitzender: Auch nach dem jetzigen Rechtszustand muß die Exmittirungsklage angestrengt werden.

Oberregierungsrath **Schneider:** Es ist nicht zu verkennen, daß die vertragsmäßige Versteigerung dadurch eine Abschwächung erfährt, daß der Eigenthumsübergang auf den Ansteigerer nicht ohne Weiteres eintritt, sondern von der Auflassungserklärung des Schuldners abhängt. Wenn der Schuldner sie nicht gutwillig abgibt, muß geklagt werden und dadurch entstehen Kosten; allein es gibt wohl kein Mittel, wie man dem auf einfache Weise abhelfen könnte; denn das Erforderniß der Auflassungserklärung Seitens des als Eigenthümer in das Grundbuch eingetragenen Schuldners wird nicht zu umgehen sein. Uebrigens wird in den meisten Fällen der Schuldner sich fügen, um nicht in einen Prozeß verwickelt zu werden. In den Fällen, in denen aus Nachlässigkeit die Auflassungserklärung nicht abgegeben wird, kann die Sache in der Regel im Wege des Versäumungsurtheils erledigt werden, wobei geringere Kosten entstehen.

Abg. **Kuby:** Ich theile das Bedenken des Abg. Diehl, daß die Sache künftig theuerer wird. Bis jetzt war das Verfahren der dem pfälzischen Rechte eigenthümlichen vertragsmäßigen Versteigerung sehr einfach; wenn der Käufer den Kaufpreis nicht zahlte, hat ihm der Verkäufer einen Zahlbefehl zustellen lassen mit der Androhung, daß, wenn innerhalb zwei Wochen keine Zahlung erfolgt, das Grundstück von einem Notar öffentlich versteigert und der Gläubiger sich aus dem Erlös befriedigen wird. Der Notar hat nach zwei Wochen den Termin zur Versteigerung bestimmt und diese vorgenommen und damit war die Sache erledigt, ohne dem Gläubiger Kosten zu machen. Hatte der säumige Käufer inzwischen eine Hypothek auf das Grundstück gelegt, so wurde diese hinfällig. Mit dem Zuschlag wurde der Ansteigerer Eigenthümer. Dieß ist künftig nicht mehr der Fall. Die Regierung versucht, die bisher geltenden Bestimmungen wo möglich aufrecht zu erhalten, und hat zu diesem Zweck das Auflösungsrecht in einen Anspruch gegen den säumigen Käufer umgewandelt, daß er das Eigenthum an den Ansteigerer übertrage. Durch das auf die Klage ergangene Urtheil wird die Auflassungserklärung des Käufers ersetzt; eine solche Klage wird aber selbstverständlich Kosten mit sich bringen. Es wäre angenehm zu hören, wie das Petitum der Klage formulirt gedacht ist.

Oberregierungsrath **Schneider:** Die Klage ist darauf zu richten, daß der Erwerber verurtheilt werde, die Auflassungserklärung abzugeben. Mit der Rechtskraft des Urtheils gilt die Erklärung als abgegeben und es braucht dann nur das Urtheil von dem anderen Theile, der seine Auflassungserklärung abgibt, dem Grundbuchamte vorgelegt zu werden.

Auf weitere bezügliche Anfrage des Abg. Kuby erklärt der Ministerialkommissär, daß sich die Verpflichtung des Erwerbers darauf erstreckt, das Grundstück frei von den inzwischen erfolgten Belastungen zu übertragen und

S. 281. daß der Anspruch des Veräußerers auf diese Uebertragung durch die kraft Gesetzes bestehende Vormerkung gegen alle nachtheiligen Verfügungen über das Grundstück geschützt ist.

Vorsitzender: Es handelt sich hier darum, ob wir der vertragsmäßigen Wiederversteigerung verlustig gehen sollen oder nicht. Der Weg, der hier vorgeschlagen wird, uns dieselbe zu erhalten, ist der einzig richtige. Wenn mit der Vormerkung eine Belastung oder Veräußerung durch den Erwerber ausgeschlossen ist, was kann da noch passiren?

Auf die Bemerkung des Abg. Ott, daß schon bisher Kosten für den Zahlungsbefehl und die Wiederversteigerung vorhanden gewesen seien, erwidert Abg. Diehl, daß zu diesen bestehend bleibenden noch neue Kosten dazukommen.

Abg. **Kaub** macht bezüglich der Schenkung bei Wiederverehelichung eine kurze Zwischenbemerkung.

Abg. **Kuby:** In den Fällen der objektiven Rechtsverletzung, also z. B., wenn ein Käufer bezüglich des Kaufpreises um über 7/12 beschädigt oder wenn Jemand bei der Theilung um über 1/4 sich benachtheiligt fand, waren nach bisherigem Recht Anfechtungsklagen gestattet. Diese haben den früheren Zustand wieder hergestellt. Solche Anfechtungsgründe enthält das Bürgerliche Gesetzbuch nicht. Nach Inkrafttreten desselben werden diese Anfechtungsgrundsätze wegfallen. Es fragt sich aber, ob bei Geschäften, die vorher stattgehabt haben, das Anfechtungsrecht aufrechterhalten wird, wenn der Anfechtungsgrund schon vorher gegeben war.

Oberregierungsrath **Schneider:** Das Anfechtungsrecht ist kein dingliches Recht, sondern ein persönliches. Persönliche Rechte, welche jetzt bestehen, werden durch das Bürgerl. Gesetzbuch nicht berührt. Wenn Jemand vor Inkrafttreten des Bürgerl. Gesetzbuchs einen Kaufvertrag geschlossen und dadurch eine Schädigung über 7/12 erlitten hat, so erwächst ihm ein Klagerecht gegenüber dem anderen Vertragstheil und dieses bleibt auch nach dem Inkrafttreten des Bürgerl. Gesetzbuchs bestehen und kann auch künftig geltend gemacht werden. Wer am 1. Januar 1900 auf Grund des bisherigen Rechts ein Anfechtungsrecht hat, der kann dasselbe geltend machen auch unter der Herrschaft des Bürgerl. Gesetzbuchs; die Wirkungen sind nach diesem die gleichen, d. h. der Vertrag wird mit rückwirkender Kraft aufgelöst. Die Bestimmung des § 142 des Bürgerl. Gesetzbuchs stimmt hierin mit dem bisherigen Recht überein. Anders würde allerdings die Sache liegen, wenn der Anfechtungsgrund nach dem 1. Januar 1900 entstehen würde. In den Fällen aber, wo der Anfechtungsgrund, beispielsweise die Schädigung über 7/12, schon vorher eingetreten, da kann der entstandene Anfechtungsgrund durch das Inkrafttreten des Bürgerl. Gesetzbuchs nicht mehr beseitigt werden.

Vorsitzender gibt § 142 des Bürgerl. Gesetzbuchs bekannt und bemerkt: Der Zweck dieses Gesetzentwurfs besteht hauptsächlich darin, die bestehenden Rechte so umzubilden, daß sie sich dem Grundbuchrechte anpassen.

Sodann werden zur Diskussion gestellt

Artikel 19 und 20.

Oberregierungsrath **Schneider:** Diese beiden Artikel stehen in einem gewissen Zusammenhang. Sie unterscheiden sich darin, daß in den Fällen des

Artikel 19 im Gegensatz zu Artikel 20 der Grund und Boden, auf dem das S. 281.
Gebäude steht, einem Anderen gehört, als das Gebäude, während im Artikel 20 Grund und Boden und Gebäude im Miteigenthum der Berechtigten stehen. Der Artikel 19 hat die Fälle im Auge, in denen Jemand auf einem fremden Grundstück ein Bauwerk hat, z. B. einen Keller. Das pfälzische Recht sieht eine solche Berechtigung als getheiltes Eigenthum an und läßt an einem solchen Bauwerk ein selbständiges Eigen || thumsrecht zu. Es ist also in der Pfalz S. 282.
möglich, daß dem Einen der Grund und Boden eigenthümlich gehört, dem Andern das Haus, das darauf steht, oder der Keller, der sich in dem Grundstück befindet. Das Bürgerl. Gesetzbuch sieht das Verhältniß anders an. Es behandelt das Bauwerk, das auf oder in dem Grundstück errichtet ist, als Bestandtheil des Grundstücks und zwar als wesentlichen Bestandtheil, so daß selbständige Rechte an ihm nicht möglich sind; mithin gehört es Demjenigen, welchem das Grundstück gehört.*) Nur für den Fall besteht eine Ausnahme, daß das Bauwerk in Ausübung eines Rechts an dem fremden Grundstück von dem Berechtigten errichtet wurde.**) Allein dieser Fall kommt für das pfälzische Recht bei seiner Konstruktion des getheilten Eigenthums nicht wohl in Frage. Würde der Entwurf in Ansehung der Bauwerke auf fremden Grundstücken nicht Vorsorge treffen, dann bestünde Gefahr, daß Viele, denen heute ein sogenanntes superfiziarisches Eigenthum an solchen Bauwerken zusteht, ihr Recht mit dem Inkrafttreten des Bürgerl. Gesetzbuchs verlieren würden. Hier will Artikel 19 Abhilfe schaffen, er will die erworbenen Rechte in demselben Umfange und derselben Wirkung erhalten, wie sie ihnen heute zukommt. Das Bürgerl. Gesetzbuch sieht das superfiziarische Recht an Bauwerken nicht wie das pfälzische Recht als Eigenthum, sondern als Recht an einer fremden Sache an und bezeichnet dieses Recht mit dem Namen Erbbaurecht.***) Es ist dieß nur eine Frage der juristischen Konstruktion, am Inhalte des Rechts ist dadurch nichts geändert. Der Erbbauberechtigte wird geradeso wie der Eigenthümer behandelt; er hat das Recht der Verfügung wie der Eigenthümer.†)

Artikel 19 Abs. 2 trifft den Fall, daß Jemand auf fremdem Grundstück Eigenthum nur an einem Gebäudetheil hat, z. B. nur an einem Zimmer in einem fremden Hause. Das Verhältniß ist hier ähnlich gelagert wie das Recht an einem ganzen Bauwerk. Dem Berechtigten soll das veräußerliche und vererbliche Recht zustehen, das Zimmer zu haben und nach Belieben zu benutzen; er soll in seinen Verfügungen ebenso unbeschränkt sein, wie der Eigenthümer.

Ich komme nun zu der Frage des Stockwerkeigenthums, das im dießseitigen Bayern Herbergrecht genannt wird. Beim Stockwerkeigenthum des pfälzischen Rechts gehört das Grundstück mehreren Berechtigten gemeinschaftlich, das darauf befindliche Gebäude dagegen ist bezüglich des Eigenthums nach Stockwerken abgetheilt, so daß beispielsweise der erste Stock dem A, der zweite dem B und der Dritte C gehört, das Gebäude selbst steht nicht im Miteigenthum der Berechtigten, sondern nur diejenigen Theile des Gebäudes, die zur Benützung aller Berechtigten unentbehrlich sind, wie Hauptmauern, Dach 2c. Eine Umgestaltung ist hier nothwendig, weil dem Bürgerl. Gesetzbuch das Stockwerkeigenthum unbekannt ist. Dagegen läßt das Einführungsgesetz zum Bürgerl. Gesetzbuch die Möglichkeit offen, in anderer Rechtsform die gleichen Zwecke

*) §§ 94, 946 des B.G.B.
**) § 95 Abs. 1 Satz 2 des B.G.B.
***) §§ 1012 ff. d. B.G.B.
†) §§ 1012, 1017 d. B.G.B.

S. 282. zu erreichen,*) und Artikel 20 wendet diese Form auf das jetzt bestehende Stockwerkeigenthum an, indem er vorschreibt, daß das ganze Grundstück, also Grund und Boden und das daraufstehende Gebäude im Miteigenthum der sämmtlichen Berechtigten steht und zwar nach Verhältniß der Antheile, die jetzt schon die Einzelnen an dem Gebäude haben. Wenn also das Gebäude aus drei Stockwerken besteht, von denen jeder einen anderen Eigenthümer hat, so würde jeder der drei Stockwerkeigenthümer nunmehr an dem ganzen Grundstück sammt dem Gebäude zu je einem Drittel miteigenthumsberechtigt sein. Würde das mittlere Stockwerk zweien gehören, so würde das ganze Grundstück im Miteigenthum der vier Personen stehen und zwar würden die beiden Eigenthümer des mittleren Stockwerks zu je einem Sechstel, die beiden anderen zu je einem Drittel antheilsberechtigt sein. Wenn die Sache endlich so gelagert ist, daß das Haus blos einen Stock hat und darauf ein Kniestock steht, also nur ein Theil des Erdgeschosses überbaut ist, so ist der Eigenthümer des Kniestocks an dem ganzen Grundstück im Verhältniß der Fläche des Kniestocks zu der Grundfläche des ganzen Gebäudes antheilsberechtigt. Wenn also die Fläche des Kniestocks nur den dritten Theil der Fläche des Erdgeschosses ausmacht, so ist der Eigenthümer des Kniestocks an dem ganzen Gebäude zu einem Viertel berechtigt. Der Miteigenthumsberechtigte soll aber denjenigen Gebäudetheil, den er bisher in Eigenthum hatte, zur ausschließlichen und dauernden Benützung haben. Es soll ihm dafür auch die Unterhaltung dieses Theiles zur Last fallen. Im Uebrigen müssen die Lasten des gesammten Grundstücks, z. B. die Unterhaltung des Daches, im Verhältniß der Antheile getragen werden. Einen Anspruch, diese Gemeinschaft aufzuheben, das heißt, das Gebäude zu theilen, ist ausgeschlossen, weil ein derartiges Stockwerkeigenthum nicht theilbar ist. Durch Artikel 20 sollen den Berechtigten ihre Rechte nicht gekürzt oder entzogen werden, sondern es sollen auf sie nur die Formen angewendet werden, die das Einführungsgesetz zum Bürgerl. Gesetzbuch gewährt: die Form des Miteigenthums am ganzen Gebäude mit ausschließlichem Benutzungsrecht der einzelnen Stockwerke. Für das Miteigenthum aber gelten im Uebrigen die Grundsätze des Bürgerl. Gesetzbuchs,**) so daß also die Unterhaltung des Gebäudes — abgesehen von den in der ausschließlichen Benützung der Einzelnen stehenden Theilen — von den Berechtigten nach Maßgabe ihrer Antheile zu tragen ist. Die Frage des Abg. Wenz, ob nach dem heutigen Recht ein solches Stockwerkeigenthum durch Theilung aufgehoben werden kann, wird vom Ministerialkommissär verneint, dagegen die freie Verfügung der einzelnen Berechtigten über ihre Theile anerkannt.

Abg. **Diehl:** Die Ausführungen des Herrn Ministerialkommissärs haben die Sache klargestellt. Ich möchte mir aber die Frage erlauben, wie es mit der Brandversicherung steht. Nach dem Brandversicherungsgesetz besteht kein Versicherungszwang, ausgenommen in Ausnahmefällen. Gesetzt nun den Fall, ein Haus hat drei Eigenthümer, jedes Stockwerk für sich, der Eigenthümer des unteren und oberen Stockwerks hat versichert, der des mittleren nicht. Das Haus wird durch Brand zerstört, wie steht es dann mit der Versicherung? Die Versicherungssumme kann so klein sein, daß man nur ein Stockwerk aufbauen kann. Ich würde den Herrn Ministerialkommissär um Aufklärung bitten.

Oberregierungsrath **Schneider:** Es ist richtig, daß im Allgemeinen kein Versicherungszwang besteht; die Miteigenthümer haben auch keine Ver-

*) Vergl. die Artikel 182, 131 d. Einf.-Ges. z. B.G.B.

**) Vergl. die §§ 1008 bis 1011 des B.G.B.

pflichtung zum Wiederaufbau; auch nach künftigem Recht nicht. Was die Frage S. 282.
des Abg. Diehl anlangt, so wird, wenn nach bisherigem Rechte ein Stockwerkeigenthümer überhaupt seinen Theil allein versichern konnte, auch nur dieser Stockwerkeigenthümer die Versicherungssumme bekommen. Die Frage der Wiederherstellung eines Stockwerks beantwortet sich künftig unter Umständen nach § 744 des Bürgerl. Gesetzbuchs, wonach die zur Erhaltung des gemeinschaftlichen Gebäudes nothwendigen Maßregeln von einem einzelnen Berechtigten getroffen werden können. Die Frage der Versicherung wird sich nach § 745 des Bürgerl. Gesetzbuchs beantworten.

Abg. **Diehl:** Das Brandversicherungsgesetz macht die Auszahlung der Versicherungssumme davon abhängig, daß wiederum aufgebaut wird, und zwar soll das erste Drittel || ausgezahlt werden, wenn die Grundmauern stehen, das S. 283.
zweite Drittel, wenn das Haus unter Dach, und das dritte, wenn das Haus ganz fertiggestellt ist. Der Eigenthümer des oberen Stockwerks, der versichert hat, kann das Geld also nicht bekommen, weil das Gesetz entgegensteht.

Oberregierungsrath **Schneider:** Wenn das Haus abgebrannt ist, dann ist das Stockwerkeigenthum erloschen und es besteht nur ein Miteigenthum am Grundstück. Hier kann jederzeit getheilt werden und es kann Derjenige, der versichert hat, auf dem ihm zugewiesenen Theile mit Erlaubniß der Behörde ein dem versicherten Gebäudetheil entsprechendes Gebäude aufführen. Die einzelnen Fragen werden sich in der Praxis lösen müssen; das Gesetz kann sich nur mit dem Prinzip beschäftigen und dieses liegt im Miteigenthum.

Abg. **Kuby:** Wenn man den Artikel 20 liest, der die Unterhaltungspflicht bezüglich der einzelnen Gebäudetheile normirt, so kommt man sofort zu der Frage, wie ist es denn im Uebrigen mit der Unterhaltungspflicht? Der Herr Ministerialkommissär hat auf die Bestimmungen des Bürgerl. Gesetzbuchs hingewiesen. Ich würde es aber für zweckmäßiger halten, in den Artikel 20 selbst eine bezügliche Bestimmung aufzunehmen.

Oberregierungsrath **Schneider:** Ich halte die Aufnahme einer derartigen Bestimmung nicht für geboten. Der Artikel sagt: Die Stockwerkberechtigten sind Miteigenthümer; würde er nichts weiter bestimmen, dann würden auch die den einzelnen Berechtigten zu ausschließlicher Benutzung zustehenden Theile unter der gemeinsamen Unterhaltungspflicht stehen (§ 748 des Bürgerl. Gesetzbuchs). Er macht aber davon eine Ausnahme und bestimmt, daß für die Unterhaltung des einzelnen Antheils Jeder selbst aufzukommen hat. Dieß ist eine Ausnahme von der Regel, daß das Miteigenthum nach Maßgabe der Antheile unterhalten werden muß. Wenn hier innerhalb der einzelnen Benützungssphäre ein Aufwand nothwendig wird, kann der Einzelne die übrigen Miteigenthümer nicht mit heranziehen. Würden wir eine weitere Bestimmung in das Gesetz aufnehmen, so würden wir den Inhalt verdunkeln. In der jetzigen Fassung ist der Artikel klar; es kommen im Allgemeinen die Grundsätze des Miteigenthums zur Anwendung, soweit nicht eine ausdrückliche Ausnahme gemacht ist.

Auf Anregung des Abg. Wenz bemerkt der Ministerialkommissär, daß die Frage bezüglich der Unterhaltungspflicht an den Stiegen nach Lage des einzelnen Falls zu entscheiden ist.

Abg. **Kuby:** Es gibt beim Stockwerkeigenthum einzelne Theile, welche im Sondereigenthum der Einzelnen stehen, und andere, die im Miteigenthum sich befinden.

S. 283. Oberregierungsrath **Schneider:** Künftig ist dieß nicht mehr der Fall, vielmehr steht das ganze Gebäude mit Grund und Boden, also auch die Theile, an welchen bisher Stockwerkeigenthum bestand, im Miteigenthum. Wenn der Entwurf nichts weiter sagen würde, würden die Grundsätze über das Miteigenthum uneingeschränkt maßgebend sein. Es ist aber hievon eine Ausnahme gemacht, indem den Stockwerkberechtigten nach Maßgabe ihrer bisherigen Rechte künftig an dem von ihrem Rechte betroffenen Gebäudetheil ein ausschließliches Nutzungsrecht zusteht. Dafür haben sie bezüglich dieser Gebäudetheile die Unterhaltungspflicht allein zu tragen. Da also die Ausnahme im Artikel 20 besonders hervorgehoben wird, so ergibt sich die Regel, daß allgemein die Grundsätze des Miteigenthums maßgebend sind, von selbst. Ich glaube, die jetzige Fassung bringt klar zum Ausdruck, was der Artikel will.

Abg. **Kuby:** Ich erachte es trotzdem für wünschenswerth, daß bezüglich der Kostentragung Bestimmungen in das Gesetz aufgenommen würden, um nicht zum Verständniß erst auf andere Vorschriften rekurriren zu müssen.

Die Kommission trat jedoch den Ausführungen des Ministerialkommissärs bei.

Vorsitzender stellt den

Artikel 21

zur Besprechung.

Oberregierungsrath **Schneider** erläutert an der Hand einer Skizze die Bedeutung des Miteigenthums an einem Grundstück, das bestimmten wirthschaftlichen Zwecken anderer Grundstücke dient, nach den Vorschriften des pfälzischen Rechts im Gegensatz zu den Bestimmungen des Bürgerl. Gesetzbuchs.

Auf Anfrage des Abg. Kuby, wie es mit der Eintragung in diesem Falle gemacht werde, erwidert der Ministerialkommissär, daß das Miteigenthum eingetragen werde, d. h. daß die sämmtlichen Eigenthümer der berechtigten Grundstücke als Miteigenthümer in der ersten Abtheilung des Grundbuchs eingetragen werden und daß in Abtheilung II die Eintragung der ihnen an dem gemeinschaftlichen Grundstück zustehenden Dienstbarkeiten erfolgen könne.

Abg. **Kuby:** Ich habe mir die Sache so vorgestellt, daß das Miteigenthum von dem Inkrafttreten des Bürgerl. Gesetzbuchs an als ideal getheilt gedacht werde und daß den jeweiligen Inhabern je eine Grunddienstbarkeit auf dem ideal getheilten Stücke der Anderen zustehe.

Oberregierungsrath **Schneider:** Nach künftigem Recht kann Jemand an seinem Miteigenthum eine Grunddienstbarkeit haben; es bleibt also das Miteigenthum fortbestehen. Es wird nur das thatsächliche Verhältniß, das dauernd mit ihren Grundstücken verbundene Recht der einzelnen Eigenthümer auf Benützung des fraglichen Grundstücks zu den wirthschaftlichen Zwecken ihres Grundstücks, in die rechtliche Form von Grunddienstbarkeiten gekleidet. Es entstehen so viele Dienstbarkeiten, als Berechtigte vorhanden sind, und diese haben das gleiche Benützungsrecht wie heute. Wenn einer der Berechtigten sein Anwesen veräußert, ohne daß im Grundbuch etwas eingetragen ist, so soll gleichwohl der Sondernachfolger das Recht zur Benützung haben. Dieses Rechtsverhältniß, das man im französischen Recht indivision forcée nennt, wird am besten durch die Form der Dienstbarkeiten getroffen. Nach dem Bürgerl. Gesetzbuch könnte im Falle des Miteigenthums die Theilungsklage gestellt werden, so daß die Einzelnen gezwungen würden, zu theilen. Das fragliche Grundstück soll aber dem wirthschaftlichen Zweck, dem es dient, erhalten bleiben;

deßhalb war es nöthig, dem Benützungsrecht in der Form einer Dienstbarkeit S. 283.
den Charakter der Dauer zu verleihen. Die Vertragsfreiheit ist dadurch in keiner Weise beschränkt.

Zu

Artikel 22

bemerkt Oberregierungsrath **Schneider:** Es empfiehlt sich, die Bestimmungen des Bürgerl. Gesetzbuchs zum Schutz der Ausübung von Grunddienstbarkeiten, die nach Artikel 191 Abs. 2 des Bürgerl. Gesetzbuchs erst mit || der Anlegung S. 284.
des Grundbuchs in Kraft treten würden, schon mit dem Inkrafttreten des Bürgerl. Gesetzbuchs in Geltung treten zu lassen, damit nicht ein Zwischenrecht entsteht. Das pfälzische Recht schützt die Dienstbarkeiten in gleicher Weise wie die Grundstücke. Es würde die eigenthümliche Lage eintreten, daß wir im Allgemeinen die Sätze des pfälzischen Rechts über den Besitzschutz fallen sehen, daß sie dagegen für die Grunddienstbarkeiten noch für kurze Zeit stehen blieben, der Schutz der Grunddienstbarkeiten also einer von dem Schutze der Grundstücke abweichenden Regelung unterläge. Es ist daher zweckmäßig, den Schutz des Bürgerl. Gesetzbuchs auch in Ansehung der Grunddienstbarkeiten sofort einzuführen.

Nachdem Niemand weiter das Wort ergriff, stellte Abg. **Diehl** die Anfrage, ob in den bisher behandelten 22 Artikeln alle bestehenden Rechtsverhältnisse des pfälzischen Rechts getroffen seien. Es würde mich beruhigen, wenn der Herr Ministerialkommissär die Versicherung geben würde, daß kein Recht übersehen worden ist.

Oberregierungsrath **Schneider:** Eine unbedingte Gewähr dafür, daß nicht irgend eine Rechtsbildung, die in der Pfalz besteht, in dem Entwurfe nicht Aufnahme fand, kann ich nicht übernehmen; ich will aber sagen, in welcher Weise wir vorgegangen sind. Abg. Diehl wird daraus entnehmen können, ob die Wahrscheinlichkeit des Uebersehens größer oder geringer ist. Es wurde zunächst an der Hand des pfälz. Civilgesetzbuchs festgestellt, welche Arten von Rechten in der Pfalz bestehen. Alsdann wurde auf Grund der Uebergangsvorschriften das Einführungsgesetz zum Bürgerl. Gesetzbuch in Ansehung der Grundstücke und Rechte an Grundstücken im Einzelnen geprüft, in welchen Fällen für die Pfalz Uebergangsvorschriften geboten seien, und hienach die erforderlichen Bestimmungen in den Entwurf eingestellt. Ich glaube, daß im Allgemeinen alle Fälle getroffen sind, die in der Praxis vorkommen. Es ist aber nicht ausgeschlossen, daß dem Entwurf vielleicht eine Rechtsgestaltung entgangen ist. Mir sind zwei Fälle gegenwärtig, die keine Aufnahme in den Entwurf gefunden haben; es geschah dieß aber absichtlich. Der erste Fall betrifft das selbständige Eigenthum an einem Baum oder sonstigem Erzeugniß eines fremden Grundstücks. Das pfälzische Recht läßt ein solches zu, während es dem Bürgerl. Gesetzbuch unbekannt ist. Nach Artikel 181 Abs. 2 des Einführungsgesetzes sind die Verhältnisse aufrecht erhalten. Dabei kann es sein Bewenden haben; für diese Verhältnisse eine Bestimmung zu treffen, empfiehlt sich nicht, weil sie doch nur von kurzer Dauer sind, denn mit dem Verschwinden des Baumes erlischt das Recht. Der Entwurf enthält ferner keine Bestimmung über ein Rechtsverhältniß, welches in der Praxis von großer Bedeutung ist, nämlich über die Grenzanlagen, insbesondere über die Grenzmauern (mitoyenneté).

S. 284. Das pfälzische Recht sieht diese Grenzanlagen als gemeinsames Eigenthum der beiden Nachbarn an. Das Rechtsverhältniß wird vom pfälzischen Recht als Miteigenthum bezeichnet. Nach dem Bürgerl. Gesetzbuch dagegen ist ein derartiges gemeinsames Eigenthum nicht möglich, vielmehr wird das Eigenthum an der Grenzanlage als getheilt gedacht durch eine Linie, die durch die Mitte der Anlage geht, und zu Gunsten beider Nachbarn wird vermuthet, daß sie zur Benützung der Grenzanlagen gemeinschaftlich berechtigt seien (§ 921 B.G.=B.). Die gemeinschaftliche Anlage, die bisher im Miteigenthum der Nachbarn stand, ist hienach künftig zwischen beiden Nachbarn als getheilt zu denken; beiden steht jedoch im Umfang des § 922 des Bürgerl. Gesetzbuchs die Benützung zu. Es führt diese Konstruktion im Wesentlichen zu demselben Ergebniß. Dieß sind die beiden einzigen Rechtsverhältnisse, welche im Entwurf nicht erwähnt wurden.

Auf die Frage des Abg. Kaub, wie es mit den Wasserrechten stehe, erwidert der Ministerialkommissiär, es komme auf die Natur derselben an, ob sie Dienstbarkeiten seien.

Vorsitzender eröffnet die Besprechung zu

Abschnitt II.

Oberregierungsrath **Schneider:** Die Vorschriften in diesem Abschnitte sind wesentlich einfacher als die des ersten Abschnitts. Die Anlegung des Grundbuchs wird im Allgemeinen durch Königliche Verordnung geregelt werden. (Artikel 186 des Einführungsgesetzes zum Bürgerl. Gesetzbuch.) In diesem Entwurfe sind nur einzelne Bestimmungen aufgenommen, bezüglich derer eine gesetzliche Regelung angezeigt erscheint. Die Anlegung des Grundbuchs setzt voraus, daß dem Beamten, der mit der Anlegung beauftragt ist, die Rechte an den Grundstücken zur Kenntniß gebracht werden. Das Eigenthum wird von Amtswegen eingetragen, nicht aber die neben dem Eigenthum bestehenden Rechte und zwar schon deßhalb nicht, weil man aus dem pfälzischen Hypothekenbuch nach seiner ganzen Einrichtung nicht ersehen kann, ob und welche Hypotheken an dem Grundstück bestehen. Das Gesetz geht daher davon aus, daß, wer ein Recht an einem Grundstück geltend machen will, dieses Recht anmelden muß. Dieß kann schriftlich oder mündlich, durch den Berechtigten oder durch den Belasteten erfolgen. Es kann zwar in's Belieben der Betheiligten gestellt werden, ob sie die Anmeldung vornehmen wollen, allein ein gewisser Zwang muß doch geübt werden, schon um das Anlegungsverfahren nicht zu hemmen und um nicht nach Anlegung des Grundbuchs weitgehende Berichtigungen vornehmen zu müssen. Deßhalb schreibt der Entwurf vor, daß, wer sein Recht im Anlegungsverfahren nicht anmeldet, damit im Rang hinter die angemeldeten Rechte zurücktreten soll. Diese Bestimmung ist auch aus einem anderen Grunde unerläßlich. Läßt man die Eintragung der nicht angemeldeten Rechte nach Anlegung des Grundbuchs ihrem bisherigen Rang gemäß zu, so würde dieß zu schlimmen Verwicklungen führen, wenn in der Zwischenzeit über das Grundstück weiter verfügt würde. Es sind beispielsweise zwei Hypotheken auf einem Grundstück eingeschrieben, die eine vom 1. Januar, die andere vom 1. März 1899; die vom 1. März 1899 wird zur Eintragung in das Grundbuch angemeldet, die vom 1. Januar nicht. Am 1. Mai 1900 gelte das Grundbuch als angelegt. Am 1. Juni 1900 wird eine neue Hypothek eingetragen. Diese findet im Grundbuch nur die Hypothek vom 1. März vor. Am 1. Juli 1900 verlangt dann der Inhaber der Hypothek vom 1. Januar 1899 Eintragung

seiner Hypothek. In welchem Range könnte sie eingetragen werden? Die S. 284.
Hypothek vom 1. Januar 1899 ginge der vom 1. März 1899 vor; die Hypothek vom 1. Juni 1900 dagegen ginge in Folge des öffentlichen Glaubens des Grundbuchs der Hypothek vom 1. Januar 1899 vor, stünde aber im Rang hinter der Hypothek vom 1. März 1899 zurück. Es würden also zwei verschiedene Momente auf den Rang einwirken, die sich schwer vereinigen lassen, die Priorität und der öffentliche Glaube des Grundbuchs. Die Frage müßte gerichtlich ausgetragen werden und es wäre damit den Prozessen Thür und Thor geöffnet. Es muß deßhalb an einer bestimmten Reihenfolge festgehalten und vorgeschrieben werden, daß, wer im Anlegungsverfahren nicht anmeldet, im Range hinter die angemeldeten Rechte zurückzutreten hat, auch wenn er an und für sich einen früheren Rang hätte.

Das Anlegungsverfahren gliedert sich in zwei Abschnitte. Nachdem die S. 285.
Eigenthums- und Belastungsverhältnisse festgestellt sind, soll mit den Eintragungen in's Grundbuch begonnen werden; aber nicht eher, als bis eine Ausschlußfrist gesetzt und abgelaufen ist, innerhalb welcher noch nachträglich Anmeldungen stattfinden können. Diese Frist ist auf 3 Monate angesetzt; sie wird im Amtsblatt veröffentlicht und in der Gemeinde etwa durch die Schelle oder sonst in ortsüblicher Weise bekannt gemacht, so daß Jedermann davon Kenntniß erhält. Wenn diese Ausschlußfrist aber eine Bedeutung haben soll, wenn sie die Berechtigten zur Anmeldung zwingen soll, muß auch hier für den Fall der Nichtanmeldung ein Nachtheil angedroht werden. Dieß geschieht durch die Bestimmung, daß diejenigen Rechte, welche vor dem Ablaufe der Ausschlußfrist entstanden, aber bis zu diesem Zeitpunkt nicht angemeldet worden sind, im Range hinter die angemeldeten Rechte zurücktreten. Die Einhaltung der Ausschlußfrist kann aber für Diejenigen schwierig sein, welche kurz vor dem Ablaufe der Frist Rechte erwerben. Um hier etwaige Schädigungen hintanzuhalten und um zu vermeiden, daß am Ende der Frist Stauungen eintreten, ist die Bestimmung getroffen, daß, wer innerhalb 10 Tagen vor Ablauf der Frist Rechte erwirbt, diese auch noch innerhalb 10 Tagen nach Ablauf der Frist mit der gleichen Wirkung anmelden kann, wie wenn er sie innerhalb der Frist angemeldet hätte. Diese Grundsätze sind in den Artikeln 23 und 24 niedergelegt. Artikel 25 dehnt dann die Bestimmungen der Artikel 23 und 24 auf Rechte an eintragungsfähigen Rechten, z. B. auf Pfandrechte an einer Hypothek und auf Verfügungsbeschränkungen aus. Dabei ist im Artikel 25 nach dem Worte „bestehen" noch einzuschalten „auf Auflösungsrechte", weil diese nicht als Rechte an einem Grundstück zu betrachten sind. Wenn Jemand sein Auflösungsrecht nicht innerhalb der gesetzlichen Frist anmeldet, verliert er den Rang gegenüber den angemeldeten Rechten.

Die in den Artikeln 23 bis 25 ausgesprochene Verpflichtung zur Anmeldung könnte die Berechtigten dann nicht vor Nachtheil bewahren, wenn der Eigenthümer des verpfändeten Grundstücks sich weigerte, die Bewilligung zur Eintragung der Hypotheken in das Grundbuch zu geben. Wenn das Gesetz ihm nicht die Verpflichtung auferlegen würde, wäre der Berechtigte nicht in der Lage, ihn im Wege des Zwanges zur Abgabe der Eintragungsbewilligung zu veranlassen. Nach der Vorschrift des Artikel 26 dagegen kann durch Urtheil die Eintragungsbewilligung ersetzt werden.

Abg. **Diehl:** Es gibt Rechte, die verbrieft sind, und Rechte, die durch Verjährung erworben werden, insbesondere Wegerechte über fremde Grundstücke. Wie steht es nun bei den Letzteren bei der Eintragung, müssen sie als Dienstbarkeiten eingetragen werden?

S. 285. Oberregierungsrath **Schneider:** Soweit diese Rechte Dienstbarkeiten sind, brauchen sie nur eingetragen zu werden, wenn es die Berechtigten verlangen.

Abg. **Ott:** Bei derartigen Wegen handelt es sich darum, ob sie öffentlich oder nicht öffentlich sind. Darüber entscheiden die Verwaltungsbehörden. Ist er öffentlich, dann gibt es überhaupt keine Eintragung; ist er nicht öffentlich, dann wird es sich in der Regel um eine Dienstbarkeit handeln.

Oberregierungsrath **Schneider:** Abg. Diehl hat bezüglich des Wegerechts von Erwerb durch Verjährung, also Ersitzung gesprochen. Ein Erwerb durch Ersitzung ist nach pfälzischem Rechte nur bei solchen Dienstbarkeiten möglich, die offensichtlich und ständig sind. Ein Wegerecht ist aber keine offene und ständige Dienstbarkeit, kann also nicht durch Ersitzung erworben werden.

Die Artikel 27 bis 31 sind im Wesentlichen den Bestimmungen des Gesetzentwurfs über die Vorbereitung der Anlegung des Grundbuchs in den Landestheilen rechts des Rheins nachgebildet. Artikel 27 gibt den Anlegungsgerichten das Recht, die Beurkundungen von Erklärungen, Eintragsbewilligungen und Verträgen vorzunehmen, die durch die Anlegung des Grundbuchs veranlaßt werden. Was in dieser Beziehung für die Landestheile rechts des Rheins bei der Berathung des erwähnten Entwurfs ausgeführt wurde, gilt auch für die Pfalz. Auch der Artikel 28 schließt sich an die für die Landestheile rechts des Rheins vorgeschlagenen Vorschriften an, nur ist er ausführlicher, weil das Anlageverfahren in der Pfalz anders geregelt werden muß, da dabei ein vollständiges Ermittelungsverfahren durchzuführen ist. An sich wird mit der Anlegung des Grundbuchs der Amtsrichter betraut. Diesem werden Rechtspraktikanten zur Seite gestellt, denen ein bestimmter Kreis von Arbeiten zugewiesen wird. Sie haben die Vorarbeiten für die Eintragungen in's Grundbuch vorzunehmen, haben zu diesem Zwecke die einzelnen Berechtigten und Verpflichteten zu Protokoll zu vernehmen und festzustellen, ob das Eigenthum glaubhaft gemacht ist, sowie ob angemeldete Rechte als bestehend nachgewiesen sind. Sie haben die Akten zu prüfen, die Eintragungsbewilligungen zu Protokoll zu nehmen ꝛc. ꝛc., so daß auf Grund der aktenmäßigen Feststellungen vom Amtsrichter die Eintragung in das Grundbuch vorgenommen werden kann. Diese Vorbereitungsarbeiten geschehen unter Verantwortlichkeit des Rechtspraktikanten, selbstverständlich kann aber der Richter verbessernd eingreifen, wie auch das Ministerium das Recht hat, die Arbeiten zu prüfen. Dagegen soll der Richter bezüglich dessen, was der Rechtspraktikant unter eigener Verantwortlichkeit vornimmt, nicht mit der richterlichen Verantwortlichkeit belastet werden. Deßhalb ist die Grenze derart gezogen, daß das Wesentliche, die rechtserzeugende Handlung, nämlich die Eintragung in's Grundbuch dem Richter — beziehungsweise unter seiner Aufsicht dem Gerichtsschreiber —, die Vorbereitungsarbeiten dagegen den Rechtspraktikanten übertragen werden. Die Frage also, wie und was eingetragen wird, entscheidet der Richter. Sind die Vorarbeiten beendet, dann sollen zunächst sogenannte vorläufige Grundbuchblätter vom Richter angelegt werden, derart, daß für jeden Grundbesitzer ein Grundbuchblatt und zwar ein fliegendes Blatt, angefertigt wird, das alle Eintragungen enthalten soll, die demnächst in das Grundbuch aufgenommen werden sollen. Diese Blätter werden auf dem Bürgermeisteramt während eines bestimmten Zeitraums, etwa während 14 Tagen, aufgelegt; dann begibt sich der Amtsrichter in die Gemeinde und verhandelt mit den Betheiligten über etwaige Einwendungen; sind diese erledigt oder überhaupt keine erhoben, dann erst erfolgt die Eintragung in das Grundbuch. Auf diese Weise wird die Feststellung dessen, was eingetragen werden soll, in den einzelnen Gemeinden erfolgen können; es werden den Betheiligten Kosten erspart, sie haben nur die Pflicht, im Gemeindehaus vor dem Richter zu erscheinen, wenn sie Einwendungen erheben wollen. S. 285.

Artikel 29 und 30 bedürfen einer besonderen Besprechung wohl nicht.

Nach Artikel 31 können die Gemeinden zur Mitwirkung herangezogen werden. Die ähnlich lautende Bestimmung im Gesetz für die Landestheile rechts des Rheins hat starke Anfechtung gefunden. Ich kann nur erklären, daß die Regierung nicht daran denkt, die Gemeinden mit Vernehmungen zu beauftragen. Man kann die Abhaltung von Vernehm‖ungen nur Personen zumuthen, die in derartigen Dingen geschult sind. Aber wenn die Gemeindebehörden auch keine Vernehmungen vornehmen sollen, so schließt dieß nicht aus, daß Erkundigungen über thatsächliche Verhältnisse von dem anlegenden Beamten beim Bürgermeister eingezogen werden. Dagegen ist in anderer Weise eine Mitwirkung der Gemeindebehörden gedacht, nämlich für die Vermittlung zwischen Gericht und Gemeindeangehörigen, so daß z. B. die Ladungen nicht durch die Gerichtsvollzieher, sondern durch den Gemeindediener zugestellt werden können. Ferner sollen die Bürgermeister — und dieß ist für die Pfalz von besonderer Bedeutung — die Eigenthumsbescheinigungen ausstellen. Es gibt viele Grundeigenthümer, die in einer Gemeinde unbestrittenes Eigenthum an bestimmten Grundstücken haben, aber nicht im Besitz von Erwerbstiteln sind. In solchen Fällen sollen die Bürgermeister sich darüber aussprechen, ob man den Betreffenden in der Gemeinde für den Eigenthümer hält, ob nicht bekannt ist, daß ein Anderer Eigenthümer ist, ob der Betreffende das Grundstück seit langer Zeit in Besitz hat u. s. w. In kleinen Gemeinden kann der Bürgermeister selbst darüber Aufschluß geben, in größeren wird er sich an die Feldgeschwornen, an die Steinsetzer, die Flurschützen u. dgl. wenden müssen. Der Bürgermeister hat nicht zu bescheinigen, daß der Betreffende Eigenthümer ist, sondern nur, ob er in der Gemeinde als Eigenthümer gilt. Durch die Ausstellung einer solchen Bescheinigung übernimmt er keinerlei Haftung. S. 286.

In Artikel 31 Abs. 2 ist den Gemeinden allerdings eine kleine Verpflichtung auferlegt. Sie rechtfertigt sich einerseits mit Rücksicht darauf, daß den Gemeindeeinwohnern durch die Art, wie das Anlageverfahren geregelt ist, das sich ganz in der Gemeinde abwickelt, ein großes Entgegenkommen gewährt wird, andererseits mit Rücksicht darauf, daß es vielleicht dem anlegenden Beamten schwer fiele, geeignete Räumlichkeiten zu finden, und er gezwungen wäre, die erforderlichen Vernehmungen in Wirthshäusern abzuhalten. Diese Verpflichtung dürfte daher von den Gemeinden nicht allzu schwer empfunden werden.

Auch der Artikel 32 schließt sich an den Entwurf für die Landestheile rechts des Rheins an.

Der Ministerialkommissär gibt zum Schluß den Inhalt der in Aussicht genommenen Allerhöchsten Verordnung bekannt, welche auf Grund des § 186 des Einführungsgesetzes zum Bürgerl. Gesetzbuch ergehen wird.

Die Kommission hat darauf einstimmig dem Gesetzentwurfe die Zustimmung ertheilt.

Brünings,
Vorsitzender.

Michel,
Schriftführer.

6.

Stenographischer Bericht

über die

Verhandlungen der bayerischen Kammer der Abgeordneten,

betreffend die Berathung über die geschäftliche Behandlung des Entwurfes eines Gesetzes über das Liegenschaftsrecht in der Pfalz.

Vierhundertfünfundvierzigste öffentliche Sitzung vom 20. Mai 1898.

(Stenogr. Berichte der K. der Abg. 1898 Bd. XII Nr. 445 S. 771, 772.)

S. 771. **Präsident:** . . . . . .

Ich eröffne die Diskussion.

Herr Abgeordneter Brünings!

Brünings: Meine Herren! Der Gesetzentwurf, das pfälzische Liegenschaftsrecht betreffend, interessirt nur die Pfalz. Es wurde daher nach vorher getroffener Vereinbarung der Gesetzentwurf in einer sogenannten freien Kommission, zu der alle Pfälzer Abgeordneten ohne Ansehung der Parteistellung eingeladen waren, durchberathen und ich glaube, daß nach diesem Verfahren die Bildung eines besonderen Ausschusses zur Durchberathung des Gesetzentwurfes unnöthig geworden ist und wir vielmehr den Herrn Präsidenten ermächtigen können, den Gesetzentwurf alsbald auf die Tagesordnung zu setzen, damit wir sofort im Plenum darüber verhandeln.

Ich bemerke hiezu noch, daß alle diejenigen Vortheile für die an diesem Gesetze Interessirten gewahrt sind, die durch die Vorberathung in einem besonderen Ausschusse gewährt werden könnten. Wir haben nämlich Veranlassung genommen, die Aeußerungen, die in der freien Kommission gemacht
S. 772. wurden, stenographisch aufnehmen zu lassen, und || sind dieselben bereits zum Theil in Druck gegeben. Es wird daher das wünschenswerthe Interpretationsmaterial vorhanden sein.

Ebenso wird ein Mitglied der Pfälzer Abgeordneten — es hat sich Herr Kollege Kuby bereits dazu bereit erklärt — sich erlauben, im Plenum, soweit nöthig, einen eingehenden Vortrag über den Gesetzentwurf zu erstatten.

Meine Herren! Unter diesen Umständen glaube ich, daß Sie meinem Antrage Folge geben und ohne jedes Bedenken dem Herrn Präsidenten es überlassen können, zur Verbescheidung des Gesetzentwurfes direkt eine Plenarverhandlung anzuberaumen.

Präsident: Meine Herren! Ihr Beschluß kann nur lauten, den Gesetzentwurf entweder an einen Ausschuß zu verweisen oder den Gesetzentwurf direkt im Plenum zur Erledigung zu bringen. Wenn also nicht der Antrag gestellt wird, einen besonderen Ausschuß zu bilden oder den Gesetzentwurf an einen ständigen Ausschuß zu verweisen, nehme ich an, daß es Ihrer Aller Wunsch ist, daß der Gesetzentwurf hier im Plenum verhandelt wird.

Ich konstatire, daß kein Widerspruch erhoben wird.

Die geschäftliche Behandlung wird also in dieser Weise stattfinden.

7.

Stenographischer Bericht

über die

Verhandlungen der bayerischen Kammer der Abgeordneten,

betreffend die erste und zweite Berathung zu dem Gesetzentwurfe über das Liegenschaftsrecht in der Pfalz (Beil. 1054 und 1080).

Vierhundertfünfzigste öffentliche Sitzung vom 27. Mai 1898.

(Stenogr. Berichte d. K. d. Abg. 1898 Bd. XII Nr. 450 S. 950 bis 963.)

Präsident: ...... S. 950.

Wir kommen nunmehr zu dem fünften und letzten Gegenstand der Tagesordnung:

Erste und zweite Berathung zu dem Gesetzentwurfe über das Liegenschaftsrecht in der Pfalz.

Es sind hier einschlägig die Beilagen 1054 und 1080.

Wir treten zunächst in die erste Berathung ein.

Ich eröffne die Generaldiskussion in derselben und ertheile das Wort hiezu dem Herrn Abgeordneten Brünings.

Brünings: Meine Herren! Der vorliegende, sich nur auf die Pfalz beziehende Gesetzentwurf betrifft eine überaus schwierige Materie und schneidet tief in die Gesetzgebung der Pfalz ein. Es begreift sich daher, daß die Vorbereitung des Gesetzentwurfes lange Zeit in Anspruch genommen hat, und es erlärt sich damit die späte Vorlage desselben. Wenn es trotzdem gelungen ist, denselben schon heute Ihrer Schlußberathung zu unterstellen und damit der Pfalz die durch die dortige Gesetzgebung außerordentlich erschwerte Einführung des Grundbuchs in absehbarer Zeit zu sichern, so ist das lediglich dem Umstande zu verdanken, daß uns Juristen unter den Pfälzer Abgeordneten Gelegenheit gegeben wurde, in zahlreichen Konferenzen mit dem Herrn Regierungsvertreter den Gesetzentwurf einer sorgfältigen Prüfung zu unterziehen, daß die Pfälzer Abgeordneten in einer freien Kommission denselben eingehend durchberathen haben, und daß die hohe Kammer auf eine förmliche Ausschußberathung verzichtet hat.

Wie ich Ihnen bereits gelegentlich der Debatte über die geschäftliche Behandlung des Gesetzentwurfes mitzutheilen die Ehre hatte, hat Herr Kollege Kuby in dankenswerther Weise es übernommen, das bei der Vorberathung gewonnene Material dadurch nutzbar zu machen, daß er bei den einzelnen Paragraphen die zweckdienlichen Bemerkungen anfügt. Diese seine Aeußerungen werden in Verbindung mit den dem Gesetzentwurfe beigegebenen ausführlichen Motiven, sowie insbesondere mit den in den Protokollen niedergelegten Ausführungen des Herrn Regierungsvertreters zuverlässige Behelfe für die spätere Auslegung und Anwendung des ohnehin, wie anerkannt werden muß, sich durch eine knappe und präzise Fassung auszeichnenden Gesetzentwurfs bilden.

Meine Herren! Indem ich mich auf diese wenigen einleitenden Bemerkungen beschränke, glaube ich noch im Namen meiner Pfälzer Freunde dem

S. 950. Herrn Regierungsvertreter, k. Oberregierungsrath Schneider, unseren verbindlichsten Dank sagen zu sollen für die Bereitwilligkeit, mit der er uns stets die erbetenen Aufschlüsse ertheilt hat, und für die Energie, mit welcher er die Vorbereitung der heutigen Berathung so wesentlich gefördert hat.

Vicepräsident: Herr Abgeordneter Kuby!

Kuby: Meine Herren! Wie Sie vom Herrn Kollegen Brünings gehört haben, hat mich die freie Kommission mit der Berichterstattung an das Plenum über die Vorberathung der gegenwärtigen Gesetzesvorlage betraut. Ich werde versuchen, dieser Aufgabe — Ihre Zustimmung selbstverständlich vorausgesetzt — gerecht zu werden, muß aber im Voraus schon um Entschuldigung bitten, wenn mein Vortrag nicht ganz auf der Höhe der Aufgabe stehen sollte. —

(Abgeordneter Beckh: So kurz als möglich!)

(Glocke des Präsidenten.)

So kurz, Herr Abgeordneter Beckh, als es die Natur der Sache zuläßt. In Anbetracht der kurzen Zeit, die mir zur Vorbereitung zur Verfügung stand, darf ich wohl auch auf Ihre Nachsicht rechnen.

Meine Herren! Der vorliegende Entwurf eines Gesetzes über das Liegenschaftsrecht in der Pfalz besteht aus 2 Abtheilungen, deren erste die Uebergangsvorschriften und deren zweite die Vorschriften über die Anlegung des Grundbuchs enthält.

Die erste Frage nun, die sich bezüglich der Vorlage für die Kammission ergeben hat, war die des Bedürfnisses überhaupt, sodann ob das Bedürfniß ein dringendes und ferner bei Bejahung, ob die vorgeschlagenen Aenderungen innerhalb der Grenzen des Bedürfnisses gelegen waren, anderseits aber auch, ob sie genügend seien, und endlich, ob deren Inhalt nicht mehr als geboten in die bestehenden Rechtsverhältnisse eingreife.

Zur Frage des Bedürfnisses überhaupt ist Folgendes zu erwägen: Das Liegenschaftsrecht des neuen Bürgerl. Gesetzbuchs beruht auf dem Grundbuchsystem, welches dem pfälzischen Recht unbekannt ist; solange das Grundbuch in der Pfalz nicht angelegt ist, können sonach alle Vorschriften des neuen Gesetzes, welches das Bestehen des Grundbuchs voraussetzt, nicht zur Anwendung kommen. Daraus ergibt sich die Nothwendigkeit, daß alle Maßnahmen, welche die Justizverwaltung braucht, damit das Grundbuch angelegt werden kann, ein unabweisbares Bedürfniß sind.

Diese Vorschriften zu erlassen, ist die Landesregierung durch Art. 186 Abs. I des Einführungsgesetzes zum Bürgerl. Gesetzbuch ermächtigt, insoweit solche das Verfahren, nach welchem die Anlage der Grundbücher erfolgen soll, betreffen; von dieser Ermächtigung wird unsere Landesregierung auch Gebrauch machen, indem eine Allerhöchste Verordnung und eine dazu gehörige Instruktion das für die Anlage der Grundbücher einzuhaltende Verfahren sowie die Einrichtung der Grundbücher sowohl der Eintheilung*) der Grundbuchblätter als bezüglich der Zusammenfassung derselben zu Büchern regeln wird. Insoweit noch weitere Vorschriften zur Durchführung des Grundbuchs erforderlich sind, zu deren Erlassung die Mitberathung des Landtages gesetzlich geboten ist, soll dem Bedürfnisse durch die Vorlage Rechnung getragen werden. Das formale Grundbuchrecht wird sonach nicht codificirt, was vom Standpunkte der Praxis allerdings nicht bequem sein wird; allein die zu erlassende Instruktion

*) Muß wohl heißen: bezüglich der Eintheilung.

wird alle Vorschriften berühren und zusammenfassen, welche bei der Ausführung S. 950.
dieser Vorschriften zur Anwendung zu kommen haben.

Das Wesentliche des materiellen Grundbuchrechtes besteht neben den Grundsätzen der Spezialität und Publizität, welche zwar in das Gebiet des französischen bürgerlichen Rechtes nach und nach Eingang gefunden haben, ohne aber zur vollständigen Durchführung gelangt zu sein — neben diesen zwei Grundsätzen, sage ich, ist das Wesentlichste und Wichtigste der öffentliche Glaube, mit dem die in das Grundbuch eingetragenen Rechte ausgestattet werden. Das Grundbuch wird den Rechtszustand des einzelnen Grundstücks, also sein Eigenthumsverhältniß, dessen Belastung mit einem Rechte, z. B. mit einem Nießbrauche, und die Rechte an einem solchen Rechte darstellen
und für Jedermann erkennbar machen — mit der Folge, daß diese so dar- S. 951.
gestellte und publizirte Rechtslage mit öffentlichem Glauben ausgestattet ist, was so viel heißt, daß, wenn für Jemand im Grundbuche ein Recht eingetragen ist, vermuthet wird, daß ihm das Recht auch wirklich zustehe; ferner daß, wenn ein eingetragenes Recht gelöscht ist, dann die Vermuthung gilt, daß das Recht nicht fortbesteht. Zu Gunsten Desjenigen, der an einem Grundstücke ein Recht oder ein Recht an einem solchen Rechte erwirbt, gilt der Inhalt des Grundbuchs als richtig; sonach gelten dem Erwerber gegenüber die nicht eingetragenen oder gelöschten Rechte als nicht bestehend und die eingetragenen Rechte als bestehend, es sei denn, daß ein Widerspruch gegen die Richtigkeit im Grundbuche eingetragen oder die Unrichtigkeit dem Erwerber bekannt ist. Auch von den Vermögensbeschränkungen, denen der Berechtigte zu Gunsten einer bestimmten Person unterliegt und für den sonstigen rechtsgeschäftlichen Verkehr mit den eingetragenen Berechtigten gilt der öffentliche Glaube des Grundbuchs im angegebenen Sinne.

So viel über die Bedeutung des Grundbuchs, dessen Vorhandensein die nothwendige Voraussetzung bildet, damit das neue Bürgerl. Gesetzbuch bezüglich derjenigen Rechte in der Pfalz in Kraft treten kann, deren Entstehen, Aenderung und Verlust sich auf Grund des Grundbuchs vollzieht. Insoweit der vorliegende Entwurf dahin zielt, das Grundbuch in der Pfalz zu schaffen, ist demnach ein unbestreitbares Bedürfniß gegeben.

Die zweite Frage, ob dieses Bedürfniß ein dringendes ist, wird auch nicht verneint werden können. Bis die Anlegung des Grundbuchs in der Pfalz durchgeführt sein wird, werden wir beim Mangel sicherer Grundlagen und bei der großen Zerstückelung des Grund und Bodens schon mehrere Jahre in das neue Jahrhundert hineingekommen sein; so lange werden wir daselbst ein zwiespaltiges Recht haben, nämlich bezüglich der Vorschriften, die mit dem Grundbuche zusammenhängen, das alte und bezüglich der übrigen Rechtsmaterien das neue Recht, das schon mit dem Jahre 1900 in Kraft tritt; ein Zustand, der, da alle Kapitel des Gesetzes in innerem Zusammenhang stehen, im Interesse der Bewohner und insbesondere auch der Rechtspflege so sehr als möglich abgekürzt werden muß. Ferner wird die Pfalz die ganze Zeit über einen isolirten, einen Ausnahmestand gegenüber den meisten anderen deutschen Ländern einnehmen, der die rechtlichen Beziehungen zu denselben nur erschweren würde, und so lange wird auch die größte nationale Errungenschaft der letzteren Zeit, die endlich erarbeitete Rechtseinheit im Deutschen Reich noch nicht zur Wahrheit geworden sein, was nicht dem Zwecke des Bürgerl. Gesetzbuchs und ganz sicher auch nicht dem Wunsche und dem Bedürfnisse der Pfalz entsprechen würde. Aus diesen Gründen entspringt der Gesetzentwurf auch einem dringenden Bedürfnisse.

S. 951. Die dritte Frage, ob alle vorgeschlagenen Bestimmungen — auch die in der 1. Abtheilung, welche sich als Uebergangsvorschriften einführen — nothwendig oder doch zweckmäßig sind, ist schwieriger zu beantworten, denn es setzt ihre Beantwortung nothwendig eine genaue Kenntniß der Grundsätze und Einzelheiten nicht nur des bisherigen Gesetzes, der Praxis und Jurisprudenz über dasselbe, sondern auch des Geistes- und Einzelinhalts des Bürgerl. Gesetzbuchs und des Einführungsgesetzes hiezu voraus. Dieser Umstand legt nothwendig Reserve auf. Im Entwurfe tritt das zielbewußte Bemühen zu Tage, die schon bestehenden und begründeten Rechtsverhältnisse möglichst zu schonen und ihnen den Fortbestand unter der Herrschaft des neuen Gesetzes zu sichern. Es wird dieß mit anerkennenswerthem Erfolge dadurch zu erreichen gesucht, daß den bestehenden Rechten ein Inhalt und eine Form gegeben wird, wie sie unter den neuen sofort mit dem Jahre 1900 in Kraft tretenden Vorschriften des Bürgerl. Gesetzbuchs fortbestehen und in welcher Form und mit welchem Inhalte sie, soweit sie der Vortheile des Grundbuchs theilhaftig werden können, auch bei Anlegung des Grundbuchs in Betracht kommen und in dasselbe eingetragen werden können. Zur Zeit der Anlegung des Grundbuchs muß also diese Umgestaltung der bestehenden Rechte schon vor sich gegangen sein, denn nur in dieser neuen Gestaltung können sie eingetragen werden. Es ist damit auch die Nothwendigkeit gegeben, schon jetzt den hierauf bezüglichen Vorschriften des Entwurfs Gesetzeskraft zu verleihen. Es ist dabei besonderes Gewicht darauf zu legen und wurde bei der Vorbereitung auch darauf gelegt, daß der Inhalt der einzelnen bestehenden Rechtsverhältnisse möglichst erhalten und daß nur soviel geändert werde, als der angegebene Zweck bedingt, wobei aber stets zu berücksichtigen war, daß, wo und insoweit das Einführungsgesetz zum Bürgerl. Gesetzbuche für diese Umformung bereits Vorschriften gegeben hat, daran nichts mehr zu ändern ist, da dasselbe bereits Gesetz ist. Nach Prüfung der einzelnen Vorschriften von diesem Gesichtspunkte aus wird man sich gestehen müssen, daß durch dieselben der Zweck und die wohlmeinende Absicht erreicht wird, daß aber auch zur Bewältigung dieser Arbeit ein nicht gewöhnliches Maß von Kenntnissen und Geschicklichkeit gehörte und daß die Gesetzgebung eine eigene Wissenschaft, zugleich aber auch eine Kunst ist. Bei dem Zustandekommen des vorliegenden Gesetzes haben wir auch mitzuthun, aber gefunden, daß es sehr schwer ist, etwas beifügen, ändern oder streichen zu wollen; denn wie wir das thun wollen, was ja auch versucht wurde, da stoßt man an, bald auf eine Bestimmung des Bürgerl. Gesetzbuchs oder des Einführungsgesetzes, bald auf Interessen der Parteien, die die Modifikation nicht zulassen. Wir müssen uns daher mehr auf den Standpunkt der Kritik zurückziehen und soviel uns von dieser Geistesgabe zu Gebote steht, haben wir auch von derselben Gebrauch gemacht.

Wir haben übrigens auch den Entwurf noch dahin geprüft, ob nicht derselbe noch in Einigem zu vervollständigen wäre. In dieser Beziehung sagen die Motive, daß, was z. B. die nach bisherigem Gesetze dem Ehemann als solchem zustehende Nutznießung an dem ehelichen Vermögen anlangt, für diese in dem künftigen Ausführungsgesetze eine Regelung in Aussicht genommen sei, nach der auf sie die Vorschriften des neuen Rechts über das eheliche Güterrecht Anwendung finden sollen; da nun die ganze Materie des ehelichen Güterrechts Gegenstand einer besonderen Ueberleitung sein wird und sein muß — und dazu gehört auch die Regelung des ehemännlichen Nutznießungsrechts, mehr als zum gegenwärtigen Gesetzentwurf, der hauptsächlich die Anlegung

des Grundbuchs im Auge hat —, so wird man den angegebenen Motiven S. 951.
nur zustimmen.

Auch die Frage, ob die bestehenden Grunddienstbarkeiten dem Eintragungszwange zu unterwerfen seien, ist im Entwurfe noch nicht gelöst. Zunächst soll dieß nicht der Fall sein; ob nicht auch in späterer Zeit, ob und in welchem Umfange, soll weiterer Erwägung und späterer Entschließung vorbehalten bleiben und das mit Recht, da die Grunddienstbarkeiten gar mancherlei Art, mitunter sehr schwer festzustellen, die heute bestehenden gesetzlichen Servituten durch das neue Gesetz als Eigenthumsbeschränkungen qualifizirt sind, sonach die Hereinbeziehung der Grunddienstbarkeiten zu der Anlegung des Grundbuchs diese an sich schon schwierige Arbeit sehr erschweren und verzögern würde. Uebrigens ist die Eintragung von bestehenden Grunddienstbarkeiten schon bei der Anlegung des Grundbuchs nicht ausgeschlossen; sie können auf S. 952.
Antrag eingetragen werden, sie müssen es aber zur Erhaltung der Wirksamkeit gegenüber dem öffentlichen Glauben des Grundbuchs nicht; zu empfehlen ist aber die Eintragung schon deßhalb, weil dieselbe nur bei Anlegung des Grundbuchs kostenfrei, später aber auf Kosten der Betheiligten erfolgt.

Man hat auch davon gesprochen, daß in dem Entwurfe noch andere, speziell pfälzische Einrichtungen nicht behandelt seien, wie z. B. die an manchen Orten noch bestehenden Grundzinsen, wie die Haingeraide-, die Ganerbzinsen, die Erbpachtverhältnisse, das Vorzugsrecht des Staates und öffentlicher Korporationen für etwaige Recesse ihrer Finanzbeamten, die Hypothek des Staates für Strafgelder und Strafkosten und endlich die Kredithypothek.

In Bezug auf diese Punkte wurde regierungsseitig bemerkt: Die Materie der Grundzinsen bedürfe keiner neuen Regelung. Wenn diese hypothekarisch gesichert seien, dann sei für sie Art. 1 Abs. 1 des neuen Gesetzes maßgebend; hätten sie aber bisher schon nur einen obligatorischen Charakter gehabt, so habe es damit sein Bewenden. Die Frage der Sicherung des Staates, der Gemeinden und anderer öffentlicher Korporationen für ihre Ansprüche gegen ihre Beamten solle für ganz Bayern einheitlich geregelt werden, und was die Strafgelder und Kosten anlange, so bestehe die Absicht, diese nur für die Pfalz bestehende Sonderbestimmung zu beseitigen; auch müßte dieser Punkt noch vom Standpunkt der inneren und der Finanzverwaltung gewürdigt werden; übrigens habe bereits Art. 91 des Einführungsgesetzes zum Bürgerl. Gesetzbuch Vorsorge dahin getroffen, daß diejenigen landesgesetzlichen Vorschriften, welche solche Verhältnisse im Auge haben, unberührt bleiben und daß desfallsige Hypotheken als Sicherungshypotheken eingetragen werden.

Die Erbpachtverhältnisse bestünden nach Art. 63 des Einführungsgesetzes fort und seien auf sie die Vorschriften des Bürgerl. Gesetzbuchs über Grundstücke anwendbar. Bei der Anlage des Grundbuchs sollen die Erbpachtgüter sowohl für den Verpächter als auch für den Pächter besonders eingetragen werden. Ob unter dem bisherigen Recht neue Erbpachtverhältnisse begründet werden konnten, sei zweifelhaft; es sei auch nicht bekannt, daß unter der ganzen Zeit der Herrschaft des französischen Rechts neue entstanden seien; da übrigens in der Form der Konstituirung einer Rentenschuld nach § 1199 des Bürgerl. Gesetzbuchs derselbe Zweck erreicht werden könnte, wie mit dem Erbpachtverhältniß, so sei die k. Regierung in Uebeinstimmung mit dem Oberlandesgericht Zweibrücken nicht der Meinung, der alten Form des Erbpachtverhältnisses zu neuem Leben zu verhelfen, für jetzt seien besondere Vorschriften nicht geboten.

S. 529. Was noch die Kredithypothek anlange, wie sie sich in der pfälzischen Praxis herausgebildet habe, so decke sie sich mit dem Begriff der Maximalhypothek, deren Vorschriften in § 1190 des Bürgerl. Gesetzbuchs einfach auf dieselbe anzuwenden seien.

So viel habe ich im Allgemeinen zu bemerken.

Vicepräsident: Zum Worte ist Niemand mehr gemeldet; ich schließe die Generaldiskussion.

Wir gehen über zur Spezialdiskussion.

Der Spezialdiskussion ist zu Grunde zu legen die Beilage 1054.

Einschlägig zu derselben ist erstens ein Antrag der Herren Abgeordneten Brünings, Kuby und Michel, welcher lautet:

Die Kammer wolle beschließen:

Es sei der Artikel 25 der Regierungsvorlage zu fassen, wie folgt:

Auf Rechte, die an einem der in den Artikeln 23, 24 bezeichneten Rechte bestehen, auf Auflösungsrechte und auf Verfügungsbeschränkungen finden die Vorschriften dieser Artikel entsprechende Anwendung.

Weiter ist heute ein Abänderungsantrag eingegangen, gestellt von denselben Herren Abgeordneten, welcher lautet:

Die Kammer wolle beschließen:

Es sei in dem Art. 12 der Regierungsvorlage das Wort „Urtheilshypothek" zu streichen und seien dafür einzusetzen die Worte „gerichtliche Hypothek".

Bevor wir in die Berathung der einzelnen Artikel eintreten, möchte ich Sie darauf aufmerksam machen, daß nach Mittheilung des Herrn Regierungskommissärs ein redaktionelles Schreibversehen in einzelnen Artikeln auszumerzen ist. Wir brauchen da meiner Ansicht nach keinen besonderen Beschluß zu fassen. In Art. 2 finden Sie den Wortlaut:

Kann eine Einschreibung, die bei dem Hypothekenamte vor der Zeit beantragt worden ist, zu welcher das Grundbuch als angelegt anzusehen ist, bis dahin nicht mehr erfolgen, so wird sie durch die Eintragung des Antrags in das Hinterlegungsregister des Hypothekenbewahrers ersetzt. Der Inhalt des Einschreibungsantrags gilt als Inhalt der Einschreibung.

Nun enthalten die Art. 1, 6, 11, 12, 14, 15, 16 und 17 denselben Passus mit der einzigen Modifikation, daß es heißt statt „zu welcher" „zu der", und soll redaktionell in den einzelnen Art. 1, 6, 11, 12, 14, 16 und 17 anstatt des Wörtchens „der" das Wörtchen „welcher" gesetzt gewesen sein. Es ist das eine rein redaktionelle Aenderung, welche mit dem Wesen des Entwurfs gar nichts zu thun hat.

Ich glaube, es wird dagegen keine Erinnerung vorgebracht, daß überall anstatt des Wörtchens „der" das Wörtchen „welcher" gesetzt werde.

Meine Herren! Ich schlage Ihnen vor, Einleitungsworte und Ueberschrift zurückzustellen bis nach Berathung der einzelnen Artikel. Dieselben lauten:

Entwurf eines Gesetzes,

über das Liegenschaftsrecht in der Pfalz.

Im Namen Seiner Majestät des Königs.

Seine Königliche Hoheit Prinz Luitpold, des Königreichs Bayern Verweser, haben nach Vernehmung des Staatsraths mit

Beirath und Zustimmung der Kammer der Reichsräthe und der Kammer der Abgeordneten beschlossen und verordnen, was folgt: — S. 952.

Dieselben werden zurückgestellt bis nach Erledigung der einzelnen Artikel.

Nun werde ich übergehen zur Verlesung der einzelnen Artikel. Ich ersuche diejenigen Herren Abgeordneten, welche zu irgend einem Artikel das Wort wünschen, sich zum Worte zu melden.

I. Uebergangsvorschriften.

Artikel 1.

Vorzugsrechte und Hypotheken, die zu der Zeit, zu welcher das Grundbuch als angelegt anzusehen ist, in das Hypothekenbuch eingeschrieben sind, gelten von dieser Zeit an als Sicherungshypotheken.

Nicht eingeschriebene Vorzugsrechte und Hypotheken verwandeln sich in Ansprüche auf Bestellung einer Sicherungshypothek.

Herr Abgeordneter Kuby hat das Wort.

Kuby: Meine Herren! Zur ganzen Abtheilung I, überschrieben „Uebergangsvorschriften", möchte ich allgemein die Bemerkung machen, daß die Umwandlungen der Rechtsverhältnisse, wie sie der Entwurf vornimmt, **kraft Gesetzes** erfolgen und ohne daß die Parteien irgendwie mitzuwirken haben. S. 953

Zu Art. 1 insbesondere: Das pfälzische Recht kennt Vorzugsrechte und eine Art von Hypothek, das neue Gesetz dagegen kennt den Begriff „Vorzugsrechte" nicht, aber verschiedene Arten von Hypotheken. Es erhebt sich daher sofort die Frage, was soll künftig aus unseren bestehenden Vorzugsrechten und Hypotheken werden? Der Art. 1 gibt die Antwort darauf. Wenn derselbe die bestehenden und im Hypothekenbuch eingetragenen Rechte der bezeichneten Art in „Sicherungshypotheken" des neuen Gesetzes umwandelt und will, daß sie als solche in das Grundbuch eingetragen werden sollen, so hat er damit die richtige Wahl unter den Hypothekenformen des neuen Rechts getroffen, da diese Sicherheitshypothek im Wesentlichen dasselbe bietet, was bei Errichtung der Hypotheken und Entstehung von Vorzugsrechten nach bisherigen Rechten von den Parteien gewollt war, nämlich dingliche Sicherung der Forderung, insoweit sie nicht bezahlt sein wird. Eine „Buchhypothek" im Sinne des Bürgerl. Gesetzbuchs war ganz gewiß nicht gewollt, und hat der Entwurf daher mit Recht es abgelehnt, eine bisherige Hypothek in eine Buchhypothek bei ihrer so großen und wesentlichen Verschiedenheit ohne den Willen der Parteien umzuwandeln. Wollen die Parteien eine solche Umwandlung vornehmen, so steht ihnen das nach dem neuen Gesetz vollständig frei. Wenn die Umwandlung in eine Sicherungshypothek einige Konsequenzen hat, die bei der bisherigen Hypothek nicht gegeben sind, so ist das doch von keiner großen Bedeutung und nicht zu vermeiden. Zu bemerken ist, daß die Ueberschreibung der Hypotheken und Vorzugsrechte in das Grundbuch mit dem durch das neue Gesetz vorgeschriebenen Inhalt als Sicherungshypothek zu erfolgen hat.

Abs. 2 verwandelt die bestehenden Vorzugsrechte und Hypotheken, die zu der Zeit, zu der das Grundbuch als angelegt erklärt wird, nicht in das Hypothekenbuch eingetragen sind, nicht in Sicherungshypotheken, sondern nur in einen Anspruch auf Bestellung einer solchen. Auf den ersten Blick vermeint man hier eine Minderung des Rechtes des Gläubigers zu erblicken, da nach bisherigem Rechte die Hypothek auch ohne Einschreibung ent- und bestehen konnte, nach der neuen Bestimmung aber der Gläubiger nur einen

S. 953. Anspruch auf Bestellung einer Hypothek bekommen soll. Allein es verlangt das Bürgerl. Gesetzbuch prinzipiell die Publizität und diesem Grundsatz unterliegen alle Hypotheken; stillschweigende Hypotheken gibt es künftig nicht mehr. Der Gläubiger, der vielleicht mit seiner Hypothek aus Schonung gegen den Schuldner erst herausgerückt wäre, wenn Gefahr des Verlustes seiner Forderung sich gezeigt hätte, muß halt nun in der Zeit, bis das Grundbuch als angelegt erklärt werden wird, hervortreten und seine Hypothek einschreiben lassen. Dann wird sie nach Abs. 1 als Sicherungshypothek erhalten. Thut er das nicht, so verschuldet er selbst den Nachtheil, daß er dann nach Abs. 2 nur einen Anspruch auf Bestellung einer solchen Hypothek haben wird. Allein auch dieser Nachtheil wiegt nicht schwer. Wohl bedarf er dann zur Eintragung der Hypothek der Einwilligung des Eigenthümers des belasteten Grundstückes und hievon kann er nach Art. 19 der Grundbuchordnung nicht entbunden werden; allein wenn der Eigenthümer die Eintragungsbewilligung verweigert, kann der Gläubiger eine Vormerkung zur Sicherung seines Anspruches nach § 883 des Bürgerl. Gesetzbuches eintragen lassen — und ist diese Vormerkung eingetragen, so ist der Forderung der Rang gewahrt. Die Ueberführung der Vorzugsrechte und Hypotheken, wie sie der Art. 1 Abs. 1 und 2 vorschlägt, ist, wie ausgeführt, nothwendig und den Interessen der dabei in Betracht kommenden Parteien entsprechend, und demnach empfehle ich Ihnen die Annahme dieses Artikels.

Vicepräsident: Zum Worte ist Niemand mehr gemeldet; ich schließe die Diskussion über diesen Artikel und ersuche diejenigen Herren, welche mit der Fassung des Artikels in der von mir verlesenen Fassung einverstanden sind, sich von den Sitzen zu erheben.

Angenommen.

Artikel 2.

Kann eine Einschreibung, die bei dem Hypothekenamte vor der Zeit beantragt worden ist, zu welcher das Grundbuch als angelegt anzusehen ist, bis dahin nicht mehr erfolgen, so wird sie durch die Eintragung des Antrags in das Hinterlegungsregister des Hypothekenbewahrers ersetzt. Der Inhalt des Einschreibungsantrags gilt als Inhalt der Einschreibung.

Herr Abgeordneter Kuby hat das Wort.

Kuby: Dieser Artikel wird zu den kurzlebigsten gehören, die gemacht werden, aber gleichwohl ist derselbe nöthig, da bis in die letzten Tage vor dem Inkrafttreten des Grundbuchs Hypotheken entstehen, und nicht blos diese, sondern auch vorher entstandene bei dem Hypothekenamt zur Einschreibung eingereicht werden, so daß es bei dem Andrange dem Hypothekenbewahrer nicht möglich sein wird, die Einschreibung in das Hypothekenbuch noch vorzunehmen. In solchem Falle soll die Eintragung in das Hinterlegungsregister und der Inhalt des Einschreibungsantrages (Bordereaus) den Inhalt der Einschreibung ersetzen — und dieß genügt auch vollständig, da ja in das Hypothekenregister nur der Inhalt der Bordereaus eingetragen wird —. Damit aber auch der Rang gewahrt werden kann, wird der Hypothekenbewahrer auf dem Bordereau amtlich bescheinigen müssen, an welchem Tage dasselbe ihm zum Einschreiben zugestellt worden ist.

Ich empfehle Ihnen die Annahme dieses Artikels.

Vicepräsident: Zum Worte ist Niemand mehr gemeldet. S. 953.

Ich schließe die Diskussion über diesen Artikel und ersuche diejenigen Herren, welche mit dem von mir vorgetragenen Wortlaut des Artikels einverstanden sind, sich von den Sitzen zu erheben.

(Geschieht.)

Angenommen.

Artikel 3.

Die gesetzliche Hypothek des Mündels besteht von dem Inkrafttreten des Bürgerlichen Gesetzbuchs an nur zur Sicherung solcher Ansprüche aus der Führung der Vormundschaft, die vor diesem Zeitpunkt entstanden sind.

Ich eröffne die Diskussion und ertheile das Wort dem Herrn Abgeordneten Kuby.

Kuby: Meine Herren! Die Vorschriften des neuen Bürgerl. Gesetzbuchs über das Vormundschaftswesen treten am 1. Januar des Jahres 1900 in Kraft und damit insbesondere auch diejenigen, die die Sicherung des Mündelvermögens gegenüber dem Vormunde bezwecken. Mit diesem Zeitpunkte — und nicht erst mit der Zeit, da das Grundbuch als angelegt anzusehen ist — erlöschen daher die auf das Vormundschaftswesen bezüglichen und die Sicherung des Mündelvermögens begründenden Artikel der bisherigen Gesetze. Nach denselben ist die Mündelhypothek das Accessorische und die Forderung das Prinzipale; ist kein Mündelanspruch ent||standen, so ist die Hypothek gegenstandslos. S. 954. Eine Forderung, die vor dem 1. Januar 1900 schon entstanden ist, soll daher nach dem Entwurf durch die Hypothek gesichert sein, nicht aber Forderungen, die erst nachher entstehen. Das dürfte vollständig richtig sein, denn die Letzteren werden unter dem Schutze des neuen Gesetzes stehen und der Vormund, dessen Stellung unter dem neuen Gesetze vom 1. Januar 1900 an eine ganz andere sein wird, kann verlangen, daß er für unter der Herrschaft des neuen Gesetzes entstehende Mündelansprüche eine Sicherung zu bieten nur dann verpflichtet sei, wenn er dieß nach dem neuen Gesetze auch wäre.

In demselben Umfang wie für den Mündel soll auch die Hypothek zu Gunsten eines volljährig gewordenen Mündels fortbestehen, wie auch zu Gunsten eines ehelichen Mündelkindes, für das an Stelle der Vormundschaft mit dem Inkrafttreten des Bürgerl. Gesetzbuchs die elterliche Gewalt tritt. Das Amtsgericht handelt bei der Uebertragung der Mündelhypothek in's Grundbuch von Amtswegen.

Dieser Artikel wird den Interessen der Minderjährigen wie deren Vertreter gerecht und verdient Annahme.

Vicepräsident: Zum Worte ist Niemand weiter gemeldet.

Ich schließe die Diskussion und bitte diejenigen Herren, welche mit diesem Art. 3 einverstanden sind und ihm in der von mir verlesenen Fassung zustimmen wollen, sich von den Sitzen zu erheben.

(Geschieht.)

Angenommen.

Artikel 4.

Die gesetzliche Hypothek des Mündels wird von dem Inkrafttreten des Bürgerlichen Gesetzbuchs an auf Ersuchen des Vormundschafts-

S. 954. gerichts in das Hypothekenbuch eingeschrieben. Als erwählter Wohnsitz soll die Gerichtsschreiberei des ersuchenden Gerichts angegeben werden. Die Kosten der Einschreibung fallen dem Mündel zur Last.

Das Wort hat der Herr Abgeordnete Kuby.

Kuby: Meine Herren! Dieser Artikel bezeichnet das Vormundschaftsgericht, wie das Bürgerl. Gesetzbuch dasselbe versteht — das sonach nicht immer das Amtsgericht sein muß, sondern auch der Familienrath, wenn ein solcher aufgestellt werden wird, sein kann —, als die Behörde, welcher die Einschreibung der Mündelhypothek obliegt, wenn eine solche nach dem Inkrafttreten des Bürgerl. Gesetzbuchs noch für solche Ansprüche zu nehmen sein wird, die vor diesem Zeitpunkte entstanden sind. Bei dieser Einschreibung sind die bisherigen Vorschriften noch zu beobachten; als zu sichernder Höchstbetrag ist derjenige einzutragen, auf den sich die bis 1900 entstandenen Ansprüche belaufen. Daß die Kosten der Einschreibung dem Mündel zur Last fallen, entspricht dem bisherigen Gesetze. Der Art. 4 ist zur Wahrung der Mündelinteressen nothwendig und zweckentsprechend und ich empfehle ihn daher zur Annahme.

Vicepräsident: Zum Worte ist Niemand mehr gemeldet.

Ich schließe die Diskussion und ersuche diejenigen Herren, welche mit dem Artikel in der von mir verlesenen Fassung einverstanden sind, sich von den Sitzen zu erheben.

(Geschieht.)

Angenommen.

Artikel 5.

Für die Beschränkung oder Löschung der Einschreibung der Mündelhypothek gelten von dem Inkrafttreten des Bürgerlichen Gesetzbuchs an, solange das Amt des Vormunds dauert, die Vorschriften des § 1844 des Bürgerlichen Gesetzbuchs.

War der Vater oder die Mutter Vormund, so gelten während der Dauer der elterlichen Gewalt die Vorschriften des § 1671 und des § 1672 Abs. 1 des Bürgerlichen Gesetzbuchs; die Kosten fallen dem Kinde zur Last.

Das Wort hat der Herr Abgeordnete Kuby.

Kuby: Dieser Artikel bezieht sich nur auf die Beschränkung oder Löschung solcher Mündelhypothekeinschreibungen, die beim Inkrafttreten des Bürgerl. Gesetzbuchs bereits eingeschrieben worden sind oder nach Art. 3 und 4 des Entwurfes noch nachher zur Einschreibung gelangen. Da mit dem 1. Januar 1900 das neue Vormundschaftsrecht an Stelle des bisherigen tritt und gemäß desselben der Familienrath und das Landgericht, welche bis dahin über Inskriptionsbeschränkungen und Löschungen zu beschließen hatten, nicht mehr fungiren, so muß an deren Stelle ein anderes Organ treten und als solches bezeichnet der Entwurf das Vormundschaftsgericht des neuen Rechtes. Dasselbe hat, wenn es sich um eine wichtige Angelegenheit handelt, und dieß wird bei Löschungen und Inskriptionsbeschränkungen des Oefteren der Fall sein, Verwandte oder Verschwägerte des Mündels zu hören.

Das Interesse der Mündel erscheint sonach durch die Bestimmung des Art. 5 genügend gewahrt.

Wenn der Entwurf die Vorschrift des Art. 5 auf die Dauer des Amtes S. 954. des Vormundes beschränkt, so rechtfertigt sich dieß dadurch, daß für einen etwa an seine Stelle tretenden neuen Vormund die Vorschriften des neuen Rechtes maßgebend sind, und weil gegenüber einer Person, die nicht mehr Vormund ist, die Zuständigkeit des Vormundschaftsgerichts nicht mehr gegeben ist.

Was das Vormundschaftsgericht bezüglich der Löschung von Dispositionsbeschränkungen thun kann, wenn ein Anderer als der Vater oder die Mutter Vormund ist, dazu soll es auch befugt sein, wenn gegebenen Falls der Vater oder die Mutter nach bisherigem Rechte die Vormundschaft bekleidet hat. Die desfalls erlaufenen Kosten soll das Kind tragen, weil dieß nach bisherigem Rechte der Fall war und weil es sich um Ansprüche handelt, die auch unter der Herrschaft des bisherigen Rechts entstanden sind.

Ich empfehle den Artikel zur Annahme.

Vicepräsident: Zum Worte ist Niemand mehr gemeldet; ich schließe die Diskussion.

Wir kommen zur Abstimmung.

Ich ersuche diejenigen Herren, welche mit dem Art. 5 in der von mir verlesenen Fassung einverstanden sind, sich von den Sitzen zu erheben.

(Geschieht.)

Angenommen.

Artikel 6.

Liegen nach dem Ermessen des Vormundschaftsgerichts die Voraussetzungen vor, unter denen der Vormund, der Pfleger oder der Beistand zur Sicherheitsleistung angehalten werden kann, so ist das Gericht von dem Inkrafttreten des Bürgerlichen Gesetzbuchs an bis zu der Zeit, zu welcher das Grundbuch als angelegt anzusehen ist, befugt, eine Hypothek an Grundstücken des Vormunds, des Pflegers oder des Beistands zu bestellen. Der Vormund, der Pfleger oder der Beistand soll, soweit thunlich, vorher gehört werden. Die Hypothek entsteht mit dem Beschlusse des Gerichts. Der Beschluß muß ‖ be- S. 955. stimmen, für welchen Geldbetrag und an welchen Grundstücken die Hypothek bestellt wird. Die Vorschriften des Artikel 4 finden Anwendung.

Das Wort hat der Herr Abgeordnete Kuby.

Kuby: Für den Fall, daß in der Zwischenzeit zwischen dem Inkrafttreten des Bürgerl. Gesetzbuchs und bis zu der Zeit, in der die Anlegung des Grundbuches erfolgt ist, Veranlassung gegeben ist, Sicherheit von dem Vertreter des Mündels zu verlangen, trifft Art. 6 eine Uebergangsbestimmung dahin, daß das Vormundschaftsgericht befugt sein soll, eine Sicherheitshypothek durch Beschluß zu bestellen und im Hypothekenbuch einschreiben zu lassen. Diese Bestimmung ist nothwendig, weil es sonst in der erwähnten Zwischenzeit an einer Handhabe zur Sicherung der Mündelinteressen fehlen würde.

Ich empfehle den Artikel zur Annahme.

Vicepräsident: Zum Worte ist Niemand mehr gemeldet; ich schließe die Diskussion.

Wir kommen zur Abstimmung.

S. 955. Ich ersuche diejenigen Herren, welche mit dem Art. 6 in der von mir verlesenen Fassung einverstanden sind, sich von den Sitzen zu erheben.

(Geschieht.)

Angenommen.

Artikel 7.

Die gesetzliche Hypothek der Ehefrau besteht von dem Inkrafttreten des Bürgerlichen Gesetzbuchs an nur zur Sicherung solcher Ansprüche, die vor diesem Zeitpunkte entstanden sind.

Das Wort hat der Herr Abgeordnete Kuby.

Kuby: Meine Herren! Art. 7 bis 11 betreffen die gesetzliche Hypothek der Ehefrau. Art. 7, wonach eine bisher bestandene Hypothek nur zur Sicherung solcher ehefraulicher Ansprüche bestehen bleiben soll, die schon vor dem Inkrafttreten des Bürgerl. Gesetzbuchs entstanden sind, rechtfertigt sich aus ähnlichen Gründen wie der schon angeführte Art. 3, der die Mündelhypothek nur für solche Ansprüche aufrecht erhält, die vor diesem Zeitpunkt entstanden sind.

Ich empfehle den Artikel zur Annahme.

Vicepräsident: Zum Worte ist Niemand mehr gemeldet; ich schließe die Diskussion.

Wir kommen zur Abstimmung.

Ich ersuche diejenigen Herren, welche mit dem Art. 7 in der von mir verlesenen Fassung einverstanden sind, sich von den Sitzen zu erheben.

(Geschieht.)

Angenommen.

Kuby: Ich möchte den Herrn Präsidenten bitten, Art. 8 bis 11 zusammenzufassen, weil sie im inneren Zusammenhang stehen.

Vicepräsident:

Artikel 8.

Ein zur Gütergemeinschaft gehörendes Grundstück ist von dem Inkrafttreten des Bürgerlichen Gesetzbuchs an der gesetzlichen Hypothek der Ehefrau in gleicher Weise unterworfen, wie die Grundstücke des Mannes, wenn die gesetzliche Hypothek in das Hypothekenbuch eingeschrieben ist. Die gesetzliche Hypothek kann jedoch nicht zum Nachtheile derjenigen Rechte geltend gemacht werden, welche während der Gütergemeinschaft vor diesem Zeitpunkte an dem Grundstück erworben worden sind. Ist die gesetzliche Hypothek nicht eingeschrieben, so erlischt sie.

Die gesetzliche Hypothek erstreckt sich nicht auf Grundstücke, die erst nach dem Inkrafttreten des Bürgerlichen Gesetzbuchs gütergemeinschaftlich werden.

Ein vor dem Inkrafttreten des Bürgerlichen Gesetzbuchs veräußertes gütergemeinschaftliches Grundstück wird von der gesetzlichen Hypothek frei.

Artikel 9.

Ist die Gütergemeinschaft zur Zeit des Inkrafttretens des Bürgerlichen Gesetzbuchs aufgehoben, so bleiben, unbeschadet der Vorschriften des

Artikel 1, für die gesetzliche Hypothek der Ehefrau an den zur Güter- S. 955.
gemeinschaft gehörenden Grundstücken die bisherigen Bestimmungen maßgebend.

Das Gleiche gilt, wenn zur Zeit des Inkrafttretens des Bürgerlichen Gesetzbuchs ein Gütertrennungsverfahren anhängig ist. Wird der Antrag auf Gütertrennung abgewiesen, so gilt das Verfahren als nicht anhängig geworden.

Artikel 10.

Die gesetzliche Hypothek der Ehefrau erlischt, wenn sie nicht innerhalb eines Jahres nach der Auflösung der Ehe eingetragen wird. Das Gleiche gilt für den der Ehefrau nach Artikel 1 Abs. 2 zustehenden Anspruch.

Artikel 11.

Besteht zu der Zeit, zu welcher das Grundbuch als angelegt anzusehen ist, eine Subrogation in die gesetzliche Hypothek der Ehefrau mit Wirksamkeit gegen Dritte, so gilt zu Gunsten des Subrogirten die gesetzliche Hypothek von dieser Zeit an als Sicherungshypothek, auch wenn sie nicht in das Hypothekenbuch eingeschrieben ist.

Ich eröffne die Diskussion zu Art. 8, 9, 10 und 11 gemeinsam.

Das Wort hat der Herr Abgeordnete Kuby.

Kuby: Was die Art. 8—11 anlangt, so gehören sie zu dem Schwierigsten, was der Entwurf bietet. Die Motive des Entwurfes hierüber sind sehr ausführlich und zwingend. Aber sie vollständig zu erfassen, kann nur einem ernsten eingehenden Studium gelingen. Die vorgeschlagenen Bestimmungen ausführlicher zu begründen, als dieß die Motive thun, würde eine größere Zeit erfordern, als uns zur Verfügung steht; sie allgemein verständlich, populär darzustellen, dazu mangelt mir aber auch, ich muß gestehen, die Kraft. Ich kann nur versichern, daß der Entwurf alle Verhältnisse genau und gewissenhaft abgewogen hat, und daß die sämmtlichen Herren, die der freien Kommission beigewohnt haben, zur Ueberzeugung gekommen sind, daß Mann und Frau und auch deren etwaige Gläubiger mit der Neuerung sich wohl zufrieden geben können.

Ich kann daher die Annahme auch der Art. 8—11 nur empfehlen. Sie sind nothwendig und zweckmäßig.

Eines nur muß ich dabei hervorheben. Die k. Staatsregierung hat nämlich bereits einen weiteren Gesetzentwurf festgestellt, der bestimmt ist, die nach dem bisherigen Gesetze bestandenen ehelichen Güterstände in das eheliche Güterrecht des neuen Bürgerl. Gesetzbuchs überzuführen, was ohne wesentlichen Eingriff in die gegenseitigen vermögensrechtlichen Beziehungen der Ehegatten und in die Rechte Dritter auch geschehen kann. Es muß dieß geschehen, weil
das Neben || einanderbestehen verschiedener Vorschriften in solchen Materien S. 956.
auf lange Jahre hinaus in hohem Maße Rechtsunsicherheit und Verwirrung erzeugen müßte, namentlich aus dem Grunde, weil die Ehefrau nach dem Bürgerl. Gesetzbuche eine größere, eine emanzipirtere Selbständigkeit in der Geschäftsfähigkeit haben wird, als nach dem code civil. Diese erweiterte Selbständigkeit kann man den Müttern, die sich vor 1900 verehelicht haben, nicht versagen, wenn sie den nach 1900 sich verheirathenden Töchtern eingeräumt wird; das wäre sonst unerträglich. In demselben Maße aber, in dem hienach die bisherigen Befugnisse aller Ehemänner beschränkt werden, ist ihnen alsdann

S. 956. auch von 1900 an die gleiche Entlastung bezüglich der Schutzmittel zuzubilligen, wie dieß das neue Gesetzbuch gewährt. Da alle übrigen Hypotheken des pfälzischen Rechtes in dem gegenwärtigen Gesetze behandelt werden, so kann auch die Hypothek der Ehefrau hier nicht fehlen, und es gehören Art. 7—11 schon aus dem Grunde der Vollständigkeit in diesen Entwurf. Aber sie sind auch inhaltlich vollständig gerechtfertigt; die schon zur Zeit der Einführung des Bürgerl. Gesetzbuchs entstandenen Ansprüche der Ehefrau bleiben wie bisher gesichert und die Ehemänner werden keinesfalls mehr beschwert als bisher.

Zugleich wird durch Art. 8 des Entwurfes eine bisher bestandene Kontroverse, wie dieß in den Motiven zu Art. 8 des Näheren ausgeführt ist, gesetzlich und zwar in praktischer Weise zur Lösung gebracht, was ebenfalls die Zustimmung der Kommission erlangt hat.

Ich bitte Sie daher, Ihre Zustimmung zu Art. 8 bis incl. 11 zu ertheilen.

Vicepräsident: Zu Art. 8, 9, 10 und 11 hat sich Niemand weiter zum Worte gemeldet.

Vorausgesetzt, daß keine Erinnerung vorgebracht wird, lasse ich über Art. 8, 9, 10 und 11 gemeinsam abstimmen.

Ich ersuche demnach diejenigen Herren, welche mit den von mir verlesenen Artikeln 8, 9, 10 und 11 einverstanden sind, sich von den Sitzen zu erheben.

(Geschieht.)

Angenommen.

Artikel 12.

Eine Urtheilshypothek, die zu der Zeit, zu welcher das Grundbuch als angelegt anzusehen ist, nicht in das Hypothekenbuch eingeschrieben ist, erlischt.

Hiezu ist der Modifikationsantrag eingebracht:

Es sei in dem Art. 12 der Regierungsvorlage das Wort „Urtheilshypothek" zu streichen und seien dafür einzusetzen die Worte „gerichtliche Hypothek".

Das Wort hat zunächst der Herr Abgeordnete Kuby.

Kuby: Der Art. 12 der von den gerichtlichen Hypotheken handelt, bildet eine Ausnahme von Art. 1. Eine Hypothek, die bisher auf Grund eines Urtheils — auch eines noch nicht rechtskräftigen Urtheils, eines Vollstreckungsbefehls, einer Eintragung der im Konkurs festgestellten Forderung u. s. w. — bestand, soll erlöschen, wenn sie zur Zeit, da das Grundbuch als angelegt anzusehen ist, noch nicht in das Hypothekenbuch eingeschrieben ist, und zwar deßhalb, weil nach der revidirten Civilprozeßordnung ein rechtskräftiges Urtheil über eine Minimalsumme von 300 M. eine Zwangshypothek verschafft, neben welcher die bisherige Urtheilshypothek, wenn sie nicht bereits in das Hypothekenbuch eingetragen ist, keinen Platz mehr hat. Lautet das Urtheil auf eine Summe von unter 300 M., so stehen dem Gläubiger nur die Exekutionsmittel zu, wie anderen mit einem exekutorischen Titel versehenen Gläubigern. Will also ein Gläubiger seiner bereits vor dem Inkrafttreten des Grundbuchs durch Urtheil festgestellten Forderung hypothekarische Sicherheit verschaffen, so muß er dieß durch Einschreibung derselben vor der angegebenen Zeit thun. Das verlangt auch das Prinzip der Publizität.

Vicepräsident: Das Wort hat der Herr Abgeordnete Michel. S. 956.

Michel: Meine Herren! Nachdem der Herr Referent die Frage, um die es sich handelt, so erschöpfend besprochen hat, kann ich auf eine weitere Bemerkung meinerseits verzichten.

(Bravo!)

Vicepräsident: Das Wort nehmen Seine Excellenz der Herr Staatsminister der Justiz.

Der k. Staatsminister Dr. Freiherr **von Leonrod:** Ich wollte nur die Erklärung abgeben, daß die Regierung mit der geänderten Fassung einverstanden ist.

Vicepräsident: Ich schließe die Diskussion.

Wir kommen zur Abstimmung.

In erster Linie bitte ich diejenigen Herren, welche damit einverstanden sind, daß nach dem Modifikationsantrage „Brünings und Genossen" an Stelle des Wortes „Urtheilshypothek" die beiden Worte „gerichtliche Hypothek" gesetzt werden, sich von den Sitzen zu erheben.

(Geschieht.)

Angenommen.

Der Art. 12 wird nun in folgender Weise zur Abstimmung zu kommen haben:

> Eine gerichtliche Hypothek, die zu der Zeit, zu welcher das Grundbuch als angelegt anzusehen ist, nicht in das Hypothekenbuch eingeschrieben ist, erlischt.

Ich ersuche diejenigen Herren, welche mit dem Art. 12 in der von mir verlesenen Fassung einverstanden sind, sich von den Sitzen zu erheben.

(Geschieht.)

Angenommen.

Artikel 13.

> Auf Vorzugsrechte und Hypotheken an Nießbrauchsrechten finden die Vorschriften der Artikel 1, 2 mit der Maßgabe Anwendung, daß an die Stelle der Sicherungshypothek ein Pfandrecht an dem Nießbrauche tritt.

Ich eröffne die Diskussion.

Das Wort hat der Herr Abgeordnete Kuby.

Kuby: Art. 13. Die bisher den Eltern an dem Vermögen ihrer minderjährigen Kinder zugestandene Nutznießung verwandelt sich schon mit dem Inkrafttreten des Bürgerl. Gesetzbuchs in die Nutznießung an dem Kindesvermögen, wie sie das neue Gesetz näher bestimmt, und die ehemännliche Nutznießung soll nach dem Entwurfe, den die k. Staatsregierung noch bringen wird, in Uebereinstimmung mit den Vorschriften des Bürgerl. Gesetzbuchs gebracht werden. Die übrigen bestehenden Nutznießungsrechte bleiben nach Art. 184

S. 956. des Einführungsgesetzes zum Bürgerl. Gesetzbuche mit dem sich aus den bisherigen Gesetzen ergebenden Inhalt und Rang bestehen, insofern sich nicht aus Art. 192 und 195 ibidem ein Anderes ergibt.

S. 957. Es ergibt sich daraus aber etwas Anderes, nämlich daß eine an einem Nutznießungsrechte bestehende Hypothek, wie schon bei Art. 1 auseinandergesetzt, dem neuen Rechte angepaßt werden muß. Da Nießbrauchsrechte, die unter der Herrschaft des Grundbuchrechtes an Liegenschaften entstehen, nicht mehr zu den den Grundstücken gleichgeachteten Rechten gehören und nicht übertragbar sind, während die nach dem bisherigen Rechte schon entstandenen Nutznießungen immobiliärer Natur sind und übertragen werden, sonach auch Gegenstand einer Hypothek sein konnten, so soll die auf einem bestehenden Nießbrauchsrechte schon haftende Hypothek dem künftigen Rechte dadurch angepaßt werden, daß die Hypothek zu der Zeit, da das Grundbuch als angelegt anzusehen ist, soweit sie eingeschrieben ist, in ein Pfandrecht an dem Nießbrauchsrechte, und soweit sie nicht eingeschrieben ist, in einen Anspruch auf Bestellung eines solchen Pfandrechtes verwandelt wird. (Art. 1.) Da hiedurch der Gläubiger keinen Schaden haben wird, weil, wenn auch das Nutznießungsrecht künftig nicht der Zwangsversteigerung unterliegt, doch das Gericht nach der revidirten Civilprozeßordnung bei der Zwangsvollstreckung zur Befriedigung von Nutzungsrechten eine Zwangsverwaltung anordnen kann und gegebenenfalls auch wird, so kann dem Artikel getrost zugestimmt werden.

Vicepräsident: Zum Worte ist Niemand mehr gemeldet; ich schließe die Diskussion.

Wir kommen zur Abstimmung.

Ich ersuche diejenigen Herren, welche mit Art. 13 in der von mir verlesenen Form einverstanden sind, sich von den Sitzen zu erheben.

(Geschieht.)

Angenommen.

Artikel 14.

Ist ein Arrest in das unbewegliche Vermögen vor der Zeit vollzogen worden, zu welcher das Grundbuch als angelegt anzusehen ist, so gilt das Vorzugsrecht des Gläubigers von dieser Zeit an als eine Sicherungshypothek. Der nach § 803 der Civilprozeßordnung festgestellte Geldbetrag gilt als der Höchstbetrag der Forderung, für den das Grundstück haftet.

Ich eröffne die Diskussion über diesen Artikel.

Das Wort hat der Herr Abgeordnete Kuby.

Kuby: Wenn der Artikel als künftige maßgebende Vorschrift den § 808 der Civilprozeßordnung bezeichnet, so ist darunter die revidirte Reichs-Civilprozeßordnung gemeint. Das Muster für die Anwendung des Vorzugsrechtes des Arrestgläubigers ist der Art. 1 des Entwurfes.

Das ist Alles, was ich beizufügen habe.

Vicepräsident: Außerdem ist Niemand zum Worte gemeldet; ich schließe die Diskussion.

Wir kommen zur Abstimmung.

Ich ersuche diejenigen Herren, welche mit der von mir verlesenen Fassung des Art. 14 einverstanden sind, sich von den Sitzen zu erheben. S. 957.

(Geschieht.)

Angenommen.

Art. 15 und Art. 16 können zusammen behandelt werden.

Artikel 15.

Für Verfügungsbeschränkungen, die zu der Zeit bestehen, zu welcher das Grundbuch als angelegt anzusehen ist, kann die Eintragung eines Widerspruchs gegen die Verfügungsbefugniß des Eigenthümers oder des sonstigen Berechtigten verlangt werden.

Artikel 16.

Das den Erbschaftsgläubigern und den Vermächtnißnehmern nach Artikel 2111 des pfälzischen Civilgesetzbuchs zustehende Vorzugsrecht an den zum Nachlasse gehörenden Grundstücken gilt, falls es zu der Zeit, zu welcher das Grundbuch als angelegt anzusehen ist, in das Hypothekenbuch eingeschrieben ist, von dieser Zeit an als Verfügungsbeschränkung des Inhalts, daß Rechte an den zum Nachlasse gehörenden Grundstücken zum Nachtheile der Erbschaftsgläubiger und Vermächtnißnehmer nicht erlangt werden können. Die konkursrechtlichen Wirkungen des Vorzugsrechts bleiben unberührt.

Ist das Vorzugsrecht zu dieser Zeit nicht eingeschrieben, so erlischt es.

Ich eröffne die Diskussion zu diesen beiden Artikeln und ertheile das Wort dem Herrn Abgeordneten Kuby.

Kuby: Meine Herren! Zu Art. 15 habe ich nun Folgendes zu bemerken: Unter den Verfügungsbeschränkungen dieses Artikels sind nur solche verstanden, die einem Berechtigten an einem Grundstücke zu Gunsten einer bestimmten Person auferlegt sind. Da dieselben nach dem neuen Gesetze auch ohne Eintragung in das Grundbuch entstehen können und nur bezüglich des öffentlichen Glaubens für ihren Bestand die Eintragung in das Grundbuch erfordert wird, so kann, um den zur Zeit, da das Grundbuch als angelegt anzusehen ist, schon bestehenden Verfügungsbeschränkungen den öffentlichen Glauben des Grundbuchs zu verschaffen, ein Widerspruch gegen die freie Verfügung des Eigenthümers oder sonstiger Berechtigten verlangt werden, womit die Interessen des Gläubigers gewahrt sind.

Art. 16. Diese Bestimmung erweckt den Anschein, als ob sie die Rechte der Erbschaftsgläubiger und Vermächtnißnehmer schmälerte dadurch, daß sie das denselben bisher zustehende Vorzugsrecht in ein Recht auf Vormerkung einer Verfügungsbeschränkung umwandelt. Allein wenn man sich den Inhalt des bisherigen Vorzugsrechtes näher ansieht, wird man finden, daß beide Sicherungsmittel nur dem Namen, aber nicht der Wirkung nach verschieden sind. Dritte sollen nach Art. 16 Rechte zum Nachtheile der Erbschaftsgläubiger und Vermächtnißnehmer künftig nicht mehr erwerben können; mehr können die Letzteren nicht verlangen. Durch die Bestimmung des Abs. 2, daß das Vorzugsrecht der Erbschaftsgläubiger und Vermächtnißnehmer erlöschen soll, wenn es zu der Zeit, da das Grundbuch als angelegt anzusehen ist, noch nicht in das Hypothekenbuch eingeschrieben ist, brauchen dieselben einen Nachtheil nicht zu erleiden, da die Anlegung des Grundbuches bei unseren schon ge-

S. 957. schilderten pfälzischen Verhältnissen so viel Zeit erfordert, daß den Berechtigten auch noch nach 1900 Muße genug bleiben wird, ihr Vorzugsrecht durch Einschreibung in das Hypothekenbuch zu wahren. Uebrigens wird die k. Staatsregierung auch noch Vorsorge treffen, daß der Zeitpunkt, an dem das Grundbuch als angelegt anzusehen ist, so frühzeitig publizirt werde, daß den Betheiligten noch genügend Gelegenheit gegeben bleibt, die Einschreibung zu besorgen.

Vicepräsident: Nachdem Niemand mehr zum Worte gemeldet ist, schließe ich die Diskussion und bitte diejenigen Herren, welche mit Art. 15 und 16 in
S. 958. der von mir ver‖lesenen Fassung einverstanden sind, sich von den Sitzen zu erheben.

(Geschieht.)

Angenommen.

Artikel 17.

Steht dem früheren Eigenthümer eines Grundstücks auf Grund eines Rechtsgeschäfts, durch welches das Grundstück veräußert worden ist, ein Recht zu, kraft dessen bei dem Eintritt eines bestimmten Umstands das Eigenthum an dem Grundstücke mit rückwirkender Kraft an ihn zurückfällt, so verwandelt sich das Rückfallsrecht zu der Zeit, zu welcher das Grundbuch als angelegt anzusehen ist, in den Anspruch auf Rückübertragung des Eigenthums und Befreiung des Grundstücks von den Lasten, die nach der Uebertragung des Eigenthums auf den Erwerber entstanden sind. Zugleich treten die mit der Eintragung einer Vormerkung zur Sicherung des Anspruchs verbundenen Wirkungen ein, bei dem im Artikel 2 des Gesetzes vom 26. April 1888 bezeichneten Auflösungsrechte jedoch nur, wenn das Auflösungsrecht gemäß Artikel 2 oder Artikel 40 des angeführten Gesetzes gewahrt ist.

Ich eröffne die Diskussion über diesen Artikel.

Der Herr Abgeordnete Kuby hat das Wort.

Kuby: Das neue Gesetz kennt eine Erwerbung des Eigenthums unter rückwirkender auflösender Bedingung, wie eine solche das französische Recht z. B. bei jedem zweiseitigen Vertrage für den Fall der Nichterfüllung der Verbindlichkeit subintellegirt, nicht; dieses Rückfallsrecht ist aber ein wichtiges Sicherungsmittel und verdient für den Fall, daß dasselbe auf Grund eines Rechtsgeschäftes besteht, aber der Rückfall zu der Zeit, von der an das Grundbuch als angelegt gilt, noch nicht eingetreten ist, erhalten zu werden. Dieß geschieht im Entwurfe dadurch, daß das Rückfallsrecht kraft des Gesetzes in einen Anspruch umgewandelt wird auf Rückübertragung des Eigenthums und Befreiung des Grundstückes von den Lasten, die nach der Uebertragung des Eigenthums auf den Erwerber entstanden sind. Damit treten ganz dieselben Wirkungen ein, wie bei dem bisherigen Rechte, allerdings mit dem Unterschiede, daß der Anspruch nach dem Entwurfe nur ein persönlicher ist, nämlich von dem Veräußerer gegen den Erwerber, während der Rückfall nach dem bisherigen Rechte wegen der damit verbundenen Auflösung ex tunc auch gegen den Rechtsnachfolger des Erwerbers wirkt; allein der Anspruch wird kraft Gesetzes mit einer Vormerkung verbunden, die, weil kraft Gesetzes bestehend, in das Grundbuch bereits im Anlegungsverfahren eingetragen werden kann; damit ist dann das Grundbuch gesperrt, und die Vormerkung schützt den Anspruch auch

gegen alle rechtlichen Veränderungen, die durch den Erwerber oder auch einen S. 958.
Rechtsnachfolger an dem Grundstücke verfügt sein werden.

Der Artikel bezieht sich nicht auf Fälle, in denen der Grund des Rückfalles schon zur Zeit des Inkrafttretens des Grundbuches entstanden, z. B. dem kinderlosen Schenkgeber nach gemachter Schenkung ein eheliches Kind geboren ist, da in solchen Fällen das Eigenthum als schon zur Zeit dieses Ereignisses zurückgefallen zu betrachten ist, und daher der Eigenthümer einfach die Eintragung seines zurückgefallenen Eigenthums in das Grundbuch verlangen und gegenüber einer von dem Erwerber erwirkten Bucheintragung sein Recht durch Verlangen der Grundbuchsberichtigung und Eintragung eines Widerspruches gegen die Richtigkeit des Grundbuches geltend machen kann.

Vicepräsident: Zum Worte ist Niemand mehr gemeldet; ich schließe die Diskussion.

Wir kommen zur Abstimmung.

Ich ersuche diejenigen Herren, welche mit Art. 17 in der von mir verlesenen Fassung einverstanden sind, sich von den Sitzen zu erheben.

(Geschieht.)

Angenommen.

Artikel 18.

Ist bei der Veräußerung eines Grundstücks vertragsmäßige Versteigerung bedungen worden, so finden die Vorschriften des Artikel 17 mit der Maßgabe Anwendung, daß die Uebertragung des Eigenthums auf den Ersteher zu erfolgen hat, dem das Grundstück bei der vertragsmäßigen Versteigerung zugeschlagen wird. Für die Versteigerung sind die Vorschriften des Artikel 202 Abs. 1, 4 bis 7 des Gesetzes vom 23. Februar 1879 zur Ausführung der Reichs-Civilprozeßordnung und Konkursordnung maßgebend.

Ich eröffne die Diskussion zu diesem Artikel.

Zum Worte hat sich Niemand gemeldet; ich schließe die Diskussion und ersuche diejenigen Herren, welche mit diesem Art. 18 in der von mir verlesenen Fassung einverstanden sind, sich von den Sitzen zu erheben.

(Geschieht.)

Angenommen.

Art. 19 und 20 werde ich zusammennehmen; sie bilden ein Ganzes.

Artikel 19.

Das zur Zeit des Inkrafttretens des Bürgerlichen Gesetzbuchs bestehende Sondereigenthum an einem selbständigen Bauwerke, das sich auf oder unter der Oberfläche eines fremden Grundstücks befindet, gilt von diesem Zeitpunkt an als Erbbaurecht im Sinne des Bürgerlichen Gesetzbuchs.

Das Sondereigenthum an einzelnen Räumen eines fremden Gebäudes gilt von dem Inkrafttreten des Bürgerlichen Gesetzbuchs an als das veräußerliche und vererbliche Recht an dem fremden Grundstück, auf diesem den Gebäudetheil zu haben. Die Vorschriften der §§ 1016, 1017 des Bürgerlichen Gesetzbuchs finden entsprechende Anwendung.

S. 958. Artikel 20.

Das Stockwerkseigenthum nach Artikel 664 des pfälzischen Civilgesetzbuchs gilt von dem Inkrafttreten des Bürgerlichen Gesetzbuchs an als Miteigenthum an dem Grundstücke mit der Maßgabe, daß jedem Miteigenthümer die ausschließliche und dauernde Benutzung derjenigen Theile des Gebäudes zusteht, welche ihm zur Zeit des Inkrafttretens des Bürgerlichen Gesetzbuchs gehören, und daß der Aufwand für ihre Unterhaltung ihm zur Last fällt. Der Anspruch auf Aufhebung der Gemeinschaft ist ausgeschlossen.

Auf die Benutzungsrechte der Miteigenthümer findet die Vorschrift des § 1010 Abs. 1 des Bürgerlichen Gesetzbuchs entsprechende Anwendung.

Ich eröffne die Diskussion über Art. 19 und 20 und ertheile das Wort dem Herrn Abgeordneten Kuby.

Kuby: Nach § 93 und 94 des Bürgerl. Gesetzbuchs können Bestandtheile
S. 959. an einer Sache, die von einander nicht || getrennt werden können, ohne daß der eine oder andere zerstört oder in seinem Wesen verändert wird, also wesentliche Bestandtheile, nicht Gegenstand besonderer Rechte sein; davon ist nur ausgenommen das Erbbaurecht, welches nach § 1012 des Bürgerl. Gesetzbuchs als ein Recht bezeichnet wird, das in der Weise ein Grundstück belastet, daß dem Erbbauberechtigten das veräußerliche und vererbliche Recht zusteht, auf oder unter der Oberfläche des Grundstücks ein Bauwerk zu haben. Wenn daher der Art. 19 ein bisher bestandenes superficiarisches Sondereigenthum an einem selbständigen Bauwerke, das sich auf oder unter der Oberfläche eines fremden Grundstücks befindet, z. B. an einem Keller und das Sondereigenthum an einzelnen Räumen eines fremden Gebäudes so umwandelt, wie vorgeschlagen, so sind die bisherigen Rechte des Sondereigenthümers genügend materiell gewahrt.

Zum Verständnisse des Art. 19 Abs. II möchte ich hervorheben, daß unter denselben auch Rechte an ganzen Stockwerken an fremden Gebäuden fallen, und daß der Unterschied gegen den Art. 20 darin besteht, daß nach Art. 20 das Stockwerkseigenthum Miteigenthum an Grund und Boden ist, während Art. 19 Rechte an fremden Grundstücken zum Gegenstand hat. Es wäre übrigens erwünscht, von dem Herrn Staatsminister zu hören, ob diese Auffassung die des Gesetzes und darnach die richtige ist.

Vicepräsident: Das Wort nehmen Seine Exzellenz der Herr Staatsminister der Justiz.

Der k. Staatsminister Dr. Freiherr **von Leonrod:** Die k. Staatsregierung ist mit dieser Auffassung vollständig einverstanden.

Vicepräsident: Zum Worte ist Niemand mehr gemeldet; ich schließe die Diskussion.

Wir kommen zur Abstimmung.

(Abgeordneter Kuby: Ich bitte um's Wort!)

Der Herr Abgeordnete Kuby hat das Wort gehabt; er hat geschwiegen und hat sich nicht mehr gemeldet.

Kuby: Ich habe hier eine Anfrage an den Herrn Staatsminister gestellt; S. 959.
das war hier gerade am Platze; nach deren Beantwortung wäre ich aber fortgefahren; allein wenn die Herren keine Geduld mehr haben, mich anzuhören, dann kann ich nichts dagegen machen.

Vicepräsident: Ich habe geglaubt, der Herr Abgeordnete Kuby sei mit seinen Ausführungen zu Ende, und demzufolge habe ich Seiner Exzellenz das Wort ertheilt.

Ich gebe also dem Herrn Abgeordneten Kuby das Wort wieder.

Kuby: Es thut mir leid, die Herren aufhalten zu müssen, aber das liegt in der Natur der Sache; ich komme darüber nicht hinaus.

Zu Art. 20 habe ich zu bemerken: Theils um den Inhalt des Art. 664 des code civil mit dem neuen Rechte in Uebereinstimmung zu bringen, damit das mißliche Nebeneinanderstehen verschiedener Vorschriften vermieden werde, theils um die bezüglich der Auslegung des Art. 664 cit. bestehenden Streitigkeiten abzuschneiden, wurde der Art. 20 des Entwurfs geschaffen. Wenn der Artikel von „Miteigenthum an dem Grundstücke" spricht, so ist damit nicht blos Grund und Boden gemeint, sondern auch das darauf stehende Gebäude.

Nach welchen Antheilen die einzelnen Eigenthümer zur Unterhaltung der das Miteigenthum bildenden Grundstückstheilen*) beizutragen haben, sagt der Artikel nicht. Es sind daher die Bestimmungen des Bürgerl. Gesetzbuchs über die Gemeinschaften heranzuziehen und es ist demnach nach § 742 im Zweifel, also wenn nicht eine andere vertragsmäßige Regelung vorliegt, anzunehmen, daß den Theilhabern gleiche Antheile an dem Miteigenthum zustehen und ist nach § 748 jeder Theilhaber den andern Theilhabern gegenüber verpflichtet, die Lasten des gemeinschaftlichen Gegenstandes sowie die Kosten der Erhaltung, der Verwaltung und gemeinschaftlichen Benützung nach dem Verhältnisse seines Antheils zu tragen. Damit der Art. 664 des code civil, welcher eine ausdrückliche Bestimmung dahin enthält, daß die Kosten für die Hauptmauer und das Dach allen Eigenthümern, jedem nach Verhältniß des Werthes seines Stockwerkes, zur Last fallen, vollständig durch den Art. 20 des Entwurfs ersetzt würde, war bei der Vorverhandlung über den Art. 20 eine Ergänzung desselben angeregt worden; allein diese Ergänzung wurde nicht für nothwendig und nicht für zweckmäßig erachtet. Da das Stockwerkseigenthum nach Art. 20 Miteigenthum an dem ganzen Grundstücke werde, so folge daraus von selbst die Anwendung des Bürgerl. Gesetzbuchs über die Tragung der Lasten an dem Miteigenthum; nur bezüglich des Unterhaltaufwandes für die Theile, die den einzelnen Miteigenthümern zur besonderen Benützung zustehen, sei eine ausdrückliche Bestimmung nothwendig und diese sei getroffen.

Erwähnenswerth wird noch sein, daß nach § 746 des Bürgerl. Gesetzbuchs jeder Theilhaber über seinen ideellen Theil — wie selbstverständlich auch über das damit untrennbar verbundene ausschließliche Benutzungsrecht — frei verfügen und ihn sonach auch verhypothezieren kann.

Da das Stockwerkseigenthum des Art. 664 c. c. in das durch Art. 20 des Entwurfs umgestaltete Eigenthumsrecht kraft Gesetzes sich umwandelt, so ist es auch mit dem neugestalteten Inhalte in das Grundbuch einzutragen.

Der Art. 20 wird Niemands Interesse schädigen. Unterwirft man den Verkaufswerth eines Stockwerkseigenthums, wie es heute besteht, der Taxation und vergleicht man dieselbe mit dem Werthe des Stockwerkseigenthums, wie

*) Richtig: Grundstückstheile.

S. 959. es der Art. 20 umändert, so wird man finden, daß eine Werthsminderung durch die Neugestaltung nicht entsteht, ja, daß wenn man die Klarerstellung des Rechtes mitschätzt, ein Mehr zu Gunsten des neugebildeten Rechtes sich ergibt.

Vicepräsident: Es ist sonst Niemand zu einem der beiden Artikel gemeldet; ich schließe die Diskussion.

Wir kommen zur Abstimmung.

Ich bitte diejenigen Herren, welche mit den Artikeln 19 und 20 in der von mir verlesenen Fassung einverstanden sind, sich von den Sitzen zu erheben.

(Geschieht.)

Die beiden Artikel sind angenommen.

Artikel 21.

Steht ein Grundstück, das verschiedenen wirthschaftlichen Zwecken anderer Grundstücke dient, nach den bisherigen Vorschriften im Miteigenthum der jeweiligen Eigenthümer dieser Grundstücke, so gilt es von dem Inkrafttreten des Bürgerlichen Gesetzbuchs an als zu Gunsten des jeweiligen Eigenthümers eines jeden dieser Grundstücke mit einer Grunddienstbarkeit des Inhalts belastet, daß er es zu den bestimmten Zwecken benutzen darf.

Ich eröffne die Diskussion über diesen Artikel.

Das Wort hat der Herr Abgeordnete Kuby.

S. 960. **Kuby:** Solche Grundstücke, die bestimmten wirthschaftlichen Zwecken anderer Grundstücke dienen, wie Einfahrten, Höfe, Brunnen und bisher im Miteigenthum der jeweiligen Eigenthümer stehen, sind nach bisherigem Rechte wegen ihrer Unentbehrlichkeit für die wirthschaftlichen Zwecke der einzelnen Grundstücke dem Theilungszwange nicht unterworfen. Ein solches Verhältniß ist dem neuen Rechte fremd: es kann durch eine Theilung das gemeinschaftliche Eigenthum aufgelöst und dadurch sein Zweck vereitelt werden. Um seinen Fortbestand zu sichern, war es sonach so umzugestalten, daß es den Vorschriften des neuen Gesetzes, aber auch seinem Zwecke entspricht. Der Art. 21 vollzieht diese Umwandlung in sehr praktischer Weise. Das bisherige Miteigenthum bleibt bestehen und es wird aber zu Gunsten der jeweiligen Eigenthümer eines jeden der herrschenden Grundstücke je eine Grunddienstbarkeit an dem gemeinschaftlichen Grundstücke angenommen mit dem Inhalte, daß der jeweilige Eigenthümer eines jeden der berechtigten Grundstücke das Miteigenthum zu den bestimmten wirthschaftlichen Zwecken benutzen kann, wie bisher. Das Eigenthum wird mit dieser Grunddienstbarkeitbelastung in das Grundbuch eingetragen und damit die Berechtigung gewahrt, das Grundstück als Ganzes zu den bezeichneten Zwecken auch dann zu benutzen, wenn in der Folge das Miteigenthum getheilt oder sonst darüber verfügt würde.

Der Art. 21 bezieht sich nicht auf die Fälle der sogenannten mitoyenneté und der sonstigen Grenzanlagen des pfälzischen Rechts, z. B. eines Winkels, eines Rains, einer Scheidemauer, eines gemeinschaftlichen Wingertweges, wobei die Grenzflächen und Anlagen nicht ein selbständiges Grundstück bilden und daher auch kein besonderes Plannummer tragen, vielmehr im Miteigenthum der Angrenzer zu ungetheilten Antheilen stehen. Auf solche Verhältnisse sind die Vorschriften der §§ 921 und 922 des Bürgerl. Gesetzbuchs zufolge Art. 118

Abs. 1 des Einführungsgesetzes schon mit dem 1. Januar 1900 anwendbar und S. 960.
ist deßhalb eine besondere partikularrechtliche Vorschrift zur Forterhaltung von Anlagen solcher Art nicht veranlaßt.

Vicepräsident: Zum Worte ist Niemand mehr gemeldet; ich schließe die Diskussion.

Wir kommen zur Abstimmung.

Ich ersuche diejenigen Herren, welche mit dem Inhalt des Art. 21 einverstanden sind, sich von den Sitzen zu erheben.

(Geschieht.)

Angenommen.

Artikel 22.

Die im Artikel 191 Abs. 2 des Einführungsgesetzes zum Bürgerlichen Gesetzbuche zum Schutze der Ausübung von Grunddienstbarkeiten gegebenen Vorschriften gelten von dem Inkrafttreten des Bürgerlichen Gesetzbuchs an, auch bevor das Grundbuch als angelegt anzusehen ist.

Ich eröffne die Diskussion.

Das Wort hat der Herr Abgeordnete Kuby.

Kuby: Hiemit wird derselbe Schutz, wie das Bürgerl. Gesetzbuch sofort mit seinem Inkrafttreten ihn der Ausübung des Eigenthums angedeihen läßt, von demselben Augenblicke an auch der Ausübung der Grunddienstbarkeit zu Theil; wenn dieser Schutz für den Eigenthumsbesitz genügend ist, wird er auch für die Grunddienstbarkeit als genügend erachtet werden dürfen, auch wird dadurch das Nebeneinanderbestehen zweier verschiedener Besitzschutzsysteme vermieden.

Ich empfehle die Annahme.

Vicepräsident: Zum Worte ist Niemand mehr gemeldet; ich schließe die Diskussion.

Ich ersuche diejenigen Herren, welche mit mir einverstanden sind, sich von den Sitzen zu erheben.

(Geschieht.)

Angenommen.

Wir kommen jetzt zu

II. Vorschriften über die Anlegung des Grundbuchs.

Herr Abgeordneter Kuby wünscht das Wort zu einer allgemeinen Bemerkung.

Kuby: Ich will nur einige allgemeine Bemerkungen machen.

Diese Abtheilung handelt von der Anlegung des Grundbuchs. Im Eingange der Motive dieses Gesetzes ist hierüber gesagt, daß zur Grundbuchanlegung die vorhandenen Register — Grundsteuerkataster und Hypothekenbuch — nur in sehr beschränkter Weise herangezogen werden können, weßhalb ein besonderes Verfahren erst festzusetzen ist, um die Rechte an Liegenschaften zu ermitteln, welche, wie insbesondere das Eigenthum, die Dienstbarkeiten und Hypotheken, nach dem neuen Gesetze zur Erhaltung ihrer Wirksamkeit gegenüber dem öffentlichen Glauben des Grundbuchs der Eintragung

S. 960. in dieses bedürfen. Es ist ja richtig, der Grundsteuerkataster hat nicht den Zweck, einen Nachweis für das Eigenthum an Liegenschaften und für Rechte an solchen zu bieten; auch ist derselbe manchmal nicht fehlerfrei, und das Hypothekenbuch ist im Wesentlichen nur bestimmt für Eintragungen der Hypotheken und Vorzugsrechte und einiger Verfügungsbeschränkungen. Es soll daher zunächst Vorsorge getroffen werden, daß das Eigenthum an den Grundstücken in das Grundbuch eingetragen werden muß, das heißt unabhängig von dem guten Willen des Eigenthümers und von Amtswegen; es wird daher dem Eigenthümer die Verpflichtung auferlegt, dem Grundbuchamte über die Rechtsverhältnisse des ihm im Kataster zugeschriebenen Grundstückes Auskunft zu ertheilen, sowie seine Erwerbstitel und sonst zur Verfügung stehenden Behelfe vorzulegen; dem Grundbuchrichter soll die Befugniß ertheilt werden, auch durch Ordnungsstrafen diese Auskunftsertheilung und Urkundenvorlage zu erzwingen und falls hiedurch das Eigenthum nicht genügend glaubhaft gemacht werden kann, das Zeugniß von mit der Rechtslage vertrauten Personen zu erheben.

Nachdem auf solche Weise das geschehen ist, erstrecken sich die weiteren Anlegungsarbeiten auf die an den Grundstücken bestehenden Rechte, welche künftig dem Buchungszwange unterliegen, wobei insbesondere die Grunddienstbarkeiten und Hypotheken in Betracht kommen. Diese werden nicht von Amtswegen beim Anlageverfahren berücksichtigt, sondern nur auf Antrag. Diese Anmeldung wird aber nicht auf sich warten lassen, da sonst die Rechte, insoweit sie buchungspflichtig sind, im Range hinter die im Anmeldeverfahren angemeldeten Rechte zurücktreten, und da ihre Eintragung, nur wenn sie im Anmeldeverfahren verlangt wird, kostenfrei erfolgt. Da es aber mit der Anmeldung allein noch nicht gethan ist, sondern zur Eintragung des beanspruchten Rechtes die Einwilligung des Eigenthümers oder der förmliche Nachweis des Bestehens des Rechtes erfordert wird, so sieht der Entwurf, um gegenüber dem etwaigen bösen Willen oder der Chikane der Eigenthümer zum Ziele zu kommen, eine gesetzliche Verpflichtung der Eigenthümer vor, für bestehende Rechte die Einwilligung zu ertheilen, welche Verpflichtung im Weigerungsfalle im Prozeßwege erzwingbar ist. Die desfalls in Abtheilung II des Entwurfs vorgesehenen Vorschriften sind hienach vollständig gerechtfertigt.

S. 961. Die Anlegung des Grundbuchs soll gemeindeweise erfolgen. Das Grundbuch für die ganze Pfalz erst fertig zu stellen und dann für die ganze Provinz als angelegt zu erklären, kann nicht als praktisch erachtet werden, denn es sind nicht so viel Kräfte zur Verfügung, um die Anlegung sofort in allen Theilen der Pfalz in Angriff nehmen zu können; es bedürfte vieler Jahre, um das Grundbuch für die ganze Pfalz fertig zu stellen; in der Zwischenzeit kommen vielfache Veränderungen wieder vor und müßte dann noch ein Ergänzungsverfahren vorgenommen werden, was wiederum einige Zeit in Anspruch nehmen würde.

Die ersten Artikel dieses Abschnitts haben nur den Zweck, einen Druck auf die Anmeldeberechtigten auszuüben, damit das Anlageverfahren seinen ordentlichen ungestörten Gang nehmen und Streitigkeiten bezüglich des Ranges der verschiedenen Berechtigten vermieden werden. Die anderen Artikel sind wesentlich den Bestimmungen des Gesetzes über die Anlegung des Grundbuchs im dießseitigen Bayern nachgebildet.

Vicepräsident: Gegen die Ueberschrift ist eine Erinnerung nicht erhoben worden; dieselbe gilt als genehmigt.

Ich werde Art. 23, 24 und 25 zusammen aufrufen, nachdem diese drei Artikel ein Ganzes bilden. S. 961.

Artikel 23.

Ist ein Grundstück mit einem Rechte belastet, das zur Erhaltung der Wirksamkeit gegenüber dem öffentlichen Glauben des Grundbuchs der Eintragung bedarf, so muß das Recht im Anlegungsverfahren bei dem Amtsgerichte zur Eintragung angemeldet werden, widrigenfalls es im Range hinter die angemeldeten Rechte zurücktritt.

Durch die Anmeldung wird die nach den bisherigen Gesetzen erforderliche Einschreibung in das Hypothekenbuch nicht ersetzt.

Artikel 24.

Ist ein Recht der im Artikel 23 bezeichneten Art vor dem Ablaufe der für die Anmeldung bestimmten Ausschlußfrist erworben worden, so muß es vor diesem Zeitpunkt angemeldet werden, widrigenfalls es im Range hinter die vor dem Ablaufe der Frist angemeldeten Rechte zurücktritt.

Ist das Recht in den letzten zehn Tagen vor dem Ablaufe der Frist erworben worden, so genügt die Anmeldung innerhalb zehn Tagen nach dem Ablaufe der Frist.

Artikel 25.

Auf Rechte, die an einem der in den Artikeln 23, 24 bezeichneten Rechte bestehen, und auf Verfügungsbeschränkungen finden die Vorschriften dieser Artikel entsprechende Anwendung.

Hier ist, wie ich bereits bekannt gegeben habe, einschlägig der Abänderungsantrag der Herren Abgeordneten Brünings, Kuby und Michel, der dahin geht, daß die Worte „auf Auflösungsrechte" eingefügt werden sollen, so daß also Art. 25 lauten würde:

Auf Rechte, die an einem der in den Artikeln 23, 24 bezeichneten Rechte bestehen, auf Auflösungsrechte und auf Verfügungsbeschränkungen finden die Vorschriften dieser Artikel entsprechende Anwendung.

Ich eröffne die Diskussion.

Der Herr Abgeordnete Kuby hat sich zum Worte gemeldet. Es dürfte vielleicht am Platze sein, wenn der Herr Abgeordnete Kuby gleich als Mitantragsteller sofort die Einsetzung der Worte „auf Auflösungsrechte" vertreten würde.

Kuby: Ich habe zu Art. 25 nur speziell zu bemerken, daß es hier nothwendig ist, die Worte „auf Auflösungsrechte" noch einzusetzen, und zwar deßhalb, weil man die Auflösungsrechte nicht unter die in Art. 23 bezeichneten subsumiren kann, aber doch diese Auflösungsrechte, da sie ein Grundstück zum Gegenstand haben, im Anlegungsverfahren ebenso zu behandeln sind wie die im Art. 23 bezeichneten Rechte.

Ich empfehle die Annahme.

Vicepräsident: Das Wort nehmen Seine Excellenz der Herr Staatsminister der Justiz.

S. 961. Der k. Staatsminister Dr. Freiherr **von Leonrod:** Ich wollte nur konstatiren, daß die k. Staatsregierung mit dieser Aenderung einverstanden ist.

Vicepräsident: Zum Worte ist Niemand mehr gemeldet; wir kommen zur Abstimmung.

Ich ersuche diejenigen Herren, welche mit Art. 23 und 24 in der von mir verlesenen Fassung einverstanden sind, sich von den Sitzen zu erheben.

(Geschieht.)

Weiter ersuche ich diejenigen Herren, welche an die Stelle des Art. 25 der Regierungsvorlage den Art. 25 in der von den Herren Abgeordneten Brünings, Kuby und Michel beantragten Fassung setzen wollen, sich von den Sitzen zu erheben.

(Geschieht.)

Der Antrag ist angenommen.

Artikel 26.

Ist ein Grundstück mit einem Rechte belastet, dessen Eintragung in das Grundbuch im Anlegungsverfahren verlangt werden kann, so ist der Eigenthümer verpflichtet, die Bewilligung zur Eintragung auf Verlangen des Berechtigten zu ertheilen.

Diese Vorschrift findet auf die Eintragung von Rechten an den im Abs. 1 bezeichneten Rechten entsprechende Anwendung.

Ich eröffne die Diskussion.

Zum Worte ist Niemand gemeldet; ich schließe die Diskussion.

Wir kommen zur Abstimmung und ich ersuche diejenigen Herren, welche mit dem Art. 26 in der von mir verlesenen Fassung einverstanden sind, sich von den Sitzen zu erheben.

(Geschieht.)

Angenommen.

Meine Herren! Ich werde nunmehr zur Diskussion und Abstimmung bringen Art. 27, 28, 29 und 30; dieselben gehören zusammen.

Artikel 27.

Die Amtsgerichte, denen die Anlegung des Grundbuchs obliegt, sind zur Beurkundung von Erklärungen, Eintragungsbewilligungen und Verträgen zuständig, die durch die Anlegung des Grundbuchs veranlaßt werden. Der Beiziehung eines Gerichtsschreibers bedarf es nicht.

Diese Vorschriften gelten im Falle der Rechtshilfe auch für das ersuchte Gericht.

Artikel 28.

Mit den Vorbereitungsarbeiten für die Herstellung des Grundbuchs, insbesondere mit der Feststellung der an den Grundstücken bestehenden
S. 962. Rechte und || mit den im Artikel 27 Abs. 1 bezeichneten Beurkundungen kann das Staatsministerium der Justiz geprüfte Rechtspraktikanten betrauen.

Die Vornahme eidlicher Vernehmungen und die Befugniß, eine Strafe S. 962.
zu verhängen, steht den Rechtspraktikanten nicht zu.

Artikel 29.

Die Notare haben im Anlegungsverfahren dem Amtsgericht auf Ersuchen die Urschriften ihrer Urkunden zu übersenden oder über deren Inhalt Auskunft zu geben. Im Falle der Uebersendung der Urschrift ist die Zurückbehaltung einer Abschrift nicht erforderlich.

Für die Erledigung eines nach Abs. 1 gestellten Ersuchens kann eine Gebühr nicht beansprucht werden.

Artikel 30.

Die Hypothekenbewahrer haben im Anlegungsverfahren dem Amtsgericht auf Ersuchen die von ihnen verwahrten Urkunden zu übersenden oder Auskunft über die in den Hypothekenregistern enthaltenen Einschreibungen zu geben.

Für die Erledigung eines nach Abs. 1 gestellten Ersuchens kann eine Gebühr nicht beansprucht werden.

Zum Worte ist Niemand gemeldet; ich schließe deßhalb die Diskussion.

Ich ersuche diejenigen Herren, welche mit Art. 27, 28, 29 und 30 in der von mir verlesenen Fassung einverstanden sind, sich von den Sitzen zu erheben.

(Geschieht.)

Angenommen.

Artikel 31.

Die Gemeindebehörden können zur Mitwirkung im Anlegungsverfahren herangezogen werden.

Finden Vernehmungstermine außerhalb des Gerichtssitzes statt, so hat die Gemeinde geeignete Räumlichkeiten zur Verfügung zu stellen, sowie für die Beheizung Beleuchtung und Reinigung Sorge zu tragen. Ein Anspruch auf Ersatz der Aufwendungen steht der Gemeinde nicht zu.

Ich eröffne die Diskussion zu diesem Artikel.

Das Wort hat der Herr Abgeordnete Kuby.

Kuby: Nur zwei Worte! Daß die Gemeinden außerhalb des Gerichtssitzes geeignete Räumlichkeiten zur Verfügung stellen, daß sie für die Beheizung und Beleuchtung zu sorgen haben, kann, da die Vornahme der Arbeit an Ort und Stelle eine große Annehmlichkeit für alle Betheiligten ist, und bei der Geringfügigkeit dieser Kosten in den einzelnen Gemeinden gewiß keinem Anstande begegnen.

Wir können also getrost auch diesen Artikel annehmen.

Vicepräsident: Zum Worte ist Niemand mehr gemeldet; ich schließe die Diskussion.

Wir kommen zur Abstimmung und ich ersuche diejenigen Herren, welche dem Art. 31 in der von mir verlesenen Fassung ihre Zustimmung geben wollen, sich von den Sitzen zu erheben.

(Geschieht.)

Art. 31 ist angenommen.

S. 962. Artikel 32.

Das Verfahren, in dem die Anlegung des Grundbuchs erfolgt, einschließlich der im Artikel 27 Abs. 1 bezeichneten Beurkundungen ist gebührenfrei.

Die baaren Auslagen werden auf die Staatskasse übernommen.

Ich eröffne die Diskussion.

Zum Worte ist Niemand gemeldet; ich schließe die Diskussion.

Wir kommen zur Abstimmung und ich ersuche diejenigen Herren, welche mit dem Art. 32 in der von mir verlesenen Fassung einverstanden sind, sich von den Sitzen zu erheben.

(Geschieht.)

Angenommen.

III. Schlußbestimmung.

Artikel 33.

Mit dem Inkrafttreten des Bürgerlichen Gesetzbuchs treten außer Kraft:

1. der Artikel 170 des Gesetzes vom 23. Februar 1879 zur Ausführung der Reichs-Civilprozeßordnung und Konkursordnung,
2. die Artikel 5 bis 8, der Art. 9 Satz 2, der Artikel 10 Abs. 1 Satz 4, Abs. 2 Satz 1, Abs. 3 und der Artikel 11 des Gesetzes vom 26. April 1888, die Abänderung von Bestimmungen des in der Pfalz geltenden Hypotheken- und Vormundschaftsrechts betreffend.

Ich eröffne die Diskussion zu diesem Artikel.

Zum Worte ist Niemand gemeldet; ich schließe die Diskussion.

Ich ersuche diejenigen Herren, welche mit der Fassung des Art. 33, wie ich ihn eben verlesen habe, einverstanden sind, sich von den Sitzen zu erheben.

(Geschieht.)

Angenommen.

Wir sind damit mit der ersten Berathung des Gesetzentwurfes fertig und es erübrigt nur noch die Feststellung von Ueberschrift und Einleitungsworten.

Ueberschrift und Einleitungsworte lauten:

Entwurf eines Gesetzes

über das Liegenschaftsrecht in der Pfalz.

Im Namen Seiner Majestät des Königs.

Seine Königliche Hoheit Prinz Luitpold, des Königreichs Bayern Verweser, haben nach Vernehmung des Staatsraths mit Beirath und Zustimmung der Kammer der Reichsräthe und der Kammer der Abgeordneten beschlossen und verordnen, was folgt: —

Gegen Ueberschrift und Einleitungsworte ist eine Erinnerung nicht erhoben worden; dieselben gelten als genehmigt.

Damit, meine Herren, haben wir die erste Berathung des Gesetzentwurfes beendigt und stehen nunmehr vor der zweiten Berathung.

(Unruhe.)

Wir gehen nunmehr zur **zweiten Berathung** über, wenn kein Vertagungs- S. 962.
antrag gestellt wird.

Meine Herren! Ich eröffne die **Generaldiskussion**.

Es meldet sich Niemand zum Worte; ich schließe die Generaldiskussion.

Wir gehen zur **Spezialdiskussion** über.

Ich glaube, daß Sie mir erlassen werden, alle die Artikel 1 bis 33 S. 963.
wörtlich zu verlesen, Ich werde deßhalb mit Ihrer Erlaubniß und Zustimmung die einzelnen Artikel nur aufrufen.

I. Uebergangsvorschriften.

Art. 1, 2, 3, 4, 5, 6, 7, 8, 9, 10, 11, 12, 13, 14, 15, 16, 17, 18, 19, 20, 21, 22.

II. Vorschriften über die Anlegung des Grundbuchs.

Art. 23, 24, 25, 26, 27, 28, 29, 30, 31, 32.

III. Schlußbestimmung.

Art. 33.

Meine Herren! Selbstverständlich gelten die von mir aufgerufen Art. 12 und 25 als in der Fassung aufgerufen, welche sie durch die Beschlüsse erster Lesung erhalten haben.

Ueberschrift und Einleitungsworte.

Es meldet sich Niemand zum Worte; ich schließe die Spezialdiskussion.

Wir kommen zur namentlichen Abstimmung über das Ganze des Gesetzentwurfs.

Den Namensaufruf wird der Herr Abgeordnete **Stöcker** vornehmen; der Namensaufruf beginnt mit dem Buchstaben „A".

Ich ersuche diejenigen Herren, welche für den Gesetzentwurf stimmen wollen, mit „Ja", diejenigen, welche dagegen sind, mit „Nein" zu antworten.

(Folgt Namensaufruf.)

Das Alphabet wird wiederholt.

(Geschieht.)

Die Abstimmung ist geschlossen.

Mit „Ja" stimmen die Herren Abgeordneten: 1) Altinger, 2) Dr. Andreae, 3) Aumüller, 4) Bachmaier, 5) Bär, 6) Baumann, 7) Beckh, 8) Bischoff, 9) Bolzano, 10) Brünings, 11) Burger, 12) Dr. Casselmann, 13) Dr. von Clemm, 14) Conrad, 15) Daiser, 16) Dr. Daller, 17) Diehl, 18) Dirmeier, 19) Ecker, 20) Exter, 21) Fasel, 22) Faulstich, 23) Flurschütz, 24) Dr. Frank, 25) Freudenberg, 26) Frickhinger, 27) Fuchs, 28) Johann Geiger, 29) Joseph Geiger, 30) Grünzinger, 31) Dr. Günther, 32) Heinrich, 33) Leonhard Hofmann, 34) Michael Huber, 35) Kaub, 36) Johann Keller, 37) Kilian Keller, 38) Ludwig von Keller, 39) Kohl, 40) Kuby, 41) Landmann, 42) von Langhans, 43) Lautenschlager, 44) Lehemeir, 45) Leidig, 46) Leinenweber, 47) Lerzer, 48) Lichtenberger, 49) Liebl, 50) Löwenstein, 51) Martius, 52) Bernhard Mayer, 53) Michel, 54) Neckermann, 55) Neudecker, 56) Neuner, 57) Nißler, 58) Dr. Orterer, 59) Ott, 60) Dr. Pichler, 61) Prosinger, 62) Dr. Ratzinger,

S. 963. 63) Rottmann, 64) Dr. Schädler, 65) Schloßstein, 66) Franz Xaver Schmidt, 67) Karl Schmidt, 68) Johann Schmitt, 69) Schöpf, 70) Schubert, 71) Schulz, 72) Schwarz, 73) Seeberger, 74) Sellner, 75) Seyboth, 76) von Stobäus, 77) Stöcker, 78) Wagner, 79) von Walter, 80) Weber, 81) Weinhart, 82) Weiß, 83) Wenz, 84) Widmann, 85) Wirth, 86) Witzlsperger, 87) Wolfram, 88) Zinner, 89) Zott.

Mit „Nein" stimmt Niemand.

Entschuldigt sind die Herren Abgeordneten: 1) Friedel, 2) Moritz, 3) Wildegger.

Beurlaubt ist der Herr Abgeordnete Dr. Freiherr von Stauffenberg.

Nicht anwesend sind die Herren Abgeordneten: 1) Aichbichler, 2) Aigner, 3) Dr. Aub, 4) Bäurle, 5) Georg Bauer, 6) Johann Nepomuk Baur, 7) Bittner, 8) Brach, 9) Braun, 10) Dr. Deinhard, 11) Deuringer, 12) Echinger, 13) Franz Joseph Ehrhart, 14) Joseph Erhard, 15) von Fischer, 16) Freinecker, 17) Ganzleben, 18) Gerstenberger, 19) Gimpl, 20) Grieninger, 21) Häring, 22) Harder, 23) Dr. Heim, 24) Heimeran, 25) Hierlmaier, 26) Eusebius Hofmann, 27) Hofstätter, 28) Joseph Huber, 29) Dr. Jäger, 30) Franz Keller, 31) Keßler, 32) Krauß, 33) Kraußold, 34) Kurz, 35) Lerno, 36) Lutz, 37) Mahla, 38) Mauderer, 39) Michael Mayer, 40) Meußdörffer, 41) Modschiedler, 42) Karl Müller, 43) Orb, 44) Pauli 45) Pfister, 46) Ruedorffer, 47) Sartorius, 48) Scherm, 49) Scheubeck, 50) Kleophas Schmitt, 51) Schramm, 52) Schröder, 53) Segitz, 54) Dr. Sigl, 55) Sinzinger, 56) Steindl, 57) Steininger, 58) Stigler, 59) von Vollmar, 60) Wenglein, 61) Wieland, 62) Wießner, 63) Wimmer, 64) Wörle, 65) Zimlich.

Ein Mandat ist erledigt.

Vicepräsident: Meine Herren! Das Resultat der Abstimmung ist:

Abgestimmt haben 89 Herren, sämmtliche mit „Ja".

Der Gesetzentwurf ist deßhalb angenommen und ich werde das Resultat der Abstimmung der Kammer der Reichsräthe mittheilen.

Damit, meine Herren, ist der letzte Gegenstand unserer heutigen Tagesordnung erledigt.

8.

Beschluß.

Die Kammer der Abgeordneten
an die
Kammer der Reichsräthe.

(Beilage Nr. 1111 z. d. Verhandl. d. K. d. Abg. 1898 Bd. XVI S. 361.)

Die Kammer der Abgeordneten hat über den ihr von der k. Staats- S. 361.
regierung unter'm 12. Mai 1898 vorgelegten, anruhend mitfolgenden

Entwurf eines Gesetzes über das Liegenschaftsrecht in der Pfalz

in ihrer heutigen Plenarsitzung Berathung gepflogen und beschlossen,
dem Gesetzentwurfe mit den Modifikationen zuzustimmen, daß

a) in Artikel 12 das Wort „Urtheilshypothek" durch die Worte „gerichtliche Hypothek" zu ersetzen und

b) in Artikel 25 nach dem Worte „bestehen" die Worte „auf Auflösungsrechte" einzuschalten seien.

Gefälliger Rückäußerung hierüber entgegensehend, besteht die Kammer der Abgeordneten mit ausgezeichnetster Hochachtung.

München, den 27. Mai 1898.

Der Präsident:
(gez.) **Dr. von Clemm.**

Der I. Schriftführer:
(gez.) Landmann.

9.

Bericht des Reichsrathes Dr. von Schmitt*)

an den

besonderen Ausschuß der Kammer der Reichsräthe für Gegenstände der Rechtspflege

zu dem

Entwurf eines Gesetzes über das Liegenschaftsrecht in der Pfalz.

(Verhandl. d. K. d. Reichsräthe 1897/98 Beil.=Bd. VII Nr. 252 S. 738 bis 766.)

Allgemeine Bemerkungen. S. 738.

Das Einführungsgesetz zum bürgerlichen Gesetzbuche hebt von dem Inkrafttreten dieses Gesetzbuches (1. Januar 1900) die privatrechtlichen Vorschriften der Landesgesetze auf, soweit nicht in dem Gesetzbuch oder im Einführungsgesetz ein Anderes bestimmt ist (Art. 55 Einf.=Ges.).

Solche Ausnahmen sind u. A. im 4. Abschnitt des Einführungsgesetzes S. 739. getroffen in Ansehung der sachenrechtlichen Vorschriften des bürgerlichen Gesetzbuches, insbesondere in den Art. 180 bis 197 und 218 des Einführungsgesetzes, in dem letztbezeichneten Artikel allerdings generell, aber eben deshalb auch auf sachenrechtliche Vorschriften anwendbar.

Diese sogenannten Uebergangsvorschriften betreffen zwar sämmtlich Rechte und Rechtspositionen, welche bei dem Inkrafttreten des bürgerlichen Gesetzbuches bereits bestehen; da aber die auf das Immobiliarsachenrecht bezw. die Rechte an Grundstücken bezüglichen Vorschriften des bürgerlichen Gesetzbuches nicht vor Anlegung des Grundbuchs ausführbar sind, so umfassen die erwähnten Uebergangsvorschriften zwei verschiedene Klassen von Rechten und Rechtspositionen:

solche nämlich, welche am 1. Januar 1900 bereits bestehen, und

solche, welche in der Zeit von da abwärts bis zur vollendeten Anlegung resp. zum Beginne der Führung des Grundbuches entstehen.

Der vorliegende Entwurf eines Liegenschaftsgesetzes bezieht sich in seinem Abschnitt I auf die ebengedachten zwei Klassen von Rechten und Rechtspositionen. In seinem Abschnitt II behandelt er aber die auf die Herstellung des Grundbuchs bezüglichen Vorschriften besonders, obschon das Einführungsgesetz unter der Ueberschrift „Uebergangsbestimmungen" diesen Gegenstand mitbegreift. Ich erachte diese Ausscheidung für zweckfördernd.

Der vorliegende Entwurf beschränkt sich auf Vorschriften für die bayerische S. 740. Rheinpfalz, jene für das diesrheinische Bayern anderen Gesetzen überlassend. Auch das wird man für zutreffend erachten müssen, einmal weil das in der Pfalz geltende bürgerliche Recht (code civ. etc.) sich gerade im Immobiliar=

*) Zur Berichterstattung über den Gesetzentwurf wurde vom besonderen Ausschusse der Kammer der Reichsräthe für Gegenstände der Rechtspflege in der Sitzung vom 20. Mai 1898 der Reichsrath Dr. von Schmitt, Excellenz, gewählt. (Vergl. Prot. dieses Ausschusses vom 20. Mai 1898 in Verhandl. d. K. d. Reichsräthe 1897/98 Beil.=Bd. VII Nr. 226 S. 683, 684.)

In Beilage Nr. 251 der Verhandl. d. K. d. Reichsräthe 1897/98 Beil.=Bd. VII S. 736, 737 findet sich der oben S. 105 Nr. 8 abgdruckte Beschluß vom 27. Mai 1898.

S. 740. sachenrecht von den diesrheinischen Bestimmungen dieses Betreffs stark abhebt, zum Anderen weil für die Anlegung des Grundbuchs diesseits und jenseits des Rheins ganz verschiedene Unterlagen bestehen, dergestalt, daß man dort die Umwandlung des Hypotheken- in ein Grundbuch leicht bewirken kann, während hier im großen Ganzen ein Grundbuch neu geschaffen werden muß. Indessen wird die gedachte Scheidung nicht so aufzufassen sein, daß liegenschaftsrechtliche Vorschriften für die Pfalz nur in dem vorliegenden Entwurfe getroffen werden wollen; es können und müssen wohl andere solche Vorschriften auch in Gesetzen niedergelegt werden, welche ganz Bayern gemeinsam sind.

I. Uebergangsbestimmungen für Liegenschaftsrechte.

1. Im Allgemeinen.

Den liegenschaftsrechtlichen Uebergangsvorschriften des Einführungsgesetzes zum bürgerlichen Gesetzbuch (Art. 180—184, 186—197, 218) liegt nicht ein einheitliches Prinzip zu Grunde (Anwendung des alten oder neuen Rechts auf Verhältnisse, die unter dem alten Rechte entstanden sind). Vielmehr wird für die einzelnen Rechte bald das eine, bald das andere Prinzip angewendet, vor-
S. 741. behaltlich von Ausnahmen, welche vom Einführungsgesetze entweder selber statuirt sind oder zu statuiren der Landesgesetzgebung vorbehalten ist, dergestalt hinwieder, daß das Landesgesetz bestimmen kann, daß Landesrecht gelten soll, wo das Einführungsgesetz eine positive reichsrechtliche Norm (mit Vorbehalt) aufstellt, oder daß das Reichsgesetz anwendbar sein soll, trotzdem dort (bedingt) auf Landesrecht abgestellt ist.

Die Art. 1—22 des vorliegenden Entwurfs bewegen sich in dem also vom Einführungsgesetz der Landesgesetzgebung gezogenen Rahmen.

Was aber die Anordnung des Stoffes betrifft, so decken sich das Einführungsgesetz und der vorliegende Entwurf keineswegs. Während das Einführungsgesetz sich der Folgeordnung des bürgerlichen Gesetzbuches anschließt (Besitzverhältnisse Art. 180; Eigenthum und Sonderrechte Art. 181—190; einzelne Rechtsinstitute besonderer Art: Besitzschutz bei Dienstbarkeiten Art. 191; Hypotheken Art. 192—194; Grundschulden Art. 195; Nutzungsrechte mit eigenem Grundbuchsblatt Art. 196; Bäuerliche Nutzungsrechte Art. 197: kehrt der Entwurf die Reihenfolge um (Hypotheken ꝛc. Art. 1—14; Dispositionsbeschränkungen Art. 15, 16; Eigenthum Art. 17—21; Besitzschutz bei Grunddienstbarkeiten Art. 22). Dem Verständniß wäre vielleicht durch engeren Anschluß an das Einführungsgesetz mehr gedient gewesen, da der Gegenstand nicht zu den besonders einfachen zählt. Daß die Uebergangsvorschriften in Ansehung bestehender Pfandrechte wichtiger seien, als jene über Eigenthum und andere dingliche Sonderrechte,
S. 742. kann man nicht wohl sagen. Nur soviel ist richtig, daß sie im vorliegenden Entwurf den breitesten Raum einnehmen. Im gegenwärtigen Stadium der Sache glaubt der Referent, Abänderungsvorschläge in dieser Richtung unterlassen zu sollen.

2. Hypotheken- und Vorzugsrechte.

Ehe die Vorschriften des gegenwärtigen Entwurfs Art. 1—14 der Prüfung unterzogen werden, sind einige allgemeine Bemerkungen am Platze.

Das Einführungsgesetz zum bürgerlichen Gesetzbuch gibt seine Uebergangsbestimmungen für Hypotheken in den Art. 192—194 mit Art. 218 als Ausnahmevorschriften zu seinem allgemeinen Grundsatz: Inhalt und Rang sachenrechtlicher Sonderrechte, welche beim Inkrafttreten des bürgerlichen Gesetzbuches bereits bestehen, richten sich nach den bisherigen Gesetzen, Art. 184 Satz 1. Aber es berührt besonders weder die sogenannten Generalhypotheken, noch die gesetzlichen oder richterlichen Hypotheken, noch die Vorzugsrechte des französischen Rechtes an Immobilien. S. 742.

In Ansehung der bestehenden Generalhypotheken, deren es im französischen Rechte nur gesetzliche oder richterliche gibt, begnügt sich das Einführungsgesetz zum bürgerlichen Gesetzbuch mit seinem Anpassungsgrundsatze in Art. 192, läßt sie also bestehen und überläßt die Frage, ob dieselben ganz zu beseitigen oder wie besonders zu behandeln seien, der Landesgesetzgebung. Der gegenwärtige Entwurf hatte nach dem dermaligen Stande des pfälzischen Rechts nicht nothwendig, auf die Frage besonders einzugehen.

Die gesetzlichen Hypotheken des französischen Rechts (Code civ. Art. 2121, 2135 ff.) beschränken sich auf die Hypothek der Bevormundeten (Minderjährige, Interdizirte), der Ehefrau und des Staates, der Gemeinden und öffentlichen Anstalten an den Grundstücken des Vormunds, bezw. Ehemannes, bezw. Rechners. Der Entwurf gibt bezügliche Bestimmungen in den Art. 3—11 über die Hypothek des Mündels und der Ehefrau; sie bilden Modifikationen zum Einführungsgesetze Art. 192, das diese Hypotheken mit trifft, sich aber näherer Bestimmungen enthält. S. 743.

Auch die bestehenden Vorzugsrechte des französischen Rechts (Code civ. Art. 2103 ff.) — 1. des Verkäufers eines Grundstücks an diesem für den Kaufpreis, 2. des Darleihers des Kaufpreises für ein Grundstück an diesem, 3. der Miterben ꝛc. für ihre Ansprüche an den Nachlaßgrundstücken — berührt Art. 192 des Einführungsgesetzes nicht besonders, läßt sie also bestehen, Modifikationen der Landesgesetzgebung überlassend. Der Entwurf Art. 1, 2, 13, 14 (Art. 16) behandelt die Vorzugsrechte gleich den Hypotheken. Hiergegen ist, da dieselben schon nach französischem Rechte als (bezüglich des Ranges) bevorzugte Hypotheken gelten, im Allgemeinen nichts zu erinnern. Es wird eines besonderen Ausdrucks dafür nicht bedürfen, daß der Entwurf nicht beabsichtigt, den Vorzugsrechten ihren Vorrang vor den Hypotheken nicht zu nehmen; das thut ja auch Art. 192 Einführungsgesetz nicht.

An die Spitze der Uebergangsbestimmungen stellt ‖ der Entwurf allgemeine Vorschriften über die Hypothek, Art. 1 und 2. Sie sind zu prüfen aus dem Gesichtspunkt der akzessorischen Hypothek schlechthin. Die Prüfung gilt dann auch für die der akzessorischen Hypothek gleichgestellten Vorzugsrechte und für die in den Art. 3 bis 14 des Entwurfes behandelten besonderen Fälle, soweit nicht dort Abweichungen in Vorschlag gebracht sind. S. 744.

Die akzessorische Hypothek.

Das bürgerliche Gesetzbuch scheidet die zur Befriedigung einer Forderung bestellte Hypothek in zwei Unterarten:

Die sogen. gewöhnliche Hypothek (vergl. § 1186 voce „eine gewöhnliche Hypothek") für eine dem Gläubiger zustehende Forderung bestimmten Geldbetrages (§ 1113), in Ansehung welcher Forderung der Gläubiger sich zum Beweis derselben auf die Eintragung berufen kann, da der öffentliche Glaube des Grundbuchs auf die Forderung mit erstreckt ist (§ 1138);

die Sicherungshypothek (stets Hypothek ohne Brief), bei welcher das Recht des Gläubigers aus der Hypothek sich nur nach der Forderung

S. 744. bestimmt, einer Forderung bestimmten oder unbestimmten Betrags, aber einer Forderung, deren Beweis von dem Gläubiger nicht durch den Eintrag im Grundbuch erbracht werden kann, sondern anderweit zu erbringen ist. (§ 1184.)

S. 745. Das Einführungsgesetz zum bürgerlichen Gesetzbuch, Art. 192 Abs. 1 weicht bezüglich der Hypothek nicht nur von seinem Prinzipe ab, wornach Inhalt und Rang der bei Einführung des bürgerlichen Gesetzbuches bestehenden dinglichen Sonderrechte sich nach den bisherigen Gesetzen richten sollen, indem es diese Hypotheken nach Inhalt und Rang in solche des bürgerlichen Gesetzbuches umwandelt, — sondern es führt diese Umwandlung auch durch in Beziehung auf die beiden Arten der Hypothek des bürgerlichen Gesetzbuches, doch dergestalt:

daß nur diejenigen bestehenden Hypotheken von nun an als Sicherungshypotheken gelten sollen, deren Forderungsbetrag nicht bestimmt ist (Kautionshypotheken);

daß aber alle übrigen Hypotheken, auch diejenigen, für welche nach bisherigem Recht das Prinzip des bürgerlichen Gesetzbuches, § 1138 (Erstreckung des öffentlichen Glaubens auf Existenz und Umfang der Forderung) nicht gilt, nun zu gewöhnlichen Hypotheken des bürgerlichen Gesetzbuches mit dem Vorzug aus § 1138 werden sollen, nur ohne Hypothekenbrief.

Unter die zuletzt erwähnten übrigen Hypotheken würden an sich auch alle Nichtkautionshypotheken des pfälzischen Rechtes fallen, obschon dieses Recht zu denjenigen gehört, welche von einem dem § 1138 des bürgerlichen Gesetzbuches entgegengesetzten Prinzipe ausgehen.

Allein das Einführungsgesetz zum bürgerlichen Gesetzbuch behält den-
S. 746. jenigen Landesgesetzgebungen, welche ‖ bisher nicht auf dem Standpunkt des citirten § 1138 stehen, vor, auch ihre bestehenden Nichtkautionshypotheken in bloße Sicherungshypotheken des bürgerlichen Gesetzbuches umzuwandeln. (Art. 193.) Hiervon macht Art. 1 des vorliegenden Entwurfs Gebrauch.

Es frägt sich, ob dieser Vorschlag als gerechtfertigt anzusehen ist, allerdings eine Hauptfrage des ganzen Entwurfs.

Die Entscheidung hängt davon ab, ob durch Art. 192 Einführungsgesetzes oder durch Art. 1 gegenwärtigen Entwurfs weniger tief in erworbene Rechte eingegriffen wird.

Man wird das letztere bejahen und deshalb dem Entwurfe zustimmen müssen. Der Art. 192 des Einführungsgesetzes wälzt mit seiner Umwandlung bestehender Hypotheken in gewöhnliche Hypotheken die Beweislast des Gläubigers für die Existenz seiner pfandgesicherten Forderung auf den Schuldner resp. Eigenthümer über, dieser muß die Nichtexistenz beweisen. Das pfälzische Recht steht auf dem entgegengesetzten Standpunkt, ein Standpunkt, welcher auch der der Sicherungshypothek des bürgerlichen Gesetzbuches ist, § 1184. Der Vorschlag des Entwurfes läßt es also beim alten Recht. Dem Gläubiger wird damit nicht zu nahe getreten; er hat nur weiterhin zu thun, was er bisher thun mußte, sich den Beweis seiner Forderung durch Notariatsinstrument oder Urtheil zu sichern. Daraus, daß die Betheiligten ihrer Hypothek alten Rechts in eine gewöhnliche Hypothek (vertragsweise) umwandeln können (§ 1186 des bürgerlichen Gesetzbuches) folgt nicht, daß der Gesetzgeber ein Gleiches darf oder thun muß.

Allerdings wird durch den Vorschlag des Entwurfes in anderer Richtung S. 747.
in erworbenes Recht in der That eingegriffen, wie dies die Motive des Entwurfs auch bemerken; indessen das sind Punkte von untergeordneter Bedeutung, — einen ausgenommen.

Durch die Umwandlung alter Hypotheken in solche neuen Rechts geht bei Erlöschung einer im Rang vorgehenden Hypothekenforderung den nachstehenden Hypothekenforderungen das Recht des Vorrückens durch die Eigenthümerhypothek verloren. Das Einführungsgesetz hielt dies unter Umständen für bedeutend genug, um der Landesgesetzgebung den Schutz der nachgehenden Gläubiger vorzubehalten. Der Entwurf geht darüber hinweg in der Erwägung, daß die nachstehenden Gläubiger kein Recht auf Vorrücken im Range hätten, ein solches vielmehr für sie nur ein glücklicher Zufall wäre. Zugegeben, daß daß pfälzische Gesetzbuch nicht von einem solchen Rechte ausdrücklich spricht, das Gesetz kann Rechte auch implizite schaffen. Die Praxis hält meines Wissens in Frage an einem bedingten Rechte fest. Die zweite Kommission hat den Art. 194 dem Einführungs-Gesetze gerade deshalb zugefügt, weil die erste Kommission mit Art. 192 nicht die Intention verband, in die Rangverhältnisse einzugreifen, Prot. II K. S. 9052/53, 9035/36. Wollte der Entwurf etwa die Spekulation auf das Nachrücken ausschließen, so ist übersehen, daß Art. 194 des Einführungs-Gesetzes nicht vom Nachrücken schlechthin, sondern nur in dem Falle spricht, wenn sich Hypothek und Eigenthum in einer Person vereinigen.

Es wäre daher nicht so ganz ungerechtfertigt, eine dem Art. 194 des S. 748.
Einführungsgesetzes entsprechende landesrechtliche Vorschrift, etwa als Art. 2a des Entwurfes einzuschieben, um die Entstehung der Eigenthümerhypothek im Fragefalle auszuschließen, z. B. dahin:

„Ein Gläubiger, dessen Hypothek zu der im Art. 192 des Ein-„führungsgesetzes bezeichneten Zeit besteht, ist berechtigt, die Löschung „einer im Range vorstehenden oder gleichstehenden Hypothek, falls „diese mit dem Eigenthum in einer Person sich vereinigt, in gleicher „Weise zu verlangen, wie wenn zur Sicherung des Rechtes auf Löschung „eine Vormerkung eingetragen wäre."

Vergleiche § 1179 des bürgerlichen Gesetzbuches.

Ein Antrag nach dieser Richtung wird vorläufig nicht gestellt; aber es mußte auf die Frage aufmerksam gemacht werden, weil sie auch für die Landestheile diesseits des Rheins zu stellen ist.

Die verschiedene Behandlung jener Hypotheken, die zu der Zeit, zu welcher das Grundbuch als angelegt zu betrachten ist, noch nicht gebucht sind (Art. 1 Abs. 2), wird man billigen können. Doch fragt sich, ob die nachträgliche Buchung im Sinne des Art. 1 Abs. 2 an schwerere Voraussetzungen geknüpft sein soll, als die in Abs. 1 (Bewilligung oder Urtheil). Ich nehme dies nicht an, sonst wären die Hypotheken des Absatz 2 wesentlich geschwächt.

Art. 2. S. 749.

Gegen die Schutzvorschrift dieses Artikels besteht keine Erinnerung.

Gesetzliche Hypothek des Mündels.

Art. 3—6.

Gegen die Art. 3 bis 6 besteht keine Erinnerung. Doch ist zu Art. 6 zu bemerken, daß die in Art. 33 des Entwurfes nicht aufgehobene Vorschrift

S. 749. des Art. 3 Abs. 1 des Gesetzes vom 26. April 1888, das pfälzische Hypotheken- &c. Recht betr., aufrecht bleibt.

Gesetzliche Hypothek der Ehefrau.

Art. 7—11.

Nach Art. 200 des Einführungsgesetzes zum bürgerlichen Gesetzbuche bleiben für den Güterstand einer zur Zeit des Inkrafttretens dieses Gesetzbuches bestehenden Ehe die bisherigen Gesetze, hier also der Code civil maßgebend und zwar selbst in Ansehung bezüglicher Ansprüche, welche erst nach dem Inkrafttreten des bürgerlichen Gesetzbuchs entstehen. Art. 7 des Entwurfes beschränkt die Vorschrift des Art. 200 des Einführungsgesetzes auf Ansprüche, die vor dem Inkrafttreten des bürgerlichen Gesetzbuches entstanden sind; das ist seine einzige Bedeutung, sonst brauchte er überhaupt nicht hier zu stehen. Der Art. 7 in Frage verkündet jetzt schon, daß für neue Ansprüche, auch wenn sie sich auf einen alten Güterstand beziehen, das bürgerliche Gesetzbuch maßgebend sein soll, die Ausführung des Gedankens allerdings
S. 750. einem späteren Gesetze vorbe‖haltend, Ueberleitung der bestehenden Güterstände in das Recht der Zukunft. Die Motive des Entwurfes bestätigen das ausdrücklich.

Daß man das so machen kann, ist unfraglich, Art. 218 des Einfuhrungsgesetzes; ob man es so machen soll, eine der schwerwiegendsten Fragen der Gesetzgebung, deren Entscheidung unter der gegenwärtigen Lage des Landtages jetzt besser unterbleibt. Sie gehört in das angekündigte Ueberleitungsgesetz. Würde dieses nicht oder mit einem der Regierungsintention nicht konformen Inhalte angenommen: so müßten die Art. 8—11 des gegenwärtigen Entwurfs auf bezügliche Ansprüche, die nach dem 1. Jänner 1900 entstehen, ausgedehnt werden. Mein Vorschlag ist also, die Art. 7—11 des Entwurfs hier zu streichen bezw. dem sogenannten Ueberleitungsgesetze zu überlassen.

Dort finden sie auch ihre ganz natürliche Stelle. Wird der Gedanke der Ueberleitung seiner Zeit angenommen, sicher mit gewissen Ausnahmen, so bilden die Art. 7—11 eben einen Theil dieser Ausnahmen.

Jetzt den Art. 7 annehmen, heißt sich die Hände für die Zukunft binden, und das zwar, ohne daß das damit sanktionirte Prinzip der Ueberleitung nur diskutirt ist oder diskutirt werden konnte, dazu ist ja keine Zeit und auch die Regierung hat jede Begründung ihrer Absicht unterlassen. Den besten Beweis aber dafür, daß man beim seinerzeitigen Ueberleitungsgesetze auf die Art. 7—11
S. 751. des Entwurfes doch zurückkommen müßte. ergibt die Er‖klärung der Staatsregierung, daß das Dotalrecht von der Ueberleitung ausgenommen bleiben soll.

Man kann nicht einwenden, daß es sich hier nur um eine gesetzliche Hypothek handelt, gleichviel wem sie zusteht, oder daß, weil diese Hypothek der Ehefrau ohne Rücksicht auf ihren konkreten Güterstand, vielmehr für jeden Güterstand zusteht, die betreffende Bestimmung deshalb vom Code civ. nicht mit den Vorschriften über eheliches Güterrecht, sondern mit jenen über das Hypothekenrecht (Art. 2135) verbunden sei. Sie ist der Ehefrau als Ehefrau gegeben und der Entwurf wendet sie selber verschieden an auf die einzelnen Güterstände, Art. 8, 9.

Es kann auch nicht eingewendet werden, daß ich die Aufnahme der Art. 3—6 des Entwurfes in dieses Gesetz nicht beanstande, obschon sie auch von einer gesetzlichen Hypothek (des Mündels) handeln. Denn die dem Art. 200 gerade entgegengesetzte Bestimmung trifft der Art. 210 des Einführungsgesetzes,

auf die Vormundschaft findet das bürgerliche Gesetzbuch sofort Anwendung. S. 751.
Die Lage ist also eine ganz andere.

Anträge zu den Art. 8—11 bleiben eventuell vorbehalten.

Im Uebrigen ist wohl die Anfrage veranlaßt, warum Vorschriften über die gesetzliche Hypothek an Grundstücken der Rechnungsbeamten im Entwurfe fehlen?

Die Urtheilshypothek.

Art. 12.

Ich beantrage Zustimmung aus den Gründen der Motive des Entwurfs.

Hypothek am Nießbrauchsrecht. S. 752.

Art. 13.

Antrag auf Zustimmung aus den Gründen der Motive.

Arresthypothek.

Art. 14.

Ohne Erinnerung aus den Gründen der Motive des Entwurfs.

3. Verfügungsbeschränkungen.

Art. 15, 16.

Ohne Erinnerung.

4. Liegenschaftseigenthum.

Auf das Eigenthum finden die Vorschriften des bürgerlichen Gesetzbuches sofort mit dessen Inkrafttreten Anwendung. Art. 181 Abs. 1 Einführungsgesetz. Doch finden Modifikationen dieser Regel für gewisse Fälle statt; nämlich für resolutivgebundenes oder rückfallbares Eigenthum; für gewisse Arten von Miteigenthum und für gewisse Fälle von Sondereigenthum an Bestandtheilen eines Grundstücks, wie solche im französischen Rechte zugelassen sind.

Resolutiv-gebundenes Eigenthum.

Art. 17.

Man könnte bezweifeln, ob für diese landesrechtliche Vorschrift die erforderliche reichsgesetzliche Ermächtigung besteht, da für Eigenthum ein bezüglicher Vorbehalt fehlt, Art. 181—183 Einführungsgesetz. Indessen läßt sich immerhin das fragliche Rückfallsrecht zu denjenigen || Rechten zählen, von welchen S. 753.
Art. 184 und weiterhin Art. 218 a. a. O. spricht.

Auf das resolutiv-gebundene Eigenthum des französischen Rechts kann Art. 181 Abs. 1 des Einführungsgesetzes zum bürgerlichen Gesetzbuch nicht schlechthin Anwendung finden, da es nach dem bürgerlichen Gesetzbuch resolutivgebundenes Eigenthum an Grundstücken nicht gibt; denn § 925 des bürgerlichen Gesetzbuches schließt die Auflassung unter einer, auch nur resolutiven Bedingung oder Zeitbestimmung aus.

Doch trägt dem weiter reichenden praktischen Bedürfnisse schon das bürgerliche Gesetzbuch in seinem § 883 Abs. 1 Rechnung; darnach kann, wenn auch nicht unter resolutiver Bedingung aufgelassen, doch die Sicherung des Rückfallsrechtes durch eine dinglich wirkende Vormerkung im Grundbuch erzielt

S. 753. werden. Art. 17 des Entwurfs adaptirt diese Lösung in entsprechender Weise als Uebergangsvorschrift, falls die Bedingung ꝛc. nicht schon vor Anlegung des Grundbuchs eingetreten ist. Andernfalles bedarf es einer besonderen Vorschrift nicht.

Ohne Erinnerung.

Art. 18

wendet die Bestimmung des Art. 17 auf einen besonderen Fall des Resolutionsrechtes entsprechend an.

Ohne Erinnerung.

Sondereigenthum an Bestandtheilen eines fremden Grundstückes resp. Gebäudes.

Art. 19, 20.

S. 754. Der Artikel 553 Code civil läßt für Dritte Sonder || eigenthum unter dem Gebäude eines Andern und an irgend einem sonstigen Theile eines solchen Gebäudes zu, und Art. 664 ibid. gibt in Ansehung der Ausbesserung und des Wiederaufbaues von dergleichen Gebäuden Vorschriften für den unter Art. 553 mitbegriffenen Fall, daß die verschiedenen Stockwerke eines Hauses verschiedenen Eigenthümern gehören.

Das bürgerliche Gesetzbuch läßt Sondereigenthum an Bestandtheilen eines Gebäudes gar nicht zu; das Einführungsgesetz Art. 182 bestimmt aber:

„Das zur Zeit des Inkrafttretens des bürgerlichen Gesetzbuches bestehende „Stockwerkseigenthum bleibt bestehen".

Es frägt sich, ob diese Vorschrift sich beschränkt auf den Fall

„Lorsque les différens étages d'une maison appartiennent à divers „propriétaires" (Code Art. 664) oder

sich erstreckt auf alle Fälle des Art. 553 Code civ. voce:

„soit d'un souterrain sous le bâtiment d'autre, soit de toute autre „partie du bâtiment."

Der Wortlaut des allegirten Art. 182 spricht gegen diese Ausdehnung, ebenso der Umstand, daß der weitergehende Antrag, von Stockwerksrechten, statt Stockwerks-Eigenthum zu sprechen, von der Kommission II für das bürgerliche Gesetzbuch nicht angenommen ist, Protokoll S. 9233; dazu kommt der bekannte Grundsatz „exceptio firmat regulam in casibus non exceptis".

S. 755. Hiernach steht die nach Art. 218 des Einführungsgesetzes || zu beurtheilende Zulässigkeit des Art. 19 des Entwurfs auf schwachen Füßen.

Wollte man sich für die Zulässigkeit landesrechtlicher Vorschriften, wie sie Art. 19 des Entwurfs enthält, auf Art. 181 Abs. 2 voce: „Steht das Eigenthum an einer Sache Mehreren nicht nach Bruchtheilen zu, so bleiben diese Rechte bestehen" berufen: so kann auch hiermit die Zulässigkeit des Art. 19 des Entwurfs (auf Grund Art. 218 des Einführungsgesetzes) nicht dargethan werden. Denn die Stelle handelt vom Miteigenthum, der Art. 553 Code civ. aber vom Sondereigenthum. Aehnliches gilt von Art. 184 des Einführungsgesetzes; denn er spricht von Sonderrechten, nicht vom Sondereigenthum.

Hiernach kann Art. 19 i. Fr. so, wie er steht, nicht wohl gehalten werden. Andererseits wäre es kaum angängig, daß die Betheiligten gar ihre Rechte verlieren sollten.

Möglich erschien aber wohl der Ausweg, den Art. 19 des Entwurfs schon vor Inkrafttreten des bürgerlichen Gesetzbuches in Wirksamkeit treten zu lassen, dahin:

Abs. 1: Das Sondereigenthum u. s. w. (wie Entwurf „bis befindet“, dann fortzufahren) gilt von der Verkündung des gegenwärtigen Gesetzes an als Erbbaurecht im Sinne des bürgerlichen Gesetzbuches; S. 755.

Abs. 2: Statt der Worte „von dem Inkrafttreten des bürgerlichen Gesetzbuches an“ die Worte zu setzen „von der Verkündung des gegenwärtigen Gesetzes an“.

Es genügte selbst in Abs. 1 die Worte „zur Zeit || des Inkrafttretens des S. 756. bürgerlichen Gesetzbuches“ und die Worte „von diesem Zeitpunkt an“, — dann in Abs. 2 die Worte „von dem Inkrafttreten des bürgerlichen Gesetzbuches an“ einfach zu streichen.

Anlangend den Art. 20 des Entwurfs, so sehe ich eine Nothwendigkeit, den voll genügenden Art. 182 des Einführungsgesetzes umzubilden, gerade nicht ein, obschon die Umbildung zulässig ist. Die Umbildung greift in erworbenes Recht ein. Streitigkeiten über Stockwerkseigenthum in der Pfalz sind eine äußerste Seltenheit.

Würde Art. 19 des Entwurfs gestrichen, dann beantrage ich auch den Strich des Art. 20; andernfalls habe ich gegen denselben keine Erinnerung.

Miteigenthum.

Art. 21.

In Ansehung des Miteigenthums enthält das Einführungsgesetz Art. 181 Abs. 2 nur den einen Vorbehalt bezüglich des Miteigenthums nach sogenannten latenten Antheilen, daraus kann man die landesrechtliche Vorschrift des Art. 21 Entwurf, die ich sachlich für zweckentsprechend anerkenne, als zulässig erachten.

5. Besitzschutz bei Grunddienstbarkeiten.

Art. 22.

Der Gegenstand dieser Vorschrift ist nicht ganz einfach.

Für Inhalt und Wirkung der am 1. Januar 1900 bereits bestehenden Grunddienstbarkeiten bleibt das alte Recht (mit Ausnahme der §§ 1020—1028 bgl. G.-B.) überhaupt maßgebend, in Ansehung des Besitzschutzes || wenigstens S. 757. bis zur Anlegung des Grundbuchs, Art. 184 und 191 Abs. 1 Einführungsgesetz zum bürgerlichen Gesetzbuch.

Von da abwärts aber gelten in Ansehung des Besitzschutzes die besonderen Vorschriften des Einführungsgesetzes Art. 191 Abs. 2. Diese will Art. 22 des Entwurfs auf Grund Art. 218 Einführungsgesetz rückdatiren auf die Zeit von 1. Januar 1900 abwärts.

Hiernach soll also schon vom 1. Januar 1900 an auf den Besitzschutz bei Grunddienstbarkeiten das bürgerliche Gesetzbuch §§ 1029 resp. 858 ff. solange entsprechende Anwendung finden, als dieselben nach Art. 128 oder 187 Einführungsgesetz zur Erhaltung der Wirksamkeit gegenüber dem öffentlichen Glauben des Grundbuchs nicht der Eintragung bedürfen. Bei Grunddienstbarkeiten ohne dauernde Anlage soll jedoch Besitzschutz überhaupt nur statthaben, wenn die Dienstbarkeit in jedem der drei letzten Jahre mindestens einmal ausgeübt worden ist.

Die künstlichen Vorschriften des Art. 191 Abs. 2 rühren von der II. Kommission für das bürgerliche Gesetzbuch her. Der Grund, welcher für die zeitlich frühere Anwendung derselben geltend gemacht ist, daß nämlich andernfalls die Anwendung des allegirten Art. 191 Abs. 2 doch nur eine kurze Zeit aufgehalten

S. 757. wäre, trüge noch viel weiter. Ob freilich die Pfalz in kürzerer Zeit die Vollendung der Anlegung ihres Grundbuchs erreicht, steht dahin. Nachdem der Art. 191 Abs. 2 cit. einmal da ist, mag auch gegen Art. 22 des Entwurfs nichts erinnert werden.

S. 758. **II. Vorbereitung der Anlegung des Grundbuchs.**

Im Allgemeinen.

Nach dem Einführungsgesetze Art. 186 sind die Vorschriften über das Wie der Anlegung des Grundbuchs landesherrlicher Verordnung überlassen. Damit entfällt der Weg der Landesgesetzgebung.

Allein man könnte sagen, die Befugniß, im Wege der Verordnung vorzugehen, erstrecke sich doch nicht weiter, als auf Vorschriften, durch die der Zweck zunächst und ausreichend verwirklicht werden könne. Bestimmungen aber, welche einerseits hierzu nicht absolut nothwendig, anderseits nach der Landesverfassung den Weg der Gesetzgebung erforderten, seien in Art. 186 des Einführungsgesetzes nicht begriffen; möchten sie im Interesse der Sache, der Erleichterung der Betheiligten, der Vereinfachung und Beschleunigung des Vollzugs 2c. noch so zweckmäßig sein, sie seien doch an die Form des Gesetzes gebunden.

Zu diesen Materien zählen insbesondere die Fragen:

ob den Betheiligten eine Anmelde- und den Gegenbetheiligten eine Eintragsbewilligungspflicht auferlegt werden soll, während das ganze Geschäft auch von Amtswegen bethätigt werden könnte, selbst soweit es nicht nur die Buchung der Grundstücke (Eigenthum), sondern auch die Buchung der Rechte an Grundstücken und der Rechte an solchen Rechten betrifft, Art. 23—26 des gegenwärtigen Entwurfes;

S. 759 ob andererseits den Betheiligten nicht gewisse Erleichterungen gewährt werden sollen, die von den bestehenden Gesetzen ausgeschlossen wären, wie Beurkundungen vor dem Amtsgericht, welche an sich im gesetzlichen Wirkungskreis anderer Organe liegen (Art. 27 Entw.); Mitwirkung der Notare und Hypothekenbewahrer zum Anlegungsgeschäfte in einer von den bestehenden Gesetzen im Allgemeinen reprobirten Weise (Art. 29, 30 Entw.); Nachsicht der Staatsgebührenpflicht (Art. 32 Entw.);

ob nicht gewisse amtsrichterliche Geschäfte statt von Richtern von geprüften Rechtspraktikanten vorzunehmen (Art. 28 Entw.) und ob nicht die Gemeindebehörden in gewissem Umfang zur Mitwirkung zu berufen seien (Art. 31 Entw.).

Wenn aber eine Staatsregierung die an sich bestreitbare Kompetenz des Landtags nicht bestreitet, vielmehr selbst den Weg der Gesetzgebung wählt, so wird dieses konstitutionelle Verfahren am wenigsten vom Landtage zu beanstanden sein.

Anmeldepflicht der Berechtigten, Eintragsbewilligung der Verpflichteten.

Art. 23—25.

Der Entwurf beschränkt sich in seinen Art. 23—26 auf Vorschriften über die Eintragung von Rechten an Grundstücken und von Rechten an solchen Rechten. Während die Staatsregierung im Verordnungsweg die Eintragung

der dem Buchzwang unterworfenen Grundstücke selber (Eigenthum und der den S. 760.
Grundstücken in Beziehung auf ein eigenes Grundbuchsblatt gleich zu behandelnden Rechte) von Amtswegen anzuordnen beabsichtigt, schlägt der vorliegende Entwurf die Eintragung der Sonderrechte an Grundstücken und der Rechte an solchen Rechten, insoweit dieselben nicht ein eigenes Blatt im Grundbuch zu erhalten haben, auf Anmeldung der Betheiligten im Gegensatz zur Offizialbuchung vor. Die Nichtanmeldung hat zur Folge den Verlust des Schutzes aus dem öffentlichen Glauben an die Vollständigkeit des Grundbuchs (definitiver Rechtsverlust) und die Verspätung der Anmeldung den Verlust zwar nicht des Rechtes selbst, aber seines früheren Vorrangs vor anderen Rechten.

Unverkennbar ist dies eine harte Vorschrift, der viele Rechte zum Opfer fallen werden. Nachdem aber das gleiche Prinzip für die Landestheile diesseits des Rheins bereits angenommen ist, erscheint selbst der Gedanke an ein Anderes für die Pfalz ausgeschlossen. „Jura vigilantibus scripta sunt."

Zuzugeben wird freilich sein, daß der Anwendung des Prinzips der Eintragung von Amtswegen auch hier bedeutende äußere Schwierigkeiten im Wege stünden, wie der Kostenpunkt, die bedeutende Verzögerung der Anlegung des Grundbuchs und vielleicht selbst Mangel an Arbeitskräften. Dazu tritt für die Pfalz ein besonderes Hinderniß von nicht zu unterschätzender Bedeutung: der Umstand, daß dort ein Hypothekenbuch von der Vollständigkeit des diesrheinischen nicht besteht, also ein Haupthilfsmittel für die amtliche Offizialthätigkeit versagt.

Ob sich übrigens die Staatsregierung nicht vom Landtage ermächtigen S. 761.
lassen könnte, Bestimmungen wie die der Art. 23—26 des Entwurfes im Verordnungswege zu treffen (vergl. Art. 3 S. 1 des diesrhein. Anlegungsgesetzes und der §§ . . . der diesrhein. Anlegungsverordnung) kann mit Rücksicht auf die nächst vorstehenden allgemeinen Bemerkungen unberührt bleiben.

Der Referent schlägt aus den in den Motiven angegebenen zutreffenden Gründen Zustimmung zu den Art. 23—26 vor.

Anlegungsverfahren.

Art. 17—32.

Die Vorschriften über das Anlegungsverfahren sind im Allgemeinen dem Verordnungswege vorbehalten, Art. 186 des Einführungsgesetzes zum bürgerlichen Gesetzbuche. Die Art. 27 bis 32 betreffen zwar dieses Verfahren, sind aber inhaltlich solche, welche nach Bayerischem Recht dem Gebiete der Gesetzgebung anheimfallen und daher schon in das Gesetz über die Anlegung des Grundbuchs für die diesrheinischen Landestheile aufgenommen wurden; diesem Vorgange folgt der gegenwärtige Entwurf mit Recht.

Von den Artikeln 27 bis 32 sind dem erwähnten diesrheinischen Gesetze in allem Wesentlichen nachgebildet und zwar:

Art. 27 Abs. 1 Satz 1	d. cit. dsrh. Ges.	Art. 10 Abs. 1 S. 1;	
Art. 27 Abs. 1 Satz 2	„ „ „ „	Art. 10 Abs. 1 S. 2;	
Art. 27 Abs. 2	„ „ „ „	Art. 10 Abs. 2;	
Art. 28	dem „ „ „	Art. 10 Abs. 1 S. 3;	S. 762.
Art. 29 u. 30	„ „ „ „	Art. 11 (mit Ausdehnung auf Hypothekenbewahrer);	
Art. 31 Abs. 1 u. 2	„ „ „ „	Art. 3 Satz 2 (Art. 21 Abs. 2 ist neu);	
Art. 32	„ „ „ „	Art. 12.	

S. 762. Ich beantrage Zustimmung zu den Art. 27 bis 31. Die Erweiterungen, welche die Art. 28, 30, 31 gegenüber dem diesrheinischen Anlegungsgesetze enthalten, sind durch die besonderen Verhältnisse der Pfalz bedingt.

Art. 32 wird, um Uebereinstimmung mit dem diesrheinischen Gesetze herzustellen, dahin zu fassen beantragt:

„Das Verfahren zur Vorbereitung der Anlegung des Grundbuchs „einschließlich der in Art. 27 Abs. 1 bezeichneten Beurkundungen ist „gebührenfrei."

Der Grund hiefür ist aber ein nicht nur redaktioneller. Der Antrag will die Auffassung ausschließen, als ob durch die Verschiedenheit des Ausdrucks in beiden Gesetzen ein Unterschied in der Sache angedeutet sei, dahin, daß in der Pfalz die Gebührenfreiheit sich weiter erstrecke (voce „Anlegung des Grundbuchs") als diesseits des Rheins (voce „Vorbereitung der Anlegung des Grundbuchs"). Die Gebührenfreiheit erstreckt sich vielmehr für ganz Bayern auf alle Handlungen und Verhandlungen in Frage, welche vor der erklärten Anlegung des Grundbuchs liegen.

S. 763.

III. Schlußbestimmungen.

Art. 33.

Im Allgemeinen ohne Erinnerung. Kommen die Art. 7—11 in Wegfall, so ist auch in Art. 33 Nr. 2 das Allegat der Artikel 10 Abs. 1 Satz 4, Abs. 2 Satz 1, Abs. 3 und Art. 11 wegzulassen.

Ueberschrift und Eingang des Gesetzes.

Gegen den Eingang des Gesetzes ist Nichts zu erinnern.

Was aber die allgemeine Ueberschrift desselben betrifft, „Entwurf über das Liegenschaftsrecht in der Pfalz", so verspricht sie mehr, als der Entwurf hält.

Der Entwurf beschäftigt sich keineswegs mit allen landesrechtlichen Vorschriften über das Liegenschaftsrecht in der Pfalz, sondern nur mit denjenigen, welche die Ueberleitung der pfälzischen Liegenschaftsrechte in das Grundrecht des bürgerlichen Gesetzbuches betreffen. Dies sagt er in der Ueberschrift zu seiner Abtheilung I selber. Wenn er aber dieser die Abtheilung II mit der Ueberschrift „Vorschriften über die Anlegung des Grundbuchs" gegenüber stellt: so ist daran zu erinnern, daß diese Vorschriften eben auch zu den „Uebergangsvorschriften" gehören, welche unter dieser Ueberschrift im vierten Abschnitte des Einführungsgesetzes zum bürgerlichen Gesetzbuch Art. 186 ff. (vgl. § 83 Grundbuchordnung) untergebracht sind.

S. 764. Um der Auffassung keinen Raum zu lassen, als ob || Vorschriften über das Liegenschaftsrecht der Pfalz nicht noch in anderen Gesetzen enthalten sein sollten, z. B. dem allgemeinen Ausführungsgesetze zum bürgerlichen Gesetzbuche, dem Unschädlichkeitsgesetze u. s. w., halte ich für angemessen:

die allgemeine Ueberschrift des Gesetzes dahin zu fassen: „Gesetz, die Uebergangsvorschriften für Liegenschaftsrechte in der Pfalz betreffend";
die Ueberschrift der Abtheilung I dahin: „Liegenschaftsrechte";
die Ueberschrift der Abtheilung II dahin: „Vorbereitung der Anlegung des Grundbuchs";
die Ueberschrift der Abtheilung III wie im Entwurfe.

Im Uebrigen vergleiche die Bemerkungen zu Art. 32 des Entwurfs.

München, den 27. Mai 1898.

Dr. von Schmitt, Referent.

Uebersicht.

S. 765.

	Einführungs-Gesetz Art.	Der gegenw. Entwurf Art.
Allgemeine Bemerkungen.		
1. Das bürgerliche Gesetzbuch	55, 180—197	—
2. Der vorliegende Entwurf	218	—
I. Liegenschaftsrechte.		
1. Im Allgemeinen	—	—22, 23—32, 33
2. Hypotheken und Vorzugsrechte.		
a) Ueberhaupt.		
b) Die akzessorische Hypothek.		
Regel	193	1
Schutzvorschrift	—	2
c) Die gesetzliche Hypothek des Mündels . . .	218	3—6
d) Die gesetzliche Hypothek der Ehefrau . . .	218	7—11
e) Urtheilshypothek	—	12
f) Hypothek am Nießbrauchsrecht	—	13
g) Arresthypothek	—	14
3. Verfügungsbeschränkungen	—	15, 16
4. Liegenschaftseigenthum.		
a) Resolutiv gebundenes Eigenthum	218, 184	117, 118
b) Sondereigenthum an Bestandtheilen eines Grundstückes:		
α) An stehenden Erzeugnissen, insbesondere Bäumen auf fremdem Grunde	182[2]	—
β) An Bauwerk auf fremdem Grunde: S. 766.		
aa) an selbständigem Bauwerk über oder unter der Erde (Erbbaurecht) . . .	218	19[1]
bb) an Theilen eines fremden Bauwerks:		
an einzelnen Theilen	218	19[2]
an ganzen Stockwerken (sog. Stockwerkseigenthum, Code civ. Art. 664)	182	20
c) Miteigenthum	181[2] (131)	21
5. Besitzschutz für Grunddienstbarkeiten	191, 218	22
II. Vorbereitende Anlegung des Grundbuches:		
1. Im Allgemeinen.		
2. Materielle Bestimmungen:		
Anmeldepflicht	—	23—25
Pflicht zur Eintragungsbewilligung	—	26
3. Anlegungsverfahren	—	27—32
III. Schlußbestimmungen v. 5	—	33
Ueberschriften und Eingang des Gesetzes.		

9a.

Protokoll

des

besonderen Ausschusses der Kammer der Reichsräthe für Gegenstände der Rechtspflege

über den

Entwurf eines Gesetzes über das Liegenschaftsrecht in der Pfalz.

(Verhandl. d. K. d. Reichsräthe 1897/98 Beil.-Bd. VII Nr. 279 S. 827 bis 832.)

S. 827. München, den 1. Juni 1898.

Gegenwärtig die Herren Reichsräthe:

Graf Fugger von Glött, Freiherr von und zu Guttenberg, Ritter von Küffner, von Auer, Vorstand, Dr. Ritter von Bechmann, Sekretär,
S. 828. Freiherr von Soden-Fraunhofen, || Dr. Ritter von Schmitt, Referent, Ritter von Maffei.

Der Herr I. Präsident Graf von Lerchenfeld-Köfering.

Von Seite des k. Staatsministeriums:

Der k. Staatsminister der Justiz Dr. Freiherr von Leonrod.
Der k. Oberregierungsrath Schneider.

Zunächst gab der Herr Referent Kenntniß von den beiden Abänderungen, welche die Kammer der Abgeordneten an dem Gesetzentwurfe Art. 12 und Art. 25 vorgenommen hat, und erörterte dann an der Hand seines gedruckten Referates die Eigenthümlichkeiten des in der Pfalz geltenden Liegenschaftsrechtes sowie die dadurch gebotenen Uebergangsbestimmungen, indem er sich im Allgemeinen zu dem vorliegenden Entwurfe zustimmend erklärte.

In der Generaldiskussion ergriff Niemand das Wort.

In der hierauf folgenden Spezialdiskussion erläuterte der Herr Referent die einzelnen Artikeln unter Bezugnahme auf sein gedrucktes Referat.

Zu einer eingehenden Diskussion gaben folgende Artikel Veranlassung:

I. Zu Artikel 1 wird auf Antrag des Herrn Vorsitzenden konstatirt, daß sich die Gleichstellung der Vorzugsrechte und Hypotheken natürlich nicht
S. 829. auf das Rangver || hältniß beziehe, daß vielmehr die bisherigen Rangverhältnisse für die eingetragenen Vorzugsrechte unverändert bleiben.

II. Die Art. 7—11 wünschte der Herr Referent aus diesem Gesetze gestrichen zu sehen, da durch die Aufnahme derselben der überaus schwierigen und wichtigen prinzipiellen Frage, betreffend die Ueberleitung der bestehenden Ehegüterstände in die Normen des Bürgerlichen Gesetzbuches (Art. 200 und 218 des Einführungsgesetzes) vorgegriffen werde, obschon doch bei der gegenwärtigen Geschäftslage die Möglichkeit, diese Frage allseitig zu erörtern, ausgeschlossen sei. Der Mangel dieser Artikel im gegenwärtigen Gesetze würde zu keinen großen Unzuträglichkeiten führen, da das Ausführungsgesetz bald nachfolgen werde.

Von Seite Seiner Excellenz des Herrn Staatsministers der Justiz sowie des Herrn Ministerialkommissärs wurde diese letztere Ansicht entschieden bestritten und die Unentbehrlichkeit der fraglichen Artikel für das gegenwärtige Gesetz dargethan. Zugleich wurde bestritten, daß durch die Aufnahme dieser Bestimmungen der prinzipiellen Frage vorgegriffen werde; sollte dieselbe im Sinne der Nichtüberleitung entschieden werden, so wären einfach die fraglichen

Artikel wieder aufzuheben. Der dadurch entstehende Nachtheil wäre viel geringer, S. 829.
als der eines Mangels der fraglichen Bestimmungen im gegenwärtigen Gesetze; auch sei nach Lage der Dinge die Beantwortung der Frage im Sinne der Ueberleitung viel wahrscheinlicher als die entgegengesetzte für die Aufrechthaltung des Pfälzer Rechts.

Der Herr Vorsitzende sowie Herr Reichsrath Dr. von Bechmann S. 830.
sprachen sich ebenfalls dahin aus, daß der prinzipiellen Frage durch die Aufnahme der betreffenden Artikel nicht vorgegriffen werden solle, und schlugen eine darauf bezügliche ausdrückliche Konstatirung im Protokolle vor.

Herr Reichsrath Freiherr von Soden-Fraunhofen erklärte, daß er unter der Voraussetzung einer solchen Konstatirung für die Beibehaltung der Artikel stimmen werde, und der Herr Referent wollte sich schließlich auch mit einer solchen Erklärung zufrieden geben, wenn er auch der Weglassung der fraglichen Artikel aus dem gegenwärtigen Gesetze den Vorzug gegeben haben würde.

Hiernach wurde einstimmig und unter Zustimmung der k. Staatsregierung als Ansicht des Ausschusses konstatirt, daß durch die Art. 7—11 der Frage, ob und in welchem Umfange die Ueberleitung der bestehenden Güterstände in das Güterrecht des Bürgerlichen Gesetzbuches erfolgen solle, weder für das diesseitige Bayern noch für die Pfalz vorgegriffen sein solle.

III. Zu Art. 19 und 20 des Entwurfes hatte der Herr Referent erklärt, daß er gegen den Inhalt derselben als einen zweckfördernden nichts zu erinnern habe, daß er aber bezweifle, ob eine reichsgesetzliche Ermächtigung für die landesgesetzlichen Bestimmungen des Art. 19 bestehe, denn weder Art. 181 Abs. 2 noch Art. 184 des Einführungsgesetzes träfen hieher, wo Sondereigenthum in Frage, zu. Art. 181 Abs. 2 handle vom Miteigenthum, Art. 184 von Sonderrechten, beide aber sprächen || nicht von Sondereigenthum. Der Art. 182 des S. 831.
Einführungsgesetzes behalte allerdings für Stockwerkseigenthum das Landesrecht vor, aber nicht für die Fälle des Art. 19 des Entwurfes.

Der Herr Ministerialkommissär gab all dies zu, leitete aber die Befugniß der Landesgesetzgebung zu Art. 19 des Entwurfes daraus ab, daß Bayern bis zum Augenblicke des Inkrafttretens des Bürgerlichen Gesetzbuches volle Gesetzgebungsmacht behalte. Wenn nun Art. 19 gleichzeitig mit dem Bürgerlichen Gesetzbuche und nicht erst nach dessen Inkrafttreten Geltung erlangen solle, so sei die Befugniß der Landesgesetzgebung hiefür gegeben.

Der Herr Referent bezeichnete diese Auffassung als künstlich; Herr Reichsrath von Bechmann wollte dem zwar nicht widersprechen, hielt aber gleichwohl vom Standpunkte der Reichsgesetzgebung aus dieses Verfahren für zulässig.

Es wird ausdrücklich konstatirt, daß nach der übereinstimmenden Auffassung der k. Staatsregierung und des Ausschusses die Fassung des Art. 19 in Beziehung auf den Zeitpunkt des Inkrafttretens ein Ausfluß der zur Zeit noch bestehenden Gesetzgebungsfreiheit Bayerns über die fragliche Materie ist.

IV. Zu Art. 32 sowie folglich auch zur Ueberschrift des Gesetzes wiederholte der Herr Referent die in seinem gedruckten Berichte niedergelegten Bedenken und schlug vor, beides in Uebereinstimmung mit dem für das diesseitige Bayern beschlossenen Gesetze zu fassen. Nachdem sich die k. Staatsregierung hiegegen ausgesprochen hatte, wurde || als einstimmige Ansicht des S. 832.
Ausschusses sowie der k. Staatsregierung konstatirt, daß die Verschiedenheit des Wortlautes beider Gesetze bezüglich der Gebührenfreiheit keine Verschiedenheit

S. 832. des Inhalts in sich schließe, daß sich vielmehr die Gebührenfreiheit auf alle Handlungen und Verhandlungen erstrecke, welche im diesseitigen wie im jenseitigen Bayern bis zur vollendeten Anlage des Grundbuchs nothwendig sind, und daß also die Gebührenfreiheit in Frage umfänglich für alle bayerischen Landestheile die gleiche sei. Mit dieser Konstatirung gab sich der Herr Referent zufrieden.

Die einzelnen Artikel der Vorlage wurden jedesmal einstimmig angenommen, der Art. 12 mit der von der Kammer der Abgeordneten beschlossenen Abänderung „Gerichtliche Hypothek" statt „Urtheilshypothek" und der Art. 25 mit dem von der Kammer der Abgeordneten beschlossenen, hinter dem Worte „bestehen" einzufügenden Zusatze „auf Auflösungsrechte".

Schließlich wurde das ganze Gesetz in dieser Fassung in namentlicher Abstimmung einstimmig angenommen.

Geschlossen und unterzeichnet.

(Folgen die Unterschriften.)

10.

Stenographisches Protokoll

der

zweiundfünfzigsten öffentlichen Plenarsitzung der Kammer der Reichsräthe vom 3. Juni 1898.

(Verhandl. d. K. d. Reichsräthe 1898 Prot.=Bd. VII S. 731 bis 763.)

Der Herr erste Präsident: . . . .

Wir kommen nun zum 8. Gegenstand unserer heutigen Tagesordnung, nachdem ich bezüglich des Gegenstandes Nr. 7 gebeten worden bin, denselben zurückzustellen:

Mündlicher Bericht des besonderen Ausschusses für Gegenstände der Rechtspflege zu dem Entwurf eines Gesetzes über das Liegenschaftsrecht in der Pfalz.*) S. 731.

Ich ersuche den Herrn Referenten, Reichsrath Dr. Ritter von Schmitt, dem Hohen Hause über dieses Gesetz Vortrag zu erstatten.

Nachdem dasselbe aus mehreren Artikeln besteht, so eröffne ich die allgemeine Diskussion.

Herr Reichsrath Dr. Ritter von Schmitt als Referent: S. 732.

Meine Hohen Herren! Zur Ausführung des Bürgerlichen Gesetzbuches ist auch Bayern verpflichtet, also verpflichtet, Grundbücher an Stelle seiner gegenwärtigen Hypothekenbücher herzustellen. Für die Landestheile diesseits des Rheins ist einem Entwurf, der die Vorschriften über die Herstellung dieser Grundbücher enthält, bereits von dem Hohen Hause vor Kurzem die Zustimmung ertheilt worden. Der Ihnen nun vorliegende Entwurf eines Gesetzes über das Liegenschaftsrecht in der Pfalz bezielt Vorschriften gleicher Richtung für die bayerische Rheinpfalz.

Er ist von der Kammer der Abgeordneten in allen seinen Theilen, zwei Ausnahmen abgerechnet, ungeändert angenommen worden. Diese beiden Ausnahmen betreffen die Artikel 12 und 25. Von Seite der k. Staatsregierung ist ein Schreibversehen, welches unterlaufen war, in den Artikeln 1, 6, 11, 12, 14, 15, 16 und 17 des Entwurfes vor Beginn der Abgeordnetenberathung berichtigt worden. Es soll überall statt der im Eingang gebrauchten Worte „zu der Zeit, zu der" gesetzt werden „zu der Zeit, zu welcher" u. s. w.

---

*) Wie auf Anfrage mitgetheilt wurde, wird der Bericht selbst erst geraume Zeit später in den Beilagenbänden zu den Verhandlungen der Kammer der Reichsräthe zum Abdrucke kommen. Um die Ausgabe dieser Lieferung nicht zu lange zu verzögern, wird der Bericht in einem Nachtrag erscheinen. Der Nachtrag erhält die Nr. 9 und die Seitenzahlen 106 a, b u. s. w., um die Einbindung vor Nr. 10 und S. 107 zu ermöglichen.

S. 732 Dieser so in der Kammer der Abgeordneten gestaltete Entwurf steht heute auf der Tagesordnung dieses Hohen Hauses.

Die diesmalige Tagung des Landtages zählt nur noch nach Tagen. Dennoch war es wünschenswerth, daß der wichtige Entwurf noch zur Erledigung durch das Hohe Haus gelange. Der besondere Ausschuß für Gegen-
S. 733. stände der Rechts || pflege hat sich daher beeilt, den Entwurf für das Plenum zu bereisen. Er gab, obwohl er in einigen Beziehungen sich nicht aller Bedenken gegen den Entwurf entschlagen konnte, demselben doch durchweg seine Zustimmung, seinen Bedenken aber dadurch Ausdruck, daß einige Vormerkungen, nämlich Vormerkungen zu dem Art. 7, Art. 19 und Art. 32 in das Protokoll des Ausschusses, das Ihnen ja bereits vorliegt, aufgenommen wurden. Er wollte durch diese Vormerkungen auf der einen Seite den richtigen Sinn der bezüglichen Artikel feststellen, auf der anderen Seite aber auch die künftige Freiheit der Berathung und Abstimmung dieses Hohen Hauses sicherstellen. Das Letztere gilt insbesondere in Beziehung auf die Tragweite des Art. 7.

Was nun den Inhalt des Entwurfs selbst betrifft, so ist, wie die Hohen Herren gesehen haben, der Entwurf eines Grundbuch-Anlegungsgesetzes für die Landestheile diesseits des Rheins mit Bestimmungen ausgestattet, welche einmal betreffen das Verfahren, die Art und Weise, wie die künftigen Grundbücher angelegt werden sollen, zum andern aber mit Vorschriften, welche das dermalen geltende Recht einigermaßen abändern, abändern deßhalb, damit die Anlegung des Grundbuches leichter und rascher und zutreffender von statten gehen kann.

Ebenso oder ähnlich verhält es sich mit dem Ihnen heute vorliegenden Gesetzentwurfe. Dieser Gesetzentwurf theilt sich in drei Abtheilungen. Dem eigentlichen Zwecke aber, der zu erreichen war, entspricht unmittelbar der zweite Abschnitt dieses Entwurfs, das sind die Bestimmungen über das Wie des
S. 734. Anlegungsverfahrens. Aber wie es im Ent || wurfe für die Anlegung des Grundbuchs diesseits des Rheins als nothwendig erachtet wurde, auch einige Bestimmungen des geltenden Rechts jetzt schon abzuändern, so hat sich eine ähnliche Nothwendigkeit auch geltend gemacht für die Rheinpfalz und dieser Nothwendigkeit ist entsprochen in den Bestimmungen der ersten Abtheilung und der dritten Abtheilung des Entwurfs Art. 1 bis 22 und Art. 33. Damit wären die einleitenden Bemerkungen erledigt, zu denen ich mich als Berichterstatter veranlaßt sah.

Der Herr erste Präsident:

Die allgemeine Diskussion ist eröffnet.

Wenn Niemand von den Hohen Herren das Wort nimmt, ist dieselbe geschlossen.

Wir können nun zur Spezialdiskussion des Gesetzentwurfs schreiten.

Ich stelle einstweilen Ueberschrift und Eingangsworte zum Gesetzentwurf zurück.

Wir gehen über zu

I. Uebergangsvorschriften.

Art. 1.

Das Wort hat der Herr Referent.

Herr Reichsrath Dr. Ritter von Schmitt als Referent: S. 734.

Der Art. 1 des Entwurfs betrifft Hypotheken. Er steht natürlich im
Zusammenhang mit den weiteren Artikeln, welche ebenfalls Hypotheken be-
treffen, nämlich den Artikeln || 2 bis 14. Die Art. 1 und 2 enthalten allgemeine S. 735.
Vorschriften über Hypotheken und die folgenden Artikel bis zum Art. 14 be-
treffen besondere Fälle von Hypotheken. Alle diese Bestimmungen enthalten
sogenannte Uebergangsvorschriften. Es handelt sich bei solchen darum, für
diejenigen Rechte, hier Hypotheken, welche theils noch unter den dermaligen
Gesetzen entstanden sind, theils bis zum 1. Januar 1900, dem Tage des In-
krafttretens des Bürgerlichen Gesetzbuches, bezw. bis zur vollendeten Anlegung
des Grundbuchs entstehen werden, Vorschriften zu geben, wie diese Rechte be-
handelt werden sollen, nachdem die Gesetze zu gelten aufgehört haben, unter
welchen jene Rechte entstanden sind, d. h. für die Zeit unter der Herrschaft
des Bürgerlichen Gesetzbuches. Nun geht das Einführungsgesetz zum Bürger-
lichen Gesetzbuch ja davon aus, daß Rechte, die bereits unter dem alten Gesetze
entstanden sind, sich auch fernerhin bezüglich ihres Inhaltes und Ranges nach
dem Rechte ihrer Entstehung richten sollen. Das ist das Prinzip. Aber das
Einführungsgesetz macht von diesem Prinzip selbst Ausnahmen und zwar auch
Ausnahmen für Hypotheken. Die Nothwendigkeit solcher Ausnahmen liegt
auf flacher Hand. Es ist unmöglich, sich alte und neue Hypotheken am selben
Orte begegnen zu sehen, ohne daß diese in Reibungen miteinander gerathen,
weil für die eine ein anderes Recht gilt, wie für die andere. Folgerecht
müßten die alten Hypotheken in das Recht des neuen Bürgerlichen Gesetzbuchs
übergeleitet werden und der Art. 192 des Einführungsgesetzes zum Bürgerlichen
Gesetzbuch spricht diesen Grundsatz auch aus. Er paßt die alten Hypotheken
an an das Recht der neuen Hypotheken, aber da immerhin Eigenthüm || lichkeiten S. 736.
bestehen bei dem Hypothekeninstitut der verschiedenen einzelnen Bundesstaaten,
war er genöthigt, Vorbehalt für die Landesgesetzgebung zu machen dahin, daß
dieselbe berechtigt sein soll, jenen allgemeinen Grundsatz des Reichsrechtes hin-
wieder zu modifiziren. Davon macht der erste Artikel unserer Vorlage Ge-
brauch für die Rheinpfalz.

Der Hauptinhalt des Art. 1 ist der folgende: Das Bürgerliche Gesetzbuch
scheidet seine Hypotheken in zwei Arten: die Vollhypotheken und die Sicherungs-
hypotheken. Die Sicherungshypotheken sind eigentlich Hypotheken zweiter Klasse,
die Vollhypotheken Hypotheken erster Klasse. Diese Hypotheken erster Klasse
haben nämlich den Vorzug vor den übrigen, daß, wenn der Gläubiger be-
friedigt sein will, er seine Forderung im Falle Widerspruchs gar nicht zu
beweisen braucht; der Beweis seiner Forderung liegt in deren Eintrag im
Grundbuch. Die Hypotheken, die ich Hypotheken zweiter Klasse genannt habe,
die sogenannten Sicherungshypotheken, haben diesen Vorzug nicht. Will der
Gläubiger befriedigt sein, so liegt ihm im Widerspruchsfalle die Last ob, seine
Forderung zu beweisen. Pfälzische Hypotheken erster Klasse in dem vorge-
dachten Sinn aber gibt es überhaupt nicht. Für alle Hypotheken in der Pfalz
muß, wenn der Schuldner widerspricht, daß die verhypothezirte Forderung
existire, vom Gläubiger der Beweis der Existenz der Forderung erbracht werden.
Nun erklärt aber das Einführungsgesetz die große Mehrzahl der alten Hypo-
theken als Vollhypotheken und nur die sogenannte Kautionshypothek als
Sicherungshypothek. Das geht für die Pfalz nicht an. Man kann die Hypo-
theken der Pfalz nicht schlechthin in Voll- oder Hypotheken erster || Klasse S. 737.
umwandeln, ihnen also einen Vorzug einräumen, den sie heute nicht haben,

S. 737. einen Vorzug, der den Gläubiger in demselben Maß zu Unrecht erleichtern würde, wie er zu Unrecht die Lage des Schuldners verschlechterte. Deßhalb schlägt der Entwurf vor, alle Hypotheken der Pfalz und nicht blos diejenigen, die Sicherungshypotheken schon nach dem Einführungsgesetze werden sollen, zu Sicherungshypotheken umzuwandeln.

Das ist der Hauptinhalt des Art. 1 unseres Entwurfes. Der Art. 1 unseres Entwurfes hat aber noch einen weiteren Inhalt. Nach dem Bürgerlichen Gesetzbuch gibt es keine Hypotheken, die nicht im Grundbuch eingetragen sind. In der Pfalz aber gibt es Hypotheken, die nicht im Hypothekenbuche eingetragen sind und doch bestehen. Der Artikel 1 erklärt als Hypotheken nur diejenigen, die gebucht sind, die noch nicht gebuchten aber als bloße Hypothekentitel. Das ist der zweite Gedanke des Art. 1.

Endlich will der Art. 1 noch ein Drittes. In der Pfalz gibt es an Immobilien sogenannte Vorzugsrechte, oder Rechte auf bevorzugte Befriedigung aus den Grundstücken, woran sie haften. Sie haben das Eigenthümliche, daß sie, wenn es sich um Befriedigung aus dem Grundstücke handelt, jedem Hypothekengläubiger am selben Grundstücke sogar vorgehen. Im Uebrigen sind diese Vorzugsrechte keine eigentlichen Hypotheken, sie geben nur ein Recht auf bevorzugte Befriedigung und weiter nichts. Allein schon ein älteres bayerisches Gesetz hat sie als Pfandrechte erklärt, und ein Pfandrecht an Immobilien ist nach natürlicher und nächstliegender Bedeutung eben eine Hypothek, und das
S. 738. spricht der Entwurf || aus, indem er im Eingange seines Art. 1 Vorzugsrechte und Hypotheken zusammenfaßt. Er behandelt sie in diesem Entwurf gleich den Hypotheken; aber er behandelt sie nur insoweit gleich, als er ihnen in Ansehung dessen, was der Artikel im Uebrigen sagt, eine gleiche Behandlung mit den Hypotheken angedeihen läßt, ohne das ihnen eigenthümliche Vorrangsrecht selbst vor den Hypotheken aufzuheben. Der Ausschuß war mit diesem dreifachen Inhalt des Art. 1 nach allen Richtungen hin einverstanden, und ich bitte Sie deßhalb, dem Art. 1 die Zustimmung zu geben.

Der Herr erste Präsident:

Die Diskussion ist eröffnet. Wenn Niemand von den Hohen Herren das Wort nimmt, gilt dem Art. 1 vorläufig die Zustimmung ertheilt.

Wir kommen zu Art. 2.

Herr Referent!

Herr Reichsrath Dr. Ritter von Schmitt als Referent:

Der Art. 2 enthält eine bloße Schutzvorschrift. In Art. 1 ist Buchung der Hypotheken vorausgesetzt. Solange die alte Hypothek noch nicht eingeschrieben ist, soll sie einen bloßen Hypothekentitel bilden; erst mit der Einschreibung wird sie Hypothek. Nun ist es ja bei den Eintragungen in das Grundbuch, die vor dessen Vollendung erfolgen, möglich, daß sich die Zahl der Anmeldungen dermaßen häuft, daß nicht alle zumal sofort eingeschrieben werden können. Indessen hat doch der Anmeldende das Seine gethan und
S. 739. darum läßt Art. 2 des Entwurfes die Buchung der Anmeldung ersetzen durch die Eintragung des Antrages in das Hypothekenregister des Hypothekenbewahrers; der Uebergang des Hypothekentitels in eine Hypothek gilt hierdurch als erfolgt.

Der Ausschuß hat dem Art. 2 die Zustimmung ertheilt. Ich bitte Sie, das Gleiche zu thun. S. 739.

Der Herr erste Präsident:

Eine Erinnerung besteht nicht: es gilt diesem Artikel vorläufig die Zustimmung ertheilt.

Art. 3.

Das Wort hat der Herr Referent.

Herr Reichsrath Dr. Ritter von Schmitt als Referent:

Die Art. 3 bis 6 betreffen eine besondere Art von Hypotheken, nämlich die Hypotheken, welche das Gesetz selbst den Bevormundeten einräumt gegen ihren Vormund. Unter Bevormundeten sind in der Pfalz nur Minderjährige und Interdizirte zu verstehen. Die Hypothek, welche das Gesetz den Bevormundeten gegen den Vormund gibt, dient zur Sicherung jener Forderungen, welche dem Mündel erwachsen, falls der Vormund seine Verwaltungsbefugnisse mißbraucht, fahrlässig oder absichtlich. Diese gesetzliche Hypothek beschränkt sich auf Ansprüche, die vor Inkrafttreten des Bürgerlichen Gesetzbuches entstanden sind: denn von da ab hört die Geltung des alten Rechts auch für bereits bestehende Vormundschaften auf; das Bürgerliche Gesetzbuch aber hat die gesetzliche Hypothek des Mündels als Sicherungsmittel aufgegeben. Dieß S. 740. der Inhalt des Art. 3.

Die alte bereits bestandene Hypothek aber soll nun vor dem Inkrafttreten des Bürgerlichen Gesetzbuchs in das Hypothekenbuch eingetragen werden. Es fragt sich, auf welchem Wege? Darüber trifft der Art. 4 und der Art. 5 nähere Bestimmungen. Der Art. 4 über die Einschreibung dieser Hypothek und Art. 5 über die Einschreibung von Veränderungen daran und von Löschungen.

Die Art. 3, 4 und 5 hat Ihr Ausschuß für ganz entsprechend gehalten und demgemäß denselben seine Zustimmung ertheilt. Ich bin daher in der Lage, Ihnen gleichfalls diese Artikel zur Zustimmung zu empfehlen.

Der Herr erste Präsident:

Der Herr Referent hat gleich über die Art. 3 bis 5 sich ausgesprochen. Ich darf wohl annehmen, daß die Hohen Herren diesen Artikeln vorläufig zugestimmt haben wollen.

Art. 6.

Herr Referent!

Herr Reichsrath Dr. Ritter von Schmitt als Referent:

Von dem Inkrafttreten des Bürgerlichen Gesetzbuches an gibt es, wie schon erwähnt, für weitere Ansprüche des Mündels gegen seinen Vormund die alte gesetzliche Hypothek nicht mehr, auch nicht bei Vormundschaften, die von früher her noch bestehen. Das Bürgerliche Gesetzbuch gibt andere || Mittel, um S. 741. den Mündel hinreichend gegen den Vormund zu schützen. Indessen hat das Reichsgesetz für die freiwillige Gerichtsbarkeit zur Sicherung von Bevormundeten, Pflegebefohlenen und Verbeiständeten dem Gerichte die Ermächtigung

S. 741. gegeben, durch seinen Beschluß unter Umständen eine solche Hypothek für den Mündel u. s. w. an den Liegenschaften des Vormunds, Pflegers, Beistandes zu bestellen.

Artikel 6 des gegenwärtigen Entwurfs übernimmt die vorerwähnte Bestimmung als landesgesetzliche Vorschrift für die Zeit vom Inkrafttreten des Bürgerlichen Gesetzbuches bis zur vollendeten Anlegung des Grundbuchs.

Die Vorschrift ist zweckmäßig. Der Ausschuß hat das anerkannt und sie angenommen. Ich schlage Ihnen daher die Zustimmung zu diesem Art. 6 vor.

Der Herr erste Präsident:

Eine Erinnerung erfolgt nicht, gilt für vorläufig zugestimmt.

Art. 7.

Es wird der Herr Referent sich vielleicht über Art. 7 mit Art. 11 zusammen aussprechen. Dann ertheile ich das Wort dem Herrn Referenten zu Art. 7 mit 11.

Herr Reichsrath Dr. Ritter von Schmitt als Referent:

Art. 7 stellt uns vor eine der wichtigsten und schwierigsten Fragen der Ein- und Ausführung des Bürgerlichen Gesetzbuches.

Das Bürgerliche Gesetzbuch tritt, wie ich bereits erwähnt habe, am
S. 742. 1. Januar 1900 in Kraft. Zu dieser Zeit ‖ bestehen viele Tausend Ehen — alte Ehen will ich sie nennen, neue Ehen gibt es zu der Zeit noch gar nicht, und die alten Ehen werden noch viele Jahre hindurch der Zahl nach die neuen überwiegen.

Nun kann aber keine Ehe bestehen, ohne daß in derselben auch ein Güterverhältniß besteht, ein ehelicher Güterstand.

Es frägt sich, was soll in Ansehung des ehelichen Güterstandes dieser alten Ehen nach Einführung des Bürgerlichen Gesetzbuches gelten? Natürlich gilt für die bis dahin aus dem betreffenden Güterstande entstandenen Rechte und Pflichten das alte Gesetz fort; aber, da die Ehe fortbesteht, werden auch nach Einführung des Bürgerlichen Gesetzbuches solche Rechte und Pflichten neu entstehen. Sollen in Ansehung der Rechte und Pflichten, die künftighin vom 1. Januar 1900 abwärts entstehen werden, auch die alten Gesetze maßgebend sein oder das Bürgerliche Gesetzbuch, mit anderen Worten: Soll der alte Güterstand aufrecht erhalten werden bis die betreffenden Ehen selbst aufgehört haben zu bestehen oder soll mit dem 1. Januar 1900 die Neuordnung, wie sie das Bürgerliche Gesetzbuch für die ehelichen Güterstände trifft, Maß geben, so daß in derselben Ehe theils die Bestimmungen des alten Rechtes (für die alten Ansprüche), theils die Bestimmungen des neuen Rechtes gelten, diese nämlich für die Ansprüche, welche vom 1. Januar 1900 abwärts entstehen.

Diese Frage ist nicht blos für die Pfalz zu stellen, sondern auch für das ganze dießrheinische Bayern. Die Frage ist nach Umfang und Inhalt eine sehr weittragende.

S. 743. Umfänglich: sie trifft alle bestehenden Ehen und diese Ehen werden, wie schon gesagt, noch auf viele Jahre, wenn nicht die einzigen, doch der Zahl nach die weitüberwiegenden sein.

Inhaltlich: das Bürgerliche Gesetzbuch in seinen Grundsätzen über die Güterstände harmonirt nicht in allen Punkten mit dem jetzt bestehenden Rechte,

sondern enthält Abweichungen, Hauptabweichungen, namentlich in Ansehung S. 743.
der Schuldenhaftung der Eheleute gegenüber ihren Gläubigern und unter sich: Abweichungen auch in Bezug auf die vertragsmäßigen Güterstände: mit solcher Ueberleitung wird man schwer dem Willen der Betheiligten gerecht werden können. Der durch Ehevertrag aufgerichtete Güterstand ist gerade mit Rücksicht auf das alte Recht und gegenüber dem alten Rechte so gestaltet worden, wie er gestaltet ist.

Wenn man nun sagt, das Bürgerliche Gesetzbuch solle auch für die alten vertragsmäßigen Güterstände von nun an gelten, so heißt das, es sei so anzusehen, als ob der Ehevertrag gemacht worden sei Angesichts und gegenüber dem neuen Rechte, das zur Zeit der Vertragsentstehung gar nicht existirt hat, also in dem Vertrage noch nicht berücksichtigt werden konnte. Hätten die Eheleute damals, wo sie den Vertrag im Angesicht des alten gesetzlichen Rechtes schlossen, das neue Recht gekannt, so würden sie vielleicht ganz anders oder gar nicht paktirt haben. Was sie aber gethan oder gelassen hätten, — das soll nun das Gericht bestimmen, eine schwierige, wenn nicht unmögliche Aufgabe.

Noch in anderer Richtung bestehen Verschiedenheiten zwischen dem alten und dem neuen Recht, so über die erb || rechtlichen Verhältnisse, die mit den S. 744.
ehelichen Güterständen zusammenhängen.

Was soll nun geschehen? Soll man für diese alten Ehen, insofern sie über den 1. Januar 1900 fortdauern, auch weiterhin das alte Recht für anwendbar erklären, oder soll man für denselben Güterstand in derselben Ehe das alte Recht bis zum 1. Januar 1900 gelten lassen und von da an das neue Recht?

Das Einführungsgesetz zum Bürgerlichen Gesetzbuche hat sich für die Bejahung der ersteren Frage entschieden. Darnach dauert das alte Recht für diese alten Ehen fort bis zu deren Auflösung. Aber es hat der Landesgesetzgebung, die vielleicht andere Bedürfnisse hat, vorbehalten, anders zu bestimmen, das heißt für die Zeit vom 1. Januar 1900 ab die Grundsätze des neuen Rechtes gelten zu lassen (Ueberleitung der Güterstände).

Unser Art. 7 macht für die Pfalz von dieser Erlaubniß Gebrauch. Er kündigt an, daß für die Ehen der Pfalz der Grundsatz Maß geben soll: Bis 1. Januar 1900 gilt das alte Recht für alle Ansprüche, welche bis dahin entstehen, von da ab das neue Recht. Insoweit aber das alte Recht erhalten bleibt, hat der Entwurf in den Art. 8, 9, 10 und 11 Bestimmungen getroffen, gegen die inhaltlich nichts Erhebliches zu erinnern sein wird. Der Ausschuß hat wenigstens nicht dagegen erinnert. Vom Referenten aber ist die Frage angeregt worden, ob es nicht besser sei, die Art. 7 bis 11 des Entwurfs jetzt nicht zu erledigen, sondern deren Erledigung jenem künftigen Gesetzentwurfe vorzubehalten, welcher sich ex professo mit der || Frage der Ueberleitung be- S. 745.
schäftigen werde und der erst das Wie und Wieweit der geplanten Ueberleitung, mit Einem Wort, das Ganze der Sache erkennen lasse. Hier würde nur ein Stück derselben erledigt, auf die Gefahr hin, daß auch dieß später wieder geändert werden müsse. Auch sei es bedenklich, heute von einem erst später zu prüfenden Prinzipe auszugehen: man binde sich gewissermaßen die Hände, und zwar nicht blos für die Pfalz, sondern auch für das dießrheinische Bayern. Denn auch für dieses werde die Ueberleitungsfrage gestellt werden. Allerdings würde mit Verschiebung der Erledigung der Ueberleitungsfrage vielleicht der Beginn der Arbeiten auf Anlegung des Grundbuchs in der Pfalz, aber nur auf kurze Zeit, verzögert werden.

S. 745. Ihr Ausschuß verkannte die Bedenken seines Referenten in der Sache selber nicht, glaubte aber, der sofortigen Inangriffnahme der Arbeiten auf Anlegung des Grundbuchs in der Pfalz nicht in den Weg treten zu sollen, und beschloß deßhalb in schließlicher Zustimmung auch des Referenten zwar die Annahme des Art. 7 bis 11 des Entwurfs, jedoch unter dem in das Protokoll niederzulegenden Vorbehalte (Seite 4 des Protokolls): „daß durch die Art. 7 bis 11 der Frage, ob und in welchem Umfange die Ueberleitung der bestehenden Güterstände in das Güterrecht des Bürgerlichen Gesetzbuches erfolgen solle, weder für das diesseitige Bayern noch für die Pfalz vorgegriffen sein soll."

Die Lage wird nun die sein: Nimmt man die Art. 7 bis 11 an, so ist die Intention des Art. 7: insoweit nach den später zu erledigenden Ausführungs-
S. 746. gesetzen für die Pfalz ‖ in Ansehung der Güterstände bestehender Ehen bis zu deren Auflösung das alte Recht grundsätzlich beibehalten wird, treten zu demselben die in den Art. 8, 9, 10 und 11 vorgeschlagenen Modifikationen.

Die Staatsregierung hat diesem Vorbehalte ihre Zustimmung gegeben. Ich bin daher, nachdem gegen die Art. 8, 9, 10 und 11 nichts zu erinnern gefunden wurde, in der Lage, die Hohe Kammer zu bitten, auch ihrerseits die Art. 7 bis 11 mit Berücksichtigung dieses Vorbehaltes zu genehmigen.

Der Herr erste Präsident:

Eine Erinnerung erfolgt auch hier nicht zu den Art. 7 mit 11, so gelten dieselben für genehmigt.

Art. 12.

Ich konstatire hier, daß in Art. 12 die eine Aenderung durch die Kammer der Abgeordneten an dem Gesetzentwurfe vorgenommen worden ist, indem die einleitenden Worte nicht heißen sollen: „eine Urtheilshypothek", sondern: „eine gerichtliche Hypothek".

Ich gebe das Wort dem Herrn Referenten.

Herr Reichsrath Dr. Ritter von Schmitt als Referent:

Der Artikel an und für sich ist deßhalb nothwendig, um dem Grundsatze Rechnung zu tragen: eine Hypothek, die nicht eingeschrieben ist, besteht nicht. Die Korrektur, die der Artikel durch die Vertauschung des Wortes: „Urtheils-"
S. 747. mit dem Worte „gerichtliche" erfahren hat, ist ganz in der ‖ Ordnung. Denn es gibt nicht blos Hypotheken, welche durch Urtheil geschaffen werden, sondern es gibt auch Hypotheken, welche zwar das Gericht bestellt, aber nicht durch ein Urtheil, sondern in anderer Weise.

Der Ausschuß ist mit dem Artikel einverstanden gewesen, und ich schlage Ihnen ebenfalls Zustimmung zu demselben vor.

Der Herr erste Präsident:

Eine Erinnerung gegen den Art. 12 erfolgt nicht.

Wir können weiter fahren.

Art. 13.

Das Wort hat der Herr Referent.

Herr Reichsrath Dr. Ritter von Schmitt als Referent: S. 747.

Das französische Recht hat die Eigenthümlichkeit, daß es Hypotheken nicht blos an Grundstücken, Gebäuden u. s. w. bestellen läßt, sondern auch an Nießbrauchsrechten. Hypotheken an Nießbrauchsrechten kennen wir im dießrheinischen Hypothekengesetze nicht, und das Bürgerliche Gesetzbuch kennt sie auch nicht. Nun müßten diese Hypotheken ja mit der Einführung des Bürgerlichen Gesetzbuches erlöschen. Das wäre eine Ungerechtigkeit. Um diese zu verhüten, wandelt der Art. 13 dergleichen Hypotheken in etwas Anderes um, in das um, was nach dem Bürgerlichen Gesetzbuch auch an einem Nießbrauchsrechte möglich ist, nämlich in ein Pfandrecht an demselben. Dieses Pfandrecht ist vom Bürgerlichen Gesetzbuch ähnlich geordnet, wie das Pfandrecht an beweglichen Sachen.

Der Ausschuß hat dem Artikel seine Zustimmung ertheilt und ich bitte um ein Gleiches die Hohe Kammer. S. 748.

Der Herr erste Präsident:

Eine Erinnerung erfolgt nicht, es gilt vorläufig für zugestimmt.

Art. 14.

Das Wort hat der Herr Referent.

Herr Reichsrath Dr. Ritter von Schmitt als Referent:

Der Artikel 14 behandelt wieder einen besonderen Fall, die sogenannte Arresthypothek.

Von dem Vorzugsrechte eines Arrestes nach pfälzischem Rechte ist bereits in den Artikeln 25 und 32 des Ausführungsgesetzes zur Civilprozeßordnung die Rede. Es wird im Artikel 14 des Entwurfs gesagt, daß ein solches Vorzugsrecht aus dem Vollzuge des Arrestes sich mit Anlegung des Grundbuchs in eine Sicherungshypothek verwandeln soll. Nichts ist natürlicher als das. Da aber beim Arreste noch nicht definitiv feststeht, ob und in welcher Höhe die durch Arrest gesicherte Forderung besteht, weil sie ja nur bescheinigt ist, fügt der Artikel einen Schlußsatz bei, wornach der gemäß § 803 der Civilprozeßordnung festgestellte Geldbetrag als Höchstbetrag der Forderung gilt, für den das Grundstück haftet. Ihr Ausschuß hatte Nichts gegen diesen Artikel zu erinnern und ich bitte deßhalb auch um die Genehmigung desselben durch das Hohe Haus.

Der Herr erste Präsident: S. 749.

Der Art. 14 ist vorläufig genehmigt.

Art. 15.

Das Wort hat der Herr Referent.

Herr Reichsrath Dr. Ritter von Schmitt als Referent:

Die Art. 15 und 16 betreffen ein anderes Rechtsinstitut, als das bisher behandelte, nämlich das Rechtsinstitut der Verfügungsbeschränkung, der Verfügungsbeschränkung zu Gunsten bestimmter Personen.

Im Bürgerlichen Gesetzbuch ist in drei Artikeln von diesen Verfügungsbeschränkungen im Allgemeinen hinsichtlich ihrer Zulässigkeit und ihrer Wirkungen die Rede, im § 135, 136 und 137. Auch bereits bestehende Verfügungs-

S. 749. beschränkungen gegen den Berechtigten in Beziehung auf Liegenschaftsrechte — und von denen ist hier die Rede — sind mit Inkrafttreten des Bürgerlichen Gesetzbuches, hier mit der vollendeten Anlegung des Grundbuchs nach Art. 168 des Einführungsgesetzes nur wirksam gegen solche Neuerwerber der Liegenschaft, welche von der Beschränkung Kenntniß haben oder haben müssen. Dieses Kenntnißhaben-Müssen ist nur zu schaffen durch Publikation der Beschränkung und die Publikation ist nur durch Eintrag im Grundbuche möglich. Das Bürgerliche Gesetzbuch läßt einen solchen Eintrag im Grundbuch in Form einer Vormerkung zu. Aus der Vormerkung weiß Jeder, welcher die Liegenschaft rc. erwerben will und das Grundbuch nachsieht, daß da nichts erworben
S. 750. werden kann. Er kommt dann also auch nicht zu Schaden, || er unterläßt eben die Erwerbung. Der Artikel 15 gestattet solche Vormerkungen im Grundbuch auch für Verfügungsbeschränkungen, die unter dem alten Rechte entstanden sind. Diese Verfügungsbeschränkungen können vormerkungsweise in's Grundbuch eingetragen werden.

Der Art. 16 behandelt einen besonderen Fall, in welchem die Regel des Art. 15 anzuwenden ist.

Ihr Ausschuß ist mit beiden Artikeln einverstanden, und ich schlage Ihnen die Genehmigung vor.

Der Herr erste Präsident:

Gegen die beiden Artikel findet eine Erinnerung nicht statt, es darf angenommen werden, daß denselben vorläufig zugestimmt sein will.

Art. 17.

Herr Referent!

Herr Reichsrath Dr. Ritter von Schmitt als Referent:

Nun folgen Artikel, welche sich mit dem Eigenthum befassen, mit dem Eigenthum an Grundstücken; es sind die Art. 17—21.

Die Artikel 17 und 18 betreffen Fälle von resolutiv gebundenem Eigenthum, die Artikel 19 und 20 Fälle von Sondereigenthum, der Artikel 21 Fälle von Miteigenthum.

Die Artikel 17 und 18 sehen für Fälle vor, in denen das Eigenthum an einem Grundstücke durch das Rückfallsrecht eines Dritten beschränkt ist, also dahin beschränkt ist, daß nach einer gewissen Zeit oder beim Eintritt
S. 751. eines gewissen || Umstandes, Ereignisses, das Eigenthum des Einen an einen Anderen zurückfallen soll, nämlich an Denjenigen, der es vorher hatte. Das Bürgerliche Gesetzbuch läßt dingliche Verträge mit solchen Rückfallsklauseln nicht zu; obligatorische Verträge mit Rückfallsklauseln sind nicht ausgeschlossen. Aber das Bürgerliche Gesetzbuch gestattet, daß das obligatorische Rückfallsrecht im Weg einer Vormerkung gebucht werde, und gibt dieser Vormerkung dingliche, d. h. Wirkung gegen jeden dritten Erwerber von Rechten an dem betreffenden Grundstück.

Nach französischem Recht sind dergleichen Verträge mit dinglicher Wirkung zulässig. Das Rückfallsrecht würde aber mit Anlegung des Grundbuchs hinfällig, wenn für die alten Rückfallsrechte nicht auch von der im Bürgerlichen Gesetzbuch gestatteten dinglich wirkenden Vormerkung des Rückfallsrechts Gebrauch gemacht werden könnte, dies gestattet Artikel 17 des Entwurfes in entsprechender Weise.

Artikel 18 läßt die Anwendung des Artikels 17 in Beziehung auf einen besonders häufigen Fall des Resolutionsrechtes zu. S. 751.

Der Ausschuß hat auch die Zustimmung zu diesen Bestimmungen vorgeschlagen und ich beantrage die Genehmigung des Vorschlags Seitens des Hohen Hauses.

Der Herr erste Präsident:

Ich stelle die Artikel 17 und 18 zur Diskussion.

Dieselbe ist geschlossen, da sich keiner der Hohen Herren zum Worte meldet.

Ich nehme an, daß die Hohen Herren auch diesen beiden Artikeln ihre Zustimmung ertheilen wollen.

Art. 19 und 20. S. 752.

Das Wort hat der Herr Referent.

Herr Reichsrath Dr. Ritter von Schmitt als Referent:

Die Art. 19 und 20 betreffen das sogenannte Sondereigenthum. Das Bürgerliche Gesetzbuch und der Code civil stellen beide übereinstimmend den Grundsatz auf: „An einem Grundstücke gibt es nur Ein Eigenthum." Dieses Eigenthum ergreift alle Bestandtheile des Grundstücks; das nummerirte Grundstück bildet eine Einheit, soviel Bestandtheile es auch hat. Ein Gebäude, das auf einem Grundstücke steht, ist nichts weiter als ein Bestandtheil des Grundstückes selbst, jeder Theil dieses Gebäudes ist ein Bestandtheil des Gebäudes und mit dem Gebäude Bestandtheil des Grundstückes. Folgerecht können zwar mehrere Personen Eigenthum haben an einem Grundstück und an einem Gebäude, aber nur am ganzen Grundstück. Sie können aber nicht Eigenthum haben nebeneinander, jeder an einem einzelnen Bestandtheile des Grundstücks rc. rc. Es kann keiner ein bloßes Stockwerk des Hauses eines andern als sein besonderes Eigenthum haben, es kann keiner das Zimmer eines solchen Stockwerks als sein besonderes Eigenthum haben, während das Uebrige eines Hauses einem andern gehört u. s. w. Es kann auch keiner ein besonderes Eigenthum an einem ganzen Gebäude, z. B. einem Wohnhause, haben, das auf fremden Grund und Boden steht. Immer ist der Eigenthümer des Grund und Bodens auch Eigenthümer des Hauses.

Das ist also der Grundsatz des Bürgerliches Gesetzbuches und auch des französischen Rechtes. Beide unterscheiden sich insofern, als das Bürgerliche Gesetzbuch von diesem Grundsatze keinerlei Ausnahmen gestattet, während das französische Recht Ausnahmen in reichem Maße zuläßt. Das französische Recht gestattet, daß ein Dritter auf meinem Grundstück ein ihm eigenes Haus haben kann, es gestattet, daß ein Dritter von meinem Hause ein Stockwerk als sein besonderes Eigenthum haben kann, es gestattet, daß ein Dritter von einem Stockwerke meines Hauses ein einzelnes Zimmer als Sondereigenthum haben kann, es gestattet, daß ein Dritter unter meinem Hause einen ganzen Keller hat, daß der Keller eines Dritten mit einem Theil unter mein Haus herüberragt, und das ist Alles besonderes Eigenthum des Dritten. Hier stehen also allgemeiner und besonderer Eigenthümer neben einander. Solche Bildungen bestehen in der Pfalz thatsächlich; sie bestehen auch diesseits des Rheins, zum Beispiel in Schwaben, in München und in einem Theile von Unterfranken. S. 753.

Für die Zeit des Inkrafttretens des Bürgerlichen Gesetzbuches war zu erwägen, wie es weiterhin mit diesen Rechten gehalten werden soll, welche das

S. 753. Bürgerliche Gesetzbuch nicht kennt, ja reprobirt. Das Einführungsgesetz zum Bürgerlichen Gesetzbuch schreibt vor: Alles Eigenthum richtet sich vom 1. Januar 1900 an nach dem Bürgerlichen Gesetzbuch. Also würden alle diese jetzt bestehenden Rechte wegfallen.

Aber dasselbe Einführungsgesetz hat das Fortbestehen des sogenannten
S. 754. Stockwerkseigenthum nach altem Rechte ‖ zugelassen. Dieser Vorbehalt schließt in sich, daß die Landesgesetzgebung über das vorbehaltene Stockwerkseigenthum weitere Bestimmungen treffen kann. Davon hat der Entwurf Gebrauch gemacht in seinem Art. 20; er setzt in Ansehung des Stockwerkseigenthums eine vielleicht zweckmäßigere Bestimmung an Stelle der des Art. 664 des Code civil. Aber für die übrigen Fälle von Sondereigenthum, die ich dem Hohen Hause aufgezählt habe, besteht kein Vorbehalt für die Landesgesetzgebung. Das in diesen Fällen bestehende Sondereigenthum müßte also mit dem Inkrafttreten des Bürgerlichen Gesetzbuches erlöschen. Die Staatsregierung glaubt nun mit dem Artikel 19 des Entwurfs einen Weg gefunden zu haben, auf dem die betreffenden Rechte gehalten werden können. Dieser Artikel wandelt die erwähnten Fälle von Sondereigenthum in Rechte um, welche das Bürgerliche Gesetzbuch auch kennt, und dies zwar von dem Augenblicke des Inkrafttretens des Bürgerlichen Gesetzbuchs an. Man argumentirt so: so lange das Bürgerliche Gesetzbuch noch nicht in Kraft getreten ist, kann die Landesgesetzgebung noch thätig sein; sie kann das also noch gleichzeitig mit dem Inkrafttreten des Bürgerlichen Gesetzbuchs. Tritt ihre Bestimmung nur im selben Moment in's Leben, in welchem das Bürgerliche Gesetzbuch erst Kraft erlangt, so ist sie von diesem noch nicht ausgeschlossen. Von dem Referenten wurde ein solcher Weg als künstlich bezeichnet und dieser Ansicht traten andere Ausschußmitglieder bei. Aber der Ausschuß glaubte doch, dem Artikel 19 nicht entgegentreten zu sollen,
S. 755. da es eben nothwendig sei, von den Betheiligten den Ver ‖ lust ihrer Rechte ferne zu halten. Diese Anschauung ist ausdrücklich konstatirt im Ausschuß-Protokolle dahin:

> „daß nach übereinstimmender Auffassung der Staatsregierung und „des Ausschusses die Fassung des Art. 19 in Beziehung auf den „Zeitpunkt des Inkrafttretens noch ein Ausfluß der zur Zeit noch „bestehenden Gesetzgebungsfreiheit Bayerns über die fragliche „Materie ist".

Die bayerische Gesetzgebung übt also hiermit ihr Recht im letzten Moment seines Bestandes noch einmal — wenn auch zum letzten Male — aus.

Ich habe den Hohen Herren im Auftrage des Ausschusses auch die Zustimmung zu Art. 19 zu empfehlen.

Der Herr erste Präsident:

Die Art. 19 und 20 finden keine Erinnerung.

Wir gehen über zu

Art. 21.

Herr Referent!

Herr Reichsrath Dr. Ritter von Schmitt als Referent:

Der Art. 21 hat zum Gegenstand das Miteigenthum im Gegensatze zum Sondereigenthum. Ich habe das Wesen des Miteigenthums schon angedeutet. Mehrere können Eigenthümer eines und desselben Grundstücks, Hauses als

eines Ganzen sein, sie sind dann gemeinschaftliche oder Miteigenthümer. Dient S. 755.
nun ein gemeinschaftliches Grundstück den wirthschaftlichen Zwecken anderer
Grundstücke, welche je || Einem jener Miteigenthümer des gemeinschaftlichen S. 756.
Grundstücks besonders gehören: so soll vom Inkrafttreten des Bürgerlichen Gesetzbuches an das gemeinschaftliche Grundstück zu Gunsten eines jeden der anderen Grundstücke als mit einer Servitut belastet gelten, daß es von jedem der Eigenthümer der anderen Grundstücke zu dem bestimmten Zwecke benützt werden darf. Die Bestimmung ist einer sehr praktischen Vorschrift des Bürgerlichen Gesetzbuches nachgebildet. Deßhalb hat der Ausschuß den Artikel 21 des Entwurfs für zweckmäßig erachtet und schlage ich Ihnen die Zustimmung zu diesem Artikel vor.

Der Herr erste Präsident:

Eine Erinnerung erfolgt nicht.

Art. 22.

Herr Referent!

Herr Reichsrath Dr. Ritter von Schmitt als Referent:

Art. 22 betrifft den Schutz des Besitzes der Grunddienstbarkeiten. Schon beim ersten Blick erkennt man, daß das ein kombinirtes Ding ist. Wir haben schon in einem früheren Gesetz für die Pfalz den Gegenstand des Besitzschutzes besonders geregelt. Im Bürgerlichen Gesetzbuche wird er für den Sachbesitz normirt, und diese Norm dann auf die Grunddienstbarkeiten im Wesentlichen ausgedehnt. Doch sollen die landesrechtlichen Bestimmungen über Besitzschutz bei Grunddienstbarkeiten nach Art. 191 des Einführungsgesetzes zum Bürgerlichen Gesetzbuche bis dahin || Anwendung finden, bis das Grundbuch für das S. 757.
belastete Grundstück als angelegt anzusehen ist. Von da an aber soll das Bürgerliche Gesetzbuch entsprechende Anwendung solange finden, als Grunddienstbarkeiten vom Buchungszwange frei sind; überdieß soll der Besitzschutz gewisser Grunddienstbarkeiten beschränkt werden. Dieß Alles sind Zusätze, welche bei der zweiten Lesung des Einführungsgesetzes zum Bürgerlichen Gesetzbuche beschlossen wurden. Dieselben sollen nun nach Art. 22 unseres Entwurfs schon gelten vom Inkrafttreten des Bürgerlichen Gesetzbuchs, auch bevor das Grundbuch als angelegt zu betrachten ist. Der Vorschlag des Art. 22 steht dem geltenden Pfälzer Rechte näher und soll den öfteren Wechsel der Gesetzgebung verhüten.

Der Ausschuß war damit einverstanden und schlägt Ihnen Zustimmung vor.

Der Herr erste Präsident:

Eine Erinnerung erfolgt nicht.

Wir kommen zum II. Abschnitt:

Vorschriften über die Anlegung des Grundbuches.

Art. 23.

Das Wort hat der Herr Referent.

Herr Reichsrath Dr. Ritter von Schmitt als Referent:

Meine Hohen Herren! Dieser II. Abschnitt des Entwurfs enthält die Vorschriften über die Art und Weise der Anlegung des Grundbuches. Seine

S. 758. Bestimmungen Art. 23—32 || zerfallen wieder in zwei Unterabtheilungen; die Art. 23—26 enthalten die sogenannten materiellen Bestimmungen, d. h. sie bestimmen, daß, wer ein Recht an einem Grundstück hat, verpflichtet sein soll, dieses Recht zum Eintrag in's Grundbuch anzumelden. Von Amtswegen geschieht der Eintrag nicht. Ist ein Grundstück mit einem Rechte belastet, dessen Eintragung in das Grundbuch im Anlegungsverfahren verlangt werden kann, so soll der Eigenthümer des belasteten Grundstücks verpflichtet sein, die Eintragsbewilligung auf Verlangen des Berechtigten zu ertheilen.

Das ist der Inhalt der Art. 23—26. Der Ausschuß war mit den drei Artikeln einverstanden. Ich mache aber darauf aufmerksam, daß sich darunter auch der Art. 25 befindet, bei dem die Kammer der Abgeordneten eine Einschaltung vorgenommen hat, nämlich die der Worte: „auf Auflösungsrechte" nach dem Worte „bestehen". Der Ausschuß hat auch hiegegen nichts zu erinnern, und deßhalb bin ich in der Lage, Zustimmung zu beantragen.

Der Herr erste Präsident:

Mit dieser Abänderung der Kammer der Abgeordneten zu Art. 25 glaube ich die Art. 23, 24, 25 und 26 als genehmigt erachten zu können.

Art. 27.

Herr Referent!

Herr Reichsrath Dr. Ritter von Schmitt als Referent:

Wir gelangen an die letzte Serie von Bestimmungen über die Anlegung
S. 759 des Grundbuchs, die Artikel 27—32. || Sie handeln vom Anlegungsverfahren, bezeichnen aber eigentlich mehr die Rollen, welche den damit befaßten Organen zugetheilt werden sollen. Im Art. 27 wird gesagt, daß die Amtsgerichte, welche das Grundbuch anzulegen haben, die bezüglichen Beurkundungen von Erklärungen, von Verträgen Eintragsbewilligungen selbst vornehmen dürfen, während, wenn das nicht gesagt würde, die Parteien in jedem Falle zum Notar gehen müßten; erhält das Grundbuchamt die vom Notar beurkundete Erklärung, so paßt sie vielleicht nicht, weil der Notar von den Betheiligten unrichtig informirt war. Der Notar muß nun die Erklärung noch einmal aufnehmen, die Partei aber wandelt vom Pontius zum Pilatus. Da das Amtsgericht in der Sache am besten informirt ist, kann es die bezügliche Beurkundung von Parteierklärungen am besten selbst aufnehmen, und soll es auch thun. Das ist der Inhalt des Artikels 27.

Artikel 28 bestimmt, daß mit Vorbereitungsarbeiten für die Herstellung des Grundbuches auch geprüfte Rechtspraktikanten betraut werden können.

Der Art. 29 bestimmt:

> „Die Notare haben im Anlegungsverfahren dem Amtsgerichte auf Ersuchen die Urschriften ihrer Urkunden zu übersenden, oder über deren Inhalt Auskunft zu geben."

Ohne eine solche gesetzliche Bestimmung dürfte der Notar Urkunden in Urschrift nicht aushändigen u. s. w. Will man die Sache kurz machen, so darf man nicht stets Urkunden-Ausfertigungen verlangen, die wieder Kosten verursachen; der Art. 29 ist daher nur zu empfehlen.

S. 760. Aehnliches bestimmt der Art. 30. In der Pfalz haben wir das Institut der Hypothekenbewahrer. Nun muß vom Hypothekenbewahrer doch mindestens das Gleiche gelten in Bezug auf die Herausgabe von Urkunden und Mithilfe bei Anlegung des Grundbuchs, was für den Notar bestimmt ist. Der Art. 31 bestimmt in etwas weiterem Umfange, als der betreffende Artikel des Gesetzes für die Landestheile diesseits des Rheins die Verpflichtung der Gemeindebehörden zur Mitwirkung beim Anlegungsverfahren. Allen diesen Art. 27 bis 31, die nahezu wörtlich dem entsprechen, was in dem bezüglichen diesrheinischen Gesetzentwurfe vorgeschrieben wurde und nur in Bezug auf speziell pfälzische Einrichtungen abweichen, hat Ihr Ausschuß die Zustimmung ertheilt und zwar einstimmig. S. 760.

Nur in Ansehung des folgenden Art. 32 hatte man Bedenken.

Der Art. 32 handelt wie der Art. 12 im diesrheinischen Anlegungsgesetz von der Gebührenfreiheit des Anlegungsverfahrens. Nun ist aber die Fassung der beiden Artikel keine gleiche. Das diesrheinische Gesetz in Art. 12 spricht davon, daß das Verfahren der Vorbereitung der Anlegung gebührenfrei ist, und hier treffen Sie in Art. 32 die Bestimmung, daß das Verfahren, in dem die Anlegung des Grundbuchs erfolgt, gebührenfrei ist. Es könnten nun Zweifel darüber entstehen, wie weit die Gebührenfreiheit diesseits und jenseits des Rheines sich erstreckt. Das hat mir Anlaß gegeben, diese Ungleichheit der Fassung zu beanstanden. Nun hat sich Ihr Ausschuß dahin geeinigt, zwar eine Aenderung an der Fassung des Artikel 32 nicht || vorzuschlagen, aber im Protokolle zu konstatiren, daß die Gebührenfreiheit diesseits und jenseits des Rheins in Bezug auf die Anlegung des Grundbuchs den gleichen Inhalt und den gleichen Umfang habe. S. 761.

Auch von Seite der k. Staatsregierung wurde erklärt, daß die Verschiedenheit des Wortlautes beider Gesetze bezüglich der Gebührenfreiheit keine Verschiedenheit des Inhalts bedeuten solle. Demgemäß ist im Ausschußprotokolle Seite 6 als einstimmige Ansicht des Ausschusses und der Staatsregierung konstatirt: „Daß die Verschiedenheit des Wortlauts beider Gesetze bezüglich der Gebührenfreiheit keine Verschiedenheit des Inhalts in sich schließe, daß sich vielmehr die Gebührenfreiheit auf alle Handlungen und Verhandlungen erstrecke, welche im diesseitigen und jenseitigen Bayern bis zur vollendeten Anlegung des Grundbuchs nothwendig sind und daß also die Gebührenfreiheit in Frage umfänglich für alle bayerischen Landestheile die gleiche sei."

Ich schlage Ihnen deßhalb vor, dem Beschlusse Ihres Ausschusses, der sich mit Art. 27—32 unter dieser Verdeutlichung in dem Protokolle einverstanden erklärt hat, zuzustimmen.

Der Herr erste Präsident:

Die Debatte über diese Artikel ist eröffnet. Wenn nicht diskutirt werden will, darf ich annehmen, daß vorläufig den Art. 27 mit 32 die Genehmigung ertheilt werden will.

Wir kommen zu

III. Schlußbestimmung.

Art. 33. S. 762.

Herr Referent!

Herr Reichsrath Dr. Ritter von Schmitt als Referent:

Dieser Art. 33 ist nur eine Konsequenz aus der Ausnahme der Art. 1 bis 22. Dort haben wir bestehende bayerische Gesetze geändert und nun erklärt Artikel 33 jene früheren Gesetze insoweit für aufgehoben.

S. 762. Das ist der Sinn des Art. 33, der eine selbstständige Bedeutung an sich nicht hat. Ich schlage Ihnen vor, auch diesem Artikel zuzustimmen.

Der Herr erste Präsident:

Eine Erinnerung erfolgt dagegen nicht. So gilt auch diesem Artikel für zugestimmt.

Wir kommen nun zu der zurückgestellten Ueberschrift und den Einleitungsworten zum Gesetzentwurfe, zu welchen der Herr Referent keine Bemerkung hat.

Wenn eine Erinnerung dagegen nicht erhoben, eine Verlesung der Eingangsworte nicht verlangt wird, ist die Spezialdiskussion geschlossen und wir können zur Abstimmung und zwar zur namentlichen Abstimmung über den Gesetzentwurf schreiten.

Ich lade diejenigen Hohen Herren, welche dem Gesetzentwurfe Ihre Zustimmung geben wollen, ein, mit „Ja", die sie ihm versagen wollen, mit „Nein" zu antworten.

(Folgt namentliche Abstimmung.)

Der Gesetzentwurf ist einstimmig angenommen.

Damit sind wir am Schlusse unserer heutigen Tagesordnung angekommen.

11.

Beschluß

Die Kammer der Reichsräthe

an die

Kammer der Abgeordneten.

(Beilage Nr. 1158 z. d. Verhandl. d. K. d. Abg. 1898 Bd. XVI S. 411.)

S. 411. Die Kammer der Reichsräthe hat über den ihr mit sehr geehrtem Schreiben vom 27. Mai lfd. Js. mitgetheilten, anruhend zurückfolgenden

Entwurf eines Gesetzes über das Liegenschaftsrecht in der Pfalz

in ihrer heutigen Plenarsitzung Berathung gepflogen und beschlossen,

diesem Gesetzentwurfe in der von der Kammer der Abgeordneten beschlossenen Fassung zuzustimmen.

Gefälliger Mittheilung des Gesammtbeschlusses hierüber entgegensehend, besteht die Kammer der Reichsräthe mit ausgezeichnetster Hochachtung.

München, den 3. Juni 1898.

Der I. Präsident:
(gez.) Graf **von Lerchenfeld.**

Der I. Sekretär:
(gez.) Graf von Drechsel.

12.

Stenographischer Bericht

über die

Verhandlungen der bayerischen Kammer der Abgeordneten.

Vierhundertvierundfünfzigste öffentliche Sitzung vom 4. Juni 1898.

(Stenogr. Berichte z. d. Verhandl. d. K. d. Abg. 1898 Bd. XII Nr. 454 S. 1053.)

Vicepräsident: Meine Herren! Ich eröffne die Sitzung . . . . . . S. 1053.

Aus dem Einlaufe der Kammer gebe ich Ihnen bekannt . . . . .

. . . . . . Dann eine Reihe von Rückäußerungen der Kammer der Reichsräthe:

. . . . . . Die Kammer der Reichsräthe hat über den ihr mit sehr geehrtem Schreiben vom 27. Mai lfd. Js. mitgetheilten, anruhend zurückfolgenden Entwurf eines Gesetzes über das Liegenschaftsrecht in der Pfalz in ihrer heutigen Plenarsitzung Berathung gepflogen und beschlossen,

dieſem Gesetzentwurfe in der von der Kammer der Abgeordneten beschlossenen Fassung zuzustimmen.

Gefälliger Mittheilung des Gesammtbeschlusses hierüber entgegensehend, besteht die Kammer der Reichsräthe mit ausgezeichnetster Hochachtung.

München, den 3. Juni 1898.

Der I. Präsident:
Graf von Lerchenfeld.

Der I. Sekretär:
Graf von Drechsel.

Die weitere geschäftliche Behandlung dieser Rückäußerungen wird, soweit erforderlich, veranlaßt werden.

13.

Gesammt-Beschluß.

(Beilage Nr. 1159 z. d. Verhandl. d. K. d. Abg. 1898 Bd. XVI S. 411.)

Allerdurchlauchtigster, Großmächtigster König!
Allergnädigster König und Herr!

S. 411. Die allerunterthänigst treugehorsamsten Kammern der Reichsräthe und der Abgeordneten haben über den von der k. Staatsregierung unter'm 12. Mai lfd. Js. vorgelegten

Entwurf eines Gesetzes über das Liegenschaftsrecht in der Pfalz

in ihren Plenarsitzungen vom 3. ds. und beziehungsweise 27. vor. Mts. Berathung gepflogen und beschlossen,

dem Gesetzentwurfe mit den Modifikationen zuzustimmen, daß

a) in Artikel 12 das Wort „Urtheilshypothek" durch die Worte „gerichtliche Hypothek" zu ersetzen und

b) in Artikel 25 nach dem Worte „bestehen" die Worte „auf Auflösungsrechte" einzuschalten seien.

In allertiefster Ehrfurcht

Euerer Königlichen Majestät

München, den 3. Juni 1898.

allerunterthänigst treugehorsamste

Kammer der Reichsräthe:

Der I. Präsident:
(gez.) Graf von Lerchenfeld.

Der I. Sekretär:
(gez.) Graf von Drechsel.

Kammer der Abgeordneten:

Der Präsident:
(gez.) Dr. von Clemm.

Der I. Schriftführer:
(gez.) Wagner.

14.

Gesetz über das Liegenschaftsrecht in der Pfalz vom 1. Juli 1898.

(Ges.- und Verordn.-Bl. 1898 Nr. 36 S. 370 bis 377.*)

Im Namen Seiner Majestät des Königs. S. 370.

Luitpold,

von Gottes Gnaden Königlicher Prinz von Bayern,

Regent.

Wir haben nach Vernehmung des Staatsraths mit Beirath und Zustimmung der Kammer der Reichsräthe und der Kammer der Abgeordneten beschlossen und verordnen, was folgt:

I. Uebergangsvorschriften.

Artikel 1.

Vorzugsrechte und Hypotheken, die zu der Zeit, zu welcher das Grundbuch als angelegt anzusehen ist, in das Hypothekenbuch eingeschrieben sind, gelten von dieser Zeit an als Sicherungshypotheken.

Nichteingeschriebene Vorzugsrechte und Hypotheken verwandeln sich in Ansprüche auf Bestellung einer Sicherungshypothek.

Artikel 2. S. 371.

Kann eine Einschreibung, die bei dem Hypothekenamte vor der Zeit beantragt worden ist, zu welcher das Grundbuch als angelegt anzusehen ist, bis dahin nicht mehr erfolgen, so wird sie durch die Eintragung des Antrags in das Hinterlegungsregister des Hypothekenbewahrers ersetzt. Der Inhalt des Einschreibungsantrags gilt als Inhalt der Einschreibung.

Artikel 3.

Die gesetzliche Hypothek des Mündels besteht von dem Inkrafttreten des Bürgerlichen Gesetzbuchs an nur zur Sicherung solcher Ansprüche aus der Führung der Vormundschaft, die vor diesem Zeitpunkt entstanden sind.

Artikel 4.

Die gesetzliche Hypothek des Mündels wird von dem Inkrafttreten des Bürgerlichen Gesetzbuchs an auf Ersuchen des Vormundschaftsgerichts in das Hypothekenbuch eingeschrieben. Als erwählter Wohnsitz soll die Gerichtsschreiberei des ersuchenden Gerichts angegeben werden. Die Kosten der Einschreibung fallen dem Mündel zur Last.

Artikel 5.

Für die Beschränkung oder Löschung der Einschreibung der Mündelhypothek gelten von dem Inkrafttreten des Bürgerlichen Gesetzbuchs an, solange

*) Ausgegeben am 8. Juli 1898.

S. 371. das Amt des Vormundes dauert, die Vorschriften des § 1844 des Bürgerlichen Gesetzbuchs.

War der Vater oder die Mutter Vormund, so gelten während der Dauer der elterlichen Gewalt die Vorschriften des § 1671 und des § 1672 Abs. 1 des Bürgerlichen Gesetzbuchs; die Kosten fallen dem Kinde zur Last.

Artikel 6.

Liegen nach dem Ermessen des Vormundschaftsgerichts die Voraussetzungen vor, unter denen der Vormund, der Pfleger oder der Beistand zur Sicherheitsleistung angehalten werden kann, so ist das Gericht von dem Inkrafttreten des Bürgerlichen Gesetzbuchs an bis zu der Zeit, zu welcher das Grundbuch als angelegt anzusehen ist, befugt, eine Hypothek an Grundstücken des Vormundes, des Pflegers oder des Beistandes zu bestellen. Der Vormund, der Pfleger oder der Beistand soll, soweit thunlich, vorher gehört werden. Die Hypothek entsteht mit dem Beschlusse des Gerichts. Der Beschluß muß bestimmen, für welchen Geldbetrag und an welchen Grundstückeu die Hypothek bestellt wird. Die Vorschriften des Artikel 4 finden Anwendung.

Artikel 7.

Die gesetzliche Hypothek der Ehefrau besteht von dem Inkrafttreten des Bürgerlichen Gesetzbuchs an nur zur Sicherung solcher Ansprüche, die vor diesem Zeitpunkt entstanden sind.

S. 372.

Artikel 8.

Ein zur Gütergemeinschaft gehörendes Grundstück ist von dem Inkrafttreten des Bürgerlichen Gesetzbuchs an der gesetzlichen Hypothek der Ehefrau in gleicher Weise unterworfen wie die Grundstücke des Mannes, wenn die gesetzliche Hypothek in das Hypothekenbuch eingeschrieben ist. Die gesetzliche Hypothek kann jedoch nicht zum Nachtheile derjenigen Rechte geltend gemacht werden, welche während der Gütergemeinschaft vor diesem Zeitpunkt an dem Grundstück erworben worden sind. Ist die gesetzliche Hypothek nicht eingeschrieben, so erlischt sie.

Die gesetzliche Hypothek erstreckt sich nicht auf Grundstücke, die erst nach dem Inkrafttreten des Bürgerlichen Gesetzbuchs gütergemeinschaftlich werden.

Ein vor dem Inkrafttreten des Bürgerlichen Gesetzbuchs veräußertes gütergemeinschaftliches Grundstück wird von der gesetzlichen Hypothek frei.

Artikel 9.

Ist die Gütergemeinschaft zur Zeit des Inkrafttretens des Bürgerlichen Gesetzbuchs aufgehoben, so bleiben, unbeschadet der Vorschriften des Artikel 1, für die gesetzliche Hypothek der Ehefrau an den zur Gütergemeinschaft gehörenden Grundstücken die bisherigen Bestimmungen maßgebend.

Das Gleiche gilt, wenn zur Zeit des Inkrafttretens des Bürgerlichen Gesetzbuchs ein Gütertrennungsverfahren anhängig ist. Wird der Antrag auf Gütertrennung abgewiesen, so gilt das Verfahren als nicht anhängig geworden.

Artikel 10.

Die gesetzliche Hypothek der Ehefrau erlischt, wenn sie nicht innerhalb eines Jahres nach der Auflösung der Ehe eingetragen wird. Das Gleiche gilt für den der Ehefrau nach Artikel 1 Abs. 2 zustehenden Anspruch.

Artikel 11. S. 372.

Besteht zu welcher*) Zeit, zu welcher das Grundbuch als angelegt anzusehen ist, eine Subrogation in die gesetzliche Hypothek der Ehefrau mit Wirksamkeit gegen Dritte, so gilt zu Gunsten des Subrogirten die gesetzliche Hypothek von dieser Zeit an als Sicherungshypothek, auch wenn sie nicht in das Hypothekenbuch eingeschrieben ist.

Artikel 12.

Eine gerichtliche Hypothek, die zu der Zeit, zu welcher das Grundbuch als angelegt anzusehen ist, nicht in das Hypothekenbuch eingeschrieben ist, erlischt.

Artikel 13.

Auf Vorzugsrechte und Hypotheken an Nießbrauchsrechten finden die Vorschriften der Artikel 1, 2 mit der Maßgabe Anwendung, daß an die Stelle der Sicherungshypothek ein Pfandrecht an dem Nießbrauche tritt.

Artikel 14. S. 373.

Ist ein Arrest in das unbewegliche Vermögen vor der Zeit vollzogen worden, zu welcher das Grundbuch als angelegt anzusehen ist, so gilt das Vorzugsrecht des Gläubigers von dieser Zeit an als eine Sicherungshypothek. Der nach § 803 der Civilprozeßordnung festgestellte Geldbetrag gilt als der Höchstbetrag der Forderung, für den das Grundstück haftet.

Artikel 15.

Für Verfügungsbeschränkungen, die zu der Zeit bestehen, zu welcher das Grundbuch als angelegt anzusehen ist, kann die Eintragung eines Widerspruchs gegen die Verfügungsbefugniß des Eigenthümers oder des sonstigen Berechtigten verlangt werden.

Artikel 16.

Das den Erbschaftsgläubigern und den Vermächtnißnehmern nach Artikel 2111 des pfälzischen Civilgesetzbuchs zustehende Vorzugsrecht an den zum Nachlasse gehörenden Grundstücken gilt, falls es zu der Zeit, zu welcher das Grundbuch als angelegt anzusehen ist, in das Hypothekenbuch eingeschrieben ist, von dieser Zeit an als Verfügungsbeschränkung des Inhalts, daß Rechte an den zum Nachlasse gehörenden Grundstücken zum Nachtheile der Erbschaftsgläubiger und Vermächtnißnehmer nicht erlangt werden können. Die konkursrechtlichen Wirkungen des Vorzugsrechts bleiben unberührt.

Ist das Vorzugsrecht zu dieser Zeit nicht eingeschrieben, so erlischt es.

Artikel 17.

Steht dem früheren Eigenthümer eines Grundstücks auf Grund eines Rechtsgeschäfts, durch welches das Grundstück veräußert worden ist, ein Recht zu, kraft dessen bei dem Eintritt eines bestimmten Umstandes das Eigenthum an dem Grundstücke mit rückwirkender Kraft an ihn zurückfällt, so verwandelt sich das Rückfallsrecht zu der Zeit, zu welcher das Grundbuch als angelegt anzusehen ist, in den Anspruch auf Rückübertragung des Eigenthums und Befreiung des Grundstücks von den Lasten, die nach der Uebertragung des Eigenthums auf den Erwerber entstanden sind. Zugleich treten die mit der Eintragung einer Vormerkung zur Sicherung des Anspruchs verbundenen Wirkungen ein, bei dem im Artikel 2 des Gesetzes vom 26. April 1888

*) Muß heißen: „zu der".

S. 373. bezeichneten Auflösungsrechte jedoch nur, wenn das Auflösungsrecht gemäß Artikel 2 oder Artikel 40 des angeführten Gesetzes gewahrt ist.

Artikel 18.

Ist bei der Veräußerung eines Grundstücks vertragsmäßige Versteigerung bedungen worden, so finden die Vorschriften des Artikel 17 mit der Maßgabe Anwendung, daß die Uebertragung des Eigenthums auf den Ersteher zu er-
S. 374. folgen hat, dem das Grundstück bei ‖ der vertragsmäßigen Versteigerung zugeschlagen wird. Für die Versteigerung sind die Vorschriften des Artikel 202 Abs. 1, 4 bis 7 des Gesetzes vom 23. Februar 1879 zur Ausführung der Reichs-Civilprozeßordnung und Konkursordnung maßgebend.

Artikel 19.

Das zur Zeit des Inkrafttretens des Bürgerlichen Gesetzbuchs bestehende Sondereigenthum an einem selbständigen Bauwerke, das sich auf oder unter der Oberfläche eines fremden Grundstücks befindet, gilt von diesem Zeitpunkt an als Erbbaurecht im Sinne des Bürgerlichen Gesetzbuchs.

Das Sondereigenthum an einzelnen Räumen eines fremden Gebäudes gilt von dem Inkrafttreten des Bürgerlichen Gesetzbuchs an als das veräußerliche und vererbliche Recht an dem fremden Grundstück, auf diesem den Gebäudetheil zu haben. Die Vorschriften der §§ 1016, 1017 des Bürgerlichen Gesetzbuchs finden entsprechende Anwendung.

Artikel 20.

Das Stockwerkseigenthum nach Artikel 664 des pfälzischen Civilgesetzbuchs gilt von dem Inkrafttreten des Bürgerlichen Gesetzbuchs an als Miteigenthum an dem Grundstücke mit der Maßgabe, daß jedem Miteigenthümer die ausschließliche und dauernde Benutzung derjenigen Theile des Gebäudes zusteht, welche ihm zur Zeit des Inkrafttretens des Bürgerlichen Gesetzbuchs gehören, und daß der Aufwand für ihre Unterhaltung ihm zur Last fällt. Der Anspruch auf Aufhebung der Gemeinschaft ist ausgeschlossen.

Auf die Benutzungsrechte der Miteigenthümer findet die Vorschrift des § 1010 Abs. 1 des Bürgerlichen Gesetzbuchs entsprechende Anwenduug.

Artikel 21.

Steht ein Grundstück, das bestimmten wirthschaftlichen Zwecken anderer Grundstücke dient, nach den bisherigen Vorschriften im Miteigenthume der jeweiligen Eigenthümer dieser Grundstücke, so gilt es von dem Inkrafttreten des Bürgerlichen Gesetzbuchs an als zu Gunsten des jeweiligen Eigenthümers eines jeden dieser Grundstücke mit einer Grunddienstbarkeit des Inhalts belastet, daß er es zu den bestimmten Zwecken benutzen darf.

Artikel 22.

Die im Artikel 191 Abs. 2 des Einführungsgesetzes zum Bürgerlichen Gesetzbuche zum Schutze der Ausübung von Grunddienstbarkeiten gegebenen Vorschriften gelten von dem Inkrafttreten des Bürgerlichen Gesetzbuchs an, auch bevor das Grundbuch als angelegt anzusehen ist.

S. 375. II. Vorschriften über die Anlegung des Grundbuchs.

Artikel 23.

Ist ein Grundstück mit einem Rechte belastet, das zur Erhaltung der Wirksamkeit gegenüber dem öffentlichen Glauben des Grundbuchs der Eintragung

bedarf, so muß das Recht im Anlegungsverfahren bei dem Amtsgerichte zur S. 375.
Eintragung angemeldet werden, widrigenfalls es im Range hinter die angemeldeten Rechte zurücktritt.

Durch die Anmeldung wird die nach den bisherigen Gesetzen erforderliche Einschreibung in das Hypothekenbuch nicht ersetzt.

Artikel 24.

Ist ein Recht der im Artikel 23 bezeichneten Art vor dem Ablaufe der für die Anmeldung bestimmten Ausschlußfrist erworben worden, so muß es vor diesem Zeitpunkt angemeldet werden, widrigenfalls es im Range hinter die vor dem Ablaufe der Frist angemeldeten Rechte zurücktritt.

Ist das Recht in den letzten zehn Tagen vor dem Ablaufe der Frist erworben worden, so genügt die Anmeldung innerhalb zehn Tagen nach dem Ablaufe der Frist.

Artikel 25.

Auf Rechte, die an einem der in den Artikeln 23, 24 bezeichneten Rechte bestehen, auf Auflösungsrechte und auf Verfügungsbeschränkungen finden die Vorschriften dieser Artikel entsprechende Anwendung.

Artikel 26.

Ist ein Grundstück mit einem Rechte belastet, dessen Eintragung in das Grundbuch im Anlegungsverfahren verlangt werden kann, so ist der Eigenthümer verpflichtet, die Bewilligung zur Eintragung auf Verlangen des Berechtigten zu ertheilen.

Diese Vorschrift findet auf die Eintragung von Rechten an den im Abs. 1 bezeichneten Rechten entsprechende Anwendung.

Artikel 27.

Die Amtsgerichte, denen die Anlegung des Grundbuchs obliegt, sind zur Beurkundung von Erklärungen, Eintragungsbewilligungen und Verträgen zuständig, die durch die Anlegung des Grundbuchs veranlaßt werden. Der Beiziehung eines Gerichtsschreibers bedarf es nicht.

Diese Vorschriften gelten im Falle der Rechtshilfe auch für das ersuchte Gericht.

Artikel 28.

Mit den Vorbereitungsarbeiten für die Herstellung des Grundbuchs, insbesondere mit der Feststellung der an den Grundstücken bestehenden Rechte und mit den im Artikel 27 ‖ Abs. 1 bezeichneten Beurkundungen kann das S. 376.
Staatsministerium der Justiz geprüfte Rechtspraktikanten betrauen.

Die Vornahme eidlicher Vernehmungen und die Befugniß, eine Strafe zu verhängen, steht den Rechtspraktikanten nicht zu.

Artikel 29.

Die Notare haben im Anlegungsverfahren dem Amtsgericht auf Ersuchen die Urschriften ihrer Urkunden zu übersenden oder über deren Inhalt Auskunft zu geben. Im Falle der Uebersendung der Urschrift ist die Zurückbehaltung einer Abschrift nicht erforderlich.

Für die Erledigung eines nach Abs. 1 gestellten Ersuchens kann eine Gebühr nicht beansprucht werden.

*

S. 376. Artikel 30.

Die Hypothekenbewahrer haben im Anlegungsverfahren dem Amtsgericht auf Ersuchen die von ihnen verwahrten Urkunden zu übersenden oder Auskunft über die in den Hypothekenregistern enthaltenen Einschreibungen zu geben.

Für die Erledigung eines nach Abs. 1 gestellten Ersuchens kann eine Gebühr nicht beansprucht werden.

Artikel 31.

Die Gemeindebehörden können zur Mitwirkung im Anlegungsverfahren herangezogen werden.

Finden Vernehmungstermine außerhalb des Gerichtssitzes statt, so hat die Gemeinde geeignete Räumlichkeiten zur Verfügung zu stellen, sowie für die Beheizung, Beleuchtung und Reinigung Sorge zu tragen. Ein Anspruch auf Ersatz der Aufwendungen steht der Gemeinde nicht zu.

Artikel 32.

Das Verfahren, in dem die Anlegung des Grundbuchs erfolgt, einschließlich der im Artikel 27 Abs. 1 bezeichneten Beurkundungen ist gebührenfrei. Die baaren Auslagen werden auf die Staatskasse übernommen.

III. Schlußbestimmung.

Artikel 33.

Mit dem Inkrafttreten des Bürgerlichen Gesetzbuchs treten außer Kraft:

1. der Artikel 170 des Gesetzes vom 23. Februar 1879 zur Ausführung der Reichs-Civilprozeßordnung und Konkursordnung,
2. die Artikel 5 bis 8, der Artikel 9 Satz 2, der Artikel 10 Abs. 1 Satz 4, Abs. 2 Satz 1, Abs. 3 und der Artikel 11 des Gesetzes
S. 377. vom 26. April 1888, || die Abänderung von Bestimmungen des in der Pfalz geltenden Hypotheken- und Vormundschaftsrechts betreffend.

Gegeben zu München, den 1. Juli 1898.

Luitpold,
Prinz von Bayern,
des Königreichs Bayern Verweser.

Dr. **Frhr. v. Crailsheim.** Dr. **Frhr. v. Riedel.** **Frhr. v. Feilitzsch.** Dr. **Frhr. v. Leonrod.** **Frhr. v. Asch.** Dr. **v. Landmann.**

Auf Allerhöchsten Befehl:
Der Oberregierungsrath
im k. Staatsministerium des Innern:
Dr. Proebst.

Nr. 18072. 15.

Königlich Allerhöchste Verordnung, die vom Buchungszwange befreiten Grundstücke betreffend, vom 1. Juli 1898.

(Ges.- und Verordn.-Bl. 1898 Nr. 36 S. 377, 378.*)

Siehe diese in der I. Abtheilung Nr. 15 S. 156.

*) Ausgegeben am 8. Juli 1898.

Nr. 21868. 16.

Königlich Allerhöchste Verordnung, die Anlegung des Grundbuchs in der Pfalz betreffend, vom 28. August 1898.

(Ges.- und Verordn.-Bl. 1898 Nr. 44 S. 561 bis 569.*)

Im Namen Seiner Majestät des Königs. S. 561.

Luitpold,

von Gottes Gnaden Königlicher Prinz von Bayern,

Regent.

Wir finden Uns bewogen, zum Vollzuge des Artikel 186 des Einführungsgesetzes zum Bürgerlichen Gesetzbuch und des § 91 der Grundbuchordnung zu verordnen, was folgt:

§ 1.

Die Anlegung des Grundbuchs erfolgt von Amtswegen.

Die Grundbücher sind für Steuergemeinden einzurichten. Das Staatsministerium der Justiz kann in besonderen Fällen eine andere Einrichtung anordnen.

§ 2.

Die Bezeichnung der Grundstücke im Grundbuch erfolgt nach den Plannummern, unter denen sie im Grundsteuerkataster und im Flurbuch eingetragen sind.

§ 3. S. 562.

Die Anlegung des Grundbuchs wird von dem Amtsgerichte vorgenommen, in dessen Bezirke die Steuergemeinde liegt. Das Staatsministerium der Justiz bezeichnet die Steuergemeinden, in denen die Anlegung vorgenommen wird, und die Beamten des Gerichts, denen die Anlegungsarbeiten in den einzelnen Steuergemeinden obliegen.

§ 4.

Der Beginn des Anlegungsverfahrens in einer Gemeinde ist vom Gericht öffentlich bekannt zu machen.

§ 5.

Der Eintragung in das Grundbuch geht ein Ermittelungsverfahren voraus, in dem das Eigenthum an den Grundstücken und, soweit andere Rechte angemeldet werden, auch diese festgestellt werden.

Die für die Voraussetzung der Eintragung des Eigenthums erforderlichen Ermittelungen nimmt das Gericht, soweit nöthig, von Amtswegen vor.

§ 6.

Zu dem in § 5 bezeichneten Zwecke findet die Vernehmung der Betheiligten und eine Verhandlung vor dem Gerichte statt.

---

*) Ausgegeben am 10. September 1898.

S. 562. Zu dem hiezu anberaumten Termine hat das Gericht zu laden:

1. den im Flurbuch als Besitzer Bezeichneten oder seinen Rechtsnachfolger;
2. diejenigen Personen, welche von den in Nr. 1 Genannten als Eigenthümer bezeichnet werden oder für deren Eigenthum sich sonst Anzeichen ergeben, sowie diejenigen Personen, welche einen Eigenthumsanspruch bei dem Gerichte geltend gemacht haben;
3. diejenigen Personen, für welche Rechte an einem Grundstück angemeldet wurden.

§ 7.

Die Ladung kann unterbleiben,

1. wenn sie unthunlich ist, oder wenn der zu Vernehmende im Auslande wohnt; ist dem Gerichte bekannt, daß er im Inland einen Vertreter hat, so ist dieser zu laden;
2. wenn das Gericht glaubt, sich mit einer schriftlichen oder mündlichen Erklärung der Person begnügen zu können, von der ein Aufschluß verlangt wird.

Die Beamten, welche zur Verwaltung der dem Buchungszwange nicht unterliegenden Grundstücke berufen sind, werden nur dann geladen, wenn ihre schriftlichen Erklärungen mündliche Aufschlüsse im Termine nothwendig machen.

§ 8.

Jedermann ist verpflichtet, der Ladung Folge zu leisten, auf Verlangen Auskunft über die ihm bekannten Rechtsverhältnisse eines Grundstücks zu ertheilen, sowie die darauf bezüglichen Urkunden vorzulegen, soweit sie ihm gehören und sich in seinem Besitze befinden.

S. 563. § 9.

Das Gericht kann Zeugen und Sachverständige nach Maßgabe der Vorschriften der Civilprozeßordnung vernehmen. Ueber die Beeidigung eines Zeugen oder Sachverständigen entscheidet jedoch, unbeschadet der §§ 358, 367 der Civilprozeßordnung, das Ermessen des Gerichts.

§ 10.

Das Gericht kann die Erfüllung der im § 8 bezeichneten Verpflichtungen durch Geldstrafen erzwingen. Die einzelne Strafe darf den Betrag von einhundertfünfzig Mark nicht übersteigen. Der Festsetzung der Strafe muß eine Androhung vorausgehen. Eine Anfechtung der Entscheidung des Beschwerdegerichts ist unzulässig. Erfolgt nachträglich genügende Entschuldigung, so ist die Strafverfügung aufzuheben.

Das Gericht kann sich die verweigerten Aufschlüsse auf Kosten des Säumigen verschaffen.

§ 11.

Die Betheiligten können mit Beiständen erscheinen; sie können sich, soweit nicht das Gericht das persönliche Erscheinen anordnet, auch durch Bevollmächtigte vertreten lassen. Die Bevollmächtigten haben auf Anordnung des Gerichtes oder auf Verlangen eines Betheiligten der Bevollmächtigung durch eine öffentliche oder öffentlich beglaubigte Vollmacht nachzuweisen.

Die Bevollmächtigung zur Ertheilung der Eintragungsbewilligung kann nur durch eine öffentliche oder öffentlich beglaubigte Vollmacht nachgewiesen werden. S. 563.

§ 12.

Wer das Eigenthum an einem Grundstücke beansprucht, hat dem Gericht über den Erwerb des Eigenthums Aufschluß zu geben, seinen Rechtsvorgänger zu benennen und die in seinem Besitze befindlichen Erwerbsurkunden und sonstigen Belege, sowie einen berichtigten Auszug aus dem Grundsteuerkataster vorzulegen.

§ 13.

Wer im Flurbuch als Besitzer bezeichnet ist, wird als Eigenthümer eingetragen, wenn sein Eigenthum glaubhaft gemacht ist.

Zur Glaubhaftmachung genügt die Beibringung der Erwerbsurkunde oder der vom Bürgermeister ausgestellten Eigenthumsbescheinigung.

Der Bürgermeister hat auf Verlangen eine Bescheinigung darüber auszustellen, ob der Besitzer in der Gemeinde als Eigenthümer gilt. Für die Ausstellung wird eine Gebühr nicht erhoben.

§ 14. S. 564.

Wer nicht im Flurbuch als Besitzer bezeichnet ist, wird, falls er das Eigenthum als Rechtsnachfolger des im Flurbuch als Besitzer Bezeichneten in Anspruch nimmt, als Eigenthümer eingetragen, wenn dessen Eigenthum und die Rechtsnachfolge glaubhaft gemacht sind.

§ 15.

Wird in anderen Fällen das Eigenthum von einem nicht im Flurbuch als Besitzer Bezeichneten beansprucht, so ist zur Eintragung außer der Glaubhaftmachung des Eigenthums erforderlich, daß der im Flurbuch als Besitzer Bezeichnete oder sein Rechtsnachfolger der Eintragung zustimmt.

Die Zustimmung gilt als ertheilt, wenn der im Flurbuch als Besitzer Bezeichnete oder sein Rechtsnachfolger auf eine Aufforderung des Gerichts nicht binnen zwei Wochen Widerspruch erhebt. Der Rechtsnachtheil ist in der Aufforderung anzudrohen.

Ist die Mittheilung der Aufforderung unthunlich, so ist die Aufforderung an die Gerichtstafel anzuheften und einmal in das für die Bekanntmachungen des Gerichts bestimmte Blatt einzurücken. Die Frist beginnt mit dem Ablaufe von zwei Wochen seit der Einrückung.

§ 16.

Wird im Falle des § 15 Widerspruch erhoben oder liegen sonst einander widerstreitende Eigenthumsansprüche vor, so hat das Gericht zunächst unter den Betheiligten zu vermitteln. Kommt eine Einigung nicht zu Stande, so wird derjenige als Eigenthümer eingetragen, von welchem das Gericht auf Grund der vorhandenen Belege und der Ermittelungen annimmt, daß er Eigenthümer ist. Zugleich ist für den anderen Betheiligten ein Widerspruch einzutragen. Der Widerspruch ist von Amtswegen zu löschen, wenn derjenige, für den er eingetragen wird, nicht bis zur Beendigung des Anlegungsverfahrens oder, wenn das Anlegungsverfahren voraussichtlich nicht mehr drei Monate lang dauert, binnen einer ihm vom Gerichte zu bestimmenden Frist von drei Monaten

S. 564. nachweist, daß er den Rechtsstreit gegen den als Eigenthümer Eingetragenen anhängig gemacht hat. Die Vorschriften des § 15 Abs. 3 finden entsprechende Anwendung.

§ 17.

Miteigenthümer können auf die Erklärung eines einzelnen Miteigenthümers eingetragen werden, wenn das Gericht die Vernehmung der übrigen Miteigenthümer nicht für erforderlich erachtet. Vor der Eintragung sind die nicht vernommenen Miteigenthümer davon zu benachrichtigen, welche Eintragung in Aussicht genommen ist; damit ist die Mittheilung zu verbinden, daß sie bei dem Gerichte schriftlich oder mündlich Einwendungen gegen die Eintragung erheben können, und daß die Eintragung erfolgt, wenn sie bis zum Ablaufe der Ausschlußfrist (§ 24) Einwendungen nicht erheben.

S. 565. § 18.

Die Eintragung von Rechten, mit denen ein Grundstück belastet ist, erfolgt auf schriftliche oder mündliche Anmeldung.

Die Anmeldung kann auch von dem Eigenthümer des belasteten Grundstücks ausgehen. Die von dem Eigenthümer vor dem Gericht abgegebene Erklärung, daß das Recht besteht, gilt als Anmeldung.

§ 19.

Wer die Eintragung eines Rechtes, mit dem ein Grundstück belastet ist, verlangt, hat dem Gerichte die zum Nachweise des Rechtes erforderlichen Belege einzureichen.

§ 20.

Die Vorschriften dieser Verordnung über Rechte, mit denen ein Grundstück belastet ist, finden auf Rechte an solchen Rechten, auf Auflösungsrechte und auf Verfügungsbeschränkungen entsprechende Anwendung.

§ 21.

Rechte, mit denen ein Grundstück belastet ist, werden eingetragen, wenn der Eigenthümer die Eintragung bewilligt oder der Berechtigte das Recht durch eine öffentliche Urkunde nachweist. Ertheilt im letzteren Falle der Eigenthümer die Eintragungsbewilligung nicht, so wird auf seinen Antrag ein Widerspruch gegen das eingetragene Recht eingetragen.

§ 22.

Wird die Eintragungsbewilligung schriftlich eingereicht, so muß sie durch eine öffentliche oder öffentlich beglaubigte Urkunde nachgewiesen sein.

§ 23.

Bei den im Hypothekenbuch eingeschriebenen Rechten hat das Gericht den Rang aus den von dem Hypothekenbewahrer zu übersendenden Einschreibungsbelegen und nach Maßgabe der Anmeldungen zu ermitteln.

Soll ein anderer Rang eingetragen werden, so ist die Einwilligung aller Betheiligten erforderlich.

§ 24.

Wer im Ermittelungsverfahren ein Recht nicht geltend gemacht hat, kann die Anmeldung binnen einer nach der Beendigung des Verfahrens beginnenden Ausschlußfrist von drei Monaten nachholen.

Der Beginn und das Ende der Frist sind öffentlich bekannt zu machen. S. 565.
Mit der Bekanntmachung muß die Aufforderung verbunden werden, alle bisher nicht angemeldeten Rechte, welche zur Erhaltung der Wirksamkeit gegenüber dem öffentlichen Glauben des Grundbuchs der Eintragung bedürfen, binnen der Frist, und Rechte, die binnen zehn Tagen || vor dem Ablaufe der Frist erworben S. 566.
wurden, spätestens binnen zehn Tagen nach dem Ablaufe der Frist anzumelden, widrigenfalls sie im Range hinter die angemeldeten Rechte zurücktreten.

§ 25.

Sind die während der Ausschlußfrist eingegangenen Anmeldungen erledigt, so wird die Eintragung in das Grundbuch vorgenommen. Die Eintragung kann schon früher vorgenommen werden, wenn Veränderungen in den Rechten nicht zu erwarten sind.

§ 26.

Nach dem Ablaufe der Ausschlußfrist bestimmt das Staatsministerium der Justiz den Zeitpunkt, in welchem das Grundbuch als angelegt anzusehen ist; dabei bezeichnet es die Grundstücke, die von der Anlegung des Grundbuchs ausgenommen sind.

Die Verfügung ist durch das Amtsgericht zu veröffentlichen. Zwischen der Veröffentlichung und dem im Abs. 1 bezeichneten Zeitpunkte muß eine Frist von zwei Wochen liegen.

Mit dem Beginne des Tages, in den der nach Abs. 1 bestimmte Zeitpunkt fällt, ist das Anlegungsverfahren beendigt.

§ 27.

Mit der in § 26 Abs. 2 bezeichneten Veröffentlichung hat das Gericht eine Bekanntmachung zu erlassen, durch die alle Personen, welche nach dem Ablaufe der Ausschlußfrist Rechte der im § 24 Abs. 2 bezeichneten Art an einem der nicht ausgenommenen Grundstücke erworben haben oder noch erwerben, aufgefordert werden, die Rechte vor der Beendigung des Anlegungsverfahrens anzumelden, widrigenfalls die Rechte im Range hinter die angemeldeten Rechte zurücktreten.

§ 28.

Sind für ein angemeldetes Recht die Voraussetzungen zur Eintragung vor der Beendigung des Anlegungsverfahrens erfüllt, so gilt die Eintragnug als im Anlegungsverfahren vorgenommen, auch wenn sie erst später erfolgt.

Das Gleiche gilt, wenn die Eintragung nur deßhalb vor dem im Abs. 1 bezeichneten Zeitpunkte nicht vorgenommen werden kann, weil die Belege über die Einschreibung in das Hypothekenbuch von dem Hypothekenbewahrer erst später übersendet werden.

Wird vor der Erledigung der in den Abs. 1, 2 erwähnten Eintragungen eine andere Eintragung in das Grundbuch beantragt, durch die dasselbe Recht betroffen wird, so ist zu Gunsten des angemeldeten Rechtes von Amtswegen ein Widerspruch einzutragen.

§ 29.

Von dem Tage an, an dem nach § 5 der Verordnung vom 4. Juni 1897, die Feststellung der hypothekarischen Belastung bei Anlegung des Grundbuchs in der Pfalz betreffend (Ges.- u. Verordn.-Bl. S. 213), die Bordereaux an das Gericht abgegeben werden, || haben die Hypothekenbewahrer über alle Ein- S. 567.

S. 567. schreibungen, die gegen Grundbücke des Gemeindebezirks vorgenommen werden, Ergänzungslisten zu führen. Die Hypothekenlisten werden mit den Bordereaux an das Gericht abgegeben.

Auf die Ergänzungslisten finden die für die Hypothekenlisten bestehenden Vorschriften entsprechende Anwendung.

Am 1. und am 15. jeden Monats ist eine Abschrift der vollzogenen Eintragungen unter Anfügung der zugehörigen Bordereaux dem Gerichte mitzutheilen.

Am Tage nach der Beendigung des Anlegungsverfahrens ist die Ergänzungsliste mit den noch rückständigen Bordereaux an das Gericht abzugeben.

Außer den in der Verordnung vom 4. Juni 1897 festgesetzten Gebühren kann eine Gebühr nicht beansprucht werden.

§ 30.

Kann eine bei dem Hypothekenamte beantragte Einschreibung vor der Beendigung des Anlegungsverfahrens nicht mehr vorgenommen werden, so werden in die Ergänzungsliste der Band und die Nummer des Hinterlegungsregisters eingetragen. Die Eintragung ist als Auszug aus dem Hinterlegungsregister kenntlich zu machen.

Der Antrag ist mit dem Vermerk über die Eintragung im Hinterlegungsregister zu versehen und mit der Ergänzungsliste an das Gericht abzugeben.

§ 31.

Wird während der Dauer des Anlegungsverfahrens ein Rechtsgeschäft über das Eigenthum an einem Grundstücke des Gemeindebezirks beurkundet, so hat der Notar sofort dem Gerichte davon Mittheilung zu machen.

§ 32.

Ist in Ansehung eines Grundstücks des Gemeindebezirks ein Zwangsversteigerungsverfahren anhängig, so hat das Vollstreckungsgericht dem Anlegungsgerichte davon Mittheilung zu machen. Die Eintragung des Grundstücks in das Grundbuch unterbleibt, bis das Verfahren beendigt ist. Von der Beendigung hat das Vollstreckungsgericht dem Anlegungsgericht oder, wenn das Anlegungsverfahren schon beendigt ist, dem Grundbuchamt unter Uebersendung der Zwangsversteigerungsakten sofort Mittheilung zu machen.

§ 33.

Ist über das Vermögen des Eigenthümers eines Grundstücks des Gemeindebezirks das Konkursverfahren eröffnet, so hat das Konkursgericht dem Anlegungsgerichte davon Mittheilung zu machen. Die Eintragung des Grundstücks in das Grundbuch unterbleibt, bis das Grundstück aus dem Vermögen des Gemeinschuldners endgiltig ausgeschieden oder das Konkursverfahren beendigt ist. Das Konkursgericht hat in beiden Fällen dem Anlegungsgericht oder, wenn
S. 568. das Anlegungsverfahren schon beendigt ist, dem Grundbuchamte sofort || Mittheilung zu machen und die Akten über das Verfahren, aus denen sich ergibt, wer der Eigenthümer des Grundstücks ist, zu übersenden.

§ 34.

Ist in Ansehung eines Grundstücks des Gemeindebezirks ein Theilungsverfahren, ein Verfahren der vertragsmäßigen Wiederversteigerung oder ein Hypothekenreinigungsverfahren anhängig, so unterbleibt die Eintragung des Grundstücks in das Grundbuch, bis das Verfahren beendigt ist. Das Gleiche

gilt, wenn das Grundstück zu einer Gütergemeinschaft gehört, in Ansehung S. 568.
deren ein Gütertrennungsverfahren anhängig ist. Die Behörde, bei welcher das Verfahren anhängig ist, hat dem Anlegungsgericht oder, wenn das Anlegungsverfahren schon beendigt ist, dem Grundbuchamte von der Beendigung sofort Mittheilung zu machen und diejenigen Urkunden des Verfahrens zu übersenden, aus welchen sich ergibt, wer der Eigenthümer des Grundstücks ist.

§ 35.

Ist im Gemeindebezirk ein Flurbereinigungsverfahren anhängig, so hat die Flurbereinigungskommission dem Anlegungsgerichte davon Mittheilung zu machen.

Die Eintragung der in die Flurbereinigung einbezogenen Grundstücke unterbleibt, bis der Endentscheid der Flurbereinigungskommission rechtskräftig geworden ist. Von dem Eintritte der Rechtskraft hat die Flurbereinigungskommission dem Anlegungsgericht oder, wenn das Anlegungsverfahren schon beendigt ist, dem Grundbuchamt unter Uebersendung eines Auszugs aus dem Flurbereinigungsoperate sofort Mittheilung zu machen.

§ 36.

Solange in Ansehung eines Grundstücks die Voraussetzungen für die Eintragung in das Grundbuch nicht erfüllt sind, bleibt das Grundstück von der Anlegung des Grundbuchs ausgenommen.

§ 37.

Sobald die Hindernisse beseitigt sind, die der Eintragung des Grundstücks in das Grundbuch entgegenstanden, bestimmt das Staatsministerium der Justiz den Zeitpunkt, in welchem das Grundbuch in Ansehung des Grundstücks als angelegt anzusehen ist. Der § 26 Abs. 2 findet entsprechende Anwendung.

Mit der Veröffentlichung hat das Grundbuchamt eine Bekanntmachung zu erlassen, durch die alle Personen, welche nach dem Ablaufe der Ausschlußfrist (§ 24 Abs. 1) Rechte der im § 24 Abs. 2 bezeichneten Art an dem Grundstück erworben haben oder noch erwerben, aufgefordert werden, die Rechte vor dem Zeitpunkte, in welchem das Grundbuch in Ansehung des Grundstücks als angelegt anzusehen ist, anzumelden, widrigenfalls die Rechte im Range hinter die angemeldeten Rechte zurücktreten.

An dem Tage, in den der nach Abs. 1 bestimmte Zeitpunkt fällt, hat S. 569.
das Grundbuchamt die Eintragung des Grundstücks und der daran bestehenden Rechte in das Grundbuch vorzunehmen. Auf die angemeldeten Rechte finden die Vorschriften des § 28 entsprechende Anwendung.

§ 38.

Das Staatsministerium der Justiz wird ermächtigt, die für das Anlegungsverfahren erforderlichen Ausführungsvorschriften zu erlassen und das Formular für das Grundbuch zu bestimmen.

Gegeben Linderhof, den 28. August 1898.

Luitpold, Prinz von Bayern,
des Königreichs Bayern Verweser.

Staatsrath **v. Neumayr.** Staatsrath **v. May.** Staatsrath **v. Heller.**

Auf Allerhöchsten Befehl:
Der General-Sekretär:
Statt dessen:
Ministerialrath v. Schnell.

17.

Bekanntmachung des K. Staatsministeriums der Justiz, die Anlegung des Grundbuchs in der Pfalz betreffend, vom 14. September 1898.

(Just.-Min.-Bl. 1898 Nr. XVI vom 29. Sept. 1898 S. 315 bis 505.)

S. 315. Auf Grund des § 38 der Königlichen Verordnung vom 28. August 1898, die Anlegung des Grundbuchs in der Pfalz betreffend, wird zur Ausführung dieser Verordnung im Einverständnisse mit den Königlichen Staatsministerien des Innern und der Finanzen folgende

Grundbuchanlegungsordnung für die Pfalz

erlassen:

A. Organisation.

I. Oertliche Bezirke.

1. Die für das Grundbuch in Betracht kommenden örtlichen Bezirke bemessen sich nach den Steuergemeinden.

2. Die Steuergemeinden eines Amtsgerichtsbezirkes bilden einen Grundbuchamtsbezirk. Grundbuchamt ist für jedes Grundstück das Amtsgericht, in dessen Bezirke das Grundstück liegt.

3. Jede Steuergemeinde bildet einen Grundbuchbezirk. Zu dem Grundbuchbezirke
S. 316. gehören alle Grundstücke, die in der || Steuergemeinde liegen, auch wenn der Eigenthümer
nicht in der Steuergemeinde wohnt oder seinen Sitz hat.

4. Die Steuergemeinde bildet einen Grundbuchbezirk, auch wenn sie mit dem Bezirk einer politischen Gemeinde nicht zusammenfällt.

Besteht eine Steuergemeinde aus den Bezirken mehrerer politischen Gemeinden, so bilden diese zusammen den Grundbuchbezirk. So bildet die Steuergemeinde Frankeneck-Neidenfels, welche die Bezirke der politischen Gemeinden Frankeneck und Neidenfels umfaßt, den Grundbuchbezirk Frankeneck-Neidenfels; die Steuergemeinde Homburg, welche die politischen Gemeinden Homburg und Schwarzenbach-Beeden umfaßt, bildet den Grundbuchbezirk Homburg.

5. Zerfällt der Bezirk einer politischen Gemeinde in mehrere Steuergemeinden, so bildet jede Steuergemeinde einen Grundbuchbezirk. So bilden im Bezirke der politischen Gemeinde Ludwigshafen die Steuergemeinde Ludwigshafen und die Steuergemeinde Friesenheim, ferner im Bezirke der politischen Gemeinde Nünschweiler-Dusenbrücken die Steuergemeinde Nünschweiler und die Steuergemeinde Dusenbrücken je einen Grundbuchbezirk. Das Gleiche gilt für die Steuergemeinden Bienwald und Büchelberg, deren Bezirke den Bezirk der politischen Gemeinde Büchelberg bilden.

6. Wenn eine Steuergemeinde aus Theilen von Bezirken mehrerer politischen Gemeinden zusammengesetzt ist, so bildet sie auch dann einen selbständigen Grundbuchbezirk, wenn die politischen Gemeinden in ihren übrigen Theilen eigene Steuergemeinden und damit selbständige Grundbuchbezirke bilden. So bildet die Steuergemeinde Schwarzland, die aus Theilen der Bezirke der politischen Gemeinden Eschenau und St. Julian besteht, einen selbständigen Grundbuchbezirk neben den Grundbuchbezirken Eschenau und St. Julian.

7. Bei den sogenannten Bannexklaven, d. h. den Theilen des Bezirkes einer politischen
Gemeinde, die von dem Haupttheile des Bezirkes getrennt und von Theilen anderer Gemeindebezirke umschlossen sind, muß unterschieden werden, ob sie mit dem Haupttheile den Bezirk
einer Steuergemeinde bilden oder nicht. Im ersteren Falle gehört die Bannexklave zu dem-
S. 317. selben Grundbuch || bezirke, dem die politische Gemeinde angehört. (Beispiel: Der Bezirk der
politischen Gemeinde Kröppen und die Bannexklave Einöderwies bilden den Grundbuchbezirk Kröppen-Einöderwies.) Im letzteren Falle gehört die Bannexklave zu dem Grundbuchbezirke, der durch die Steuergemeinde bestimmt ist, in der sie liegt. So gehört z. B. der Stadtwald der Stadt Landau mit den darin gelegenen Gebäuden zwar zum Gemeindebanne von Landau, er bildet aber einen Theil des Grundbuchsbezirks Oberhaingeraide im Grundbuchamtsbezirk Annweiler.

8. Besteht eine Steuergemeinde aus dem Bezirk einer politischen Gemeinde, die sich aus mehreren Ortschaften zusammensetzt, so bildet der Bezirk der politischen Gemeinde auch dann einen einheitlichen Grundbuchbezirk, wenn die einzelnen Ortschaften ausgeschiedene Gemarkungen haben.

II. Anlegungsorgane. S. 317.

9. Die Anlegung des Grundbuchs in den einzelnen Steuergemeinden wird von dem Amtsgerichte vorgenommen, in dessen Bezirke die Steuergemeinde liegt.

10. Die Anlegungsarbeiten in den einzelnen Steuergemeinden obliegen denjenigen Amtsrichtern, welchen sie durch das Staatsministerium der Justiz übertragen werden. Einem Amtsrichter können gleichzeitig die Anlegungsarbeiten in mehreren Steuergemeinden übertragen werden. Im Falle der Verhinderung des Amtsrichters gelten für die Vertretung die Vorschriften des Art. 19 des Ausführungsgesetzes zum Reichs-Gerichtsverfassungsgesetze vom 23. Febr. 1879.

11. Sind dem Amtsgerichte geprüfte Rechtspraktikanten beigegeben, die vom Staatsministerium der Justiz mit den Vorbereitungsarbeiten für die Herstellung des Grundbuchs betraut sind (Anlegungskommissäre), so kann der Amtsrichter dem Anlegungskommissär die sämmtlichen Verrichtungen übertragen, die aus Anlaß der Anlegung des Grundbuchs in einer bestimmten Gemeinde bis zur Vornahme der Eintragung in das Grundbuch nothwendig werden. Die Vornahme der Eintragung in das Grundbuch kann er dem Anlegungskommissär nicht übertragen. Durch die Uebertragung wird der Anlegungskommissär zur Vornahme || der ihm übertragenen Verrichtungen zuständig. Das Staatsministerium der Justiz S. 318. kann die Verrichtungen einem Anlegungskommissär unmittelbar übertragen.

Uebertragt der Amtsrichter dem Anlegungskommissär die bezeichneten Verrichtungen oder einzelne von ihnen, so hat die Uebertragung in schriftlicher Form zu geschehen. Der Amtsrichter kann einem Anlegungskommissär, dem die Verrichtungen für eine bestimmte Gemeinde übertragen sind, auch einzelne Verrichtungen für andere Gemeinden übertragen.

12. Der Anlegungskommissär hat die ihm übertragenen Verrichtungen unter eigener Verantwortlichkeit vorzunehmen.

Die eidliche Vernehmung von Zeugen und Sachverständigen, sowie die Erlassung von Strafverfügungen steht ihm nicht zu. Erachtet er die eidliche Vernehmung von Zeugen oder Sachverständigen oder die Erlassung einer Strafverfügung für geboten, so hat er dem Amtsrichter davon Mittheilung zu machen; der Amtsrichter hat nach eigenem Ermessen zu befinden.

Der Anlegungskommissär unterzeichnet die von ihm ausgehenden Schriftstücke, wie folgt:

K. Amtsgericht
N. N. Anlegungskommissär.

13. Der Amtsrichter ist berechtigt, jederzeit die Verrichtungen des Anlegungskommissärs zu prüfen und, wenn nöthig, Abhilfe zu treffen. Die Verantwortlichkeit für die von dem Anlegungskommissär innerhalb der Grenzen seiner Befugnisse vorgenommenen Verrichtungen trifft den Amtsrichter nicht.

14. Die in den folgenden Bestimmungen dem Amtsrichter zugewiesenen Verrichtungen gelten auch als dem Anlegungskommissär zugewiesen, wenn nicht das Gegentheil bestimmt ist.

15. Den Amtsrichtern und den Anlegungskommissären wird je ein Gerichtsschreiber beigegeben. Sie können die ihnen übertragenen Verrichtungen allein oder unter Zuziehung des Gerichtsschreibers vornehmen. Wo in den folgenden Bestimmungen die Vornahme bestimmter Verrichtungen ausdrücklich dem Gerichtsschreiber zugewiesen ist, trägt dieser allein die Verantwortlichkeit für die ordnungsgemäße Ausführung. In allen Fällen hat der Amtsrichter das Recht und die Pflicht, die || Verrichtungen des Gerichtsschreibers zu beaufsichtigen S. 319. und, wenn nöthig, das Geeignete anzuordnen. Die Verantwortlichkeit für die Verrichtungen des Gerichtsschreibers trifft ihn jedoch nur, soweit hierüber ausdrückliche Vorschriften bestehen.

III. Aufsicht.

16. Für die Aufsicht über die mit den Anlegungsarbeiten beauftragten Beamten und Bediensteten sind im Allgemeinen die bestehenden Vorschriften maßgebend. Die Anlegungsarbeiten werden jedoch der Aufsicht eines besonderen Grundbuchaufsichtsbeamten unterstellt, den der Oberlandesgerichtspräsident aus der Zahl der Oberlandesgerichtsräthe auf die Dauer eines Jahres ernennt. Auch vor dem Ablaufe des Jahres kann der Oberlandesgerichtspräsident die Aufsicht einem anderen Oberlandesgerichtsrath übertragen, wenn er dies aus dienstlichen Gründen für geboten hält.

17. Der Aufsichtsbeamte hat das Recht und die Pflicht, die gesammte Thätigkeit der mit den Anlegungsarbeiten beauftragten Beamten und Bediensteten zu überwachen und dafür zu sorgen, daß die Anlegungsarbeiten gleichmäßig, sachgemäß und rasch erledigt werden. Er ist berechtigt, zu diesem Zwecke Anordnungen zu erlassen. Anordnungen allgemeiner Natur hat er sofort dem Staatsministerium der Justiz anzuzeigen; wichtigere Anordnungen allgemeiner Natur darf er nur nach Anfrage bei dem Staatsministerium der Justiz treffen.

S. 319. Der Aufsichtsbeamte ist berechtigt, mündlich und schriftlich mit den Anlegungsbeamten in Verkehr zu treten.

Berichte an das Staatsministerium der Justiz sind auf dem Dienstwege zu erstatten.

Die Amtsrichter sind berechtigt, Anfragen und Mittheilungen unmittelbar an den Aufsichtsbeamten zu richten. Die Anfragen und Mittheilungen, sowie die schriftlichen Aeußer-
Form. I u. Ia. ungen des Aufsichtsbeamten haben die aus den Formularien I und Ia ersichtliche äußere Form.

18. Die mit den Anlegungsarbeiten beauftragten Beamten und Bediensteten haben den Anordnungen des Aufsichtsbeamten Folge zu leisten. Doch steht es dem Amtsrichter
S. 320. frei, wenn er || in Fragen des materiellen Rechtes der Anschauung des Aufsichtsbeamten nicht beitreten zu können glaubt, die Entscheidung des Oberlandesgerichtspräsidenten anzurufen. Er ist berechtigt, sich zu diesem Zwecke unmittelbar an den Oberlandesgerichtspräsidenten zu wenden.

Die Anlegungskommissäre sind hiezu nicht berechtigt. Sie können sich an den Amtsrichter wenden, und dieser ist befugt, die Entscheidung des Präsidenten anzurufen, wenn er die Anschauung des Anlegungskommissärs theilt.

In wichtigen Fällen hat der Oberlandesgerichtspräsident die Entscheidung des Staatsministeriums der Justiz einzuholen.

B. Anlegungsverfahren.

I. Vorbereitung des Verfahrens.

1. Beginn.

19. Das Staatsministerium der Justiz bezeichnet den Zeitpunkt, in welchem die Anlegungsarbeiten in einer bestimmten Steuergemeinde beginnen sollen. Der Oberlandesgerichtspräsident benachrichtigt von dem Zeitpunkte das Amtsgericht.

20. Nach dem Empfange der Nachricht hat das Amtsgericht öffentlich bekannt zu machen, daß das Anlegungsverfahren begonnen hat. Die Bekanntmachung erfolgt

1. durch Einrückung in das für die Bekanntmachungen des Amtsgerichts bestimmte Blatt, und falls dieses nicht zu den in der Gemeinde am meisten verbreiteten Blättern gehört, in dasjenige Blatt, welches in der Gemeinde am meisten verbreitet ist,
2. durch Anschlag in der Gemeinde an dem hiefür üblichen Platze,
3. durch die Schelle, soweit dies ortsüblich ist.

Befindet sich in der Steuergemeinde der Sitz einer politischen Gemeinde nicht, so unterbleiben die unter Ziffer 2, 3 bezeichneten Arten der Bekanntmachung. Besteht die Steuergemeinde aus mehreren politischen Gemeinden oder selbständigen Ortschaften, so findet die Bekanntmachung nach Ziffer 2, 3 in jeder Gemeinde oder Ortschaft statt.

S. 321 **21.** Mit der öffentlichen Bekanntmachung ist die Mittheilung zu verbinden, daß

1. alle Grundbesitzer der Gemeinde demnächst über das Eigenthum an ihren im Gemeindebezirke gelegenen Grundstücken werden vernommen werden und daß sie gehalten sind, im Vernehmungstermin ihre Erwerbsurkunden und ihre Auszüge aus dem Grundsteuerkataster vorzulegen, sowie über den Erwerb des Eigenthums und über ihre Rechtsvorgänger Aufschluß zu geben;
2. daß alle an den Grundstücken des Gemeindebezirks bestehenden Rechte, insbesondere Vorzugsrechte, Hypotheken, Nießbrauchsrechte, ferner Rechte an solchen Rechten, Verfügungsbeschränkungen und Auflösungsrechte, im Anlegungsverfahren bei dem Amtsgerichte angemeldet werden müssen, widrigenfalls sie im Range hinter die angemeldeten Rechte zurücktreten. In Ansehung der Grunddienstbarkeiten ist darauf hinzuweisen, daß für sie ein Anmeldungszwang nicht besteht, daß aber auch sie im Anlegungsverfahren angemeldet werden können.

Form. II. Die Bekanntmachung kann nach dem Muster und Formular II abgefaßt werden.

22. Von dem Beginne des Anlegungsverfahrens hat das Amtsgericht

1. dem Hypothekenamte,
2. dem Rentamte,
3. den Notaren, die ihren Sitz am Sitze des Landgerichts sowie innerhalb des Bezirksamtssprengels haben,
4. dem Bezirksamte,
5. der Flurbereinigungskommission

alsbald Mittheilung zu machen. Die Mittheilung erfolgt durch einfachen Brief.

23. Sobald die Bekanntmachung über den Beginn des Anlegungsverfahrens veröffentlicht ist, tritt der Amtsrichter mit dem Bürgermeister der Gemeinde, für die das Anlegungsverfahren begonnen hat, wenn nöthig persönlich ins Benehmen; zu diesem Zwecke hat der Bürgermeister auf Ersuchen bei dem Amtsrichter zu erscheinen. S. 321.

Der Amtsrichter theilt dem Bürgermeister mit, welche Aufschlüsse von den einzelnen Grundbesitzern über die Rechtsverhältnisse ihrer Grundstücke bei der Vernehmung verlangt werden und welche urkundlichen Belege sie dem Gerichte vorzulegen haben. S. 322.

Gleichzeitig wird der Bürgermeister darauf aufmerksam gemacht, daß er gehalten ist, den Grundbesitzern auf Verlangen eine Eigenthumsbescheinigung auszustellen, sofern die Voraussetzungen dafür erfüllt sind.

24. Der Bürgermeister hat die Grundbesitzer der Gemeinde in geeigneter Weise von den Mittheilungen des Amtsrichters zu benachrichtigen und sie zu veranlassen, sich nach Möglichkeit über die in Ansehung ihrer Grundstücke bestehenden Rechtsverhältnisse zu unterrichten, ihre Erwerbsurkunden herbeizuschaffen, den Auszug aus dem Grundsteuerkataster berichtigen zu lassen und, wenn nöthig, eine Eigenthumsbescheinigung des Bürgermeisters zu erholen. Dabei ist zur allgemeinen Kenntniß zu bringen, daß das ganze Anlegungsverfahren kostenlos ist.

25. Der Amtsrichter hat dem Bürgermeister eine schriftliche Zusammenstellung zu übergeben, aus der hervorgeht, über welche Rechtsverhältnisse die zu Vernehmenden Auskunft zu geben und welche Urkunden sie vorzulegen haben. Die Zusammenstellung wird von den Aufsichtsbeamten gefertigt und den Amtsgerichten behändigt.

26. Der Amtsrichter und der Bürgermeister haben zusammenzuwirken, damit die Grundbesitzer hinreichend vorbereitet zur Vernehmung kommen und nicht gezwungen sind, wiederholt zu erscheinen.

27. Sind eine größere Anzahl Einwohner einer benachbarten Gemeinde in dem Bezirke der Gemeinde begütert, für die das Anlegungsverfahren begonnen hat, so kann der Beginn des Anlegungsverfahrens auf die in Nr. 20 Ziffer 2, 3 bezeichnete Weise auch in der Nachbargemeinde bekannt gemacht werden. Auch kann der Amtsrichter mit dem Bürgermeister dieser Gemeinde zum Zwecke der Benachrichtigung der dortigen Grundbesitzer ins Benehmen treten.

2. Flurbuch und Besitzerliste. S. 323.

28. Dem Amtsgerichte wird zu der Zeit, zu der mit der Anlegung des Grundbuchs in einer Gemeinde begonnen werden soll, vom Rentamte das Flurbuch nebst dem Katasterplane dieser Gemeinde (rentamtlicher Extraditionsplan) zugeschickt. Das Flurbuch wird vom Rentamte nach den Einträgen im Grundsteuerkataster angefertigt. In jeder Steuergemeinde wird durch die Messungsbehörde ein Flurbegang vorgenommen, bei dem das Flurbuch auf seine Richtigkeit geprüft wird. Nach den Ergebnissen des Flurbegangs wird das Flurbuch vom Rentamte berichtigt und sodann dem Amtsgerichte nebst der bei der Flurbegehung aufgenommenen tabellarischen Uebersicht übergeben. Das Flurbuch führt die sämmtlichen Grundstücke der Steuergemeinde in der Reihenfolge der Plannummern auf unter Angabe des Besitzers, des Flächeninhalts, der Lage und der Bebauungsart des Grundstücks (Formular und Muster III). Die Bebauungsart der Grundstücke ist im Flurbuch in abgekürzter Weise angegeben. Es bedeutet: A Acker, Bstck Baumstücke, G Garten, H Haus, Hf Hof, Oe Oedung, Sch Schuppen, St Stall, Wa Wasser, Wld Wald, Wde Weide, Wdenst Weidenstück, Wbg Weinberg, Wg Weg, Ws Wiese. Form. III.

Ergibt sich die Nothwendigkeit, im Laufe des Anlegungsverfahrens auf Grund der rentamtlichen Besitzveränderungsanzeigen das Flurbuch zu berichtigen (Nr. 327), so erfolgt die Berichtigung dadurch, daß der Name des im Flurbuch eingetragenen Besitzers durchstrichen und der Name des neuen Besitzers darüber geschrieben wird.

29. Auf Grund der Eintragungen im Flurbuch wird von dem Gerichtsschreiber, unmittelbar nachdem das Anlegungsverfahren begonnen hat, die Besitzerliste hergestellt. Hiezu dient das Formular und Muster IV. Die sämmtlichen im Flurbuch als Besitzer bezeichneten Personen werden in alphabetischer Reihenfolge in die Liste eingetragen. Am Schlusse der Eintragungen unter jedem Buchstaben ist Raum für etwaige Nachträge zu lassen. Für jeden Grundbesitzer ist eine Querspalte der Liste bestimmt; jede Querspalte hat drei Abtheilungen. In die erste Abtheilung wird der Grundbesitzer nach Zu- und Vorname, Stand, || Wohnort und sonstigen Bezeichnungen eingetragen. In die zweite Abtheilung der Querspalte werden die Plannummern eingetragen, die im Flurbuch dem in der ersten Abtheilung eingetragenen Grundbesitzer zugeschrieben sind. Die dritte Abtheilung der Querspalte bleibt zunächst unausgefüllt. Reicht der Raum einer Querspalte für die auf einen Besitzer sich beziehenden Eintragungen nicht aus, so ist die folgende Querspalte hinzuzuziehen. Sind im Flurbuche mehrere Personen als Mitbesitzer eines Grundstückes aufgeführt, so werden sie miteinander in eine eigene Querspalte eingetragen. Die Plannummern, die außerdem Form. IV. S. 324.

S. 324. einem von ihnen allein zugeschrieben sind, werden gesondert eingetragen: bei der ersten Eintragung, die einen von den Mitbesitzern allein betrifft, ist auf die gemeinschaftliche Eintragung dadurch zu verweisen, daß unter der Eintragung in der ersten Abtheilung die Nummer der Querspalte vermerkt wird, in der der Besitzer in Gemeinschaft mit anderen eingetragen ist. Die Querspalten werden fortlaufend numerirt.

Ergibt sich die Nothwendigkeit, im Laufe des Anlegungsverfahrens auf Grund der rentamtlichen Besitzveränderungsanzeigen die Besitzerliste zu berichtigen (Nr. 327), so wird der auf den bisherigen Besitzer sich beziehende Eintrag in der Besitzerliste mit rother Tinte durch die drei Querspalten durchstrichen, und der neue Besitzer an der nächsten offenen Stelle unter dem dem Namen entsprechenden Buchstaben eingetragen. Gleichzeitig werden die Eintragungen, die in der durchstrichenen zweiten und dritten Querspalte stehen, in die Querspalten hinter dem Namen des neuen Besitzers eingetragen.

Im Flurbuch ist bei jeder Plannummer in der letzten Spalte die Nummer der Besitzerliste zu vermerken, in deren zweiter Abtheilung die Plannummer eingetragen ist. Wird die Besitzerliste berichtigt, so ist auch die Nummer im Flurbuche zu berichtigen.

3. Behandlung der Bordereaux.

30. Das Amtsgericht hat mit der Mittheilung an das Hypothekenamt, daß das Anlegungsverfahren begonnen hat, das Ersuchen um Uebersendung der Hypothekenliste für die
S. 325. Gemeinde und der dazu gehörenden Bordereaux zu verbinden. Der ‖ Hypothekenbewahrer hat dem Ersuchen sobald als thunlich zu entsprechen.

31. Wurde ein Bordereau, das Belastungen von Grundstücken des Gemeindebezirks enthält, schon vorher zu Zwecken des Anlegungsverfahrens abgegeben, weil es auch Belastungen von Grundstücken eines anderen Gemeindebezirks enthält, so ist dies in der Hypothekenliste an der einschlägigen Stelle dadurch zu vermerken, daß der Name der anderen Gemeinden beigesetzt wird. Dies gilt auch, wenn das Bordereau schon früher an das ersuchende Amtsgericht selbst abgegeben wurde. Z. B. das Amtsgericht Edenkoben ersucht um Abgabe der Hypothekenlisten und der Bordereaux für die Gemeinde Böbingen; das Hypothekenamt hat aber schon früher auf Ersuchen des Amtsgerichts Edenkoben mit den auf die Gemeinde Edenkoben sich beziehenden Bordereaux ein Bordereau abgegeben, in dem sich Grundstücke der Gemeinde Edenkoben und Böbingen belastet finden. In diesem Falle wird in der Hypothekenliste unter dem einschlägigen Eintrage beigesetzt: „Edenkoben".

32. Den Empfang der Hypothekenliste und der Bordereaux hat der Amtsrichter dem Hypothekenbewahrer unverzüglich anzuzeigen. Die Bordereaux sind bei dem Amtsgerichte sorgsam zu verwahren. Dem Hypothekenbewahrer sind sie jederzeit auf Verlangen zur Einsichtnahme zuzusenden. Der Hypothekenbewahrer hat für die unverzügliche Zurücksendung Sorge zu tragen.

33. Nachdem das Amtsgericht die Hypothekenliste und die Bordereaux empfangen hat, werden sie von dem Gerichtsschreiber nach der alphabetischen Reihenfolge der Namen der Eigenthümer der belasteten Grundstücke geordnet und fortlaufend nummerirt. Ein Bordereau, in dem mehrere Personen als Eigenthümer belasteter Grundstücke angeführt sind, wird nach dem Namen des an der ersten Stelle stehenden Eigenthümers in die Reihe der Bordereaux eingelegt; für jeden der übrigen Eigenthümer wird ein Hilfsblatt angelegt, das den Namen des Eigenthümers und die Nummer des Bordereau angibt. Die Hilfsblätter werden in die Reihe der Bordereaux eingelegt und mit diesen fortlaufend numerirt. Bevor
S. 326. der Gerichtsschreiber die Numerirung der ‖ Bordereaux vornimmt, muß er sich davon überzeugen, ob Bordereaux darunter sind, in denen mehrere Personen als Eigenthümer belasteter Grundstücke angeführt sind. Ist dies der Fall, so wird er zunächst die Hilfsblätter anzulegen haben und erst wenn diese in die Reihe der Bordereaux eingelegt sind, mit der fortlaufenden Numerirung beginnen.

34. Ergibt sich aus der Hypothekenliste, daß ein Bordereau, das Belastungen von Grundstücken des Gemeindebezirks enthält, schon an ein anderes Amtsgericht abgegeben ist, so hat das Amtsgericht unverzüglich das andere Amtsgericht um die Uebersendung des Bordereau oder einer beglaubigten Abschrift zu ersuchen. In entsprechender Weise ist zu verfahren, wenn das Bordereau an das ersuchende Gericht selbst zu den Akten des Anlegungsverfahrens für eine Gemeinde abgegeben ist, für die die Anlegung des Grundbuchs einem anderen Amtsrichter übertragen ist. Befindet sich das Bordereau bei den Akten des Anlegungsverfahrens für eine Gemeinde, für die die Anlegung dem ersuchenden Amtsrichter selbst übertragen ist, so ist eine Abschrift des Bordereau nicht erforderlich. Der ersuchte Amtsrichter hat dem Ersuchen unverzüglich zu entsprechen. Die Abschrift des Bordereau muß sich auch auf den Einschreibungsvermerk des Hypothekenbewahrers erstrecken. Geht eine Abschrift des Bordereau ein, so ist sie nach dem Namen des Eigenthümers des belasteten Grundstücks in die alphabetische Reihenfolge einzulegen und, wenn die übrigen Bordereaux noch nicht numerirt sind, in die Numerirung mit einzubeziehen; sind sie schon numerirt, so erhält die Abschrift die Nummer des ihr unmittelbar vorangehenden Bordereau unter Beifügung des Buchstabens a (z. B. Nr. 17a). S. 326.

35. Sind in einem Bordereau Grundstücke eines anderen Gemeindebezirks als mitbelastet bezeichnet, so hat der Amtsrichter, wenn für diesen Gemeindebezirk die Anlegungsarbeiten schon begonnen haben, dem damit beauftragten Amtsrichter, auch ohne daß er darum ersucht wird, unverzüglich eine beglaubigte Abschrift des Bordereau zu übersenden. Statt der Abschrift wird das Bordereau selbst übersendet, wenn es entbehrlich ist.

36. Wenn die Bordereaux für das Anlegungsverfahren entbehrlich geworden sind, werden sie an das Hypothekenamt zurückgesendet. Dies gilt auch dann, wenn sich Bordereaux darunter befinden, in denen Grundstücke anderer Gemeindebezirke als belastet aufgeführt sind, ohne Rücksicht darauf, ob für den anderen Gemeindebezirk die Anlegung des Grundbuchs schon begonnen hat oder nicht. Im ersten Falle hat jedoch der Amtsrichter bei der Zurücksendung der Bordereaux darauf aufmerksam zu machen, daß sich Belastungen von Grundstücken eines Gemeindebezirks darunter befinden, für den die Anlegung des Grundbuchs schon begonnen hat. Hat der Amtsrichter einzelne Bordereaux an andere Gerichte abgegeben, so hat er davon dem Hypothekenbewahrer bei der Zurücksendung der anderen Bordereaux Mittheilung zu machen. Die Bordereaux sollen erst dann zurückgesendet werden, wenn sie sämmtlich für das Anlegungsverfahren entbehrlich geworden sind, für das sie dem Amtsgerichte übersendet worden sind. Den Rückempfang hat der Hypothekenbewahrer schriftlich zu bestätigen. S. 327.

4. Belastungsnachweise.

37. Wenn die Bordereaux numerirt sind, wird in der Besitzerliste die hypothekarische Belastung der Grundstücke der darin eingetragenen Besitzer ersichtlich gemacht. Zu diesem Zwecke trägt der Gerichtsschreiber in der dritten Abtheilung jeder Querspalte die Nummern derjenigen Bordereaux, Hilfsblätter und Bordereauabschriften ein, aus welchen sich die Belastung eines der in der zweiten Abtheilung der Querspalte eingetragenen Grundstücke ergibt. Die Nummern der Bordereaux, die in die Besitzerliste eingetragen sind, werden auf den Bordereaux blau unterstrichen. Die Bordereaux, deren Nummer blau unterstrichen ist, enthalten hienach diejenigen Belastungen, welche gegen die im Flurbuch als Besitzer bezeichneten Personen bestehen, während diejenigen Bordereaux, deren Nummer nicht blau unterstrichen ist, die Belastungen gegen solche Personen enthalten, die nicht im Flurbuch als Besitzer bezeichnet sind, also insbesondere gegen Personen, die vor der Anfertigung des Flurbuchs Besitzer eines der Grundstücke des Gemeindebezirks waren oder es nach dem Abschlusse des Flurbuchs wurden; damit geben diese Bordereaux namentlich die Belastungen gegen die Vorbesitzer an. S. 328.

38. Ueber die Bordereaux, deren Nummer nicht blau unterstrichen ist, wird eine Liste angelegt (Vorbesitzerliste, Formular und Muster V), in die nur die Plannummern der belasteten Grundstücke und daneben die Nummer des Bordereau, auf dem sich die Belastung findet, aufzunehmen sind. Die Plannummern werden nach der Zahlenfolge eingetragen. Ergibt sich, daß ein Grundstück in mehreren Bordereaux als belastet aufgeführt ist, so sind die Nummern der sämmtlichen Bordereaux hinter der Plannummer anzugeben. Form. V.

39. Aus den numerirten Bordereaux stellt der Gerichtsschreiber die Gläubigerliste zusammen. Die Personen, zu deren Gunsten Einschreibungen auf Grundstücke des Gemeindebezirks aus den Bordereaux sich ergeben, werden in alphabetischer Reihenfolge in eine Liste eingetragen. Die Liste besteht aus drei Längsspalten. In die erste Spalte wird der Gläubiger nach Zu- und Vorname, Stand, Wohnort und etwaigen sonstigen Bezeichnungen eingetragen. Die zweite Spalte dient zur Aufnahme der Nummer des Borderau, in dem sich die Belastung findet; in die dritte Spalte sind etwaige Bemerkungen einzutragen. In dieser Spalte sind alle Veränderungen kurz anzudeuten, die im Stande der Forderung oder der Hypothek oder in der Person des Gläubigers eingetreten sind, wenn das Gericht in zuverlässiger Weise davon Kenntniß erhält. Ist die Veränderung, z. B. eine Cession, eine Theillöschung, auf Grund eines besonderen Bordereau im Hypothekenbuch eingeschrieben, so wird für dieses Bordereau ein besonderer Eintrag in der Gläubigerliste nicht gemacht, sondern die Nummer des Bordereau hinter dem Namen des Gläubigers neben der Nummer des ursprünglichen Bordereau in die zweite Spalte eingetragen.

Die Gläubigerliste ist nach dem Formular und Muster VI anzulegen. Bei jedem Buchstaben ist Raum für etwaige Nachträge zu lassen. Form. VI.

40. Auf Grund der Gläubigerliste werden aus den numerirten Bordereaux für die einzelnen Gläubiger durch den Gerichtsschreiber Auszüge gemacht. Dies geschieht nach dem Formular und Muster VII. Die Auszüge haben alle Einschreibungen zu enthalten, die zu Gunsten des Gläubigers, auf dessen Namen der Auszug lautet, an Grundstücken des Gemeindebezirks bestehen. Auch für die bekannten Rechtsnachfolger der Gläubiger werden Auszüge S. 329. Form. VII.

S. 329. gemacht. Ist der Rechtsnachfolger in die ganze Forderung des ursprünglichen Gläubigers eingetreten, so unterbleibt die Anfertigung des Auszugs für den ursprünglichen Gläubiger.

41. Die Auszüge werden von dem Amtsrichter den Gläubigern brieflich zugeschickt mit der Aufforderung, unverzüglich dem Gerichte gegenüber schriftlich oder mündlich zu erklären, ob und in welchem Umfange die eingeschriebenen Rechte noch bestehen und welche davon zur Eintragung in das Grundbuch angemeldet werden. Dabei sind die Gläubiger darauf aufmerksam zu machen, daß die ihnen zustehenden Rechte im Anlegungsverfahren nur dann in das Grundbuch eingetragen werden, wenn sie angemeldet werden, und daß die Eintragung nur in dem Umfang erfolgt, in dem die Rechte noch bestehen, daß also, wenn Abschlagszahlungen gemacht wurden, die gezahlten Beträge bei der Anmeldung in Abzug zu bringen sind. Die Gläubiger sind ferner darauf aufmerksam zu machen, daß sie, um Weiterungen zu vermeiden, vor der Abgabe ihrer Erklärung eine genaue Aufstellung des gegenwärtigen Standes ihrer Forderungen zu machen haben.

42. Hat ein Gläubiger seine Erklärung dem Gerichte gegenüber abgegeben, so werden die Eintragungen in der Gläubigerliste berichtigt. Die Berichtigung soll mit rother Tinte geschehen. Eintragungen in der Gläubigerliste, die in Folge der Erklärung eines Gläubigers als erledigt anzusehen sind, werden mit rother Tinte durchstrichen. Die Nummern der Bordereaux, die damit wegfallen, werden in der dritten Abtheilung der Besitzerliste mit rother Tinte durchstrichen.

43. Die von den Gläubigern dem Gerichte gegenüber abgegebenen Erklärungen gelten als Anmeldung der Rechte im Anlegungsverfahren.

S. 330.

5. Anmeldungen und Anmeldungsliste.

44. Nachdem die Bekanntmachung über den Beginn des Anlegungsverfahrens veröffentlicht ist, legt der Gerichtsschreiber ein Verzeichniß an, in das alle diejenigen im Laufe des Anlegungsverfahrens schriftlich oder mündlich zur Anmeldung gelangenden Rechte an Grundstücken des Gemeindebezirks eingetragen werden, welche zur Erhaltung der Wirksamkeit gegenüber dem öffentlichen Glauben des Grundbuchs der Eintragung bedürfen. Hierunter fallen alle Rechte an fremden Grundstücken mit Ausnahme der Grunddienstbarkeiten sowie des elterlichen und des ehemännlichen Nießbrauchs, ferner die an den Rechten bestehenden Rechte, die Auflösungsrechte und die Verfügungsbeschränkungen.

45. Die Anmeldung kann von dem Berechtigten oder von dem Eigenthümer des belasteten Grundstücks oder dem Inhaber des belasteten Rechtes ausgehen. Zeigt der Eigenthümer des belasteten Grundstücks oder der Inhaber des belasteten Rechtes an, daß an dem Grundstück oder an dem Rechte ein Recht besteht, so gilt dies als Anmeldung. Die Anmeldung der Mündelhypothek erfolgt durch das Vormundschaftsgericht.

46. Die Anmeldung kann im Termin und außerhalb des Termins erfolgen. Wird die Anmeldung mündlich angebracht, so bedarf es der Aufnahme eines Protokolls nur dann, wenn das angemeldete Recht nicht sofort in die Anmeldungsliste eingetragen werden kann.

Es empfiehlt sich, mit der Anmeldung dem Gerichte die Belege für das angemeldete Recht zu überreichen.

47. Wenn ein Recht der in Nr. 44 bezeichneten Art angemeldet wird, hat der Amtsrichter die Eintragung in die Anmeldungsliste anzuordnen. Eine Prüfung des Rechtes darf vor der Eintragung in die Anmeldungsliste nicht vorgenommen werden. Die Eintragung in der Anmeldungsliste hat auch zu erfolgen, wenn die angemeldeten Rechte sich auf buchungsfreie oder von der Anlegung des Grundbuchs vorerst ausgenommene Grundstücke beziehen.

Form. VIII. **48.** Die Anfertigung der Anmeldungsliste geschieht nach dem Formular und Muster VIII.
S. 331. Die Eintragungen werden ‖ fortlaufend numerirt. Ueber die in die einzelnen Spalten zu machenden Eintragungen gibt der Vordruck des Formulars Aufschluß. Die achte Spalte bleibt zunächst unausgefüllt. In der neunten Spalte sind neben sonstigen etwa erforderlichen Bemerkungen der Ort und der Tag der Anmeldung anzugeben.

Die Anmeldungsliste zerfällt in zwei Abtheilungen. Die erste Abtheilung trägt die Ueberschrift: „Anmeldungen vor dem Ablaufe der Ausschlußfrist." In diese Abtheilung werden alle Rechte eingetragen, die bis zu dem Tage angemeldet werden, an dem die Ausschlußfrist (§ 24 der Verordnung vom 28. August d. Js.) abläuft. Nach diesem Tage werden im unmittelbaren Anschluß an die bisherigen Eintragungen in die erste Abtheilung noch diejenigen Anmeldungen eingetragen, welche binnen zehn Tagen nach dem Ablaufe der Ausschlußfrist eingehen, vorausgesetzt, daß sie sich auf Rechte beziehen, die nicht früher als zehn Tage vor dem Ablaufe der Ausschlußfrist entstanden sind. Für alle übrigen nach dem Ablaufe der Ausschlußfrist eingehenden Anmeldungen wird in der Anmeldungsliste eine neue Abtheilung auf einer neuen Seite angelegt, die die Ueberschrift trägt: „Abtheilung II: Anmeldungen nach dem Ablaufe der Ausschlußfrist." Vor der Anlegung dieser zweiten

Abtheilung ist am Schlusse der ersten Abtheilung ein entsprechender Raum freizulassen, zur Aufnahme der in den zehn Tagen nach dem Ablaufe der Ausschlußfrist noch eingehenden Anmeldungen, die in der ersten Abtheilung einzutragen sind. Sind zehn Tage seit dem Ablaufe der Ausschlußfrist verstrichen, so hat der Amtsrichter die Eintragungen in der ersten Abtheilung der Anmeldungsliste abzuschließen und den Abschließungsvermerk zu unterschreiben. S. 331.

49. Bei der Entgegennahme der Anmeldungen und bei der Eintragung in die Liste ist mit der größten Genauigkeit zu verfahren und insbesondere darauf zu sehen, daß jedes angemeldete Recht in die Liste eingetragen wird. Ist die Eintragung in die Liste erfolgt, so hat der Amtsrichter zu prüfen, ob die Eintragung mit der Anmeldung übereinstimmt, veranlaßten Falls die Eintragung zu berichtigen und die Richtigkeit durch Beifügung seiner Unterschrift zu bestätigen. Macht Jemand gleichzeitig mehrere Anmeldungen, so kann, wenn sie in unmittelbarer || Aufeinanderfolge in die Liste eingetragen werden, die Bestätigung der Richtigkeit für alle Eintragungen gemeinsam geschehen. Wird die Eintragung auf Grund mündlicher Anmeldung vorgenommen, ohne daß über die Anmeldung ein Protokoll aufgenommen wurde, so hat der Amtsrichter den Wortlaut der Eintragung dem Anmeldenden vorzulesen und die Richtigkeit erst dann zu bestätigen, wenn die Eintragung von dem Anmeldenden genehmigt ist. Der Anmeldende hat in diesem Falle die Eintragung zu unterschreiben. S. 332.

50. Zu der Anlegungsliste wird ein Register gefertigt. Sobald eine Eintragung in die Liste erfolgt, wird der Name des Gläubigers und die laufende Nummer, unter der die Anmeldung in die Liste eingetragen ist, in das Register aufgenommen. Das Register wird in alphabetischer Ordnung nach dem Formular und Muster VIIIa geführt. Form. VIIIa.

51. Jedermann, für den ein Recht in die Anmeldungsliste eingetragen ist, kann verlangen, daß ihm das Gericht eine Bescheinigung der Anmeldung ausstellt. Wird die Ausstellung einer Bescheinigung verlangt, so fertigt der Gerichtsschreiber einen Auszug nach dem Formular und Muster IX, in den die sämmtlichen zu Gunsten des Antragstellers in die Anmeldungsliste eingetragenen Rechte unter kurzer Bezeichnung der Rechte aufgenommen werden. Der Auszug ist vom Amtsrichter zu unterschreiben. Form. IX.

Wird der Auszug nicht bei Gericht in Empfang genommen, so wird er durch einfachen Brief übersendet.

52. Die Anmeldung kann im Laufe des Anlegungsverfahrens zurückgenommen werden. Zur Zurücknahme ist nur derjenige befugt, zu dessen Gunsten das Recht angemeldet wurde, und zwar auch dann, wenn die Anmeldung von einer anderen Person ausgegangen war. Wird eine Anmeldung zurückgenommen, so wird die auf sie bezügliche Eintragung in der Anmeldungsliste und im Register mit rother Tinte durchstrichen und in der neunten Spalte der Liste die Zurücknahme unter Beifügung des Tages der Zurücknahme kurz vermerkt.

Die Zurücknahme kann mündlich oder schriftlich erfolgen. Erfolgt sie schriftlich, so kann der Amtsrichter die Zurücknahme in öffentlicher oder öffentlich beglaubigter Urkunde verlangen. || Erfolgt die Zurücknahme durch einen Bevollmächtigten, so kann der Amtsrichter verlangen, daß die Bevollmächtigung durch eine öffentliche oder öffentlich beglaubigte Vollmacht nachgewiesen werde. Die zurückgenommene Anmeldung gilt als nicht erfolgt. S. 333.

53. Wird das angemeldete Recht in das Grundbuch eingetragen, so ist in der achten Spalte die Stelle des Grundbuchs zu vermerken, an der das Recht eingetragen ist. Der Vermerk hat den Band des Grundbuchs, die Nummer des Grundbuchblattes, die Abtheilung und die Nummer, unter der das Recht in die Abtheilung eingetragen ist, zu enthalten. Wird die Eintragung eines angemeldeten Rechtes in das Grundbuch abgelehnt, z. B. weil das Bestehen des Rechts im Ermittelungsverfahren nicht nachgewiesen wurde, so bleibt die achte Spalte unausgefüllt, dagegen ist in der neunten Spalte zu vermerken, daß die Eintragung abgelehnt wurde. Erfolgt nachträglich die Eintragung des Rechtes in das Grundbuch, so wird der Vermerk in der neunten Spalte durchstrichen und in der achten Spalte die Stelle des Grundbuchs vermerkt.

54. An dem Tage, von dem an das Grundbuch als angelegt anzusehen ist, wird auch die zweite Abtheilung der Anmeldungsliste von dem Amtsrichter abgeschlossen. Die Liste wird sodann mit dem Register zu den Grundbuchakten der Gemeinde genommen.

II. Ermittelungsverfahren.

1. Stellung und Aufgabe des Gerichts.

55. Das Ermittelungsverfahren dient zur Vorbereitung der Anlegung des Grundbuchs und hat die Aufgabe, die Rechte, die in das Grundbuch eingetragen werden sollen, nach Bestand, Inhalt und Umfang so festzustellen, daß die Eintragung vorgenommen werden kann.

S. 333. **56.** In das Grundbuch werden eingetragen

1. das Eigenthum an den Grundstücken,
2. die an den Grundstücken bestehenden sonstigen Rechte, die Rechte an solchen Rechten, die Verfügungsbeschränkungen und das Auflösungsrecht.

S. 334. **57.** Das Eigenthum wird von Amtswegen eingetragen, die sonstigen Rechte nur, wenn sie angemeldet werden. Aus dieser Verschiedenheit folgt, daß die Stellung des Amtsgerichts bei der Ermittelung des Eigenthums eine andere ist als bei der Ermittelung der sonstigen Rechte. Dem Gerichte das Vorhandensein der Voraussetzungen glaubhaft zu machen, unter denen die Eintragung erfolgen darf, ist zwar auch in Ansehung des Eigenthums Aufgabe dessen, der die Eintragung seines Eigenthums erstrebt; allein auch das Gericht hat alle Schritte zu thun, die erforderlich sind, um die Entscheidung darüber treffen zu können, wer als Eigenthümer eingetragen werden soll. Ist die als Eigenthümer in Betracht kommende Person nicht in der Lage, die Erfüllung der Voraussetzungen für die Eintragung darzuthun — z. B. weil sie abwesend ist — so hat das Gericht zu versuchen, durch Ermittelungen von Amtswegen diese Voraussetzungen zu beschaffen und alles, was erforderlich ist, zu bewirken, damit die sämmtlichen Grundstücke des Gemeindebezirks, soweit sie dem Buchungszwange unterliegen, in das Grundbuch eingetragen werden können.

58. In Ansehung der übrigen Rechte an den Grundstücken dagegen hat das Gericht die Anmeldung abzuwarten. Zwar werden die Berechtigten zur Anmeldung aufgefordert, auch kann das Gericht in geeigneter Weise auf die Folgen der Nichtanmeldung aufmerksam machen; unterbleibt aber die Anmeldung, so hat sich das Gericht mit dem Rechte nicht zu befassen, selbst wenn es von dessen Bestehen Kenntniß hat. Aber auch wenn das Recht angemeldet ist, wird die Eintragung nicht von Amtswegen herbeigeführt, sondern sie kann nur dann angeordnet werden, wenn der Berechtigte dem Gerichte den Nachweis erbringt, daß das Recht besteht, oder wenn der Eigenthümer des belasteten Grundstücks die Eintragung bewilligt. Verweigert der Eigenthümer die Einwilligung und kann der Berechtigte das Bestehen des behaupteten Rechtes nicht nachweisen, so unterbleibt die Eintragung; dem Berechtigten ist es anheimgegeben, sein Recht im Rechtswege zu erstreiten, um auf Grund des Urtheils die Eintragung zu erlangen. Diese Stellung des Gerichts schließt eine gütliche
S. 335. Vermittelung unter den Betheiligten nicht || aus. Auch kann das Gericht Beweisbehelfe, die von der einen oder der anderen Seite als erforderlich bezeichnet werden, selbst beschaffen; so kann es z. B. von den Notaren und Hypothekenbewahrern Aufschlüsse erholen. Von dieser Befugniß soll es insbesondere dann Gebrauch machen, wenn einer der Betheiligten nicht die Mittel hat, um die etwa erforderlichen Beweisbehelfe zu beschaffen.

59. Die Feststellung der Rechte an den Grundstücken erfolgt in einem Termin, in dem der Amtsrichter durch Verhandlung mit den Betheiligten die Rechtsverhältnisse aufzuklären sucht. Doch empfiehlt es sich, wenn der Amtsrichter bereits vor dem Termine sich bemüht, durch schriftlichen oder mündlichen Verkehr mit den Betheiligten die etwa aufgetretenen Zweifel oder Meinungsverschiedenheiten zu beseitigen.

2. Aufgabe der Betheiligten.

60. Aufgabe der Betheiligten ist es, die Behelfe zur Unterstützung der Ansprüche, die sie im Ermittelungsverfahren zur Anerkennung bringen wollen, so rechtzeitig zu sammeln, daß sie in der Lage sind, sie dem Amtsrichter im Termine vorzulegen.

61. Hienach wird, wer das Eigenthum an einem Grundstück in Anspruch nimmt, zunächst dafür zu sorgen haben, daß, wenn nöthig, das Grundstück im Grundsteuerkataster auf seinen Namen geschrieben wird; sodann wird er seinen Auszug aus dem Grundsteuerkataster berichtigen lassen müssen. Es ist Anordnung getroffen, daß das Rentamt die hierauf gerichteten Ersuchen mit thunlichster Beschleunigung erledigt.

62. Zur Glaubhaftmachung des Eigenthums werden ferner die erforderlichen Erwerbstitel zu beschaffen sein. Als solche kommen in erster Linie die Kauf- und Versteigerungsurkunden in Betracht, ferner Testamente, Schenkungen, Eheverträge, Besitzeinweisungsbeschlüsse; es genügen auch Theilungsauszüge und unter Umständen Inventare. Gehört das Grundstück dem Eigenthümer auf Grund der gesetzlichen Erbfolge, so wird er bei dem Standesbeamten die erforderlichen Auszüge aus den Standesurkunden erholen müssen; doch genügt unter Umständen auch eine Bescheinigung des Bürgermeisters über das Verwandt-
S. 336. schafts || verhältniß mit dem Erblasser und darüber, daß nähere Erben nicht vorhanden oder wenigstens nicht bekannt sind (Erbbescheinigung No. 68).

Kann der Eigenthümer einen Erwerbstitel weder für sich noch für seinen Rechtsvorgänger beschaffen, z. B. weil das Grundstück sich schon seit vielen Jahren im Besitze seiner Familie befindet und die Erwerbstitel verloren sind, oder ist die Beschaffung des Erwerbstitels mit Schwierigkeiten oder erheblichen Auslagen verbunden, oder ist der vorliegende Erwerbstitel ungenügend oder unvollständig, so kann das Eigenthum durch Beibringung einer Eigenthumsbescheinigung des Bürgermeisters glaubhaft gemacht werden (No. 67). S. 337.

63. In Ansehung der an einem Grundstücke bestehenden sonstigen Rechte hat zunächst der Eigenthümer selbst sich die erforderlichen Aufklärungen zu verschaffen, insbesondere wird er, wenn nöthig, mit dem Gläubiger zu einer Abrechnung schreiten müssen, damit nicht im Termine langdauernde Verhandlungen und Streitigkeiten entstehen, die das Anlegungsverfahren in die Länge ziehen und die Betheiligten zu wiederholtem Erscheinen vor Gericht nöthigen. Das gleiche Interesse haben die Gläubiger; es wird daher den Interessen beider Theile entsprechen, wenn sie sich über die an den Grundstücken bestehenden Rechte verständigen, bevor sie im Termin erscheinen.

3. Aufgabe des Bürgermeisters.

64. Die Mitwirkung des Bürgermeisters ist für die Förderung des Anlegungsverfahrens von der größten Wichtigkeit. An ihm liegt es, durch sachgemäßes Eingreifen die Aufgabe des Gerichts zu erleichtern und den Grundbesitzern sowie den an den Grundstücken Berechtigten mit Rath und That beizustehen.

65. Seine erste Aufgabe ist, auf Grund der ihm vom Amtsrichter gegebenen Winke die Betheiligten über das, was sie zu thun haben, aufzuklären und ihnen die Erfüllung ihrer Obliegenheiten nach Thunlichkeit zu erleichtern. Es wird sich empfehlen, daß der Bürgermeister schon bei dem Beginne des Verfahrens in einer öffentlichen Versammlung oder in sonst geeigneter Weise die Ortseinwohner auf die Wichtigkeit der Anlegung des Grund || buchs hinweist und ihnen davon Kenntniß gibt, welche Schritte sie zu thun haben, S. 338. um möglichst rasch und mit möglichst geringem Aufwande von Zeit und Mühe zur Feststellung ihrer Rechte zu gelangen.

66. Der Bürgermeister hat alle Ersuchen des Amtsgerichts rasch zu erledigen und die von ihm geforderte Auskunft erschöpfend zu geben. Fehlt ihm hiezu die persönliche Kenntniß, so hat er sich in geeigneter Weise zu unterrichten. Vernehmungen von Personen werden im Allgemeinen von ihm nicht verlangt werden; doch ist er verpflichtet, Aufschlüsse thatsächlicher Natur zu ertheilen und, wenn es hiezu erforderlich ist, vorher die Betheiligten zu hören. Der Bürgermeister hat insbesondere auf Ersuchen des Amtsgerichts durch Vermittelung des Gemeindedieners die Ladung der in der Gemeinde wohnenden Personen zum Termine zu bewirken und den Ladungsnachweis dem Gerichte zuzusenden.

67. Der Bürgermeister hat auf Verlangen die Eigenthumsbescheinigungen auszustellen. Die Eigenthumsbescheinigung hat sich darüber auszusprechen, ob der, für den sie ausgestellt wird, in der Gemeinde als Eigenthümer gilt. Dabei ist in Betracht zu ziehen, ob und wie lang das Grundstück in seinem Besitz ist sowie ob Eigenthumsansprüche Anderer zur Kenntniß des Bürgermeisters gekommen sind. Die Eigenthumsbescheinigung kann auch zu Gunsten solcher Personen ausgestellt werden, welche nicht als Besitzer im Grundsteuerkataster bezeichnet sind. Die Ausstellung soll, falls der Bürgermeister nicht aus eigener Wahrnehmung die Verhältnisse kennt, nur erfolgen, nachdem bei Feldgeschworenen, Flurschützen, Steinsetzern, Gemeindeschreibern, Gemeindeeinnehmern oder sonstigen mit den Eigenthumsverhältnissen vertrauten Personen Erkundigungen eingezogen worden sind. Durch die Ausstellung der Eigenthumsbescheinigung wird der Bürgermeister oder die Gemeinde nicht verpflichtet. In der Eigenthumsbescheinigung, zu der das Formular und Muster X Form. X. benützt werden kann, sollen die Grundstücke genau beschrieben und die Namen der Eigenthümer der angrenzenden Grundstücke angegeben werden.

68. Der Bürgermeister kann auf Verlangen eine Bescheinigung über die Erbfolge ausstellen, wenn er auf Grund eigener Erfahrung oder durch Einziehung von Erkundigungen sich die || Ueberzeugung davon verschafft hat, daß eine bestimmte Person der nächste S. 338. Verwandte des Verstorbenen ist, und wenn Erbansprüche anderer Personen nicht zu seiner Kenntniß gelangt sind. Für die Erbbescheinigung kann das Formular und Muster XI Form. XI. benützt werden. Auch zu Gunsten eines Erbfolgers (uneheliches Kind, Ehefrau) kann eine Erbbescheinigung ausgestellt werden; in diesem Fall ist das Formular XI entsprechend zu ändern.

69. Der Bürgermeister hat für die Bereitstellung der zur Abhaltung des Termins in der Gemeinde geeigneten Räume, sowie für deren Beheizung, Beleuchtung und Reinigung Sorge zu tragen. Dies gilt nicht für diejenigen Gemeinden, in denen die Amtsgerichte ihren Sitz haben.

70. Der Bürgermeister hat einen Bediensteten abzuordnen, der während der Dauer der Termine zur Verfügung des Gerichts stehen muß und gehalten ist, den Anweisungen des Amtsrichters Folge zu leisten. Dem Bediensteten kann, wenn die Abhaltung der Vernehmungstermine in der Gemeinde beendigt ist, eine entsprechende Vergütung für seine Dienstleistung angewiesen werden. Die Vergütung soll 10 Mark, in Gemeinden mit mehr

S. 338. als 5000 Einwohnern 20 Mark, in Gemeinden mit mehr als 10,000 Einwohnern 50 Mark nicht überschreiten.

71. Der Bürgermeister soll während der Termine in der Gemeinde anwesend sein, damit er jederzeit die von ihm erbetenen Aufschlüsse geben kann. Es steht ihm frei, den Terminen beizuwohnen. Auf Ersuchen des Amtsrichters hat er im Termine zu erscheinen.

72. Der Bürgermeister kann sich in allen ihm im Anlegungsverfahren obliegenden Verrichtungen allgemein oder im einzelnen Falle durch den Adjunkten oder durch ein Mitglied des Gemeinderaths, das mit den einschlägigen Verhältnissen vertraut ist, vertreten lassen. Ueberträgt er die Vertretung allgemein dem Adjunkten oder einem Mitgliede des Gemeinderaths, so hat er hievon dem Amtsgerichte Anzeige zu erstatten. Der Amtsrichter hat in diesem Falle mit dem Vertreter unmittelbar in Verkehr zu treten.

Wohnt der Bürgermeister nicht im Bezirke der Gemeinde, für die das Anlegungsverfahren begonnen hat, so gehen seine Befugnisse und Verpflichtungen im Anlegungs-
S. 339. verfahren auf den || Adjunkten dieser Gemeinde, wo zwei Adjunkten vorhanden sind, auf den ersten Adjunkten über. Doch bleibt es dem Bürgermeister unbenommen, in allen Fällen selbst einzugreifen.

4. Verhandlungstermin.

73. Ueber die in Ansehung der einzelnen Grundstücke des Gemeindebezirks bestehenden Rechtsverhältnisse wird unter Zuziehung der Betheiligten in einem Termine verhandelt; die Verhandlung erfolgt nicht öffentlich. Die Termine sind am Sitze der politischen Gemeinde abzuhalten; besteht eine politische Gemeinde aus mehreren Ortschaften, so können die Termine in den einzelnen Ortschaften abgehalten werden. Die Liquidationen der Tagegelder und Reisekosten der Amtsrichter und der Gerichtsschreiber sind jeweils am Schlusse des laufenden Vierteljahrs auf dem Dienstweg einzureichen.

74. Der Amtsrichter hat den Bürgermeister von den Tagen, auf welche die Termine anberaumt sind, rechtzeitig zu benachrichtigen, damit er die geeigneten Räumlichkeiten zur Verfügung stellen kann. Der Bürgermeister hat einen Raum im Gemeindehaus, im Schulhaus oder in einem anderen der Gemeinde gehörenden geeigneten Gebäude zur Verfügung zu stellen. Stehen Räume in einem der Gemeinde gehörenden Gebäude nicht zur Verfügung, so hat der Bürgermeister Räume in einem Privatgebäude zu beschaffen. In Wirthschaften sollen die Termine nur in Nothfällen und nur dann abgehalten werden, wenn dort Räume beschafft werden können, die von den zum öffentlichen Wirthschaftsbetriebe benutzten Räumen getrennt sind. In denjenigen Gemeinden, in welchen das Amtsgericht seinen Sitz hat, finden die Termine in den zu Zwecken des Anlegungsverfahrens bestimmten Diensträumen statt.

75. Der Bürgermeister hat dafür zu sorgen, daß zum Beginne eines jeden Termins ein Gemeindebediensteter im Verhandlungsraume anwesend ist, um die Weisungen des Amtsrichters entgegenzunehmen. Der Bedienstete hat während der ganzen Dauer des Termins bereit zu bleiben.

76. Auf die Abhaltung der Termine sollen täglich sieben Stunden verwendet werden;
S. 340. diese sollen sich auf den Vormittag || und auf den Nachmittag gleichmäßig vertheilen. In der Woche sind an mindestens drei auf einander folgenden Tagen Termine abzuhalten, so daß die übrigen Wochentage zur Erledigung der sonstigen Anlegungsarbeiten und zur Vornahme der Ermittelungen frei bleiben, die nach dem Ergebnisse der Verhandlungen in den Terminen erforderlich werden. Bevor die Abhaltung der Termine in einer Woche beginnt, sollen die Tage für die in der folgenden Woche abzuhaltenden Termine bestimmt sein. Auch können von vornherein bestimmte Tage jeder Woche als Terminstage bezeichnet werden. Ist ein Zimmer am Sitze des Amtsgerichts mehreren Anlegungsbeamten als Arbeitsraum angewiesen, so soll bei der Anberaumung der Termine so verfahren werden, daß der eine Anlegungsbeamte Termine abhält, während der andere terminfreie Tage hat.

5. Ladung zum Termine.

77. Zu dem Verhandlungstermine werden die Betheiligten geladen. In der Ladung ist anzugeben, ob der Geladene Vormittags oder Nachmittags zu erscheinen hat.

78. Zwischen der Ladung und dem Termine soll so viel Zeit liegen, daß der Geladene im Stande ist, sich über dasjenige zu unterrichten, worüber von ihm im Termine Auskunft verlangt wird; insbesondere soll den Eigenthümern hinreichend Zeit gelassen werden, sich volle Kenntniß von den in Ansehung ihrer Grundstücke bestehenden Rechtsverhältnissen zu verschaffen und ihre Erwerbstitel zu sammeln oder eine Eigenthumsbescheinigung des Bürgermeisters zu erholen. Zwischen der Uebergabe der Ladung und dem Vernehmnngstermine sollen mindestens drei freie Werktage liegen.

79. Die Ladung erfolgt durch eingeschriebenen Brief oder durch Vermittelung der Gemeindebehörde. Zu dem letzteren Zwecke werden dem Bürgermeister die ausgefüllten

Ladungsformulare (Formular XII) nebst einem Verzeichnisse der zu ladenden Personen S. 340.
(Formular und Muster XIII) übersandt; der Bürgermeister läßt durch einen Gemeinde- Form. XII.
bediensteten den zu Ladenden, oder wenn diese nicht zu treffen sind, einem Familien- Form. XIII.
angehörigen oder einem Hausgenossen die Ladung übergeben. ‖ Die Geladenen sollen den S. 341.
Empfang der Ladung auf dem Verzeichnisse schriftlich bescheinigen; weigert sich ein Geladener, den Empfang zu bescheinigen, so vermerkt dies der Gemeindebedienstete in dem Verzeichniß. Die Ladung bleibt in den Händen des Geladenen, das Verzeichniß ist sofort nach dem Vollzuge der Ladungen an das Amtsgericht zurückzusenden. Ist die Ladung nicht ausführbar, so sendet der Bürgermeister das die Ladung enthaltende Schriftstück unter kurzer Angabe der Gründe an das Amtsgericht zurück.

80. Jedermann ist verpflichtet, der Ladung Folge zu leisten. Wer nicht erscheint, hat zu gewärtigen, daß er für jeden Fall des Ausbleibens mit einer Geldstrafe bis zu 150 Mark belegt wird. Die Strafe ist in der Ladung anzudrohen. Die Verhängung der Strafe steht nur dem Amtsrichter zu, nicht dem Anlegungskommissär. Erscheint ein Geladener nicht, so hat der Anlegungskommissär dem Amtsrichter davon Mittheilung zu machen. Der Amtsrichter kann nach Prüfung der Ladung die Strafe verhängen; die Strafverfügung ist aufzuheben, wenn der Geladene später erscheint und sich genügend entschuldigt.

81. Die Ladungen zu den unmittelbar aufeinander folgenden Terminen können gleichzeitig ergehen. Vor der Abhaltung der für eine Woche anberaumten Termine sollen die Ladungen zu den für die folgende Woche anberaumten Terminen ergangen sein. Doch können einzelne Personen auch später noch zu diesen Terminen geladen werden, wenn sich die Nothwendigkeit hiezu erst später ergibt. Insbesondere kann eine Person, deren Vernehmung sich erst im Termine als nothwendig erweist, zu diesem oder zu einem folgenden Termine geladen werden. Auch können Personen, die im Termin oder sonst bei dem Gericht anwesend sind, durch eine mündliche Aufforderung des Amtsrichters zu einem bestimmten Termine geladen werden. In beiden Fällen aber können die Geladenen, falls sie der Ladung nicht Folge leisten, nur bestraft werden, wenn ihnen drei freie Werktage zwischen der Ladung und dem Termine bleiben.

82. Personen, die in anderen Gemeinden wohnen, können durch Vermittelung des Bürgermeisters ihrer Gemeinde geladen werden. Der Bürgermeister hat die Ladung in der
gleichen ‖ Weise zu besorgen, wie der Bürgermeister der Gemeinde, für die das Anlegungs- S. 342.
verfahren im Gange ist. Personen, die in einem anderen Bundesstaate wohnen, werden nach Maßgabe der Vorschriften der Civilproceßordnung geladen; sie können nicht bestraft werden, falls sie der Ladung nicht Folge leisten. Es steht dem Amtsrichter frei, die Vernehmung von Personen, die außerhalb des Amtsgerichtsbezirkes wohnen, durch Ersuchen des zuständigen Amtsgerichts herbeizuführen.

83. Jedermann ist verpflichtet, auch auf einfache Bestellung oder auf Vorruf im Termine zu erscheinen. Auf dem Ausbleiben steht jedoch keine Strafe.

84. Geladen werden

1. diejenigen Personen, welche als Eigenthümer der im Gemeindebezirke gelegenen Grundstücke in Betracht kommen. Besteht die politische Gemeinde aus mehreren Ortschaften, so kann der Amtsrichter, wenn Termine in den einzelnen Ortschaften abgehalten werden, die Ladung auf diejenigen Personen beschränken, welche als Eigenthümer der in dem Banne der Ortschaft gelegenen Grundstücke in Betracht kommen; hat die Ortschaft keinen ausgeschiedenen Bann, so kann die Ladung auf die in der Ortschaft wohnenden Personen beschränkt werden.

   Als Eigenthümer kommen in Betracht die Personen, die im Flurbuch als Besitzer bezeichnet sind, oder deren Rechtsnachfolger, falls die Rechtsnachfolge dem Gerichte bekannt ist; sodann alle diejenigen Personen, für deren Eigenthum sich sonstige Anzeichen ergeben oder die einen Eigenthumsanspruch im Anlegungsverfahren geltend gemacht haben. Haben mehrere Personen den Anspruch auf das Eigenthum an dem nämlichen Grundstücke geltend gemacht, so sind sie zu dem gleichen Termine zu laden;

2. diejenigen Personen, welche Rechte an einem Grundstück im Anlegungsverfahren angemeldet haben. Sie sind mit dem Eigenthümer zu dem gleichen Termine zu
   laden (Formular XIV); Form. XIV.

3. alle Personen, von denen Aufschlüsse über die in Ansehung eines Grundstücks
   bestehenden Rechtsverhältnisse ‖ verlangt werden. Bei der Ladung dieser Personen S. 343.
   ist darauf hinzuweisen, über welche Rechtsverhältnisse Aufschluß von ihnen verlangt
   werden wird (Formular XV). Form. XV.

85. Ist die Ladung unthunlich, z. B. weil der zu Ladende abwesend und sein Aufenthalt unbekannt ist, so kann sie unterbleiben. Das Gleiche gilt, wenn der zu Ladende sich im Ausland aufhält. Wenn es sich um die Ladung eines Berechtigten handelt (Nr. 84 Ziffer 1

S. 343. und 2), so soll ein etwa vorhandener Vertreter geladen werden. Als Vertreter eines Abwesenden soll insbesondere Derjenige geladen werden, welcher in den Besitz des Vermögens des Abwesenden eingewiesen ist.

86. Von der Ladung kann in denjenigen Fällen Umgang genommen werden, in welchen der Amtsrichter die persönliche Vernehmung nicht für erforderlich hält. Dies gilt sowohl bei den als Eigenthümern in Betracht kommenden Personen, wie bei den Personen, die Rechte angemeldet haben. Die Ladung des Berechtigten kann insbesondere unterbleiben, wenn durch die von ihm abgegebenen Erklärungen und vorgelegten Urkunden das Recht in seinem vollen Umfange als nachgewiesen erscheint; so z. B. wenn er eine vom Schuldner unterschriebene Abrechnung einreicht, in der die Forderung nach Bestand und Rang anerkannt ist. Die persönliche Vernehmung eines Hypothekengläubigers wird in der Regel unterbleiben können, wenn das angemeldete Recht nach dem Inhalte der eingereichten Urkunden dem aus dem Bordereau zu entnehmenden Inhalt der Hypothekeneinschreibung entspricht.

Geht die Anmeldung eines Rechtes von einer Behörde aus (z. B. Anmeldung der Mündelhypothek durch das Vormundschaftsgericht), so unterbleibt die Vorladung. Der Amtsrichter hat die Behörde um die etwa nöthigen Aufklärungen schriftlich zu ersuchen.

87. Steht ein Grundstück im Miteigenthum, so kann der Amtsrichter sich mit der Ladung eines der Miteigenthümer begnügen, wenn anzunehmen ist, daß dieser erschöpfenden Aufschluß über die Rechtsverhältnisse des Grundstücks zu geben vermag, und sein Interesse und die Interessen der anderen Miteigenthümer einander nicht widerstreiten.

88. Die Beamten, die zur Verwaltung der dem Buchungszwange nicht unterliegenden
S. 344. Grundstücke berufen sind, werden, || auch wenn der Antrag auf Eintragung des Grundstücks in das Grundbuch gestellt ist, nicht geladen, sondern ersucht, die erforderlichen Erklärungen nebst den Belegen schriftlich bei dem Gericht einzureichen. Nur wenn die Erkärungen nicht genügen oder aus sonstigen Gründen die persönliche Vernehmung geboten ist, werden sie geladen. Die Ladung erfolgt dadurch, daß sie schriftlich ersucht werden, zu einer bestimmten Stunde vor Gericht zu erscheinen. Zu einem Termine werden sie nur dann geladen, wenn das buchungsfreie Grundstück mit Rechten belastet, und eine Verhandlung im Termine zur Feststellung der Rechte geboten ist.

89. Wie viele von den als Eigenthümer in Betracht kommenden Personen zu einem Termine zu laden sind, hängt von der Zahl der dem Einzelnen gehörenden Grundstücke und von deren Belastung ab. Handelt es sich um Personen, die nur ein Grundstück oder nur wenige Grundstücke haben, so können, wenn die Grundstücke lastenfrei oder die bestehenden Belastungen schon vor dem Termine festgestellt sind, wohl dreißig bis vierzig Eigenthümer zu einem Termine geladen werden. Von Personen mit umfangreichem und stark belastetem Grundbesitze dagegen werden höchstens zehn bis zwölf zu einem Termine zu laden sein.

90. In welcher Reihenfolge der Amtsrichter die Ladungen ergehen läßt, ist ihm überlassen; insbesondere ist er weder an die Reihenfolge der Plannummern noch an die Reihenfolge der Besitzer in der Besitzerliste gebunden. Es wird sich empfehlen, Personen mit lastenfreiem, nicht umfangreichem Grundbesitze zuerst zu laden.

91. Sollen Personen zur Vernehmung als Zeugen oder Sachverständige geladen werden, so erfolgt die Ladung nach den Vorschriften der Civilprozeßordnung.

6. Verhandlung im Termine.

92. Durch die Verhandlungen im Termine sollen die in Ansehung der Grundstücke bestehenden Rechtsverhältnisse aufgeklärt werden. Zu diesem Zwecke werden die als Eigenthümer in Betracht kommenden Personen und die Personen, die Rechte an den Grundstücken angemeldet haben, vernommen; wenn nöthig, sucht das Gericht ihre einander widerstreitenden Ansprüche auszugleichen.

S. 345. **93.** Unbetheiligte Personen, deren Vernehmung über die Rechtsverhältnisse eines Grundstücks geboten ist, werden in der Regel als Auskunftspersonen vernommen. Die Vernehmung als Zeuge oder Sachverständiger soll nur erfolgen, wenn eine besondere Veranlassung dazu besteht; die Beeidigung darf nur dann vorgenommen werden, wenn auf anderem Wege die Aufklärung der Rechtsverhältnisse nicht herbeizuführen ist.

94. Betheiligte und Auskunftspersonen können sich im Termine durch Bevollmächtigte vertreten lassen. Die Bevollmächtigung bedarf einer besonderen Form nicht; auch einen Vertreter, der mündlich bevollmächtigt zu sein behauptet, kann der Amtsrichter zulassen, wenn ihm die Bevollmächtigung glaubhaft erscheint, insbesondere wenn sich der Bevollmächtigte im Besitze der Erwerbsurkunden und der sonstigen von dem Vollmachtgeber beizubringenden Belege befindet. Der Amtsrichter kann jederzeit das persönliche Erscheinen anordnen. Er kann auch von dem Bevollmächtigten von Amtswegen oder auf Verlangen eines anderen Betheiligten die Vorlage einer öffentlichen oder öffentlich beglaubigten Vollmacht verlangen. Oeffentliche Vollmachten sind solche, deren Ertheilung von einem Notar oder vom Anlegungs-

gerichte beurkundet ist; dem Anlegungsgerichte steht die Beurkundung jedoch nur dann zu, S. 345.
wenn die Vollmacht aus Anlaß der Anlegung des Grundbuchs ertheilt wird. Die öffentliche Beglaubigung steht gleichfalls blos den Notaren und in dem bezeichneten Falle dem Anlegungsgerichte zu. Vom Bürgermeister beglaubigte Vollmachten sind als öffentlich beglaubigte Vollmachten nicht anzusehen. Hiemit ist indeß nicht gesagt, daß vom Bürgermeister beglaubigte Vollmachten im Anlegungsverfahren nicht zugelassen sind. Sie werden in den meisten Fällen ausreichen; nur wenn die Vorlage einer öffentlichen oder öffentlich beglaubigten Vollmacht verlangt wird, genügen sie nicht. Für die Beurkundung und die Beglaubigung von Vollmachten zu Zwecken des Anlegungsverfahrens wird eine Staatsgebühr nicht erhoben.

95. Die Verhandlung im Termine beginnt mit derjenigen als Eigenthümer in Betracht kommenden Person, welche der Amtsrichter bezeichnet, und geht von Grundstück zu Grundstück vor. Bei jedem Grundstücke werden zuerst die Eigenthumsverhältnisse || und im S. 346.
Anschlusse daran die an dem Grundstücke bestehenden sonstigen Rechte, soweit sie angemeldet sind, erörtert und festgestellt.

Der Verhandlung werden das Flurbuch, die Besitzerliste, die Vorbesitzerliste, die Hypothekenliste mit den Bordereaux, die Anmeldungsliste und die berichtigte Gläubigerliste zu Grunde gelegt.

Die Verhandlung gestaltet sich verschieden, je nachdem es sich um die Feststellung des Eigenthums oder um die Feststellung sonstiger Rechte an dem Grundstücke handelt.

a) Feststellung des Eigenthums.

96. Als Eigenthümer wird in das Grundbuch eingetragen, wer im Flurbuch — und damit im Grundsteuerkataster — als Besitzer bezeichnet ist, wenn sein Eigenthum glaubhaft gemacht ist.

97. Das Eigenthum einer Person ist glaubhaft gemacht, wenn in dem Amtsrichter der Glaube erweckt ist, daß diese Person Eigenthümer des Grundstücks ist. Auf welche Weise Glaube erweckt werden kann, darüber bestehen Vorschriften nicht; es ist dem Amtsrichter überlassen, die Anhaltspunkte, die ihm gegeben werden, zu würdigen und darnach seine Meinung zu bilden. Die Bezeichnung als Besitzer im Flurbuche genügt für sich allein zur Glaubhaftmachung nicht; sie begründet aber immerhin eine gewisse Wahrscheinlichkeit für das Eigenthum, und der Amtsrichter kann den Glauben an das Eigenthum aus allen Anhaltspunkten schöpfen, die die Eintragung im Flurbuche zu unterstützen geeignet sind. Hier kommt in erster Linie die Vorlage der Erwerbsurkunden in Betracht. Legt der im Flurbuch als Besitzer Bezeichnete eine auf seinen oder seines Rechtsvorgängers Namen lautende Erwerbsurkunde vor, so genügt sie zur Glaubhaftmachung des Eigenthums, und die Eintragung in das Grundbuch kann unbedenklich angeordnet werden, wenn nicht entgegenstehende Eigenthumsansprüche geltend gemacht werden. Das Gleiche gilt, wenn der im Flurbuche als Besitzer Bezeichnete eine Eigenthumsbescheinigung des Bürgermeisters beibringt. Aber auch in Fällen, in denen es an einer Erwerbsurkunde oder an einer Eigenthumsbescheinigung des Bürgermeisters fehlt, wird der Amtsrichter das Eigenthum als glaubhaft gemacht ansehen dürfen, wenn z. B. verlässige ortskundige Personen bestätigen, daß der im Flur || buch als Besitzer Bezeichnete das Grundstück schon seit vielen Jahren besitzt S. 347.
und allgemein als Eigenthümer gilt, oder wenn Verpachtungsurkunden vorgelegt werden, in denen auf viele Jahre zurück der im Flurbuch als Besitzer Bezeichnete oder sein Rechtsvorgänger als Eigenthümer angeführt ist. Auch Auszüge aus alten Lagerbüchern, die auf den Rechtsvorgänger als Eigenthümer lauten, können Anhaltspunkte geben.

98. Der Amtsrichter wird die Verhandlung über das Eigenthum damit beginnen, daß er sich davon überzeugt, ob die Person, die das Eigenthum an einem Grundstücke geltend macht, in der Besitzerliste eingetragen ist und ob ihr Auszug aus dem Grundsteuerkataster mit den Einträgen in der Besitzerliste übereinstimmt. Ist dieses nicht der Fall, so hat der Amtsrichter die Abweichungen, soweit thunlich, aufzuklären. Sodann hat er den Betheiligten zu veranlassen, das zur Glaubhaftmachung des Eigenthums Dienliche vorzubringen, also insbesondere seine Erwerbsurkunde vorzulegen, seinen Rechtsvorgänger zu benennen und sich über die Art des Erwerbs auszusprechen.

99. Der Amtsrichter hat die vorgelegten Urkunden einzusehen und sich davon zu überzeugen, ob sie die geltend gemachten Ansprüche unterstützen. Bei der Einsicht der Urkunden ist mit Vorsicht zu verfahren; die Einsichtnahme ist auf diejenigen Punkte zu beschränken, welche zu dem geltend gemachten Eigenthumsanspruch in rechtlicher Beziehung stehen. Dies gilt insbesondere bei Eheverträgen, Schenkungen und Testamenten. Ohne Zustimmung dessen, der die Urkunde vorgelegt hat, darf anderen Personen die Einsichtnahme nicht gestattet werden.

100. Ist eine Erwerbsurkunde zwar vorhanden, ihre Beibringung aber mit erheblichen Weiterungen oder mit einem bedeutenderen Kostenaufwande verbunden, so kann der Amts=

S. 347. richter von der Vorlegung entbinden und von Amtswegen, etwa durch Anfrage bei einem Notar, die erforderliche Aufklärung herbeiführen.

101. Hat der Amtsrichter die Ueberzeugung davon gewonnen, daß der im Flurbuch als Besitzer Bezeichnete der Eigenthümer des Grundstücks ist, so ordnet er an, daß er als
S. 348. Eigentümer eingetragen wird. Von der Anordnung ist der Eigentümer || sofort mündlich zu benachrichtigen; ist er nicht im Termin anwesend, so erfolgt eine schriftliche Mittheilung
Form. XVI. (Formular und Muster XVI).

102. Hat der Amtsrichter im Termine nur mit einem von mehreren Miteigenthümern verhandelt und die Eintragung aller Miteigenthümer angeordnet, so hat er von der Anordnung die übrigen Miteigenthümer zu benachrichtigen und ihnen mitzutheilen, daß sie gegen die Eintragung Einwendungen zu erheben berechtigt sind, daß aber die Eintragung erfolgen wird, wenn sie bis zum Ablaufe der Ausschlußfrist Einwendungen nicht erheben
Form. XVII. (Formular und Muster XVII).

103. Die Bezeichnung als Besitzer im Flurbuch ist nicht unerläßliche Voraussetzung für die Eintragung als Eigenthümer. Es gibt Fälle, in denen ein nicht im Flurbuch als Besitzer Bezeichneter als Eigenthümer eingetragen werden kann, vorausgesetzt, daß sein Eigenthum glaubhaft gemacht wird.

104. Zunächst gilt dies von dem Rechtsnachfolger des im Flurbuch als Besitzer Bezeichneten. Er wird eingetragen, wenn sein Eigenthum und die Rechtsnachfolge glaubhaft gemacht ist. Beides wird oft durch die Vorlegung einer und derselben Urkunde zu erreichen sein (z. B. der Kaufurkunde, der Schenkungsurkunde, der letztwilligen Verfügung). Der gesetzliche Erbe wird sich durch eine Erbbescheinigung des Bürgermeisters, durch einen Theilungsauszug, unter Umständen auch durch ein Inventar ausweisen können. Macht der Rechtsnachfolger sein Eigenthum und die Rechtsnachfolge glaubhaft, so ist die Eintragung anzuordnen, ohne daß es der Zustimmung des im Flurbuch als Besitzer Bezeichneten bedarf.

105. Abgesehen von dem Falle der Rechtsnachfolge kann jede andere Person, die das Eigenthum an dem Grundstücke beansprucht, als Eigenthümer in das Grundbuch eingetragen werden, wenn sie ihr Eigenthum glaubhaft macht und der im Flurbuch als Besitzer Bezeichnete seine Zustimmung zu der Eintragung ertheilt. Hierher gehören alle Fälle, in denen neben dem im Flurbuch als Besitzer Bezeichneten ein Anderer auftritt, der das Eigenthum für sich in Anspruch nimmt.

S. 349. **106.** Das Verfahren gestaltet sich dabei verschieden, je nachdem das Eigenthum des Anderen glaubhaft gemacht wird oder nicht. Wird es nicht glaubhaft gemacht, so hat der Amtsrichter den Anspruch im Anlegungsverfahren nicht weiter zu beachten; er kann es dem Anderen überlassen, sein angebliches Recht im Wege des Rechtsstreits festzustellen. Wird aber das Eigenthum glaubhaft gemacht, so kommt es darauf an, wie sich der im Flurbuch als Besitzer Bezeichnete zu dem Anspruche des Anderen verhält. Erkennt er den Anderen als Eigenthümer an und ertheilt er die Zustimmung zur Eintragung, so ordnet der Amtsrichter die Eintragung an und benachrichtigt davon die Betheiligten. Erklärt sich der im Flurbuch als Besitzer Bezeichnete nicht oder verweigert er die Zustimmung, so fordert ihn der Amtsrichter auf, binnen zwei Wochen bei Gericht schriftlich oder mündlich Widerspruch zu erheben; zugleich theilt er ihm mit, daß die Eintragung des Anderen erfolgen wird, wenn die Frist abläuft, ohne daß er Widerspruch erhoben hat. Die Benachrichtigung und Aufforderung geschieht mündlich, wenn der im Flurbuch als Besitzer Bezeichnete im Termin anwesend ist; in diesem Falle beginnt die zweiwöchige Frist mit der mündlichen Mittheilung. Ist er nicht im Termin anwesend, so erfolgt die Mittheilung schriftlich (Formular und
Form. XVIII. Muster XVIII). Läuft die Frist ab, ohne daß Widerspruch erhoben wurde, so ordnet der Amtsrichter die Eintragung des Anderen als Eigenthümer an. Einer weiteren Mittheilung über diese Anordnung bedarf es nicht. Die Anordnung ist aktenkundig zu machen.

107. Wird Widerspruch erhoben, so hat der Amtsrichter nach den folgenden Vorschriften zu verfahren. Diese gelten auch für andere Fälle, in denen Jemand gegen den im Flurbuch als Besitzer Bezeichneten einen Eigenthumsanspruch geltend macht und sein Eigenthum glaubhaft zu machen vermag.

Der Amtsrichter läßt die Betheiligten zu einem Termine laden und verhandelt mit ihnen über das Eigenthum an dem Grundstück. Er veranlaßt jeden, die zur Unterstützung seines Anspruchs dienenden Behelfe dem Gerichte vorzulegen und sucht in erster Linie unter den Betheiligten zu vermitteln. Kommt eine Einigung zu Stande, so wird nach Maßgabe
S. 350 der || Einigung die Eintragung angeordnet; die Betheiligten werden von der Anordnung benachrichtigt. Kommt eine Einigung nicht zu Stande, so hat der Amtsrichter zu entscheiden, wen von den Streitenden er für den Eigenthümer hält. Genügen die von den Betheiligten vorgelegten Behelfe dem Amtsrichter als Grundlage für seine Entscheidung nicht, so kann er die Ergänzung veranlassen oder von Amtswegen das noch Erforderliche beschaffen.

Die Entscheidung hat nicht dahin zu gehen, daß einer der Betheiligten Eigenthümer ist, sondern dahin, daß das Eigenthum des einen dem Gericht als glaubhaft gemacht erscheint, das des anderen nicht. S. 350.

108. Die Entscheidung kann auch zum Nachtheil eines Betheiligten ergehen, von dem der Amtsrichter früher angenommen hat, daß sein Eigenthum glaubhaft gemacht sei; denn die Glaubhaftmachung kann jederzeit durch Anhaltspunkte für das Gegentheil zerstört werden, und es ist denkbar, daß von den Betheiligten jeder die Voraussetzungen erfüllt, unter denen das Gericht das Eigenthum als glaubhaft gemacht ansehen darf. Beispiel: A ist im Flurbuch als Besitzer bezeichnet und legt seine Erwerbsurkunde vor; B legt eine Erwerbsurkunde vor, nach der er das Eigenthum an demselben Grundstücke später als A erworben hat. Das Eigenthum Beider kann für sich betrachtet glaubhaft gemacht sein; treffen aber beide Ansprüche zusammen, so ist es zweifelhaft, wessen Eigenthum glaubhaft gemacht ist.

109. Kommt der Amtsrichter zu der Ansicht, daß nicht einem der Streitenden, sondern einem Dritten das Eigenthum zusteht, so lädt er den Dritten vor, und es wird zwischen diesem und den bisherigen Betheiligten verhandelt.

110. Kommt der Amtsrichter zu der Ansicht, daß das Eigenthum keines der Streitenden glaubhaft gemacht ist und kann er sich auch nicht davon überzeugen, daß ein Dritter Eigenthümer ist, so lehnt er die Eintragung des Grundstücks ab und überläßt den Austrag der Sache den Betheiligten.

111. Entscheidet sich der Amtsrichter für einen der Streitenden, so ordnet er dessen Eintragung an. Gleichzeitig ordnet er an, daß für den Gegner ein Widerspruch eingetragen wird. || Hievon benachrichtigt er die Betheiligten entweder mündlich im Termin oder schriftlich S. 351. (Formulare und Muster XVI und XIX). Dabei ist demjenigen, für welchen die Eintragung Form. XIX. des Widerspruchs angeordnet wird, mitzutheilen, daß der Widerspruch wieder gelöscht werden wird, wenn er nicht bis zu dem Tage, von dem an das Grundbuch als angelegt anzusehen ist, oder, falls die Frist bis dahin nicht mehr drei Monate beträgt, binnen drei Monaten, dem Gerichte den Nachweis darüber eingereicht haben wird, daß er gegen den Anderen die Eigenthumsklage erhoben hat. Läuft die Frist ab, ohne daß der Nachweis eingereicht wurde, so muß der Widerspruch von Amtswegen gelöscht werden.

112. Der Amtsrichter hat die Fälle, in denen auf Grund der vorstehenden Bestimmungen die Eintragung eines Widerspruchs in das Grundbuch angeordnet wird, in ein vom Gerichtsschreiber nach dem Formular und Muster XX anzulegendes Verzeichniß zu Form. XX. bringen und dieses an dem Tage, von dem an das Grundbuch als angelegt anzusehen ist, dem Grundbuchrichter zu übergeben. Wird der Nachweis der Erhebung der Klage vor diesem Tage bei dem Gericht eingereicht, so ist der Eintrag in dem Verzeichnisse zu streichen.

113. Erfährt der Amtsrichter, daß ein Rechtsstreit anhängig ist, dessen Gegenstand das Eigenthum an einem Grundstücke des Gemeindebezirks bildet (Vindikation, Feststellungsklage, Anfechtungsklage, Auflösungsklage), so wird in Ansehung dieses Grundstücks das Ermittelungsverfahren nicht eingeleitet oder, wenn es eingeleitet ist, ausgesetzt. Erhält der Amtsrichter Kenntniß von der Beendigung des Rechtsstreits, so hat er das Ermittelungsverfahren einzuleiten oder fortzusetzen.

Das Gleiche gilt, wenn in Ansehung eines zum Gemeindebezirke gehörigen Grundstücks ein Zwangsversteigerungsverfahren, ein Hypothekenreinigungsverfahren, ein Wiederversteigerungsverfahren, ein Theilungsverfahren, ein Gütertrennungsverfahren oder ein Flurbereinigungsverfahren anhängig ist, oder wenn über das Vermögen einer Person, die im Flurbuch als Besitzer eines zum Gemeindebezirke gehörenden Grundstücks bezeichnet ist, oder die sonst als Eigenthümer eines solchen Grundstücks in Betracht kommt, das Konkursverfahren eröffnet ist.

114. Das Ermittelungsverfahren kann ausgesetzt werden, wenn der Amtsrichter S. 352. durch eine glaubhafte Nachricht Kenntniß davon erhält, daß der Eigenthümer eines zum Gemeindebezirke gehörenden Grundstücks das Grundstück demnächst zu veräußern gedenkt.

115. Ist die Person, die als Eigenthümer in Betracht kommt, im Termine weder anwesend noch vertreten, so kann der Amtsrichter, wenn er auf Grund der vorliegenden Urkunden und sonstigen Belege das Eigenthum für glaubhaft gemacht hält, die Eintragung in das Grundbuch anordnen. Von der Anordnung ist der Eigenthümer zu benachrichtigen mit dem Beifügen, daß er gegen die Anordnung schriftlich oder mündlich Einwendungen erheben kann (Formular und Muster XVI).

Der Amtsrichter kann auch, bevor er eine Anordnung über die Eintragung des Grundstücks trifft, den Nichterschienenen zu einem neuen Termine laden.

116. Ist die als Eigenthümer in Betracht kommende Person abwesend und ihr Aufenthalt unbekannt und hat eine Besitzeinweisung nicht stattgefunden, so hat der Amtsrichter die Eigenthumsverhältnisse von Amtswegen festzustellen und hienach über die Eintragung zu befinden. Der Benachrichtigung des Abwesenden von der Anordnung bedarf es nicht.

S. 352. b) Feststellung sonstiger Rechte.

117. Wenn die auf das Eigenthum bezüglichen Rechtsverhältnisse aufgeklärt sind und über die Eintragung in das Grundbuch Anordnung getroffen ist, schreitet der Amtsrichter zu der Feststellung der an dem Grundstücke bestehenden sonstigen Rechte (Vorzugsrechte, Hypotheken, Dienstbarkeiten ꝛc.). Was von den Rechten an Grundstücken gilt, gilt auch von den Rechten an solchen Rechten (z. B. vom Pfandrecht an einer Hypothekforderung), von den Verfügungsbeschränkungen und von den Auflösungsrechten.

118. Vorzugsrechte und Hypotheken können im Anlegungsverfahren nur dann berücksichtigt werden, wenn sie in das Hypothekenbuch eingeschrieben sind; dies gilt für
S. 353. Vorzugsrechte, selbst wenn die Wahrungsfrist noch läuft. Werden solche Rechte || angemeldet, ohne daß sie eingeschrieben sind, so ist der Anmeldende darauf aufmerksam zu machen, daß die Anmeldung die Einschreibung nicht ersetzt und daß ihm aus der Unterlassung der Einschreibung Nachtheile entstehen können.

119. Die Eintragung der angemeldeten Rechte darf nur angeordnet werden,
1. wenn der Eigenthümer des belasteten Grundstücks die Eintragung bewilligt oder
2. ohne diese Bewilligung, wenn das Bestehen des Rechtes nachgewiesen wird.

120. Vor der Verhandlung mit den Betheiligten hat sich der Amtsrichter davon zu überzeugen, ob das Recht angemeldet ist. Er hat sodann aus der Besitzerliste zu entnehmen, auf welchen Bordereaux sich Einschreibungen gegen den in der Besitzerliste Eingetragenen befinden, und aus der Vorbesitzerliste sich darüber zu vergewissern, ob gegen das Grundstück Belastungen eingeschrieben sind, die von anderen Personen als den in der Besitzerliste Eingetragenen herrühren.

Alsdann wird in die Verhandlung über die einzelnen Rechte eingetreten. Dabei ist zu unterscheiden, ob die Betheiligten im Termin anwesend sind oder nicht.

121. Sind die Betheiligten im Termin anwesend, so veranlaßt der Amtsrichter den Berechtigten, über das angemeldete Recht näheren Aufschluß zu geben und seine Beweisurkunden und sonstigen Belege vorzulegen. Der Eigenthümer des Grundstücks wird aufgefordert, sich darüber zu erklären, ob er das angemeldete Recht anerkenne und die Eintragung in das Grundbuch bewillige.

122. Wird die Eintragung im vollen Umfange bewilligt, so ordnet der Amtsrichter die Eintragung an und benachrichtigt davon die Betheiligten. Sind mehrere Rechte gegen dasselbe Grundstück angemeldet, so ist den Betheiligten auch mitzutheilen, in welchem Rangverhältnisse zu einander die einzelnen Rechte stehen.

Da das Rangverhältniß unter Umständen erst bestimmt werden kann, wenn alle angemeldeten Rechte festgestellt sind, so hat der Amtsrichter dahin zu wirken, daß die im
S. 354. Termin an || wesenden Betheiligten sich nicht entfernen, bevor die sämmtlichen an dem Grundstücke bestehenden Rechte festgestellt sind.

123. Bewilligt der Eigenthümer die Eintragung nicht, so hat der Berechtigte das Recht in dem angemeldeten Umfange nachzuweisen. Der Nachweis kann nur durch öffentliche Urkunden erbracht werden; in der Regel wird die Vorlage der Begründungsurkunde dann genügen, wenn der Eigenthümer darin das Recht bestellt hat.

Bei einer von dem Vormundschaftsgericht angemeldeten Mündelhypothek ist der Nachweis des Rechtes und seines Umfangs aus dem Ersuchschreiben als einer amtlichen Erkläruug des Vormundschaftsgerichts zu entnehmen.

124. Den Rang braucht der Berechtigte bei solchen Rechten, die im Hypothekenbuch eingeschrieben sind, nicht nachzuweisen; der Amtsrichter hat ihn aus dem Vermerke des Hypothekenbewahrers auf dem Bordereau zu entnehmen. In Ansehung anderer Rechte ergibt sich der Rang in der Regel aus der Erwerbsurkunde; wo Erwerbsurkunden fehlen, muß der Berechtigte den beanspruchten Rang auf andere Weise durch öffentliche Urkunden darthun.

125. Kann das Bestehen eines Rechtes nicht durch öffentliche Urkunden bewiesen werden, so hat der Amtsrichter die Eintragung so lang zu verweigern, bis der Beweis des angemeldeten Rechtes durch öffentliche Urkunden erbracht werden kann; meldet z. B. Jemand eine Grunddienstbarkeit an und beruft er sich zum Beweise seines Rechtes auf Ersitzung, so hat der Amtsrichter die Eintragung abzulehnen, bis der Anmeldende etwa die Ausfertigung eines rechtskräftigen Urtheils vorlegt, in dem das Bestehen der Grunddienstbarkeit festgestellt ist.

126. Erachtet der Amtsrichter das angemeldete Recht für nachgewiesen, so ordnet er dessen Eintragung an; dabei setzt er den Tag fest, der für den Rang des Rechtes maßgebend ist. Auf Grund der bloßen Glaubhaftmachung kann die Eintragung des Rechtes nicht angeordnet werden. Von der Anordnung sind die Betheiligten zu benachrichtigen.

127. Der Eigenthümer, der die Eintragung nicht bewilligt, hat das Recht, zu verlangen,
S. 354. daß zu seinen Gunsten ein Wider || spruch gegen das Recht in das Grundbuch eingetragen wird. Die Eintragung eines Widerspruchs kann auch verlangt werden, wenn die Eintragungsbewilligung um deßwillen verweigert wird, weil das Recht zwar seinem Bestande nach

anerkannt, seinem Umfange nach aber bestritten ist. Erkennt z. B. der Eigenthümer zwar an, daß ein angemeldetes Hypothekenrecht besteht, behauptet er aber, es sei eine Abschlagszahlung erfolgt, oder sind in der Hypothekenurkunde mehrere Grundstücke verpfändet, behauptet aber der Eigenthümer, die Hypothek sei nachträglich auf einzelne von ihnen beschränkt worden, so wird nur ein Widerspruch gegen die Höhe der Belastung oder gegen die Mithaftung bestimmter Grundstücke eingetragen. Auch von der Anordnung, daß der Widerspruch einzutragen ist, sind die Betheiligten zu benachrichtigen. S. 355.

128. Einigen sich die Betheiligten im Laufe des Anlegungsverfahrens, so wird die Eintragung nach Maßgabe der Einigung vorgenommen; einigen sie sich nicht, so bleibt der Widerspruch auch nach der Beendigung des Anlegungsverfahrens im Grundbuche stehen.

129. Ist der Eigenthümer im Termine nicht anwesend, so kann seine Eintragungsbewilligung schriftlich eingereicht oder durch einen Bevollmächtigten erklärt werden. Wird die Eintragungsbewilligung schriftlich eingereicht, so muß sie öffentlich beurkundet oder öffentlich beglaubigt sein. Die Bevollmächtigung zur Erklärung der Eintragungsbewilligung muß durch eine öffentliche oder öffentlich beglaubigte Vollmacht nachgewiesen werden. Die Beurkundung und die Beglaubigung stehen den Notaren und dem Anlegungsgerichte zu.

130. Liegt die Eintragungsbewilligung vor, so braucht sich der Amtsrichter auf eine Prüfung des angemeldeten Rechtes nicht einzulassen, sondern er kann sofort die Eintragung anordnen. Von der Anordnung sind der Berechtigte und der nicht anwesende Eigenthümer zu benachrichtigen (Formular und Muster XXI). Form. XXI.

131. Liegt eine Eintragungsbewilligung nicht vor, oder liegt eine solche zwar vor, ermangelt sie aber der vorgeschriebenen Form, oder ist sie nach ihrem Inhalt ungenügend, so hat der || Amtsrichter in die Prüfung der von dem Berechtigten zu beschaffenden Beweisbehelfe einzutreten. Erachtet er das angemeldete Recht für nicht bewiesen, so lehnt er die Eintragung ab, erachtet er es für bewiesen, so ordnet er die Eintragung an und benachrichtigt von der Anordnung die Betheiligten. Dem Eigenthümer ist dabei mitzutheilen, daß er die Eintragung eines Widerspruchs gegen das Recht, dessen Eintragung in das Grundbuch angeordnet ist, beantragen kann (Formular und Muster XXII). Wird der Antrag gestellt, so ordnet der Amtsrichter die Eintragung des Widerspruchs an und benachrichtigt von der Anordnung die Betheiligten. S. 356. Form. XXII.

132. Ist der Berechtigte im Termine nicht anwesend, so wird die Eintragung des angemeldeten Rechtes gleichwohl angeordnet, wenn der Eigenthümer die Eintragung bewilligt.

133. Wird die Bewilligung nicht ertheilt, so wird die Eintragung abgelehnt, wenn der Berechtigte es unterlassen hat, die zum Nachweise seines Rechtes erforderlichen Behelfe dem Gericht einzureichen. Liegen die Behelfe vor, so prüft sie der Amtsrichter und entscheidet, je nachdem er das Recht für bewiesen oder für nicht bewiesen erachtet, darüber, ob die Eintragung anzuordnen oder abzulehnen sei. In beiden Fällen hat er die Betheiligten zu benachrichtigen. In der Mittheilung über die Anordnung der Eintragung soll der Rang des Rechtes, dessen Eintragung angeordnet ist, angegeben und bemerkt werden, welche Forderungen dem Recht im Range vorgehen (Formular und Muster XXIII). Im Falle der Ablehnung hat es dabei sein Bewenden, bis der Berechtigte das Recht dem Amtsgerichte nachweist oder außerhalb des Anlegungsverfahrens gegen den Eigenthümer erstreitet. Wird die Eintragung angeordnet, so erfolgt auf Antrag des Eigenthümers die Eintragung eines Widerspruchs. Auf die Berechtigung, die Eintragung eines Widerspruchs zu verlangen, ist der Eigenthümer ausdrücklich aufmerksam zu machen. Form. XXIII.

134. Ist keiner der Betheiligten im Termin erschienen, so ordnet der Amtsrichter die Eintragung des angemeldeten Rechtes an, wenn eine in der vorgeschriebenen Form abgegebene Eintragungsbewilligung des Eigenthümers vorliegt. Ist dies nicht || der Fall, so prüft der Amtsrichter die vorgelegten Beweisbehelfe und entscheidet darnach, ob die Eintragung anzuordnen oder abzulehnen sei. In beiden Fällen sind die Betheiligten zu benachrichtigen. Wird die Eintragung angeordnet, so ist der Eigenthümer auf das ihm zustehende Recht, die Eintragung eines Widerspruchs zu verlangen, aufmerksam zu machen. S. 357.

7. Protokollirung der Verhandlungen.

135. Ueber die Verhandlungen im Termine hat der Gerichtsschreiber im Termin ein Protokoll zu führen (Formular XXIV). In das Protokoll sind die Erklärungen der Betheiligten, die Anordnungen des Amtsrichters und die von ihm getroffenen Feststellungen aufzunehmen, soweit sie für die Sache von Erheblichkeit sind. Wird die Eintragung des Eigenthums in einer von der Eintragung im Flurbuch, die Eintragung eines angemeldeten Rechtes in einer von der Anmeldung abweichenden Weise angeordnet, so muß die angeordnete Eintragung im Protokoll beurkundet werden; es genügt, wenn die Abweichungen hervorgehoben werden. Z. B. Eintragung des Eigenthums an Pl. Nr. 1329 angeordnet, jedoch nicht mit 0,878 ha, sondern mit 0,879 ha Flächeninhalt; oder: Eintragung der Hypothek nach Form. XXIV.

S. 357. Anmeldung angeordnet, jedoch nur für einen Betrag von 2500 Mark. Im Zweifel hat der Amtsrichter darüber zu befinden, was in das Protokoll aufzunehmen ist.

136. Jede Person, die als Eigenthümer eines Grundstücks des Gemeindebezirks vernommen wird, erhält im Protokoll eine besondere Nummer. Die Numerirung der Personen geht fortlaufend durch alle Protokolle über die Abhaltung der Termine. Miteigenthümer stehen unter einer einzigen Nummer, desgleichen Personen, die an demselben Grundstücke einander widerstreitende Eigenthumsansprüche geltend machen. Sind einer Person in der Besitzerliste mehrere Grundstücke zugeschrieben, so werden die auf diese Grundstücke bezüglichen Verhandlungen sämmtlich unter der Nummer dieser Person vorgetragen. Unter der Nummer des Eigenthümers erfolgt auch die Beurkundung der Verhandlung über die Rechte an seinen Grundstücken.

S. 358. Wird im Laufe des Verfahrens eine weitere Verhandlung mit einem bereits vernommenen Eigenthümer erforderlich, so erhält die Beurkundung der neuen Verhandlung eine neue Nummer. Am Rande der Beurkundungen ist wechselseitig auf die Nummer der anderen Beurkundung zu verweisen.

137. Sobald die Vernehmung einer Person beginnt, die in der Besitzerliste als Besitzer eingetragen ist, wird neben dem Namen am Rande des Protokolls die Nummer vermerkt, unter der die Person in der Besitzerliste eingetragen ist.

138. Werden Urkunden vorgelegt, so sind sie nach Datum und Inhalt kurz zu bezeichnen; bei öffentlichen Urkunden ist der Beamte oder die Behörde anzugeben, von welchen die Urkunde ausgeht.

139. Die Erklärungen der Betheiligten werden von diesen nicht unterschrieben. Eine Ausnahme besteht für Erklärungen, auf Grund derer eine Eintragung in das Grundbuch angeordnet wird. Hiezu gehören die Zustimmung des im Flurbuch als Besitzer Bezeichneten zur Eintragung einer anderen Person als Eigenthümer (Nr. 106) und die Bewilligung des Eigenthümers zur Eintragung eines Rechtes an seinem Grundstücke (Nr. 119). Diese Erklärungen müssen von denen, die sie abgeben, unterschrieben werden. Es genügt die Unterschreibung am Schlusse der Nummer.

140. Ganz besondere Sorgfalt ist auf die Beurkundung der Eintragungsbewilligungen zu verwenden. Es ist darauf zu achten, daß das, was der Eigenthümer erklärt, in der Beurkundung genau zum Ausdrucke kommt, daß also nicht mehr und nicht weniger im Protokolle niedergelegt wird, als der Eigenthümer bewilligen will. In der Eintragungsbewilligung ist das Recht, dessen Eintragung bewilligt wird, nach seinem Inhalt und seinem Umfange sowie mit allen Nebenrechten und Nebenberedungen anzugeben. Es genügt also z. B. bei der Beurkundung der Eintragungsbewilligung für eine Hypothek nicht, daß blos der Gläubiger, der Betrag und das belastete Grundstück angegeben werden, sondern es müssen die Zahlungsbedingungen, der Zinssatz, die Fälligkeit der Haupt- und Nebenforderungen,
S. 359. die sämmtlichen Nebenleistungen und Nebenberedungen, wie z. B. die Art || der Kapitalabzahlung u. dgl., in die Beurkundung mit aufgenommen werden. Im Allgemeinen wird der Inhalt der Bordereaux als Anhaltspunkt dienen können.

Es ist nicht erforderlich, daß bei der Beurkundung der Eintragungsbewilligung der Inhalt und der Umfang des Rechtes im Einzelnen angegeben wird, wenn der Eigenthümer eine Urkunde zu den Akten gibt, aus welcher der Umfang und der Inhalt des Rechtes zu entnehmen sind. Eine solche Urkunde braucht keine öffentliche Urkunde zu sein. Uebergibt z. B. der Eigenthümer das Bordereau, auf Grund dessen die Einschreibung in das Hypothekenbuch vorgenommen wurde, und erklärt er, daß er nach Maßgabe des Inhalts des Bordereau die Eintragung der Hypothek bewillige, so genügt die Beurkundung dieser Erklärung. Doch muß in diesem Falle das Bordereau und ebenso jede sonstige Urkunde, auf die in der Eintragungsbewilligung Bezug genommen wird, mit der die Erklärung enthaltenden Beurkundung dadurch zu einem Ganzen verbunden werden, daß der Gerichtsschreiber die Urkunde der Eintragungsbewilligung anheftet und den Heftfaden mit dem Gerichtssiegel befestigt.

Bei der Erklärung der Eintragungsbewilligung genügt auch die Bezugnahme auf eine schon bei Gericht verwahrte Urkunde. Der Verbindung einer solchen Urkunde mit der Eintragungsbewilligung bedarf es nicht; der Gerichtsschreiber hat bei der Beurkundung der Erklärung zu vermerken, wo die Urkunde verwahrt wird. Der Amtsrichter kann die Bezugnahme auf solche Urkunden zurückweisen, die das Gericht später wieder abzugeben hat, wie z. B. die vom Hypothekenamte dem Gerichte übersandten Bordereaux. Läßt er die Bezugnahme zu, so muß vor der Abgabe der Urkunde eine Abschrift des einschlägigen Theiles der Urkunde gefertigt werden, die in der angegebenen Weise mit der die Eintragungsbewilligung enthaltenden Beurkundung zu verbinden ist.

141. Wird die Eintragung der Hypothek für ein Darlehen einer Kreditanstalt bewilligt, deren Satzung von der zuständigen Behörde öffentlich bekannt gemacht worden ist, so bedarf es in Ansehung der außer den Zinsen zu entrichtenden satzungsmäßigen Nebenleistungen,
S. 360. wie z. B. der Provision, einer Aufnahme in || die Eintragungsbewilligung nicht. Welche

bayerischen Kreditanstalten hiebei in Betracht kommen, wird später bestimmt werden. Außer- S. 360.
bayerische Anstalten, wie z. B. die preußischen Landschaften, werden nachweisen müssen, daß ihre Satzung von der zuständigen Behörde öffentlich bekannt gemacht worden ist. Außerdeutsche Anstalten kommen nicht in Betracht. Unter die Kreditanstalten im Sinne dieser Bestimmung fallen die eingetragenen Genossenschaften als solche nicht.

142. Jede Anordnung, die der Amtsrichter auf Grund der Verhandlung trifft, ob das Eigenthum oder ein sonstiges Recht an dem Grundstück in das Grundbuch einzutragen sei, ob die Eintragung abzulehnen, oder ob sie auszusetzen sei, wird vom Gerichtsschreiber kurz am Rande des Protokolls vermerkt. Diese Vermerke, z. B. für die Anordnung der Eintragung der Buchstaben E, haben den Zweck, einen raschen Ueberblick über das Ergebnis der Verhandlungen im Termine zu gewähren; sie können mit Farbstift gemacht werden.

143. Das Protokoll wird fortlaufend geführt über alle in einem Termine vorkommenden Vernehmungen und Verhandlungen. Am Schlusse eines Termines wird es vom Gerichtsschreiber abgeschlossen und von dem Amtsrichter und dem Gerichtsschreiber unterschrieben.

Die Vorlesung ist nicht erforderlich; nur diejenigen Beurkundungen, welche von den Betheiligten zu unterschreiben sind (Nr. 139), sollen ihnen vorgelesen werden. Verweigert ein Betheiligter die Unterschrift, so ist dies im Protokolle zu erwähnen; die Wirksamkeit der von dem Amtsrichter auf Grund der Erklärung des Betheiligten getroffenen Anordnung wird durch die Verweigerung nicht berührt.

144. Ist in Ansehung des Eigenthums oder eines sonstigen Rechtes an einem Grundstücke die Verhandlung abgeschlossen, so gibt der Gerichtsschreiber den Betheiligten die von ihnen herbeigebrachten Urkunden und sonstigen Belege zurück, soweit sie nicht als Anlage einer Eintragungsbewilligung bei den Akten verwahrt werden. Wollen die Betheiligten ihre Urkunden und sonstigen Belege in der Verwahrung des Gerichts lassen, so hat sie der Amtsrichter zu den Akten zu nehmen. Auf Verlangen ist || darüber eine Bescheinigung auszustellen. S. 361.
Letzteres gilt auch für die den Eintragungsbewilligungen beigehefteten Urkunden.

145. Die Plannummer eines jeden Grundstücks, in Ansehung dessen die Rechtsverhältnisse festgestellt sind, wird in der Besitzerliste mit rother Tinte durchstrichen, ebenso werden die Nummern der Bordereaux in der Besitzerliste und in der Vorbesitzerliste durchstrichen, wenn die Hypotheken festgestellt sind. Sind alle einzelnen in der Besitzerliste einer Person zugeschriebenen Plannummern erledigt, so wird der ganze Eintrag in der Besitzerliste roth durchstrichen. Alle Durchstreichungen sind so vorzunehmen, daß das Durchstrichene leserlich bleibt.

8. Terminfreie Tage.

146. Ist die Abhaltung der für eine Woche anberaumten Termine beendigt, so bleiben drei Werktage frei, bevor weitere Termine abgehalten werden. Diese terminfreien Tage sind zur Erledigung derjenigen Arbeiten zu benützen, welche sich auf Grund der Verhandlungen in den Terminen als erforderlich ergeben. Hierunter fallen insbesondere die Ermittelungen zum Zwecke der Glaubhaftmachung des Eigenthums, die Benachrichtigung der Betheiligten von den in ihrer Abwesenheit ergangenen Anordnungen des Amtsrichters und die Ladungen zu den späteren Terminen.

147. Die Ermittelungen werden erforderlich sein, soweit durch die von den Betheiligten beigebrachten Behelfe das Eigenthum nicht ausreichend glaubhaft gemacht werden konnte. Hier hat der Amtsrichter von Amtswegen einzugreifen und die nothwendigen Aktenstücke zu beschaffen. Namentlich wird er sich Aufschlüsse von Notaren zu erbitten haben. Die Notare sind verpflichtet, diese Aufschlüsse kostenlos zu gewähren und auf Verlangen selbst die Urschriften der in ihren Archiven verwahrten Urkunden dem Gerichte zur Einsichtnahme zu übersenden. Eine Abschrift brauchen sie nicht zurückzubehalten. Das Gericht ist verpflichtet, die Urkunden nach der Einsichtnahme unverzüglich an den Notar zurückzuschicken. Der Amtsrichter ist befugt, aus den ihm übersendeten Urkunden die erforderlichen Auszüge und Notizen machen zu lassen.

Auch wird sich oft die Nothwendigkeit ergeben, zur Feststellung der Verhältnisse eines S. 362.
Grundstückes den gemeindlichen Umschreibplan oder einzelne Blätter des Umschreibatlasses von der zuständigen Messungsbehörde zu erholen, zumal der den Gerichten zugehende rentamtliche Extraditionsplan einen viele Jahre zurückliegenden Stand der Grundstücke aufweist. Die Messungsbehörden sind angewiesen, einem darauf gerichteten Ersuchen des Gerichts unverweilt Folge zu leisten.

148. Die Thätigkeit des Amtsrichters wird insbesondere in Anspruch genommen werden zur Feststellung des Eigenthums an solchen Grundstücken, deren Eigenthümer abwesend sind, ohne daß ihr Wohnort oder ein von ihnen bestellter Vertreter bekannt ist. Zeigt es sich, daß die im Interesse des Abwesenden vorzunehmenden Ermittelungen größeren Umfang annehmen, so kann der Amtsrichter dem Vormundschaftsgerichte Mittheilung machen, damit dieses für den Abwesenden einen Pfleger bestellt. Bis zum Inkrafttreten des Bürgerlichen Gesetzbuches ist die Mittheilung an den ersten landgerichtlichen Staatsanwalt zu richten.

S. 362. **149.** In Ansehung der angemeldeten Rechte kann, obgleich das Gericht nicht dazu berufen ist, zur Erbringung des Beweises ihres Bestehens von Amtswegen mitzuwirken, doch in beschränktem Umfange eine Thätigkeit des Gerichts erforderlich werden, z. B. wenn es sich darum handelt, den Inhalt einer Urkunde kennen zu lernen, von der die Betheiligten eine Abschrift nur mit erheblichen Weiterungen oder bedeutenden Kosten beizubringen vermöchten. Auch kann sich die Nothwendigkeit ergeben, wegen des Ranges von Rechten, die im Hypothekenbuch eingeschrieben sind, Aufklärungen vom Hypothekenamte zu erholen. Die Hypothekenbewahrer haben die erbetenen Aufschlüsse zu ertheilen und auf Ersuchen die von ihnen verwahrten Urkunden dem Gerichte zur Einsicht zu übersenden. Auch dem Ersuchen um Uebersendung von Auszügen aus den Hypothekenregistern haben sie zu entsprechen. Für die Fertigung eines Auszugs dürfen Kosten nicht angesetzt werden.

150. Die Benachrichtigung derjenigen Personen, die im Termine nicht anwesend waren und von den auf ihre Rechte bezüglichen Anordnungen des Amtsrichters zu benachrichtigen
S. 363. sind, erfolgt mittels einfachen, durch die Post oder durch den Gerichtsdiener zu bestellenden Briefes. Beginnt mit der Benachrichtigung der Lauf einer Frist (Nr. 106, 111), so erfolgt die Benachrichtigung durch eingeschriebenen Brief. Der Lauf der Frist beginnt am dritten Tage nach dem Tage, an dem der Brief der Post übergeben wurde.

151. Ist die Benachrichtigung unthunlich, so kann sie unterbleiben. Dies gilt nicht, wenn mit der Benachrichtigung der Lauf einer Frist beginnt; in diesem Falle ist die Mittheilung an die Gerichtstafel anzuheften, und eine kurze Angabe ihres Inhalts einmal in das für die Bekanntmachungen des Gerichts bestimmte Blatt einzurücken. Die Frist beginnt mit dem Ablaufe zweier Wochen seit der Einrückung.

Unthunlich ist die Benachrichtigung, wenn der Aufenthalt der zu benachrichtigenden Person unbekannt ist, oder wenn die Person sich außerhalb des Deutschen Reiches aufhält; hat sie einen dem Gerichte bekannten Vertreter, so ist dieser zu benachrichtigen.

152. Ueber jede Benachrichtigung an nicht im Termine anwesende Personen hat der Gerichtsschreiber am Rande des Protokolls über die Verhandlungen im Termin einen von ihm unterschriebenen kurzen Vermerk zu machen. Die Unterschrift unter dem Vermerke kann in abgekürzter Form erfolgen. Zu den Benachrichtigungen sollen die Formulare XVI bis XXIII benützt werden; soweit nöthig, sind sie den Bedürfnissen des einzelnen Falles anzupassen.

153. Erscheinen Betheiligte an terminfreien Tagen vor Gericht, um Erklärungen abzugeben oder Anmeldungen einzureichen, so hat der Amtsrichter ein Protokoll darüber aufzunehmen; er kann den Gerichtsschreiber zuziehen. Den etwaigen Anträgen der Betheiligten soll, soweit thunlich, sofort entsprochen werden, damit ihnen ein weiterer Gang zum Gericht oder das Erscheinen im Termin erspart wird. Ist in Folge der Erklärung eines Betheiligten die Anhörung einer anderen Person nothwendig, so kann diese sofort vor Gericht gerufen und in Gegenwart des Betheiligten mit ihr verhandelt werden. Der Amtsrichter ist nicht berechtigt, Personen, die Erklärungen abgeben oder Anmeldungen einreichen wollen, damit in
S. 364. den Termin zu verweisen. ‖ Die Verweisung ist jedoch statthaft, wenn die Verhandlung voraussichtlich einen größeren Umfang annimmt, insbesondere wenn die Beiziehung weiterer Betheiligter oder die Beschaffung weiterer Beweisbehelfe erforderlich erscheint.

154. Ordnet der Amtsrichter außerhalb des Termins die Eintragung eines Rechtes in das Grundbuch an, so hat er die Anordnung kurz zu den Akten zu vermerken und den Vermerk unter Angabe des Tages der Anordnung zu unterschreiben. Die Anordnung der Eintragung ist auf die in Nr. 166 angegebene Weise augenfällig zu machen.

9. Beurkundung von Rechtsgeschäften.

155. Das Amtsgericht, dem die Anlegung des Grundbuches obliegt, ist berechtigt und verpflichtet, Erklärungen, Eintragungsbewilligungen und Verträge zu beurkunden, welche die Betheiligten aus Anlaß der Anlegung des Grundbuches vom Gerichte beurkunden lassen wollen. Die Beurkundung steht den sämmtlichen Richtern des Gerichts zu, nicht nur dem, der mit der Anlegung des Grundbuchs für die Gemeinde beauftragt ist; sie steht auch den Anlegungskommissären zu, jedoch nur in Ansehung der Grundstücke derjenigen Gemeindebezirke, für welche ihnen Anlegungsarbeiten übertragen sind. Der Amtsrichter kann die Beurkundung ohne Zuziehung oder mit Zuziehung eines Gerichtsschreibers vornehmen.

156. Das Amtsgericht kann ein anderes bayerisches Amtsgericht um die Vornahme der Beurkundung ersuchen. Auf Ersuchen der Betheiligten kann ein anderes Amtsgericht die Beurkundung nicht vornehmen; wird ein solches Ersuchen an ein anderes Gericht gestellt, so hat dieses das Anlegungsgericht zu benachrichtigen; die Beurkundung darf es erst vornehmen, wenn es von dem Anlegungsgericht darum ersucht wird. Die ohne das Ersuchen des Anlegungsgerichtes von einem anderen Gericht aufgenommene Urkunde über ein Rechtsgeschäft gilt nicht als öffentliche Urkunde im Sinne dieser Vorschriften. Von Bedeutung ist dies namentlich für die Eintragungsbewilligung.

157. Was für die Beurkundung der Eintragungsbewilligung des Eigenthümers im Termine vorgeschrieben ist, gilt auch für || den Fall, daß das Gericht sie nicht im Termine beurkundet. Insbesondere muß über die Eintragungsbewilligung stets ein förmliches Protokoll aufgenommen und dieses vom Eigenthümer unterschrieben werden; ein bloßer Vermerk zu den Akten genügt nicht. S. 364. S. 365.

158. Die Beurkundung von Verträgen kann sich auf alle Arten von Verträgen erstrecken, die aus Anlaß der Anlegung des Grundbuchs geschlossen werden. Die Vertragsschließung und die Beurkundung brauchen nicht im Termine zu erfolgen. Wird die Beurkundung eines Vertrags begehrt, so ist sie nur dann vorzunehmen, wenn die Betheiligten sich über alle Punkte des zu schließenden Vertrages geeinigt haben. Aufgabe des Amtsrichters ist es nur, den feststehenden Parteiwillen zu beurkunden; es ist nicht seine Aufgabe, den Betheiligten, bevor sie sich geeinigt haben, Rathschläge für die Schließung des Vertrages zu ertheilen. Sind noch Unterhandlungen oder Ermittelungen nothwendig, so hat der Amtsrichter die Beurkundung abzulehnen, bis die Betheiligten sich geeinigt haben. Der Umfang der begehrten Beurkundung ist kein Grund, ihre Vornahme abzulehnen; die Beurkundung muß also auch vorgenommen werden, wenn sie voraussichtlich erhebliche Zeit in Anspruch nimmt. Wird sie aber im Termine begehrt, so kann sie der Amtsrichter ablehnen, wenn er durch die Vornahme außer Stand gesetzt würde, die Verhandlung mit den übrigen zum gleichen Termine geladenen Personen zu Ende zu führen.

159. Für die Form der Beurkundung bestehen besondere Vorschriften nicht; die Beurkundung erfolgt in der Form, in der die gerichtlichen Protokolle überhaupt aufgenommen werden. Die Formvorschriften, die für die Beurkundung bestimmter Verträge durch den Notar bestehen, kommen nicht zur Anwendung. Demgemäß sind die Vorschriften des Gesetzes vom 28. Febr. 1880, die Abänderung des Artikel 9 des pfälzischen Notariatsgesetzes vom 25. Ventôse XI betreffend, nur insoweit maßgebend, als für die gerichtlichen Beurkundungen die gleichen Formvorschriften bestehen. Von dem Inkrafttreten des bürgerlichen Gesetzbuches an richtet sich die Form der Beurkundung nach den Vorschriften der §§ 169 bis 182 des Gesetzes über die Angelegenheiten der freiwilligen Gerichtsbarkeit vom 17. Mai 1898.

160. Erfolgt die Beurkundung eines Rechtsgeschäfts im Termine, so kann sie in ein selbstständiges Protokoll aufgenommen werden. Sie kann auch in das allgemeine Protokoll über die Verhandlungen im Termine aufgenommen werden, doch müssen auch in diesem Falle bei der Aufnahme des Protokolls die besonderen Vorschriften befolgt werden, die für die Beurkundung von Rechtsgeschäften maßgebend sind (§§ 169 — 182 des Gesetzes vom 17. Mai 1898). Insbesondere haben die Betheiligten ihre Erklärungen zu unterschreiben. Die Unterschreibung kann am Schlusse des ganzen Protokolls erfolgen, sie kann auch unmittelbar unter die Beurkundung der Erklärung geschehen. S. 366.

161. Die vom Gerichte aufgenommenen Urkunden werden in Urschrift bei Gericht verwahrt. Auf Verlangen kann den Betheiligten eine Ausfertigung oder eine Abschrift ertheilt werden. Ist die Beurkundung in das allgemeine Protokoll aufgenommen, so hat der Gerichtsschreiber bei der Ertheilung einer Ausfertigung nur den auf die Beurkundung des Rechtsgeschäfts bezüglichen Theil des Protokolls sammt dem Eingang und der Fertigung in die Ausfertigung aufzunehmen.

10. Vorläufige Grundbuchblätter.

162. Der Gerichtsschreiber hat auf Grund des Ergebnisses der in einer Woche abgehaltenen Termine an den terminfreien Tagen die vorläufigen Grundbuchblätter anzulegen. In einfach gelagerten Fällen kann die Anlegung während des Termins erfolgen.

163. Für jede Person, deren Eintragung als Eigenthümer in das Grundbuch vom Amtsrichter angeordnet worden ist, wird ein vorläufiges Grundbuchblatt angelegt, auf das die der Person gehörenden Grundstücke und die an diesen Grundstücken bestehenden Rechte, deren Eintragung in das Grundbuch der Amtsrichter angeordnet hat, eingetragen werden. Das vorläufige Grundbuchblatt soll ein vollständiges Bild der Eintragungen geben, die demnächst in das Grundbuch aufgenommen werden; es soll den Betheiligten die Möglichkeit gewähren, sich davon zu überzeugen, ob die Rechte, die sie an den Grundstücken glauben S. 367.
in Anspruch nehmen zu können, im Anlegungsverfahren in vollem Umfange Berücksichtigung gefunden haben.

164. Für die Eintragungen gelten im Allgemeinen die für die Eintragungen in das Grundbuch geltenden Vorschriften. Jedoch sind die Eintragungen so knapp zu fassen, als ihr Zweck zuläßt; es ist zulässig, Abkürzungen zu gebrauchen, wenn durch sie das Verständniß nicht beeinträchtigt wird, auch dürfen alle Geldbeträge mit Ziffern geschrieben werden. Der Titel und die drei Abtheilungen können auf die gleiche Seite geschrieben werden. Wenn die Eintragungen in einer Abtheilung gemacht sind, ist entsprechender Raum für etwaige Nachträge zu lassen. In der Regel wird für ein Grundbuchblatt ein halber Bogen genügen;

S. 367. wenn nöthig, sind ein ganzer Bogen und Einlagen zu verwenden. Für die vorläufigen Form. XXV. Grundbuchblätter dient das Formular XXV, ein Muster für die Eintragungen enthält das Formular XXVa.

165. Die vorläufigen Grundbuchblätter werden fortlaufend numerirt und mit der Nummer, unter der der Eigenthümer in die Besitzerliste eingetragen ist, sowie mit der Nummer des Protokolls, in dem das Eigenthum und die Rechte an den Grundstücken festgestellt sind, bezeichnet.

166. Der Amtsrichter hat die Anlegung der vorläufigen Grundbuchblätter zu überwachen. Der Gerichtsschreiber hat auf die Anfertigung besondere Sorgfalt zu verwenden und dabei nicht nur die Anordnungen zu berücksichtigen, die der Amtsrichter im Termine getroffen hat, sondern auch alle außerhalb der Termine angeordneten Eintragungen aufzunehmen. Zu diesem Zwecke muß er die sämmtlichen im Anlegungsverfahren erwachsenen Akten durchsehen. Um sich die Arbeit zu erleichtern und ein Uebersehen soweit als möglich auszuschließen, soll der Gerichtsschreiber jede Stelle der Akten, an der die Anordnung einer Eintragung vermerkt ist, am Rande durch ein mit Farbstift anzubringendes Zeichen augenfällig machen.

167. Sind die vorläufigen Grundbuchblätter angelegt, so hat der Amtsrichter ihre Richtigkeit zu prüfen und daß dies geschehen ist, auf jedem Blatte mit seiner Unterschrift zu bescheinigen. Die Unterschrift kann in abgekürzter Form beigesetzt werden. Hat der Anlegungs-
S. 368. kommissär die Thätigkeit des Gerichtsschreibers || zu überwachen, so soll der Amtsrichter sich zum Mindesten durch Stichproben von der Richtigkeit der Eintragungen überzeugen.

168. Die vorläufigen Grundbuchblätter werden nach der alphabetischen Reihenfolge der Namen der Blattinhaber geordnet; bei gleichen Zunamen entscheidet der Anfangsbuchstabe des Vornamens. Die vorläufigen Grundbuchblätter für gemeinschaftliche Grundstücke werden nach dem Namen desjenigen Miteigenthümers eingelegt, der im Titel an der ersten Stelle steht.

169. Ergibt sich nach der Anlegung der vorläufigen Grundbuchblätter die Nothwendigkeit, die Eintragungen zu berichtigen, so werden die unrichtigen Eintragungen so durchstrichen, daß sie leserlich bleiben, und die richtigen Eintragungen entweder zwischen den Zeilen darüber geschrieben oder, wo dazu kein Raum ist, in den noch leeren Raum am Schlusse der Abtheilung geschrieben. Neu zugehende Grundstücke und neue Belastungen werden je am Schlusse der Abtheilung unter fortlaufenden Nummern nachgetragen. Scheidet von mehreren im Titel eingetragenen Miteigenthümern einer aus, so wird sein Name durchstrichen und der Bruchtheil, nach dem das Eigenthum den verbleibenden Miteigenthümern zusteht, nach Maßgabe der in Folge des Ausscheidens eingetretenen Aenderung berichtigt. Wird ein gemeinschaftliches Grundstück getheilt, so ist zu unterscheiden, ob die Theilung in Natur oder durch Veräußerung erfolgt. Im ersteren Falle ist das gemeinschaftliche vorläufige Grundbuchblatt zu entfernen und für die Eigenthümer der einzelnen Grundstücke, in die das früher gemeinschaftliche Grundstück getheilt ist, je ein besonderes vorläufiges Grundbuchblatt anzulegen; sind vorläufige Grundbuchblätter auf den Namen dieser Personen schon angelegt, so werden die ihnen zugetheilten Grundstücke nach ihren neuen Plannummern auf diesen Grundbuchblättern hinzugeschrieben. Hat eine Veräußerung des gemeinschaftlichen Grundstücks stattgefunden, so kann der Erwerber, wenn er nicht selbst ein eigenes vorläufiges Grundbuchblatt erhält, an die Stelle des bisherigen Eigenthümers in den Titel eingesetzt werden; erhält er ein eigenes vorläufiges Grundbuchblatt, so wird das gemeinschaftliche entfernt und das Grundstück auf dem Grundbuchblatte des neuen Erwerbers hinzugeschrieben.

S. 369. **170.** Ueber die sämmtlichen in den vorläufigen Grundbuchblättern als Berechtigte eingetragenen Personen, ohne Unterschied, ob ihnen das Eigenthum oder sonstige Rechte zustehen, wird vom Gerichtsschreiber ein Verzeichniß angefertigt, das in alphabetischer Form. XXVI. Reihenfolge die Namen der Berechtigten und die Nummern der Grundbuchblätter enthält, auf denen für sie Rechte eingetragen sind (Formular und Muster XXVI). Das Verzeichniß wird nicht nach Eigenthümern und nach sonstigen Berechtigten ausgeschieden.

Das Verzeichniß ist stets auf dem Laufenden zu halten.

11. Auflegung der vorläufigen Grundbuchblätter.

171. Wenn die vorläufigen Grundbuchblätter angelegt sind, werden sie zu allgemeiner Einsicht aufgelegt.

172. Die Auflegung erfolgt in der Gemeinde in demjenigen Raume, welcher zur Auflegung der Gemeindewahllisten zu dienen pflegt.

Gehören mehrere politische Gemeinden zu einer Steuergemeinde, so erfolgt die Auflegung für jede politische Gemeinde gesondert; wird eine Steuergemeinde durch eine politische Gemeinde gebildet, die in mehrere Ortschaften zerfällt, so erfolgt die Auflegung am Sitze der politischen Gemeinde auch dann, wenn die Ortschaften ausgeschiedene Bänne haben.

173. Zum Zwecke der Auflegung hat der Amtsrichter die vorläufigen Grundbuchblätter und das Register an den Bürgermeister zu senden und dabei zugleich den Termin zu bestimmen, in welchem etwaige Einwendungen gegen die Eintragungen im vorläufigen

Grundbuchblatte vor ihm angebracht werden können. Der Termin ist am Sitze der Gemeinde abzuhalten. Der Bürgermeister hat die erfolgte Auflegung und den vom Amtsrichter bestimmten Termin zur Anbringung von Einwendungen in der ortsüblichen Weise bekannt machen zu lassen. Der Amtsrichter hat die Auflegung der vorläufigen Grundbuchblätter und den Termin zur Anbringung von Einwendungen durch einmalige Einrückung in das für die Bekanntmachungen || des Gerichts bestimmte Blatt bekannt zu machen. Die Bekanntmachung erfolgt nach dem Formular und Muster XXVII. S. 369. S. 370. Form. XXVII.

174. Jeder, zu dessen Gunsten die Eintragung eines Rechtes in das Grundbuch angeordnet wurde, ist befugt, dasjenige vorläufige Grundbuchblatt einzusehen, auf welchem das Recht eingetragen ist. Der Bürgermeister hat die Einsichtnahme während der Dienststunden jedem zu gestatten, der in dem in Nr. 170 erwähnten Verzeichniß aufgeführt ist. Verlangt eine in dem Verzeichnisse nicht aufgeführte Person die Einsichtnahme, so ist das Verlangen abzulehnen und der Gesuchsteller an den Amtsrichter zu verweisen. Der Amtsrichter kann die Einsichtnahme jedem gestatten, der ein rechtliches Interesse darlegt.

175. Die Befugniß zur Einsichtnahme erstreckt sich nur auf dasjenige Grundbuchblatt, auf welchem Rechte für den Gesuchsteller eingetragen sind; die Einsichtnahme in andere Blätter kann nur der Amtsrichter gestatten.

176. Die Einsichtnahme kann durch Bevollmächtigte vorgenommen werden. Der Bürgermeister kann einen Bevollmächtigten zurückweisen, wenn er den Nachweis der Bevollmächtigung nicht für erbracht hält. Der Bevollmächtigte und der Vollmachtgeber können die Entscheidung des Amtsrichters anrufen.

177. Die zur Einsichtnahme Berechtigten können von den vorläufigen Grundbuchblättern, deren Einsichtnahme ihnen zusteht, Abschrift nehmen. Der Bürgermeister kann durch den Gemeindeschreiber gegen entsprechende Bezahlung die Abschrift anfertigen lassen; eine Verpflichtung hiezu besteht jedoch nicht.

178. Der Bürgermeister hat darüber zu wachen, daß die vorläufigen Grundbuchblätter nicht verändert oder beschädigt werden und nicht zu Verlust gehen. Während der Dienststunden muß ein Gemeindebediensteter zum Zwecke der Aufsicht in dem Raume anwesend sein, in dem die Grundbuchblätter aufliegen.

179. Die vorläufigen Grundbuchblätter bleiben zwei Wochen lang aufgelegt. In größeren Gemeinden kann der Amtsrichter im Benehmen mit dem Bürgermeister die Frist bis zur Dauer von vier Wochen verlängern.

180. Zu dem von ihm bestimmten Tage begibt sich der Amtsrichter nach der Gemeinde, um den Termin zur Entgegennahme der Einwendungen gegen die Eintragungen in den vorläufigen Grundbuchblättern abzuhalten. Kurz vor dem Beginn ist der Termin in ortsüblicher Weise bekannt zu machen. S. 371.

Wer ein rechtliches Interesse darlegt, ist befugt, im Termin Einwendungen gegen die Eintragungen in den vorläufigen Grundbuchblättern anzubringen. Für die Abhaltung des Termins sind die für die Abhaltung der Termine im Allgemeinen gegebenen Bestimmungen maßgebend. Die erhobenen Einwendungen werden, soweit thunlich, sofort erledigt. Soweit dies nicht gelingt, hat der Amtsrichter, wenn er die Einwendungen nicht als unbegründet zurückweist, das danach Erforderliche vorzunehmen. Die Einwendungen sind wie neue Anmeldungen zu behandeln; je nach der Lage des Falles ist von Neuem zur Feststellung des Eigenthums oder sonstiger Rechte an einem Grundstücke zu schreiten und darüber wie in den früheren Terminen zu verhandeln. Wenn nöthig, sind mehrere Termine abzuhalten.

Auf Grund des Ergebnisses der Termine sind die vorläufigen Grundbuchblätter und das Register zu berichtigen.

181. Die vorläufigen Grundbuchblätter für Eigenthümer solcher Grundstücke, die vom Buchungszwange befreit sind, werden nur dann aufgelegt, wenn auf Antrag eines an dem buchungsfreien Grundstücke Berechtigten die Eintragung des Grundstücks erfolgt oder wenn Belastungen des Grundstücks im vorläufigen Grundbuchblatt eingetragen sind. Die übrigen auf die buchungsfreien Grundstücke bezüglichen vorläufigen Grundbuchblätter können vom Amtsrichter dem Eigenthümer zur Einsichtnahme zugesendet werden; auch ist die Einsichtnahme am Sitze des Amtsgerichts in den zu Zwecken des Anlegungsverfahrens dienenden Diensträumen gestattet.

182. In den Gemeinden, in denen ein Amtsgericht seinen Sitz hat, erfolgt die Auflegung der Grundbuchblätter in den zu Zwecken des Anlegungsverfahrens dienenden Diensträumen. Die Einsichtnahme wird vom Gerichtsschreiber gestattet und über || wacht. In den Fällen, in denen der Bürgermeister die Einsichtnahme nicht gestatten kann, hat der Gerichtsschreiber die Entscheidung dem Amtsrichter anheimzustellen. Das Gleiche gilt für die Auflegung in denjenigen Steuergemeinden, in deren Bezirk sich nicht der Sitz einer politischen Gemeinde befindet; die Bekanntmachung der Auflegung und des Termins erfolgt in diesem Falle nur durch einmalige Einrückung in das für die Bekanntmachungen des Gerichts bestimmte Blatt. S. 372.

S. 372. **12. Buchungsfreie Grundstücke.**

183. Buchungsfreie Grundstücke sind die Grundstücke des Reichs, des Staats, der Kreis- und Distriktsgemeinden, der politischen und Kirchengemeinden, der Ortschaften, der öffentlichen Stiftungen, der Klöster, der Versicherungsanstalten für Invaliditäts- und Altersversicherung, ferner die öffentlichen Wege und Gewässer, sowie solche Grundstücke, welche einem dem öffentlichen Verkehre dienenden Bahnunternehmen gewidmet sind.

184. Die buchungsfreien Grundstücke werden in das Grundbuch nur dann eingetragen, wenn die Eintragung von dem Eigenthümer oder dessen Vertreter oder von einer Person beantragt wird, der ein Recht an dem Grundstücke zusteht. Solange ein solcher Antrag nicht gestellt ist, hat sich der Amtsrichter mit dem Grundstücke nicht zu befassen, auch nicht, wenn ihm amtlich bekannt geworden ist, daß das Grundstück belastet ist.

185. Die Voraussetzungen der Eintragung sind im Allgemeinen die gleichen, wie bei den nicht buchungsfreien Grundstücken; der Eigenthümer, der die Eintragung beantragt, soll jedoch zunächst nicht zu einem Termine geladen werden, sondern der Amtsrichter wird sich in der Regel aus den dem Antrag auf Eintragung beiliegenden Urkunden oder aus sonstigen von dem Eigenthümer beigebrachten Belegen darüber schlüssig machen können, ob das Eigenthum glaubhaft gemacht ist oder nicht. In einzelnen Fällen wird das Eigenthum an bestimmten Grundstücken als gerichtsbekannt angesehen werden dürfen; einer weiteren
S. 373. Glaubhaftmachung bedarf es dann nicht. In anderen Fällen || werden zur Glaubhaftmachung die amtlichen Mittheilungen der Behörde genügen.

186. Erachtet der Amtsrichter die ihm gegebenen Anhaltspunkte nicht für ausreichend, so kann er die Ergänzung verlangen. Er kann auch, wenn er mündliches Benehmen für angezeigt hält, den zuständigen Beamten vor Gericht laden (Nr. 88). Die Vorschriften der Verordnung vom 25. September 1879, die Ladung öffentlicher Beamten oder Bediensteten in Civil-, Straf-, Verwaltungs- und Verwaltungsrechtssachen betreffend (J.M.Bl. S. 1291), finden nicht Anwendung.

187. Wird die Eintragung eines buchungsfreien Grundstücks von einem daran Berechtigten beantragt (Hypothekgläubiger, Inhaber einer Dienstbarkeit), so muß unterschieden werden zwischen der Eintragung des Grundstücks und der Eintragung des daran bestehenden Rechtes. Die Eintragung des Rechtes unterliegt den allgemeinen Bestimmungen; die Eintragung des Eigenthums muß angeordnet sein, ehe die Eintragung des Rechtes angeordnet werden kann.

188. Wird der Antrag auf Eintragung eines Rechtes bei dem Gerichte gestellt, so hat der Amtsrichter zunächst nicht zu prüfen, ob der Antragsteller zu dem Antrage berechtigt ist, sondern er hat den Eigenthümer des Grundstücks von dem Antrage zu benachrichtigen und zur Erklärung darüber aufzufordern, ob er dem Antrage zustimmt oder nicht. Stimmt der Eigenthümer zu, so wird geprüft, ob das Eigenthum glaubhaft gemacht ist, und, wenn es glaubhaft gemacht ist, die Eintragung angeordnet. Der Antragsteller braucht vorher nicht gehört zu werden. Von der Anordnung sind der Eigenthümer und der Antragsteller schriftlich zu benachrichtigen.

189. Stimmt der Eigenthümer dem Antrag auf Eintragung des Grundstücks nicht zu, so wird der Antragsteller aufgefordert, seinen Antrag zu begründen. Die Begründung kann mündlich zu Protokoll oder durch Einsendung der Belege erfolgen. Zur Begründung ist erforderlich, daß der Antragsteller eine vollstreckbare Urkunde beibringt, auf Grund deren er die Eintragung des ihm an dem Grundstücke zustehenden Rechtes in das Grundbuch verlangen kann; hiezu gehört z. B. eine notarielle Schuld- und Pfandverschreibung, in der
S. 374. der Eigenthümer des buchungsfreien || Grundstücks sich der sofortigen Zwangsvollstreckung unterworfen hat. Vermag der Antragsteller eine solche Urkunde nicht vorzulegen, so ist der Antrag zurückzuweisen. Dem Antragsteller bleibt unbenommen, gemäß Artikel 26 des Gesetzes über das Liegenschaftsrecht in der Pfalz vom 1. Juli 1898 die Zustimmung des Eigenthümers im Rechtswege zu erzwingen.

190. Legt der Antragsteller die erforderliche vollstreckbare Urkunde vor, so hat der Amtsrichter festzustellen, ob das Eigenthum an dem Grundstücke glaubhaft gemacht ist; verweigert der Eigenthümer hiebei seine Mitwirkung, so hat der Amtsrichter die erforderlichen Ermittelungen von Amtswegen vorzunehmen. Ist das Eigenthum glaubhaft gemacht, so ordnet der Amtsrichter die Eintragung an und benachrichtigt hievon den Betheiligten.

191. Der Antrag auf Eintragung des Eigenthums, den ein an dem Grundstücke Berechtigter im Anlegungsverfahren stellt, ist als Anmeldung seines Rechtes an dem Grundstücke zum Zwecke der Eintragung anzusehen. Der Amtsrichter hat hienach auch darüber zu befinden, ob dieses Recht einzutragen ist. Zumeist wird der Berechtigte durch dieselbe Urkunde, durch die er seine Berechtigung zur Stellung des Antrags auf Eintragung des Eigenthums nachweist, auch den Nachweis des an dem Grundstücke bestehenden Rechtes zu erbringen vermögen, so daß die Eintragung auch gegen den Willen des Eigenthümers angeordnet werden kann. Doch soll der Amtsrichter, bevor er die Eintragung anordnet, dem Eigentümer Gelegenheit geben, sich zu äußern. Ueber die Eintragung des Eigentums und des geltend gemachten Rechtes an dem Grundstücke braucht nicht in gesonderten Abschnitten verhandelt zu werden, sondern der Amtsrichter kann von vornherein die Verhandlung verbinden, wenn der Antragsteller sofort die nötigen Belege beibringt. S. 374.

III. Ausschlußfrist.

192. Wenn das Ermittelungsverfahren zur Feststellung der an den Grundstücken des Gemeindebezirks bestehenden Rechte beendigt ist, setzt der Amtsrichter eine Ausschlußfrist fest, innerhalb welcher alle Personen, die Rechte an einem Grundstücke || des Gemeindebezirks S. 375. glauben geltend machen zu können, dieses aber im Laufe des Ermittelungsverfahrens nicht gethan haben, ihre Rechte durch Anmeldung bei dem Gerichte noch mit der gleichen Wirkung geltend machen können, als wenn die Geltendmachung im Ermittelungsverfahren erfolgt wäre. Mit der gleichen Wirkung kann die Anmeldung solcher Rechte, die innerhalb der letzten zehn Tage vor dem Ablaufe der Ausschlußfrist begründet werden, noch binnen zehn Tagen nach dem Ablaufe der Frist vorgenommen werden.

193. Die Frist ist eine Ausschlußfrist nicht in dem Sinne, als ob die Rechte, die während der Ausschlußfrist nicht angemeldet werden, verloren gingen, sondern in dem Sinne, daß Rechte, die zur Erhaltung der Wirksamkeit gegenüber dem öffentlichen Glauben des Grundbuchs der Eintragung bedürfen, wenn sie nicht angemeldet werden, im Range hinter die angemeldeten Rechte zurücktreten.

194. Die Ausschlußfrist beträgt drei Monate. Der Beginn und das Ende der Frist sind öffentlich bekannt zu machen. Mit der Bekanntmachung ist die im § 24 Abs. 2 der Verordnung vom 28. August d. Jrs. bezeichnete Aufforderung zu verbinden. Für die Art der Bekanntmachung gelten die für die Bekanntmachung des Beginns des Anlegungsverfahrens gegebenen Vorschriften mit der Maßgabe, daß die Bekanntmachung dreimal nacheinander veröffentlicht und nach dem Ablaufe von zwei Monaten einmal wiederholt wird. Zwischen der Bekanntmachung und dem Beginne der Frist soll ein Zeitraum von mindestens drei Tagen liegen. Die Bekanntmachung erfolgt nach dem Formular und Muster XXVIII. Formular XXVIII.

195. Wird ein Anlegungsverfahren vor dem Inkrafttreten des Bürgerlichen Gesetzbuchs begonnen, so muß zwischen dem Inkrafttreten des Bürgerlichen Gesetzbuchs und dem Ende der Ausschlußfrist ein Zeitraum von einem Monate liegen.

196. Die Ausschlußfrist läuft für sämtliche Grundstücke des Gemeindebezirks, insbesondere auch für diejenigen, in Ansehung derer das Ermittelungsverfahren nicht eingeleitet oder ausgesetzt wurde (Nr. 113, 114). Sie läuft auch für die vom Buchungs || zwange S. 376. befreiten Grundstücke. Der Lauf der Frist kann beginnen, auch wenn die Auslegung der vorläufigen Grundbuchblätter noch nicht stattgefunden hat.

197. Die Feststellung der angemeldeten Rechte erfolgt in der gleichen Weise wie die Feststellung im Ermittelungsverfahren; wenn nötig, sind Verhandlungstermine zu bestimmen. Auf das Verfahren in den Terminen und an den terminfreien Tagen finden die für das Ermittelungsverfahren gegebenen Vorschriften Anwendung.

198. Auf grund des Ergebnisses der Verhandlungen können die Anordnungen geändert werden, die der Amtsrichter im Ermittelungsverfahren über die Eintragung des Eigentums oder eines sonstigen Rechtes an dem Grundstücke getroffen hat. Die Anordnung, daß ein Recht einzutragen sei, hat nicht die Bedeutung einer endgiltigen Entscheidung über dieses Recht, sondern die Anordnung kann im Laufe des Anlegungsverfahrens jederzeit geändert werden, wenn der Amtsrichter auf Grund neuer Thatsachen sich davon überzeugt, daß sie unzutreffend war. Deshalb können im Verfahren während der Ausschlußfrist nicht nur alle Veränderungen geltend gemacht werden, die in den im Ermittelungsverfahren festgestellten Rechten inzwischen eingetreten sind, sondern es ist auch die Geltendmachung solcher Rechte zulässig, die den im Ermittelungsverfahren festgestellten Rechten widerstreiten. Die Feststellung im Ermittelungsverfahren hat nur die Bedeutung, daß der Amtsrichter Ansprüche, die im Ermittelungsverfahren schon gewürdigt sind, nicht mehr von neuem der Würdigung zu unterziehen braucht. Werden daher im Verfahren während der Ausschlußfrist Rechte geltend gemacht, in Ansehung derer die Eintragung zu Gunsten einer gewissen Person abgelehnt wurde, so kann der Amtsrichter die neuerliche Geltendmachung unberücksichtigt lassen, wenn nicht zur Unterstützung neue Thatsachen oder Beweisbehelfe beigebracht werden.

199. Auf grund der Ergebnisse der Verhandlungen und der Ermittelungen im Verfahren während der Ausschlußfrist hat der Amtsrichter die erforderlich gewordenen Eintragungen an || zuordnen und die vorläufigen Grundbuchblätter berichtigen zu lassen. Die S. 377. Berichtigung hat er wie die erste Eintragung zu behandeln. Die berichtigten Grundbuchblätter werden nur aufgelegt, wenn die Auslegung der vorläufigen Grundbuchblätter nicht überhaupt schon beendigt ist. Werden sie aufgelegt, so können sie in den zu Zwecken des Anlegungs-

S. 377. verfahrens dienenden Diensträumen des Amtsgerichts eingesehen werden. Hievon sind die Beteiligten in geeigneter Weise zu benachrichtigen. Auf die Einsichtnahme finden die Vorschriften in Nr. 174 ff., Nr. 182 entsprechende Anwendung. Einer Bekanntmachung der Auflegung und der Festsetzung einer Frist für die Einsichtnahme bedarf es nicht.

IV. Verfahren nach dem Ablaufe der Ausschlußfrist.

1. Eintragung in das Grundbuch.

a) Grundbuch, Grundbuchbände, Grundbuchblätter.

200. Für jeden Grundbuchbezirk wird ein besonderes Grundbuch angelegt. Das Grundbuch kann aus mehreren Bänden bestehen. Die Grundbuchbände werden mit römischen Zahlen fortlaufend numeriert.

201. Besteht eine Steuergemeinde aus den Bezirken mehrerer politischen Gemeinden mit ausgeschiedenen Bännen, so werden für jede politische Gemeinde selbständige Grundbuchbände angelegt, die unter sich fortlaufend mit römischen Zahlen numeriert werden. So wird z. B. für den Grundbuchbezirk Frankeneck-Neidenfels nur ein Grundbuch angelegt, dieses zerfällt aber in die Bände für die politische Gemeinde Frankeneck und in die Bände für die politische Gemeinde Neidenfels. Die Bezeichnung der Bände erfolgt in nachstehender Weise:

Grundbuch für die Steuergemeinde Frankeneck—Neidenfels.
A. Frankeneck. Band I u. ff.

Grundbuch für die Steuergemeinde Frankeneck—Neidenfels.
B. Neidenfels. Band I u. ff.

S. 378. **202.** Das Gleiche gilt, wenn eine Steuergemeinde aus Teilen von Bezirken verschiedener politischen Gemeinden besteht. So wird für die Steuergemeinde Schwarzland nur ein Grundbuch angelegt, dieses zerfällt aber in die Bände für die Grundstücke des Gemeindebezirks St. Julian und in die Bände für die Grundstücke des Gemeindebezirks Eschenau.

203. Besteht eine politische Gemeinde aus mehreren Ortschaften, so werden für die Ortschaften selbständige Grundbuchbände auch dann nicht angelegt, wenn die Ortschaften ausgeschiedene Bänne haben. Die Zugehörigkeit der Grundstücke zu den einzelnen Bännen ist in der Abteilung I kenntlich zu machen (s. Nr. 239).

204. Für die Bannexklaven (s. Nr. 7) werden besondere Grundbuchbände nicht angelegt. Die zu den Bannexklaven gehörenden Grundstücke werden in das Grundbuch des Grundbuchbezirks eingetragen, zu dem sie gehören; eines Hinweises auf die Zugehörigkeit zu dem Banne der außerhalb des Grundbuchbezirks liegenden politischen Gemeinde bedarf es nicht.

205. Jeder Grundbuchband besteht aus einer Reihe von Grundbuchblättern; jedes Grundbuchblatt umfaßt mehrere Seiten. Die Grundbuchblätter werden für die Steuergemeinde durch alle Bände fortlaufend numeriert, die Nummer des Blattes wird auf der ersten Seite oben in der Mitte, auf der dritten, fünften ꝛc. Seite oben rechts, auf der zweiten, vierten ꝛc. Seite oben links mit großen arabischen Ziffern bezeichnet. Werden für Teile einer Steuergemeinde selbständige Grundbuchbände angelegt (Nr. 201), so läuft die Numerierung der Grundbuchblätter selbständig durch diese Bände.

206. Jedes Grundbuchblatt besteht aus dem Titel und aus drei Abteilungen. Auf dem Titel wird der Eigentümer eingetragen, in der ersten Abteilung werden die Grundstücke eingetragen, in der zweiten Abteilung die Rechte an den Grundstücken mit Ausnahme der Hypotheken, sowie die Verfügungsbeschränkungen und die Auflösungsrechte, in der dritten Abteilung die Hypotheken.

207. Jeder Eigentümer erhält ein eigenes Grundbuchblatt (Personalblatt), in welches
S. 379. alle Grundstücke des Grundbuch || bezirks eingetragen werden, deren Eigentümer er ist. Dies gilt auch dann, wenn der Eigentümer seinen Wohnort nicht innerhalb des Grundbuchbezirks hat.

Umfaßt ein Grundbuchbezirk die Bezirke mehrerer politischen Gemeinden mit ausgeschiedenen Bännen (Nr. 201), so erhält jeder Eigentümer ein besonderes Grundbuchblatt für die im Bezirke der einzelnen politischen Gemeinden liegenden Grundstücke; das Gleiche gilt, wenn ein Grundbuchbezirk aus Teilen der Bezirke mehrerer politischen Gemeinden besteht. Doch können in beiden Fällen auf Antrag oder von Amtswegen die einem Eigentümer gehörenden Grundstücke auf einem einzigen Grundbuchblatte vereinigt werden. So können z. B. die Grundstücke, die ein Eigentümer im Bezirke der politischen Gemeinde Frankeneck und im Bezirke der politischen Gemeinde Neidenfels hat, auf einem gemeinschaftlichen Grundbuchblatte vereinigt und kann dieses Blatt in den Bänden für Frankeneck oder in denen für Neidenfels angelegt werden. Wird ein vereinigtes Grundbuchblatt angelegt, so ist in den Grundbuchbänden der anderen Gemeinde ein Schutzblatt für den Eigentümer anzulegen.

Das Schutzblatt besteht darin, daß nur der Titel des Grundbuchblattes angelegt und im übrigen auf das Grundbuchblatt in den Grundbuchbänden der anderen Gemeinde verwiesen wird (s. Formular und Muster XXIX). S. 379. Form. XXIX.

208. Auf einem Grundbuchblatte des Grundbuchs einer bestimmten Steuergemeinde können im Anlegungsverfahren nicht Grundstücke des nämlichen Eigentümers eingetragen werden, die außerhalb des Grundbuchbezirks liegen, und zwar selbst dann nicht, wenn die Grundstücke in Bannexklaven liegen. So können im Anlegungsverfahren z. B. die zum Banne von Eschenau gehörenden Grundstücke des Grundbuchbezirks Schwarzland nicht in das Grundbuch des Grundbuchbezirks Eschenau, die zu dem Banne von Landau gehörenden Grundstücke des Grundbuchbezirks Oberhaingeraide nicht in das Grundbuch des Grundbuchbezirks Landau eingetragen werden.

Die Eintragung eines Grundstücks in das Grundbuch einer anderen Steuergemeinde ist im Anlegungsverfahren selbst dann nicht zulässig, wenn der Eigentümer seine Grundstücke einheitlich || bewirtschaftet. Hat z. B. jemand ein Hofgut, gehören aber die einzelnen das S. 380. Hofgut bildenden Grundstücke zu verschiedenen Steuergemeinden, so können sie nicht auf dem nämlichen Grundbuchblatt eingetragen werden.

209. Steht ein Grundstück im Miteigentume, so wird für die Miteigentümer ein gemeinschaftliches Grundbuchblatt angelegt, auch wenn sie noch Alleineigentümer von Grundstücken sind, für die sie ein besonderes Grundbuchblatt erhalten. Dies gilt auch bei Grundstücken, die zu einer Gütergemeinschaft gehören; die Sondergüter der Ehegatten werden auf den Grundbuchblättern eingetragen, die für das Alleineigentum der Ehegatten angelegt werden. So werden für Eheleute, die in Gütergemeinschaft leben und beiderseits Sondergrundstücke haben, drei Grundbuchblätter anzulegen sein, eines, auf dem sie als Miteigentümer der gütergemeinschaftlichen Grundstücke eingetragen werden, und je eines, auf dem sie als Alleineigentümer ihrer Sondergüter eingetragen werden; es kann selbst vorkommen, daß noch ein weiteres Grundbuchblatt anzulegen ist, nämlich dann, wenn die Ehegatten Miteigentümer eines Grundstücks sind, das nicht zur Gütergemeinschaft gehört.

210. Ein Hinweis von den gemeinschaftlichen Grundbuchblättern auf die Grundbuchblätter, auf denen das Alleineigentum eines der Miteigentümer eingetragen ist, und umgekehrt, ist nicht geboten; das zum Grundbuch anzulegende Sachregister wird den erforderlichen Aufschluß geben.

211. Es ist nicht geboten, daß die einzelnen Grundbuchblätter in der alphabetischen Reihenfolge der Namen der Eigentümer auf einander folgen; ebenso wenig brauchen sich die Grundbuchblätter für Miteigentümer in der Reihenfolge an die Grundbuchblätter für Alleineigentümer anzuschließen. Auch in Ansehung der nur auf Antrag einzutragenden Grundstücke, insbesondere der Grundstücke des Reichs und des Staats, braucht eine bestimmte Reihenfolge der Grundbuchblätter nicht eingehalten zu werden.

212. Niemand kann für Grundstücke des nämlichen Grundbuchbezirks, deren Alleineigentümer er ist, mehr als ein Grund || buchblatt haben. Dies gilt jedoch nicht bei den S. 381. Grundstücken des Reichs und des Staats, soweit deren Eintragung beantragt wird. Für das Reich und den Staat werden besondere Grundbuchblätter nach den einzelnen Verwaltungszweigen angelegt, in deren Geschäftskreis die Verwaltung der Grundstücke fällt, z. B. für das Justizärar, das Militärärar, das Forstärar ꝛc. Ist in einer Gemeinde eine bestimmte Vermögensmasse dauernd einem bestimmten Zwecke zugewiesen und steht sie unter eigener, von der Verwaltung des übrigen Gemeindevermögens getrennter Verwaltung, so kann für sie auf Antrag der Gemeinde ein eigenes Grundbuchblatt angelegt werden, z. B. für ein gemeindliches Krankenhaus; jedoch ist dabei stets die Gemeinde als Eigentümerin anzuführen (z. B. „Stadtgemeinde Landau, Bürgerhospital").

b) Verfahren bei der Eintragung.

213. Die Eintragungen in das Grundbuch nimmt der Gerichtsschreiber unter der Aufsicht des Amtsrichters vor. Einem Anlegungskommissär kann die Aufsicht nicht übertragen werden.

214. Die Eintragungen erfolgen auf grund der berichtigten vorläufigen Grundbuchblätter. Der Amtsrichter haftet dafür, daß alle in diese aufgenommenen Rechte mit dem dort bezeichneten Range und Umfang in das Grundbuch eingetragen werden.

215. Die Eintragung beginnt, nachdem die sämtlichen Anmeldungen, die während der Ausschlußfrist eingegangen sind, ihre Erledigung gefunden haben. Mit der Eintragung kann schon früher, und zwar schon vor dem Ablaufe der Ausschlußfrist, begonnen werden, wenn Veränderungen in den festgestellten Rechtsverhältnissen nach Lage der Umstände nicht zu erwarten sind. Insbesondere kann für den Staat und für sonstige Eigentümer von Grundstücken, die dem Buchungszwange nicht unterliegen, die Anlegung des Grundbuchblatts schon während des Laufes der Ausschlußfrist vorgenommen werden, wenn aus den von der zuständigen Behörde gegebenen Aufschlüssen hervorgeht, daß die einzutragenden Grundstücke

S. 381. entweder nicht belastet sind, oder daß zwar Belastungen bestehen, aber in Ansehung ihrer
S. 382. eine Veränderung des festgestellten Rechtsverhältnisses nicht zu erwarten || ist. Auch Grundbuchblätter für Private können schon vor dem Ablaufe der Ausschlußfrist angelegt werden, z. B. Grundbuchblätter, auf denen nur unbelastete Grundstücke einzutragen sind, bei denen Einwendungen gegen die Person des Eigentümers im Anlegungsverfahren nicht geltend gemacht wurden.

Formular XXX. **216.** Die Grundbücher sind nach dem Formular und Muster XXX anzulegen. Die Eintragungen erfolgen nach der Zeitfolge, soweit nicht ein anderes vorgeschrieben ist (s. z. B. Nr. 235, 293). Jede selbständige Eintragung erhält eine eigene Nummer. Die Veränderung, die Aufhebung und die Belastung eines eingetragenen Rechtes wird als selbständige Eintragung unter eigener Nummer in der nämlichen Spalte eingetragen, in der das Recht selbst eingetragen ist (chronologische Anordnung des Formulars, im Gegensatze zu der tabellarischen Anordnung). Wird später eine Eintragung vorgenommen, die sich auf eine frühere Eintragung bezieht, so ist auf der Zeile, auf der die frühere Eintragung beginnt, in der letzten Spalte durch einen kurzen Vermerk und durch die Angabe der Nummer, unter der die neue Eintragung erfolgt, auf diese hinzuweisen.

217. Bei jeder Eintragung in das Grundbuch, in bezug auf welche sich bei den Grundbuchakten Aktenstücke befinden, ist ein kurzer Hinweis auf die Grundbuchakten einzutragen. Der Hinweis besteht in der Angabe der Nummer, die das Aktenstück trägt. Sind die Grundbuchakten in Jahreshefte getrennt (Nr. 332), so ist die Jahreszahl beizufügen, wenn es zur Vermeidung von Irrtümern notwendig erscheint.

218. Der Gerichtsschreiber hat bei der Eintragung mit der größten Sorgfalt zu verfahren; er hat sich einer deutlichen und sauberen Schrift zu befleißigen. Durchstreichungen, Ueberschreibungen, Ausschabungen sind zu vermeiden. Wird im Anlegungsverfahren die Löschung einer Eintragung angeordnet, so erfolgt sie dadurch, daß an der nächstoffenen Stelle der dritten Spalte unter einer besonderen Nummer die Löschung eingetragen und die zu löschende frühere Eintragung, soweit sie gelöscht werden soll, mit roter Tinte unterstrichen wird. Die Eintragungen müssen sich innerhalb der Linien und der Spalten halten und die
S. 383. Schrift darf nicht zu groß sein, damit die Übersichtlichkeit || gewahrt bleibt. Die einzelnen Spalten der Abteilungen und die Abteilungen selbst erhalten weder einen Vordruck noch eine sachliche Überschrift.

219. Jede Eintragung ist vom Amtsrichter durch Vergleichung mit dem vorläufigen Grundbluchblatt und, wenn nötig, unter Heranziehung der über die Verhandlungen aufgenommenen Protokolle auf ihre Richtigkeit zu prüfen und zu unterschreiben. Die Unterschrift ist im Anlegungsverfahren nicht unter jede einzelne Nummer besonders zu setzen, sondern wird erst dann beigefügt, wenn die sämtlichen in der einzelnen Abteilung des vorläufigen Grundbuchblatts enthaltenen Eintragungen in das Grundbuch eingetragen sind. Die Eintragungen geben nicht den Tag an, an dem sie erfolgen, sondern es wird auf der ersten Zeile jeder Abteilung angegeben, daß die Eintragungen bei der Anlegung des Grundbuchs erfolgt sind. Die sämtlichen Eintragungen in einer Abteilung werden, nachdem sie unterschrieben sind, gegen die künftigen Eintragungen durch einen mit Tinte zu ziehenden Querstrich abgeschlossen. Die Unterschrift ist, soweit thunlich, so anzubringen, daß nicht eine eigene Zeile für sie notwendig wird. Als Unterschrift genügt der Name des Amtsrichters; die Beifügung der amtlichen Eigenschaft ist nicht geboten. Der Gerichtsschreiber unterschreibt die Eintragungen nicht.

220. Ergibt sich nach der Beisetzung der Unterschrift die Notwendigkeit, in der gleichen Abteilung eine weitere Eintragung vorzunehmen, so wird mit der neuen Eintragung auf der Zeile unter dem Abschlußstriche begonnen. Auch in diesem Falle wird in der ersten Zeile angegeben, daß die Eintragung bei der Anlegung des Grundbuchs erfolgt ist. In der nächsten Zeile folgt sodann unter fortlaufender Nummer die Eintragung. Auch eine solche Eintragung hat den Tag nicht anzugeben, an dem sie erfolgt; dagegen ist sie gleichfalls vom Richter zu unterschreiben.

221. In vielen Fällen werden für ein Grundbuchblatt vier Seiten genügen. Auf die erste Seite kommt der Titel, auf die zweite Seite die erste Abteilung, auf die dritte Seite die zweite Abteilung und auf die vierte Seite die dritte Abteilung. Jede Abteilung soll stets auf einer neuen Seite beginnen.

S. 384. **222.** Der Raum, der in jeder Abteilung für die Eintragungen nach der Anlegung des Grundbuchs freizuhalten ist, soll in der Regel doppelt so groß sein, als der Raum, den die Eintragungen im Anlegungsverfahren erfordern. Füllen die in einer Abteilung gemachten Eintragungen mehr als die Hälfte des auf der Seite für die Eintragungen zur Verfügung stehenden Raumes, so ist die ganze folgende Seite für die gleiche Abteilung freizulassen und die nächste Abteilung erst auf der zweitnächsten Seite zu beginnen. Doch kann der

Amtsrichter eine hievon abweichende Anordnung treffen, wenn besondere Umstände die Ab- S. 384.
weichung rechtfertigen. Von der Vorschrift, daß die Abteilungen stets auf einer neuen Seite beginnen sollen, darf nicht abgewichen werden.

223. Sollte der Fall eintreten, daß der Raum, der ursprünglich für eine Abteilung in Aussicht genommen war, infolge der Notwendigkeit, mehrmals Nachträge einzutragen, schon im Anlegungsverfahren nicht ausreicht, so darf die Abteilung nicht für sich allein an einer anderen Stelle des Bandes oder in einem anderen Bande fortgesetzt werden, sondern es ist das ganze Grundbuchblatt neu anzulegen. Es findet seine Stelle hinter dem zuletzt angelegten Blatte und erhält die Nummer, die ihm nach Maßgabe seines neuen Platzes im Bande zukommt. Die frühere Nummer des Grundbuchblatts fällt hinweg; auf den Titel wird neben die ursprüngliche Blattnummer in deutlich lesbarer Zahl die neue Blattnummer geschrieben, die frühere wird rot unterstrichen. Das Grundbuchblatt wird im Titel und in allen Abteilungen vom Amtsrichter abgeschlossen; der Abschlußvermerk ist zu unterschreiben.

Ist das Grundbuchblatt schon in das Sachregister oder in das Personenregister eingetragen, so ist die Nummer des neuen Grundbuchblatts hinter die Nummer des weggefallenen Grundbuchblatts zu setzen und die Nummer des letzteren mit roter Tinte zu unterstreichen.

c) Eintragung im Titel.

224. Die erste Seite des Grundbuchblatts ist der Titel. Der Titel dient zur Aufnahme des Namens des Blattinhabers, || d. h. derjenigen Person, der nach den Ermittelungen im S. 385.
Anlegungsverfahren die in der ersten Abteilung eingetragenen Grundstücke gehören.

225. Über den oberen Abschlußstrich der Lineatur wird die Nummer des Grundbuchblatts gesetzt. Auf der ersten Zeile innerhalb der Lineatur wird vermerkt: „Bei der Anlegung des Grundbuchs eingetragen". Alsdann folgt in der zweiten Zeile der Name des Eigentümers. Die erste Spalte enthält die laufende Nummer der Eintragung; sind mehrere Personen als Eigentümer einzutragen, so erhalten sie in der ersten Spalte eine einzige Nummer. In die zweite und die dritte Spalte wird der Name des Eigentümers eingetragen. Die Eintragung erfolgt nach Zuname, Vorname, etwaigen sonstigen Bezeichnungen der Person, Stand und Wohnort. Der Zuname wird in die zweite Spalte mit lateinischen Buchstaben in einer in die Augen fallenden Weise geschrieben. Reicht der Raum der zweiten Spalte zur Aufnahme des Zunamens nicht aus, so ist der Raum der dritten Spalte dazu zu nehmen. Der Vorname wird in die dritte Spalte gesetzt und zwar auch dann, wenn in der zweiten noch Raum für ihn wäre (vergleiche die Beispiele in dem Musterformular: „Waltenberger Emanuel" und „Adt Friedrich"). Reicht der Raum auf der ersten Zeile der dritten Spalte zur Aufnahme des Namens und der sonstigen Bezeichnungen nicht aus, so wird in der nächsten Zeile fortgefahren, doch so, daß die erste und die zweite Spalte frei bleiben. Die vierte Spalte bleibt zunächst unbeschrieben. Unter die Eintragung hat der Amtsrichter seine Unterschrift zu setzen.

226. Bei verheirateten Frauen soll der Güterstand angegeben werden, wenn Gütergemeinschaft besteht.

227. Rechtsfähige Vereine und sonstige juristische Personen sind nach ihrem vollen Namen oder ihrer Firma unter Angabe des Sitzes des Vereins, der Stiftung, der Firma ꝛc. einzutragen. Vereine, die die Rechtsfähigkeit nicht besitzen, dürfen als Vereine nicht eingetragen werden. Beantragt ein solcher Verein seine Eintragung, so ist er darauf hinzuweisen, daß er zuerst die Rechtsfähigkeit zu erwerben hat. Ob, falls der Verein die Rechts || fähigkeit S. 386.
nicht erwirbt, die einzelnen Mitglieder als Eigentümer eingetragen werden können, hängt davon ab, ob sie ihr Eigentum glaubhaft machen können. Ist dies nicht der Fall, so hat der Amtsrichter die Eintragung abzulehnen.

228. Steht das Eigentum an einem Grundstücke mehreren Personen zu, so werden alle Miteigentümer in den Titel eingetragen. Die einzelnen Miteigentümer erhalten in der zweiten Spalte fortlaufende Nummern. Bei der Gemeinschaft zur gesamten Hand (Gütergemeinschaft, Erbengemeinschaft, Gesellschaft des neuen Rechtes) muß das der Gemeinschaft zu grunde liegende Rechtsverhältnis, bei den Gemeinschaften nach Bruchteilen muß der Anteil des einzelnen Miteigentümers angegeben werden.

229. Werden Ehegatten als Miteigentümer eingetragen, so soll der Güterstand angegeben werden, wenn Gütergemeinschaft besteht.

230. Ist eine Gütergemeinschaft vor dem Inkrafttreten des Bürgerlichen Gesetzbuchs aufgehoben worden, so ist das bestehende Gemeinschaftsverhältnis im Titel ausdrücklich als aufgehobene Gütergemeinschaft des alten Rechtes zu bezeichnen. Stehen Personen in Erbengemeinschaft, so ist, wenn der Erblasser vor dem Inkrafttreten des Bürgerlichen Gesetzbuchs gestorben ist, die Gemeinschaft als Erbengemeinschaft des alten Rechtes zu bezeichnen.

231. Die Namen der sämtlichen Miteigentümer sind in der gleichen vollständigen Weise einzutragen wie die Namen der Alleineigentümer; es genügt nicht die Eintragung

S. 386. eines Miteigentümers mit einem Zusatze, wie: „und drei Genossen“ oder ähnliches. Die Reihenfolge der Namen bestimmt der Amtsrichter; alphabetische Ordnung braucht nicht eingehalten zu werden. Bei der Eintragung der in Gütergemeinschaft lebenden Eheleute wird zuerst der Name des Mannes, dann der Name der Frau eingetragen; treten an die Stelle eines Ehegatten dessen Erben, so werden sie an der Stelle eingetragen, an der der Erblasser eingetragen werden würde. Bei Erben werden die dem Grade nach nächsten zuerst eingetragen; bei Gleichheit des Grades entscheidet das Lebensalter: von Kindern, die als Erben ihres Vaters eingetragen werden, kommt also das älteste Kind in die erste Zeile.

S. 387. **232.** Ergibt sich die Notwendigkeit, eine Änderung im Titel vorzunehmen, nachdem die Eintragung gemacht ist, z. B. weil der Blattinhaber gestorben ist und die Erben an seine Stelle treten, so wird unter dem Abschlußstriche der vorhandenen Eintragung eine zweite Eintragung gemacht, etwa mit dem Wortlaute: „Bei der Anlegung des Grundbuchs Nr. 1 gelöscht und eingetragen:“, dann folgt die neue Eintragung. Auch diese Eintragung ist zu unterschreiben. In der vierten Spalte wird auf der Zeile, auf der die zu löschende Eintragung beginnt, der Vermerk: „gelöscht“ eingetragen und dazu die Nummer gesetzt, unter der die Löschung erfolgte. Löschung und Neueintragung können unter der gleichen Nummer erfolgen. Die gelöschte erste Eintragung ist rot zu unterstreichen.

233. In der gleichen Weise ist zu verfahren, wenn der Eigentümer, nachdem die Eintragung erfolgt ist, die sämtlichen auf dem Grundbuchblatt eingetragenen Grundstücke veräußert. In diesem Falle wird das Grundbuchblatt auf den neuen Eigentümer umgeschrieben, wenn der neue Eigentümer noch kein Grundbuchblatt hat und auch keine anderen Grundstücke besitzt. Besitzt er noch andere Grundstücke, so soll die Umschreibung nur erfolgen, wenn zur Eintragung dieser Grundstücke auf dem Blatte des bisherigen Eigentümers hinreichender Raum ist.

Erfolgt die Veräußerung der Grundstücke an mehrere Erwerber, so kann die Umschreibung des Blattes für einen von ihnen erfolgen; die übrigen Grundstücke sind in diesem Falle zu löschen und, wenn für die übrigen Erwerber Grundbuchblätter angelegt sind, diesen zuzuschreiben (Nr. 252, 253).

d) Eintragung in der ersten Abteilung.

234. Die erste Abteilung dient zur Eintragung und näheren Bezeichnung der Grundstücke, die nach den Feststellungen im Ermittelungsverfahren dem im Titel eingetragenen Eigentümer gehören. Die Überschrift der Abteilung („Abteilung I“) wird über den oberen Abschlußstrich in die Mitte der Zeile gesetzt. Auf der ersten Zeile innerhalb der Lineatur wird vermerkt: „Bei der Anlegung des Grundbuchs eingetragen.“

S. 388. **235.** Die einzelnen Grundstücke erhalten fortlaufende Nummern in der ersten Spalte. Jedes Grundstück, das im Flurbuche mit einer eigenen Plannummer versehen ist, erhält eine eigene Nummer und wird auf einer besonderen Zeile eingetragen. Die Grundstücke können nach der Reihenfolge der Plannummern oder nach der Zeit des Erwerbs eingetragen werden. Der Amtsrichter kann auch eine andere Reihenfolge anordnen, er kann z. B. mehrere Grundstücke, die eine wirtschaftliche Einheit bilden, in unmittelbarer Reihenfolge eintragen lassen. Sobald das Grundstück in das Grundbuch eingetragen ist, vermerkt der Gerichtsschreiber im Flurbuch in der Spalte für Bemerkungen die Nummer des Grundbuchbandes und des Grundbuchblatts, in denen das Grundstück eingetragen ist.

236. Eine selbständige Nummer erhält ein im Flurbuche mit einer eigenen Plannummer bezeichnetes Grundstück auch dann, wenn es mit anderen Grundstücken eine thatsächliche Einheit bildet und in der Natur als selbständiges Grundstück nicht hervortritt. Dieses thatsächliche Zusammengehören kann dadurch zum Ausdrucke gebracht werden, daß hinter die Plannummern der zusammengehörenden Grundstücke eine Zusammenfassungsklammer gesetzt wird (Beispiel bei den Nummern 6—8 des Musterformulars).

237. Die Plannummern werden in der zweiten Spalte eingetragen. Das Wort Plannummer wird in „Pl.Nr.“ abgekürzt.

238. In der dritten Spalte werden die Bebauungsart, die Lage und der Flächeninhalt des Grundstücks eingetragen, ferner der Erwerbstitel und der Tag des Erwerbs. Die Worte, die die Bebauungsart angeben, z. B. Wohnhaus, Acker, Weinberg u. s. w., werden ausgeschrieben und dürfen nicht mit den im Flurbuche gebrauchten Abkürzungen eingetragen werden.

Bei Gebäuden, die eine Hausnummer haben, ist die Hausnummer anzugeben.

239. Besteht eine politische Gemeinde aus mehreren Ortschaften mit ausgeschiedenen Bännen, so muß bei der Lage des Grundstücks neben dem Namen der Feldgewannen noch der Name des Bannes angegeben werden (z. B. „Acker im Langfeld, Bann Hollfeld“). Die
S. 389. Bezeichnung des Bannes kann auch in || der Art erfolgen, daß die Grundstücke nach Bännen ausgeschieden in die Abteilung I eingetragen werden. In diesem Falle kommt auf die zweite Zeile der Name des Bannes zu stehen, woran sich in der dritten und den folgenden

Zeilen die zu diesem Banne gehörenden einzelnen Grundstücke anschließen; sind die zu dem S. 389.
einen Banne gehörenden Grundstücke eingetragen, so kommt auf die nächste Zeile, ohne daß ein Abschlußstrich gemacht wird, der Name des anderen Bannes, und an ihn schließen sich in den folgenden Zeilen die einzelnen Grundstücke an.

240. Der Flächeninhalt wird nur im Metermaß ausgedrückt. Die Größe wird nach Hektaren angegeben, so daß z. B. der Flächeninhalt eines Grundstücks der 12 a 10 qm beträgt, mit 0,121 ha, der Flächeninhalt eines Grundstücks, der 70 qm beträgt, mit 0,07 ha bezeichnet wird. Die Hektare werden mit drei Dezimalstellen eingetragen; vier Dezimalstellen können jedoch eingetragen werden, wenn es sich um Teilflächen von 0,003 ha = 30 Quadratmeter und darunter handelt; vergl. Abschnitt II Ziffer 4 der Bekanntmachung vom 16. Dezember 1877, die Einführung des Feldmetermaßes in Bayern betr. (JMBl. S. 258). Sind in den Erwerbsurkunden nur die alten Maße verzeichnet, so hat der Amtsrichter, falls der Auszug aus dem Grundsteuerkataster keinen Aufschluß gibt, auf grund der amtlichen Maßumrechnungstabelle die Umrechnung in Hektare vorzunehmen; wenn nötig, ist der Messungsbeamte um die Umrechnung zu ersuchen.

241. Die Bebauungsart, die Lage und der Flächeninhalt werden in der in dem Musterformular eingehaltenen Reihenfolge eingetragen. Abweichungen sind nicht gestattet, weil hiedurch die Uebersichtlichkeit des Grundbuchs leiden würde.

242. Bei jedem Grundstücke sollen die Art und der Tag des Erwerbs angegeben werden. Beides wird in der Regel durch die Anführung des Datums der Erwerbsurkunde geschehen können. Wo der Tag des Erwerbs und die Errichtung der Urkunde nicht zusammenfallen, sollen beide Tage angegeben werden (z. B. Kauf auf grund mündlicher Absprache vor dem 1. Oktober 1879 und spätere Errichtung einer Kaufsurkunde, oder Erwerb auf grund einer letztwilligen Verfügung).

243. Der Wert oder der Preis des Grundstücks wird nur auf Antrag eingetragen. S. 390.
Eine amtliche Schätzung findet nicht statt. Als Preis soll nur der aus der Erwerbsurkunde zu entnehmende Erwerbspreis, als Wert nur der aus der Erwerbsurkunde oder aus sonstigen Urkunden (z. B. einem Inventar, einer Teilungsurkunde) ersichtliche Schätzungswert eingetragen werden.

244. Wenn mehrere Grundstücke, die unter aufeinander folgenden Nummern eingetragen werden, ein thatsächlich zusammenhängendes Ganzes bilden, so braucht die Angabe der Bebauungsart und der Lage, sowie der Art und der Zeit des Erwerbs nur einmal eingetragen zu werden; auch darf der Flächeninhalt der sämtlichen zusammengehörenden Grundstücke unausgeschieden eingetragen werden. (Beispiel bei den Nummern 6—8 des Musterformulars.)

245. Außer den Grundstücken werden in der ersten Abteilung die den Grundstücken gleichstehenden Rechte eingetragen. Was für die Eintragung der Grundstücke gilt, gilt auch für die Eintragung dieser Rechte, soweit nicht ein anderes bestimmt ist.

246. Die Eintragung erfolgt nur dann, wenn das Recht im Anlegungsverfahren angemeldet und die Eintragung auf dem Grundbuchblatte des Eigentümers des belasteten Grundstücks (Abteilung II) angeordnet wurde (vergl. auch § 7 der Grundbuchordnung). Erfolgt die Eintragung in der Abteilung I auf dem Grundbuchblatte des Berechtigten, so ist auf dem Grundbuchblatte des Eigentümers des belasteten Grundstücks in der Abteilung II ein kurzer Hinweis auf diese Eintragung zu machen (s. Nr. 271).

247. Das Recht erhält in der ersten Spalte eine fortlaufende Nummer; in der zweiten Spalte wird die Plannummer des belasteten Grundstücks angegeben; in der dritten Spalte wird das Recht selbst nach Inhalt und Umfang eingetragen.

248. Rechte dieser Art sind das Erbbaurecht nach Art. 19 Abs. 1 des Gesetzes über das Liegenschaftsrecht in der Pfalz vom 1. Juli 1898 und das veräußerliche und vererbliche Recht nach Art. 19 Abs. 2 dieses Gesetzes. Auch das Stockwerkseigentum kann unter diese
Rechte fallen. Doch ist zu unterscheiden, ob die || Stockwerksberechtigten auch Eigentümer der S. 391.
Grundfläche sind oder nicht. Im ersten Falle liegt ein Miteigentumsverhältnis vor (Art. 664 des pfälz. B.G.B., Art. 20 des Gesetzes vom 1. Juli 1898), es wird also ein gemeinschaftliches Grundbuchblatt für alle Stockwerksberechtigten angelegt, wobei die Teile, deren ausschließliche und dauernde Benutzung jedem einzelnen Miteigentümer zugewiesen ist, in der Abteilung II anzugeben sind. Gehört die Grundfläche anderen Personen als den Stockwerksberechtigten, so liegt ein den Grundstücken gleichstehendes Recht vor (Art. 19 Abs. 2 des Gesetzes vom 1. Juli 1898, Art. 553 des pfälz. B.G.B.); ein solches Recht wird bei der Eintragung wie ein Erbbaurecht behandelt.

249. Ob ein Erbpachtrecht unter einer selbständigen Nummer in der Abteilung I auf dem Grundbuchblatte des Berechtigten einzutragen ist, hängt davon ab, ob das Erbpachtrecht als dingliche Belastung auf dem Grundbuchblatte des Eigentümers des in Erbpacht gegebenen Grundstücks in der Abteilung II eingetragen werden kann (s. Nr. 272).

250. Die sonstigen dinglichen Rechte an fremden Grundstücken sind den Grundstücken nicht gleichgeachtet, auch nicht, wenn sie nach dem bisherigen Rechte als unbewegliche Rechte

S. 391. galten und hypothekfähig waren; sie können also nicht unter selbständiger Nummer in der Abteilung I eingetragen werden. So kann z. B. für ein Nießbrauchsrecht auf dem Grundbuchblatte des Nießbrauchers nicht eine selbständige Eintragung in der Abteilung I gemacht werden, sondern das Nießbrauchsrecht kann nur als Belastung des den Gegenstand des Nießbrauchs bildenden Grundstücks auf dem Grundbuchblatte des Eigentümers in der Abteilung II eingetragen werden. Das Gleiche gilt von den sonstigen Dienstbarkeiten. Doch können diejenigen von diesen Rechten, welche dem jeweiligen Eigentümer eines Grundstücks zustehen, auf dem Grundbuchblatte dieses Eigentümers als Bestandteil des Grundstücks in der Abteilung I unter der Nummer eingetragen werden, unter der das Grundstück eingetragen ist (Beispiel s. in Abt. I Nr. 9 des Musterformulars).

251. In der Abteilung I werden auch die Widersprüche eingetragen, die von anderen
S. 392. gegen das Eigentum des Blatt || inhabers im Anlegungsverfahren erhoben werden. Ein Widerspruch kann nur eingetragen werden, wenn sich die Voraussetzungen hiefür im Anlegungsverfahren ergeben haben (s. Nr. 111). Wird ein Widerspruch erhoben, bevor das Grundstück in das Grundbuch eingetragen ist, so erfolgt die Eintragung unter der auf die Eintragung des Grundstücks folgenden Nummer; in der vierten Spalte wird bei der Eintragung des Grundstücks auf diese Eintragung hingewiesen. Erfolgt die Löschung des Widerspruchs im Anlegungsverfahren, so wird sie unter einer besonderen Nummer in der Abteilung I eingetragen, bei der Eintragung des Widerspruchs in der vierten Spalte auf die Nummer, unter der die Löschung eingetragen ist, hingewiesen und die Eintragung des Widerspruchs rot unterstrichen.

252. Ergeben sich während des Anlegungsverfahrens Änderungen in den Eigentumsverhältnissen (s. auch Nr. 325 f.), so sind sie bei der Eintragung zu berücksichtigen; das Gleiche gilt, wenn infolge einer von einem Dritten erhobenen Einwendung das Eigentum des Blattinhabers nicht mehr als glaubhaft erscheint.

Ist die Eintragung schon vorgenommen, so ist zu unterscheiden, ob es sich um Grundstücke handelt, die dem Grundbuchblatte des Eigentümers zugeschrieben werden müssen oder um solche, die abzuschreiben sind. Zugeschrieben werden alle Grundstücke, die der Blattinhaber nach der Beendigung des Ermittelungsverfahrens neu erworben hat, sowie solche Grundstücke, die dem Blattinhaber zwar schon früher gehörten, deren Eintragung aber erst nach dem Abschlusse der Eintragungen in das Grundbuch angeordnet werden konnte. Die Zuschreibung erfolgt in der Form einer Neueintragung. Unter den Abschlußstrich der ersten Eintragung wird der Vermerk gesetzt: „Bei der Anlegung des Grundbuchs eingetragen". Sodann wird das zugehende Grundstück unter einer eigenen Nummer eingetragen und die Eintragung vom Amtsrichter unterschrieben und durch den Querstrich abgeschlossen

253. Handelt es sich um eine Abschreibung, verliert also der Eigentümer des Grundstücks das Eigentum, nachdem es schon auf seinem Grundbuchblatt eingetragen ist,
S. 393. z. B. weil er das Grundstück verkaufte oder weil es ihm im Prozeßwege ab || gestritten wurde, oder zeigt es sich, daß nicht sein Eigentum an dem Grundstücke glaubhaft gemacht ist, sondern das Eigentum eines Andern, so wird das Grundstück durch eine unter einer besonderen Nummer vorzunehmende Eintragung gelöscht; es wird in der vierten Spalte hinter der Eintragung des Grundstücks der Vermerk: „Gelöscht" eingetragen und die Nummer der Löschung vermerkt. Die Eintragung des Grundstücks wird rot unterstrichen.

254. Grundstücke, deren Eintragung in das Grundbuch angeordnet ist, in Ansehung derer aber der Amtsrichter, bevor die Eintragung vorgenommen wird, in glaubhafter Weise erfährt, daß ein gerichtliches Verfahren anhängig ist, in dem eine Entscheidung über das Eigentum an dem Grundstücke zu erwarten steht, sollen nicht in das Grundbuch eingetragen werden, bevor die Entscheidung getroffen ist. Zu diesem Verfahren gehören die Rechtsstreite, deren Gegenstand das Eigentum bildet (Vindikationen, Feststellungsklagen, Anfechtungsklagen, Auflösungsklagen), und die Verfahren der in den §§ 32 bis 35 der Verordnung vom 28. August ds. Js. bezeichneten Art.

255. Ist die Eintragung des Grundstücks schon erfolgt, so hat es, wenn die Erhebung einer der genannten Klagen zur Kenntnis des Amtsrichters kommt, bei der Eintragung sein Bewenden; ist die Klage erledigt, so ist eine etwaige Veränderung im Eigentume nach den unter den Nummern 252, 253 gegebenen Vorschriften zu behandeln.

256. Kommt zur Kenntnis des Amtrichters, daß eines der in den §§ 32 bis 35 der Verordnung vom 28. August ds. Js. bezeichneten Verfahren anhängig geworden ist, so wird das Grundstück trotz der erfolgten Eintragung von der Anlegung des Grundbuchs ausgenommen. Dies geschieht dadurch, daß die Eintragung für ungiltig erklärt wird. Zu diesem Zwecke setzt der Amtsrichter in der vierten Spalte auf die Zeile, auf der das Grundstück eingetragen ist, den Vermerk: „Eintragung ungiltig". Dem Vermerk ist der Name des Amtsrichters beizusetzen; der Angabe des Tages der Ungiltigkeitserklärung bedarf es nicht. Wird das Verfahren noch während der Dauer des Anlegungsverfahrens beendigt,
S. 394. so ist zu unterscheiden, ob nach dem Ergebnisse des Verfahrens der || Blattinhaber Eigen=

tümer des Grundstücks bleibt oder nicht. Bleibt er Eigentümer, so wird der Vermerk S. 394.
über die Ungiltigkeit der Eintragung gelöscht. Die Löschung erfolgt durch den Vermerk: „Gelöscht", die Beisetzung des Namens des Amtsrichters und die Unterstreichung der Worte: „Eintragung ungiltig" mit roter Tinte. Hat der Eigentümer das Eigentum an dem Grundstück auf grund des Verfahrens verloren, so wird die auf das Grundstück bezügliche Eintragung mit roter Tinte unterstrichen und die Eintragung des Grundstücks auf dem Grundbuchblatte des neuen Eigentümers angeordnet, sobald die Voraussetzungen für die Eintragung erfüllt sind.

Erfolgt die Beendigung des Verfahrens erst, nachdem das Grundbuch für angelegt erklärt ist, so obliegt die Vornahme der bezeichneten Verrichtungen dem Grundbuchrichter.

257. Bei allen Eintragungen in der Abteilung I, die nicht die Eintragung eines Grundstücks oder eines den Grundstücken gleichgeachteten Rechtes sind, wie z. B. bei der Eintragung einer Löschung, eines Widerspruchs, ist die zweite Spalte freizulassen. In der ersten Spalte erhalten auch diese Eintragungen die auf sie treffende fortlaufende Nummer.

e) Eintragung in der zweiten Abteilung.

258. Die Überschrift: Abteilung II wird über den oberen Abschlußstrich gesetzt. Auf die erste Zeile innerhalb der Lineatur kommt der Vermerk: „Bei der Anlegung des Grundbuchs eingetragen". Dann folgen die einzelnen Eintragungen.

259. Jede Eintragung erhält in der ersten Spalte eine eigene Nummer. Die Nummern laufen durch die ganze Abteilung.

260. In der zweiten Spalte wird auf die Grundstücke hingewiesen, die den Gegenstand der Eintragung in der Abteilung II bilden. Dies geschieht in der Art, daß diejenige Nummer eingesetzt wird, unter welcher diese Grundstücke in der ersten Spalte der Abteilung I aufgeführt sind. Hiebei hat der Amtsrichter genau darauf zu achten, daß keine unrichtige Nummer eingesetzt wird.

261. In der dritten Spalte werden die Rechte, die an den in der Abteilung I
eingetragenen Grundstücken bestehen, nach || Inhalt und Umfang eingetragen. Dabei wird S. 395.
das belastete Grundstück durch die Angabe der Plannummer bezeichnet. Der Amtsrichter hat sein besonderes Augenmerk darauf zu richten, daß die richtigen Plannummern eingetragen werden, und daß die hier eingetragenen Plannummern genau mit den Nummern in der zweiten Spalte und mit den durch diese bezeichneten Plannummern der Abteilung I übereinstimmen.

Besteht eine Abweichung, so ist im Zweifel die in der dritten Spalte eingetragene Plannummer maßgebend, denn die Eintragungen in der zweiten Spalte sind nur zur Erreichung größerer Übersicht und zur Selbstüberwachung des Eintragenden angeordnet.

In der dritten Spalte sind ferner der Name des Berechtigten, der Tag der Begründung des Rechtes, der Rang und die Urkunde, die über die Begründung errichtet worden ist, anzugeben. Daß der Eigentümer des belasteten Grundstücks die Eintragsbewilligung erteilt hat, braucht nicht ausdrücklich angegeben zu werden, wenn nicht bei der Eintragung auf die Eintragsbewilligung Bezug genommen wird.

262. Bei der Eintragung kann zur näheren Bezeichnung des Inhalts des Rechtes auf die Eintragsbewilligung Bezug genommen werden (§ 874 des B.G.B.). Die Bezugnahme ist aber nur dann ausreichend, wenn die Eintragsbewilligung den Inhalt des Rechtes erschöpfend bezeichnet oder wenn die Urkunden, in denen dieser Inhalt näher bestimmt ist, der Eintragsbewilligung beigeheftet sind und in der Verwahrung des Gerichts gelassen werden (s. Nr. 140). Wird auf die Eintragsbewilligung Bezug genommen, so ist das Datum der Eintragsbewilligung anzugeben (z. B. laut Eintragsbewilligung vom 3. März 1898).

263. Eingetragen werden in der Abteilung II die Rechte, mit denen die in der Abteilung I aufgeführten Grundstücke belastet sind, die an solchen Rechten bestehenden Rechte (z. B. das Pfandrecht an einem Nießbrauche), die Verfügungsbeschränkungen und die Auflösungsrechte, ferner die Widersprüche, die gegen die Eintragung eines solchen Rechtes einzutragen sind.

Von den Belastungen werden in der Abteilung II nicht eingetragen die Hypotheken
und die auf die Hypotheken bezüg || lichen Rechtsverhältnisse; ihre Eintragung erfolgt in S. 396.
der Abteilung III. Es kommen also von den Belastungen im wesentlichen die Dienstbarkeiten für die Abteilung II in betracht.

264. Die bestehenden Grunddienstbarkeiten bedürfen zur Erhaltung ihrer Wirksamkeit gegenüber dem öffentlichen Glauben des Grundbuchs der Eintragung nicht; werden sie im Anlegungsverfahren nicht eingetragen, so wird ihr Bestand und ihre Wirksamkeit gegen Dritte dadurch nicht berührt. Dagegen müssen sie dann eingetragen werden, wenn die Eintragung von dem Berechtigten oder von dem Eigentümer des belasteten Grundstücks beantragt wird und die sonstigen Voraussetzungen für die Eintragung erfüllt sind.

S. 396. **265.** Die Nießbrauchsrechte müssen im Anlegungsverfahren eingetragen werden, widrigenfalls sie den öffentlichen Glauben des Grundbuchs gegen sich gelten lassen müssen; das Gleiche gilt für die Nutzungsrechte und die Wohnungsrechte (Art. 625—636 des pfälz. Z.G.B.). Die elterliche und die ehemännliche Nutznießung werden nicht eingetragen, auch nicht, wenn die Beteiligten es beantragen.

266. Von den Verfügungsbeschränkungen werden nur diejenigen eingetragen, welche zum Vorteil einer bestimmten Person bestehen. Hiebei kommen hauptsächlich die Veräußerungsverbote gemäß Art. 32 des Gesetzes vom 23. Februar 1879 zur Ausführung der Reichs-Zivilprozeßordnung und Konkursordnung in Frage; nicht in der Abteilung II, sondern in der Abteilung III werden die Arreste eingetragen (s. Art. 14 des Gesetzes vom 1. Juli 1898).

267. Von der Vorschrift des § 113 des neuen Textes der Konkursordnung, daß die Eröffnung des Konkurses in das Grundbuch einzutragen ist, wird im Anlegungsverfahren kein Gebrauch gemacht, weil im Falle des Konkurses die Grundstücke des Gemeinschuldners nicht in das Grundbuch eingetragen werden und, wenn sie eingetragen sind, der Eintragung die Giltigkeit entzogen wird (s. Nr. 113, 254, 256). Das Gleiche gilt für das Zwangsversteigerungsverfahren.

268. Nicht eingetragen wird ferner die Verfügungsbeschränkung, der die Ehefrauen
S. 397. auf grund des Güterstandes unter || liegen. Ebenso wenig wird die Beschränkung in der Geschäftsfähigkeit eingetragen, auch wenn sie Volljährige betrifft.

269. Das Auflösungsrecht wird in der Form einer Vormerkung eingetragen; das Gleiche gilt von dem Rechte der vertragsmäßigen Versteigerung (s. Art. 17, 18 des Gesetzes vom 1. Juli 1898). Die Vormerkung kann eingetragen werden, auch wenn die Thatsache, an welche die Auflösung geknüpft ist, noch nicht eingetreten oder wenn die Auflösungsklage noch nicht erhoben ist. Es kann z. B. auf grund eines Kaufvertrags die Vormerkung zur Sicherung des Anspruchs auf Rückübertragung des Eigentums eingetragen werden, auch wenn der Käufer mit der Zahlung des Kaufpreises noch nicht im Rückstand ist. Der nähere Inhalt des Auflösungsrechts bedarf der Eintragung nicht, wenn zur Sicherung der Forderung nach dem bisherigen Rechte ein Vorzugsrecht besteht und dieses als Sicherungshypothek in die Abteilung III eingetragen wird. In diesem Falle genügt die kurze Bezeichnung des Rechtes und des Berechtigten und im übrigen in der vierten Spalte der Hinweis auf die entsprechende Eintragung in der Abteilung III (s. die Eintragung in der Abteilung II Nr. 2 des Musterformulars). Zur Eintragung der Vormerkung bedarf es der Einwilligung des Eigentümers des mit dem Rückfallsrechte behafteten Grundstücks nicht.

270. In denjenigen Fällen, in denen das Auflösungsrecht nach den bisherigen Gesetzen die Wirksamkeit gegen Dritte, die Rechte an dem Grundstücke erworben haben, verloren hat (Art. 2, 40 des Gesetzes vom 26. April 1888), wird eine Vormerkung im Anlegungsverfahren nicht eingetragen, denn in diesen Fällen besteht nicht eine Vormerkung kraft Gesetzes. Andere Vormerkungen als die in den Artikeln 17, 18 des Gesetzes vom 1. Juli 1898 bezeichneten können im Anlegungsverfahren auch nicht mit Einwilligung des Eigentümers eingetragen werden.

271. In der Abteilung II werden auch diejenigen Rechte an fremden Grundstücken eingetragen, welche den Grundstücken gleichstehen (Nr. 248), also auf dem Grundbuchblatte des Berechtigten in der Abteilung I als selbständige Berechtigung, || d. i. unter einer
S. 398. selbständigen Nummer eingetragen werden können. Bei der Eintragung dieser Rechte in der Abteilung II ist in der vierten Spalte ein kurzer Hinweis auf die Nummer der Abteilung I im Grundbuchblatte des Berechtigten beizusetzen, unter der das Recht dort eingetragen ist (s. Nr. 246).

Das Bergwerkseigentum wird nicht eingetragen (s. Nr. 345).

Das Stockwerkseigentum wird in der Abteilung II als Belastung des fremden Grundstücks eingetragen, wenn nicht den Stockwerksberechtigten das Miteigentum an der Grundfläche zusteht (s. Nr. 248).

272. Die Eintragung eines Erbpachtrechts oder einer Emphyteuse als dingliche Belastung in der Abteilung II und demgemäß die Eintragung als selbständiges Recht auf dem Grundbuchblatte des Berechtigten (s. Nr. 249) darf der Amtsrichter nur dann anordnen, wenn rechtskräftig erkannt ist, daß das Recht als dingliches Nutzungsrecht besteht. Die Eintragung darf ohne eine solche richterliche Entscheidung selbst dann nicht erfolgen, wenn der Eigentümer des belasteten Grundstücks die Eintragsbewilligung erteilt, oder wenn eine Urkunde vorgelegt werden sollte, in der das Erbpachtrecht als dingliches Nutzungsrecht bestellt ist.

273. Wird die Eintragung von Grundrenten oder Bodenzinsen als dingliche Belastung eines Grundstücks verlangt, so ist sie zurückzuweisen. Falls zur Sicherung des Rentenanspruchs ein Vorzugsrecht oder eine Hypothek in das Hypothekenbuch eingeschrieben ist, erfolgt die Eintragung einer Sicherungshypothek in der Abteilung III, wenn die für die Eintragung der Hypotheken im allgemeinen geltenden Voraussetzungen erfüllt sind. S. 398.

274. Ist für den Eigentümer die Eintragung eines Widerspruchs gegen ein zur Eintragung gelangendes Recht einzutragen (Nr. 127), so erfolgt die Eintragung des Widerspruchs unter der auf die Eintragung des Rechtes folgenden Nummer.

275. Ist in Ansehung eines Rechtes eine Veränderung oder eine Belastung einzutragen, so ist die Eintragung in unmittelbarem Anschluß an die Eintragung des Rechtes auch dann vorzunehmen, wenn die Veränderung oder die Belastung erst || nach der Begründung S. 399.
der sonstigen Rechte eingetreten ist, die noch in die Abteilung II einzutragen sind. Der selbständigen Eintragung der Veränderung bedarf es nicht, wenn die Veränderung bei der Eintragung des Rechtes selbst berücksichtigt werden kann. Ist z. B. ein Nießbrauchsrecht an mehreren Grundstücken begründet gewesen, wird aber, noch bevor die Eintragung des Nießbrauchsrechts erfolgt, das Nießbrauchsrecht in Beziehung auf eines der belasteten Grundstücke aufgehoben, so wird die Veränderung nicht selbständig eingetragen, sondern es wird das befreite Grundstück nicht mehr als belastet eingetragen.

276. Die an den Nießbrauchsrechten nach den bisherigen Gesetzen bestehenden Vorzugsrechte und Hypotheken können nur als Pfandrechte an dem Nießbrauch eingetragen werden (Art. 13 des Gesetzes vom 1. Juli 1898).

f) Eintragung in der dritten Abteilung.

277. Die Vorschriften über die Form der Eintragungen in der Abteilung II finden auf die Eintragungen in der Abteilung III entsprechende Anwendung, soweit sich nicht aus dem Folgenden ein anderes ergibt.

278. In der Abteilung III werden die Hypotheken, die an den in der Abteilung I eingetragenen Grundstücken bestehen, die Rechte an diesen Hypotheken und die Widersprüche eingetragen.

279. Jede Eintragung erhält in der ersten Spalte eine fortlaufende Nummer. Die Eintragung von Hypotheken wird dadurch kenntlich gemacht, daß unter der fortlaufenden Nummer und von ihr durch einen Bruchstrich geschieden für jede Hypothek eine römische Zahl eingetragen wird. Die römischen Zahlen laufen nach der Zahl der eingetragenen Hypotheken fort, und zwar auch dann, wenn in der Folgezeit eine der eingetragenen Hypotheken gelöscht wird.

280. In der zweiten Spalte wird auf die belasteten Grundstücke in der gleichen Weise hingewiesen, wie in der zweiten Spalte der Abteilung II. In der dritten Spalte werden die Plannummern der belasteten Grundstücke angegeben. Was zu Nr. 261 bemerkt ist, gilt auch für diese Eintragungen.

281. Der Raum der dritten Spalte wird durch den Gerichtsschreiber dadurch in zwei S. 400.
Spalten geteilt, daß drei Zentimeter links von dem hinteren Abschlußstriche der Spalte parallel zu diesem mit Blaustift eine Linie durch die ganze Länge des liniirten Raumes des Formulars gezogen wird. Die so entstehende vierte Spalte wird durch eine schwächere blaue Linie derart in zwei Unterspalten geteilt, daß die vordere Unterspalte die Breite von zwei Zentimeter, die hintere die Breite von einem Zentimeter hat.

282. Bei der Eintragung der Hypotheken müssen der Gläubiger, der Geldbetrag der Forderung und, wenn die Forderung verzinslich ist, der Zinssatz, ferner wenn andere Nebenleistungen zu entrichten sind — z. B. Provision, Vertragsstrafen —, ihr Geldbetrag angegeben werden. Im übrigen kann zur Bezeichnung der Forderung auf die Eintragungsbewilligung und damit auf die der Eintragungsbewilligung etwa einverleibten Urkunden Bezug genommen werden (§ 1115 Abs. 1 des B.GB.). Im einzelnen ist bei der Eintragung folgendes zu beachten:

283. Die Angabe des Gläubigers hat in der Regel durch die Eintragung des Vor- und Zunamens, des Standes und des Wohnortes des Gläubigers zu erfolgen. Doch ist die Eintragung des Namens nicht ein unbedingt wesentlicher Bestandteil; es genügt, wenn der Gläubiger auf sonstige Weise mit hinreichender Deutlichkeit kenntlich gemacht ist. Ist an die Stelle des ursprünglichen Gläubigers ein neuer Gläubiger getreten, so genügt die Eintragung des neuen Gläubigers (vergl. Nr. 40 a. E.).

Steht die Hypothek einem rechtsfähigen Verein oder einer Stiftung zu, so ist deren Name einzutragen; nicht rechtsfähige Vereine können nicht als Gläubiger eingetragen werden. Bei der Einschreibung einer Hypothek für Teilschuldverschreibungen auf den Inhaber genügt es, wenn der Gesamtbetrag der Hypothek unter Angabe der Anzahl, des Betrags und der Bezeichnung der Teile eingetragen wird (vergl. § 51 Abs. 1 der Grundbuchordnung, Art. 30 Abs. 4 des Gesetzes vom 18. März 1896, einige Bestimmungen über die Inhaberpapiere betreffend).

S. 400. **284.** Der Geldbetrag der Forderung soll in Reichswährung eingetragen werden (§ 28 der Grundbuchordnung). Der Geldbetrag ist mit Buchstaben anzugeben. Ist der
S. 401. Geldbetrag der ‖ Forderung in einer ausländischen oder in einer nicht mehr geltenden inländischen Währung (Gulden, Kreuzer) ausgedrückt, so muß er in die Reichswährung umgerechnet werden. Es ist gestattet, den in einer nicht mehr geltenden inländischen Währung ausgedrückten Geldbetrag in Klammern beizusetzen.

285. Ist die Hypothekforderung verzinslich, so soll, ohne Unterschied ob die Verzinslichkeit auf Gesetz oder auf Vertrag beruht, der Zinssatz eingetragen werden, z. B. „verzinslich zu vier vom Hundert". Es bedarf weder der Eintragung des Fälligkeitstermins der Zinsen, noch der Eintragung des Tages, von dem an die Verzinsung läuft. Ist im Hypothekenbuche für Zinsen eine besondere Einschreibung genommen, so wird die Einschreibung in das Grundbuch als selbständige Sicherungshypothek eingetragen, wenn im übrigen die Voraussetzungen für die Eintragung vorliegen.

286. Haftet das Grundstück neben den Zinsen noch für andere Nebenleistungen, so ist ihr Geldbetrag im Grundbuch anzugeben. Dies gilt nicht für die Kosten der Kündigung und die Kosten einer die Befriedigung aus dem Grundstücke bezweckenden Rechtsverfolgung (§ 1118 des B.GB.). Die sonstigen Kosten, insbesondere die Kosten der Einschreibung in das Hypothekenbuch, die nach dem bisherigen Rechte dem Schuldner zur Last fallen (Art. 2155 des pfälz. Z.G.B.), müssen nach ihrem Geldbetrag eingetragen werden. Ist im Hypothekenbuche für die Kosten eine besondere Einschreibung genommen, so wird die Einschreibung in das Grundbuch als selbständige Sicherungshypothek eingetragen, wenn im übrigen die Voraussetzungen für die Eintragung vorliegen.

287. Bei der Eintragung von Hypotheken für Darlehen einer Kreditanstalt genügt zur Bezeichnung der außer den Zinsen satzungsgemäß zu entrichtenden Nebenleistungen die Bezugnahme auf die Satzung, vorausgesetzt, daß die Satzung von der zuständigen Behörde öffentlich bekannt gemacht worden ist (vergl. Nr. 141).

288. Die sonstige Bezeichnung der Forderung bei der Eintragung hängt davon ab, ob der Eigentümer des belasteten Grundstücks die Eintragungsbewilligung erteilt hat, oder
S. 402. ob die ‖ Eintragung ohne seine Bewilligung erfolgt. Die Eintragungsbewilligung gilt auch als erteilt, wenn der Eigentümer zur Erklärung der Eintragungsbewilligung rechtskräftig verurteilt worden ist (§ 779, neuer Text § 894, der Z.P.O.).

289. Hat der Eigentümer die Eintragungsbewilligung erteilt, so bedarf es zur sonstigen Bezeichnung der Forderung einer Eintragung nicht, sondern es genügt die Bezugnahme auf die Eintragungsbewilligung. Immerhin soll auch in diesem Falle der Grund der Forderung kurz angegeben werden, z. B. Kaufpreisforderung, Darlehensforderung.

290. Ist die Eintragungsbewilligung nicht erteilt, so muß die Forderung nach allen einzelnen Vereinbarungen, die bei der Bestellung der Hypothek getroffen wurden, bezeichnet werden. Es müssen also die Zahlungsbedingungen, insbesondere der Zahlungsort, die Zahlungszeit, die Zahlungsart, der Fälligkeitstermin, die etwa vereinbarte Tilgung durch Teilzahlungen oder Annuitäten und die sonstigen auf die Forderung bezüglichen Bestimmungen in die Eintragung selbst aufgenommen werden.

291. Nicht eingetragen wird der erwählte Wohnsitz des Gläubigers.

Für den Fall, daß der Eigentümer nicht der Schuldner ist, soll auch der Name des Schuldners eingetragen werden.

292. Sind für die Forderung Grundstücke mitverpfändet, die einem anderen Eigentümer gehören, so sollen sie in der Eintragung angegeben werden (§ 49 der Grundbuchordnung). Handelt es sich um Grundstücke, die schon im Grundbuch eingetragen sind, so werden sie nach dem Grundbuchblatt und der Nummer, die sie in der Abteilung I haben, bezeichnet; liegen sie in einer anderen Steuergemeinde, so ist auch diese anzugeben (Beispiele: „Mitverpfändet sind die Grundstücke Nr. 1, 5, 7 im Grundbuch I 38" oder „Mitverpfändet sind die Grundstücke Nr. 1, 5, 7 im Grundbuch für Langfelden II 113"). Sind die mitverpfändeten Grundstücke noch nicht in das Grundbuch eingetragen, so werden sie, wenn sie in einer anderen Steuergemeinde liegen, nach Plannummer und Steuergemeinde angegeben;
S. 403 liegen sie in der Steuergemeinde, für die das Grundbuch angelegt wird, so werden sie ‖ erst dann eingetragen, wenn das Grundbuchblatt angelegt ist, in dessen Abteilung I sie einzutragen sind. Im letzteren Falle hat der Gerichtsschreiber auf dem vorläufigen Grundbuchblatte des Eigentümers der mitverpfändeten Grundstücke einen Vermerk über die noch vorzunehmende nachträgliche Eintragung zu machen.

293. Die Reihenfolge, in der die einzelnen Hypotheken eingetragen werden, bestimmt sich nach ihrem Range. Den Rang hat der Amtsrichter aus dem Einschreibungsvermerke des Hypothekenbewahrers auf dem Bordereau zu entnehmen. Dabei ist zu berücksichtigen, daß der Rang der rechtzeitig in das Hypothekenbuch eingeschriebenen Vorzugsrechte sich nicht nach dem Tage der Einschreibung, sondern nach dem Tage des Entstehens der Forderung bemißt. Soll ein anderer Rang eingetragen werden als derjenige, welcher nach den bestehenden gesetzlichen Bestimmungen dem Rechte zusteht, so ist dies nur dann zulässig, wenn alle Beteiligten zustimmen. Die Zustimmung des Gläubigers ist als Teil der Eintragungsbewilligung anzusehen; sie bedarf also der für die Eintragungsbewilligung vorgeschriebenen Form. S. 403.

294. Im übrigen besteht bei der Eintragung zwischen Vorzugsrechten und Hypotheken, zwischen vertragsmäßigen, gesetzlichen und gerichtlichen Hypotheken kein Unterschied; sie werden alle als Sicherungshypotheken eingetragen und sind als solche in der Eintragung zu bezeichnen. Vorzugsrechte und Hypotheken, die nicht in das Hypothekenbuch eingeschrieben sind, können im Anlegungsverfahren nicht in das Grundbuch eingetragen werden.

295. Sind Vorzugsrechte im Hypothekenbuch eingeschrieben, die auf Grundstücken ruhen, welche mit einander zu einem unausgeschiedenen Preise veräußert worden sind, so werden sie als Gesamthypothek auf die sämtlichen veräußerten Grundstücke eingetragen, wenn nicht die Beteiligten eine andere Art der Eintragung vereinbaren. Verlangt der Käufer die Ausscheidung der Forderung und die Verteilung der Hypothek auf die einzelnen Grundstücke, so wird, wenn der Verkäufer seine Zustimmung verweigert, die Hypothek als Gesamthypothek eingetragen; auf Antrag des Käufers ist aber ein Widerspruch einzutragen.

296. Außer den Hypotheken werden die an den Hypotheken bestehenden Rechte eingetragen. S. 404. Hiezu gehören z. B. die Pfändung, die Abtretung, die Verpfändung der Hypothekforderung, die Subrogation in die gesetzliche Hypothek der Ehefrau, die Rangabtretung. Jedes Recht wird unter einer selbständigen Nummer an der Stelle eingetragen, die ihm nach seinem Range zukommt. Bei der die Hypothek betreffenden Eintragung ist in der fünften Spalte das Recht kurz zu bezeichnen und die Nummer beizufügen, unter der die Eintragung des Rechtes erfolgt, z. B. „Abtretung Nr. 3". Dieser Vermerk wird nicht unterschrieben.

Das Recht ist nach seinem Inhalt und nach seinem Umfang einzutragen. Der Berechtigte ist zu bezeichnen, und der Geldbetrag ist anzugeben, für den das Recht besteht; auch der Tag der Begründung und die Begründungsurkunde sowie der dem Rechte zukommende Rang sind zu vermerken.

297. Ein Recht an einer Hypothek kann nur eingetragen werden, wenn die Hypothek selbst eingetragen wird. Weigert sich der Hypothekgläubiger, die Hypothek eintragen zu lassen, so kann der Berechtigte in Ausübung der Rechte seines Schuldners (Art. 1166 des pfälzischen Zivilgesetzbuchs und Art. 170 des Einführungsgesetzes zum Bürgerlichen Gesetzbuch) die Eintragung der Hypothek erwirken. Vergl. auch §§ 18, 22 der Grundbuchordnung.

298. In der vierten Spalte wird der Betrag der Hypothekenforderung wiederholt eingetragen, und zwar in Zahlen. In die erste Halbspalte werden die Markbeträge eingesetzt, in die zweite Halbspalte die Pfennigbeträge. Der Gerichtsschreiber hat darauf zu achten, daß die Beträge in der vierten Spalte mit denen in der dritten Spalte übereinstimmen. Besteht eine Abweichung, so ist im Zweifel der in Buchstaben angegebene Betrag in der dritten Spalte maßgebend; denn die Eintragung in der vierten Spalte ist nur zur Erreichung größerer Übersichtlichkeit angeordnet. Die Zahlen des Betrags sind auf die erste der Zeilen zu setzen, auf denen in der dritten Spalte die Eintragung der Hypothek steht. Mindert sich der Betrag der Forderung, nachdem die Hypothek eingetragen ist, so wird der || Betrag, um S. 405. den er sich mindert, mit roter Tinte unter den ursprünglichen Betrag gesetzt und von diesem abgezogen. Das Ergebnis ist mit schwarzer Tinte darunter zu schreiben und von dem mit roter Tinte eingetragenen Betrag durch einen Abziehungsstrich zu trennen.

299. Erleidet eine Hypothek oder ein sonstiges Recht eine Veränderung seines Inhalts oder seines Umfangs, nachdem die Eintragung in das Grundbuch stattgefunden hat, so werden die Veränderungen als selbständige Eintragungen unter besonderen Nummern nach den für die Abteilung II gegebenen Vorschriften behandelt (s. Nr. 275). Das Gleiche gilt neben den Vorschriften in Nr. 298, wenn auf die Hypothekenforderung Abzahlungen gemacht werden.

2. Sachregister, Personenregister.

300. Zu dem Grundbuche jedes Grundbuchbezirks werden von dem Gerichtsschreiber ein Sachregister und ein Personenregister angelegt.

Das Sachregister gibt Aufschluß darüber, an welcher Stelle des Grundbuchs jedes einzelne der in dem Grundbuchbezirke gelegenen Grundstücke eingetragen ist. Das Personenregister gibt Aufschluß darüber, welches Grundbuchblatt für jeden einzelnen Eigentümer der in dem Grundbuchbezirke gelegenen Grundstücke angelegt ist.

301. In das Sachregister werden alle in dem Grundbuchbezirke gelegenen Grundstücke eingetragen, ohne Unterschied ob sie in das Grundbuch eingetragen sind oder nicht. Dies gilt auch für die buchungsfreien Grundstücke. Als Grundlage für die Anlegung des Sachregisters dient das Flurbuch. Alle im Flurbuche verzeichneten Grundstücke müssen auch in das Sachregister eingetragen werden, doch hat der Gerichtsschreiber dabei die Veränderungen zu beachten, die während des Anlegungsverfahrens an den einzelnen Grundstücken etwa

S. 405. vorgekommen sind. Auch den Flächeninhalt, die Lage und die Bebauungsart kann der
Gerichtsschreiber aus dem Flurbuch entnehmen, sowie die Stelle des Grundbuchs, an der
das Grundstück eingetragen ist, weil diese in der letzten Spalte des Flurbuchs vermerkt
S. 406. werden || muß (Nr. 235). Nur wird der Gerichtsschreiber sich in jedem einzelnen Falle
davon überzeugen müssen, ob die Eintragungen im Flurbuche mit den Eintragungen im
Grundbuch übereinstimmen; maßgebend für die Eintragung in das Sachregister sind nur
die Eintragungen im Grundbuche.

Formular XXXI. **302.** Das Sachregister wird nach dem Formular und Muster XXXI angelegt. Jedes Grundstück erhält eine eigene Querspalte, die in fünf Längsspalten zerfällt. In die erste Längsspalte wird die Plannummer eingetragen, in die zweite der Flächeninhalt, in die dritte die Lage und die Bebauungsart. Diese Längsspalten werden für alle Grundstücke ausgefüllt, auch für diejenigen, welche im Anlegungsverfahren nicht in das Grundbuch eingetragen werden.

Die Grundstücke werden in der Reihenfolge der Plannummern eingetragen; die Bruchnummern schließen sich an die entsprechenden Hauptnummern unmittelbar an und erhalten wie diese eine eigene Querspalte.

303. In der vierten Längsspalte wird für die in das Grundbuch eingetragenen Grundstücke die Grundbuchstelle eingetragen. Dies geschieht dadurch, daß die Nummer des Grundbuchbandes mit römischer, die Nummer des Grundbuchblatts mit arabischer Zahl angegeben und beide durch einen Beistrich getrennt werden. Zerfällt ein Grundbuch in selbständige Bände (Nr. 201), so werden die selbständigen Bände entsprechend der Bezeichnung, die sie als selbständige Bände tragen, durch die Buchstaben A, B bezeichnet. Ist z. B. ein Grundstück im Grundbuche für den Grundbuchbezirk Frankeneck-Neidenfels im Band II für Frankeneck auf dem Grundbuchblatt 116 eingetragen, so hat die Bezeichnung zu lauten A II, 116; ist das Grundstück im Band II für Neidenfels eingetragen, so lautet die Bezeichnung B II, 116. Die Seiten des Grundbuchbandes werden nicht angegeben.

304. Hat während des Anlegungsverfahrens die Übertragung eines Grundstücks auf ein anderes Grundbuchblatt stattgefunden, so wird die neue Grundbuchstelle in der vierten Längsspalte neben der früheren eingetragen, und beide werden durch einen kleinen wagrechten Strich getrennt.

S. 407. **305.** Wird während des Anlegungsverfahrens ein Grundstück geteilt, so daß neben der ursprünglichen Plannummer Bruchnummern entstehen, so werden die Bruchnummern, wenn sie bei der Anlegung des Sachregisters noch nicht berücksichtigt, also nicht im unmittelbaren Anschluß an die Querspalte der Hauptnummer eingetragen werden konnten, an den Schluß der Plannummernreihe gestellt und in der fünften Längsspalte der die Hauptnummer enthaltenden Querspalte die Seiten des Sachregisters vermerkt, auf denen die Bruchnummern eingetragen sind.

306. Werden im Anlegungsverfahren buchungsfreie Grundstücke oder solche Grundstücke, bei denen der Eintragung ein Hindernis entgegenstand, nachträglich in das Grundbuch eingetragen, so hat der Gerichtsschreiber im Sachregister die vierte Längsspalte der auf das Grundstück bezüglichen Querspalte auszufüllen (s. Nr. 321).

Formular XXXII. **307.** Das Personenregister wird nach dem Formular und Muster XXXII angelegt. Die Namen der Eigentümer werden in alphabetischer Reihenfolge eingetragen. Bei jedem neuen Buchstaben des Alphabets muß eine neue Seite angefangen werden. Nach der Eintragung der unter einen Buchstaben fallenden Namen ist ein entsprechender Raum für künftige Eintragungen frei zu lassen. Der frei zu lassende Raum darf nicht zu knapp bemessen werden; er soll mindestens ebenso groß sein als der Raum, den die Eintragungen unter dem Buchstaben schon einnehmen. Kommen Namen mit einem bestimmten Anfangsbuchstaben nicht vor, so ist für den Buchstaben gleichwohl eine entsprechende Anzahl von Seiten freizulassen. Bei den besonders häufig vorkommenden Buchstaben können innerhalb des für den Buchstaben bestimmten Raumes Unterabteilungen gemacht werden, z. B. bei dem Buchstaben S eine Unterabteilung für Sch. oder für St. Auch diese Unterabteilungen sollen stets auf einer neuen Seite beginnen. Innerhalb der Abteilungen für die einzelnen Buchstaben braucht die alphabetische Reihenfolge der Namen nicht eingehalten zu werden.

308. Bestehen für einen der in Nr. 212 bezeichneten Eigentümer mehrere Grundbuchblätter, so wird für jeden Verwaltungszweig eine besondere Eintragung gemacht.

S. 408. **309.** Ist Jemand außer auf dem Grundbuchblatte, das auf seinen Namen lautet, noch als Miteigentümer auf einem gemeinschaftlichen Grundbuchblatt eingetragen, so ist sein Name so vielmal in das Personenregister einzutragen, als Grundbuchblätter bestehen, auf denen er als Miteigentümer angegeben ist. In der fünften Spalte sollen die gemeinschaftlichen Grundbuchblätter als solche bezeichnet werden.

310. Werden für die einzelnen politischen Gemeinden eines Grundbuchbezirks selbständige Grundbuchbände angelegt (Nr. 201), so wird für die Bände einer jeden Gemeinde ein besonderes Personenregister angelegt. Besteht für einen Eigentümer ein Schutzblatt

(Nr. 207), so wird der Name des Eigentümers und die Nummer des Schutzblattes in gleicher Weise in das Personenregister eingetragen, als wenn das Schutzblatt ein vollständiges Grundbuchblatt wäre. S. 408.

3. Verzeichnis der nicht eingetragenen Grundstücke.

311. Der Gerichtsschreiber hat alle Grundstücke, die nicht vom Buchungszwange befreit sind, aber nicht in das Grundbuch eingetragen werden können, weil die Voraussetzungen der Eintragung nicht erfüllt sind oder weil ihrer Eintragung ein sonstiges Hindernis entgegensteht, in ein Verzeichnis zu bringen. In dem Verzeichnisse sind die Grundstücke nach Plannummern, Flächeninhalt, Lage und Bebauungsart zu bezeichnen und die im Flurbuch als Besitzer bezeichneten Personen anzugeben. Zugleich ist kurz das Hindernis anzugeben, das der Eintragung des Grundstücks in das Grundbuch entgegensteht. Das Verzeichnis ist nach dem Formular und Muster XXXIII anzulegen. Formular XXXIII.

Nach der Anlegung des Verzeichnisses hat der Amtsrichter dessen Richtigkeit zu prüfen und die Richtigkeit durch seine Unterschrift zu bestätigen.

312. Wird ein in das Verzeichnis eingetragenes Grundstück noch im Laufe des Anlegungsverfahrens in das Grundbuch eingetragen, so wird die Eintragung im Verzeichnisse rot durchstrichen und in der sechsten Spalte die nachträgliche Eintragung unter Angabe des Grundbuchblatts, auf dem die Eintragung erfolgte, vermerkt. Der Vermerk braucht nicht unterschrieben zu werden.

313. Erfolgt die Eintragung eines in das Verzeichnis eingetragenen Grundstücks in das Grundbuch erst, nachdem das Verzeichnis dem Aufsichtsbeamten eingereicht ist (Nr. 314), so hat der Amtsrichter die erfolgte Eintragung unverzüglich dem Aufsichtsbeamten anzuzeigen. S. 409.

4. Einführung des Grundbuchs.

314. Wenn die sämtlichen Eintragungen in das Grundbuch vorgenommen und das Sachregister sowie das Personenregister hergestellt sind, hat der Amtsrichter dem Aufsichtsbeamten zu berichten und sich dabei gutachtlich über die Bestimmung des Zeitpunkts auszusprechen, in welchem das Grundbuch als angelegt anzusehen ist. Dem Berichte hat der Amtsrichter das Verzeichnis der nicht eingetragenen Grundstücke (Nr. 311) beizufügen.

315. Der Aufsichtsbeamte legt den Bericht und das Verzeichnis dem Staatsministerium der Justiz vor und spricht sich dabei gleichfalls gutachtlich über die Bestimmung des Zeitpunkts aus, in welchem das Grundbuch als angelegt anzusehen ist.

Gehen dem Aufsichtsbeamten Anzeigen des Amtsgerichts über die nachträgliche Eintragung von Grundstücken in das Grundbuch zu, so hat er hierüber unverzüglich an das Staatsministerium der Justiz zu berichten.

316. Das Staatsministerium der Justiz bestimmt den Zeitpunkt, in welchem das Grundbuch als angelegt anzusehen ist, und bezeichnet dabei die Grundstücke der Steuergemeinde, für die das Grundbuch zunächst noch nicht als angelegt anzusehen ist. Die Verfügung wird im Justizministerialblatte veröffentlicht.

317. Ist die Verfügung veröffentlicht, so hat das Amtsgericht den Zeitpunkt, in welchem das Grundbuch als angelegt anzusehen ist, und die Grundstücke, die von der Anlegung ausgenommen sind, öffentlich bekannt zu machen. In der Bekanntmachung sind alle Personen, die nach dem Ablaufe der Ausschlußfrist Rechte an einem der nicht ausgenommenen Grundstücke der Steuergemeinde erworben haben oder bis zur Beendigung des Anlegungsverfahrens noch erwerben, aufzufordern, diese Rechte vor der Beendigung des Anlegungsverfahrens bei dem Gerichte schriftlich oder mündlich anzumelden, widrigenfalls sie im Range hinter die angemeldeten Rechte zurücktreten (§ 27 der Verordnung vom 28. August d. Js.). Die Bekanntmachung erfolgt nach dem Formular und Muster XXXIV; im übrigen finden die für die Bekanntmachung über den Beginn des Anlegungsverfahrens gegebenen Vorschriften (Nr. 20) Anwendung. Die Veröffentlichung der Bekanntmachung muß so zeitig erfolgen, daß zwischen ihr und der Beendigung des Anlegungsverfahrens eine Frist von mindestens zwei Wochen liegt. Die Veröffentlichung ist als erfolgt anzusehen, wenn die Nummer des für die Bekanntmachungen des Amtsgerichts bestimmten Blattes ausgegeben ist, die die Bekanntmachung enthält. S. 410. Formular XXXIV.

318. Von der Veröffentlichung der Bekanntmachung an ist jedem, der ein berechtigtes Interesse darlegt, die Einsicht des Grundbuchs und die Einsicht der Urkunden gestattet, auf die im Grundbuche zur Ergänzung einer Eintragung Bezug genommen ist. Abschriften von Grundbuchblättern oder von Urkunden werden, unbeschadet der Vorschriften in Nr. 161, im Anlegungsverfahren nicht erteilt; doch ist es dem Einsichtnehmenden gestattet, selbst Abschriften zu fertigen.

319. An dem Tage, in welchen der in Nr. 316 bezeichnete Zeitpunkt fällt, hat der Amtsrichter am Fuße des Titelblattes jedes Grundbuchbandes in der aus dem Formular

S. 410. und Muster XXX ersichtlichen Form zu vermerken, daß das Grundbuch seit diesem Tage als angelegt anzusehen ist.

5. Behandlung der nachträglich angemeldeten Rechte.

320. Rechte, die nach dem Ablaufe der Ausschlußfrist, aber noch vor der Beendigung des Anlegungsverfahrens angemeldet werden, sind nach Maßgabe der Vorschriften in Nr. 44 und Nr. 48 in die zweite Abteilung der Anmeldungsliste aufzunehmen.

321. Der Amtsrichter hat nach den für das Ermittelungsverfahren gegebenen Vorschriften festzustellen, ob die Eintragung der Rechte anzuordnen ist, und hienach das Erforderliche zu verfügen.

Die Rechte, deren Eintragung angeordnet ist, hat der Gerichtsschreiber in das Grundbuch
S. 411. einzutragen. Ergibt sich die || Notwendigkeit, eine früher vorgenommene Eintragung zu ändern, so ist nach den unter Nr. 252 gegebenen Vorschriften zu verfahren; die Eintragung in die vorläufigen Grundbuchblätter unterbleibt. Sind die Rechte in das Grundbuch eingetragen, so werden das Sachregister und das Personenregister ergänzt oder berichtigt (Nr. 306, Nr. 307).

322. Rechte, die zwar vor der Beendigung des Anlegungsverfahrens angemeldet wurden, in Ansehung derer aber die Voraussetzungen für die Anordnung der Eintragung bis dahin nicht erfüllt sind, können im Anlegungsverfahren nicht in das Grundbuch eingetragen werden. Der Amtsrichter hat sich mit solchen Rechten nach dem Schlusse des Anlegungsverfahrens nicht weiter zu befassen; doch soll er die Beteiligten davon benachrichtigen, daß es ihnen überlassen bleibt, die Eintragung in das Grundbuch nach Maßgabe der Grundbuchordnung zu erwirken. Den Beteiligten ist nach der Beendigung des Anlegungsverfahrens auf Antrag von dem Grundbuchrichter ein Auszug aus der Anmeldungsliste zu erteilen (Nr. 51).

323. Rechte, in Ansehung derer die Voraussetzungen für die Eintragung noch vor der Beendigung des Anlegungsverfahrens erfüllt sind, die aber im Anlegungsverfahren nicht mehr in das Grundbuch eingetragen werden können, sind am Tage nach der Beendigung des Anlegungsverfahrens von dem Gerichtsschreiber, der im Anlegungsverfahren thätig war, nach dem ihnen zukommenden Range in das Grundbuch einzutragen. Die Eintragung ist als bei der Anlegung des Grundbuchs erfolgt zu bezeichnen und von dem Amtsrichter nach Maßgabe der für das Anlegungsverfahren geltenden Vorschriften zu unterschreiben. Eine Gebühr für die Eintragung wird nicht erhoben.

Das Gleiche gilt für Rechte, in Ansehung derer die Voraussetzungen für die Eintragung bei der Beendigung des Anlegungsverfahrens im übrigen erfüllt sind, für die aber die Belege über die Einschreibung im Hypothekenbuche vor der Beendigung des Anlegungsverfahrens bei dem Gerichte noch nicht eingegangen sind.

324. Wird nach der Beendigung des Anlegungsverfahrens bei dem Grundbuchamt
S. 412. eine Eintragung beantragt, durch die ein || Recht betroffen wird, dessen Eintragung aus den in Nr. 323 bezeichneten Gründen im Anlegungsverfahren nicht mehr erfolgen konnte, so hat der Grundbuchrichter nach der Vornahme der beantragten Eintragung zu gunsten des noch nicht eingetragenen Rechtes von Amtswegen einen Widerspruch einzutragen.

V. Eigentumsveränderung.

325. Alle Veränderungen im Eigentum der Grundstücke, die von der Abgabe des Flurbuchs an das Amtsgericht an (Nr. 28) bis zur Beendigung des Anlegungsverfahrens bei dem Rentamte zur Anzeige kommen, werden von dem Rentamte dem Gerichte mitgeteilt.

326. Die Rentämter sind angewiesen, sofort nach dem Empfange der jeden Monat durch die Notare zu erstattenden Besitzveränderungsanzeigen die Umschreibung der Besitzveränderung vorzunehmen, wenn nötig, nachdem vorher eine Messung stattgefunden hat. Das Gleiche gilt für die sonstigen Besitzveränderungsanzeigen, die dem Rentamt erstattet werden.

Die Besitzveränderungsanzeigen werden, nachdem die Umschreibung erfolgt ist, mit dem Vermerke der erfolgten Umschreibung und mit den etwaigen Messungsoperaten oder, wenn die Umschreibung unthunlich ist, mit der Angabe des Umschreibhindernisses, dem Gerichte monatlich überschickt.

327. Der Amtsrichter hat auf grund der Anzeigen des Rentamts das Flurbuch und die Besitzerliste zu berichtigen. Im übrigen hat er je nach dem Stande des Anlegungsverfahrens vorzugehen:

Hat eine Vernehmung des früheren Besitzers noch nicht stattgefunden, so ist nicht der frühere, sondern der neue Besitzer zum Verhandlungstermine zu laden; eine bereits ergangene Ladung des früheren Besitzers ist rückgängig zu machen.

Ist der frühere Besitzer schon vernommen und seine Eintragung als Eigentümer angeordnet, so ist die Eintragung zu unterlassen und, wenn die Voraussetzungen erfüllt sind, die Eintragung des neuen Eigentümers anzuordnen. Soweit nötig, sind das vorläufige Grundbuchblatt und das Register zu berichtigen.

Ist der frühere Besitzer schon als Eigentümer in das Grundbuch eingetragen, so ist S. 413.
nach den Vorschriften der Nr. 252, 253 zu verfahren.

328. Drei Tage vor der Beendigung des Anlegungsverfahrens wird das Rentamt dem Gerichte diejenigen Eigentumsveränderungen mitteilen, die nach der letzten Übersendung der Umschreibverzeichnisse beim Rentamte zur Anzeige gekommen sind. Der Amtsrichter hat mit thunlichster Beschleunigung das Erforderliche vorzunehmen, damit die etwa notwendig werdenden Eintragungen in das Grundbuch noch vor der Beendigung des Anlegungsverfahrens gemacht werden können.

VI. Aktensammlung.

329. Alle Urkunden und Aktenstücke, die aus Anlaß der Anlegung des Grundbuchs bei dem Amtsgericht anfallen, die jedoch nicht auf das Anlegungsverfahren in einer bestimmten Gemeinde Bezug haben, werden, wenn sie von Erheblichkeit sind, zu einem allgemeinen Anlegungsakte des Amtsgerichts vereinigt.

Die einzelnen Aktenstücke werden nach der Zeitfolge geordnet und jahrgangsweise in Umschlägen aufbewahrt. Die Umschläge werden in einer Streckmappe vereinigt, die die Aufschrift „Akten des K. Amtsgerichts N über die Anlegung des Grundbuchs", trägt.

330. Alle Urkunden und Belege, die aus Anlaß der Anlegung des Grundbuchs in einer bestimmten Gemeinde bei dem Amtsgericht anfallen und für das Verfahren von Erheblichkeit sind, werden, ohne Unterschied, ob sie von dem Gerichte selbst herrühren, oder ob sie von den Beteiligten dem Gerichte zur Verwahrung übergeben sind, in einem Umschlage gesammelt, der die Aufschrift: „Grundbuchakten der Steuergemeinde ...." trägt.

331. Die Grundbuchakten sollen im allgemeinen ein Bild von dem Gange des Anlegungsverfahrens geben. Hienach ist zu bemessen, welche Aktenstücke zu den Grundbuchakten zu nehmen sind. Insbesondere sind zu ihnen zu nehmen die Protokolle über die im Ermittelungsverfahren abgehaltenen Termine sowie über die vom Gerichte beurkundeten Rechtsgeschäfte, die Eintragungsbewilligungen, die von den Beteiligten dem Gerichte || zur S. 414.
Verwahrung übergebenen Urkunden, die vorläufigen Grundbuchblätter, die sämtlichen im Anlegungsverfahren angelegten Listen und Register, sowie die Belege für die Veröffentlichungen der Bekanntmachungen.

332. Die Grundbuchakten werden, soweit thunlich, nach der Zeitfolge geordnet und fortlaufend numeriert; jedes selbständige Aktenstück erhält eine eigene Nummer. Dauert das Anlegungsverfahren länger als ein Jahr, so werden die in einem Jahre erwachsenen Akten unter sich numeriert und in einem Umschlage gesammelt, der die Jahreszahl trägt; die sämtlichen Sammlungen der einzelnen Jahre werden in einer Streckmappe vereinigt.

333. Ist das Anlegungsverfahren beendigt, so hat der Amtsrichter die Grundbuchakten dem Grundbuchamte zu übergeben.

VII. Aufsichtsführung.

334. Die Aufsicht über das Anlegungsverfahren wird vom Grundbuchaufsichtsbeamten (Nr. 16), die Oberaufsicht vom Staatsministerium der Justiz geführt. Die Anlegungsarbeiten unterliegen nicht den regelmäßigen Visitationen des Landgerichtspräsidenten.

335. Der Aufsichtsbeamte hat die gesamte Geschäftsführung der mit den Anlegungsarbeiten beauftragten Beamten und Bediensteten zu überwachen. Er hat sich davon zu überzeugen, ob die für das Anlegungsverfahren erlassenen Vorschriften befolgt werden. Wahrgenommene Mängel formeller Natur hat er sofort abzustellen, Verstöße gegen Vorschriften materiellrechtlichen Inhalts hat er zu rügen; dem Amtsrichter hat er hiebei die erforderliche Belehrung zu erteilen.

336. Die Entscheidung des Amtsrichters darüber, ob das Eigentum einer bestimmten Person an einem Grundstücke glaubhaft gemacht oder ob ein angemeldetes Recht nachgewiesen ist, unterliegt zwar auch der Prüfung des Aufsichtsbeamten, und der Aufsichtsbeamte kann eine etwaige abweichende Anschauung dem Amtsrichter mitteilen. Beharrt aber der Amtsrichter bei seiner Anschauung, so hat es dabei sein Bewenden, und seine Anordnung kann nur durch Einlegung der Beschwerde von den || Beteiligten angefochten werden. Dies gilt auch von S. 415.
den Entscheidungen des Anlegungskommissärs.

337. Der Aufsichtsbeamte soll jährlich einmal die im Gange befindlichen Anlegungsarbeiten für jede Steuergemeinde einer Prüfung unterziehen. Die Vornahme der Prüfung soll nicht vorher angekündigt werden. Auf die Prüfung der Anlegungsarbeiten für eine Gemeinde soll nicht mehr Zeit als ein Tag verwendet werden. Die Prüfung der bei einem Amtsgericht im Gange befindlichen Anlegungsarbeiten für mehrere Gemeinden soll in unmittelbarer Aufeinanderfolge vorgenommen werden. Die Tage, an denen die Prüfung vorzunehmen ist, setzt der Oberlandesgerichtspräsident in jedem einzelnen Falle auf den Vorschlag des Aufsichtsbeamten fest.

S. 415. **338.** Über das Ergebnis der Prüfung hat der Aufsichtsbeamte dem Oberlandesgerichtspräsidenten zu berichten. In dem Berichte hat er sich auch über die Dienstleistung der Amtsrichter, der Anlegungskommissäre und der Gerichtsschreiber im einzelnen auszusprechen. Der Oberlandesgerichtspräsident legt die Berichte mit seinen Bemerkungen dem Staatsministerium der Justiz vor. Die Vorlage erfolgt jährlich in den Monaten April und Oktober, das erste Mal im Monat April 1899.

In wichtigen Fällen hat der Aufsichtsbeamte sofort an den Oberlandesgerichtspräsidenten zu berichten; der Oberlandesgerichtspräsident wird den Bericht, wenn er es für geboten hält, auch vor dem genannten Zeitpunkte dem Staatsministerium der Justiz vorlegen.

339. Der Aufsichtsbeamte hat jederzeit auf Verlangen des Oberlandesgerichtspräsidenten über die Punkte, die dieser ihm bezeichnet, zu berichten oder über Fragen, die mit dem Anlegungswesen zusammenhängen, ein Gutachten abzugeben.

VIII. Anlegung des Grundbuchs für die ausgenommenen Grundstücke.

340. Wenn nach der Beendigung des Anlegungsverfahrens in Ansehung eines Grundstücks, das von der Anlegung des Grundbuchs ausgenommen wurde, die Voraussetzungen
S. 416. erfüllt werden, unter denen das Grundstück in das Grundbuch einge‖tragen werden kann, so hat der Grundbuchrichter von Amtswegen die Eintragung in das Grundbuch herbeizuführen. Die Eintragung erfolgt unter den nämlichen Voraussetzungen, unter denen die Eintragung im Anlegungsverfahren hätte erfolgen können. Ein Ermittelungsverfahren findet nicht statt, sondern der Grundbuchrichter kann die Eintragung ablehnen, wenn ihm nicht die Belege vorgelegt werden, aus denen er die Überzeugung gewinnen kann, daß eine bestimmte Person Eigentümer des Grundstücks ist.

Die Belege können von den Beteiligten eingereicht oder von Behörden mitgeteilt werden.

Legt ein Beteiligter die Belege vor, so ordnet der Grundbuchrichter die Eintragung an, wenn er das Eigentum für glaubhaft gemacht hält. Von der getroffenen Anordnung ist der Beteiligte zu benachrichtigen.

Teilt eine Behörde die Belege mit (§§ 32—35 der Verordnung vom 28. August d. Js.), so ordnet der Grundbuchrichter die Eintragung an und benachrichtigt davon den Eigentümer.

341. Ist die Eintragung angeordnet, so berichtet der Grundbuchrichter an den Aufsichtsbeamten, daß die Voraussetzungen für die Eintragung des Grundstücks in das Grundbuch erfüllt sind. In dem Bericht ist anzugeben, ob auf grund der Ergebnisse des bisherigen Verfahrens die Anmeldung von Belastungen des Grundstücks zu erwarten ist. Der Aufsichtsbeamte legt den Bericht dem Staatsministerium der Justiz vor und spricht sich gutachtlich über die Bestimmung des Zeitpunktes aus, in welchem das Grundbuch in Ansehung des Grundstücks als angelegt anzusehen ist.

Das Staatsministerium der Justiz bestimmt den Zeitpunkt, in welchem das Grundbuch als angelegt anzusehen ist und veröffentlicht die Verfügung im Justizministerialblatte. Die Bekanntmachung der Verfügung erfolgt durch das Grundbuchamt nach Maßgabe der Vor-
Formular schriften in Nr. 317. Mit der Bekanntmachung ist die in § 37 Abs. 2 der Verordnung vom
XXXV. 28. August 1898 bezeichnete Aufforderung zu verbinden (Formular und Muster XXXV).
S. 417. **342.** Werden Rechte angemeldet, so werden sie nach den für das Anlegungsverfahren geltenden Vorschriften festgestellt; wenn die Voraussetzungen für die Eintragung erfüllt sind, wird die Eintragung der Rechte in das Grundbuch angeordnet. Von der Anordnung sind die Beteiligten zu benachrichtigen.

343. Die Eintragung wird von dem Grundbuchrichter an dem Tage veranlaßt, von dem an das Grundbuch in Ansehung des Grundstücks als angelegt anzusehen ist. Die Vorschriften in den Nummern 322 bis 324 finden entsprechende Anwendung.

IX. Schlußbestimmung.

344. Das Anlegungsverfahren einschließlich der auf grund von Art. 27 des Gesetzes vom 1. Juli 1898 erfolgenden Beurkundungen ist gebührenfrei. Es darf also den Beteiligten für keine Amtshandlung im Anlegungsverfahren eine Gebühr verrechnet werden.

Alle im Anlegungsverfahren von den Gerichten oder den mit den Anlegungsarbeiten betrauten Personen ausgehenden Postsendungen an Staatsbehörden, an Gemeindebehörden und an Privatpersonen genießen Portofreiheit. Das Gleiche gilt für den Verkehr der Gemeindebehörden mit den Gerichten im Anlegungsverfahren. Die Postsendungen sind als Regierungssache (R. S.) zu bezeichnen, mit dem Amts- oder Dienstsiegel zu verschließen und mit der Angabe des Absenders und mit der Geschäftsnummer zu versehen, vergl. § 2 Nr. 1—3 der Verordnung vom 23. Juni 1829, die Postportofreiheit in Amtssachen betr. (Reg.Bl. S. 529).

345. Für Bergwerke und für das Bergwerkseigentum werden besondere Vorschriften erlassen; die Bestimmungen der Grundbuchanlegungsordnung finden auf sie keine Anwendung.

München, den 14. September 1898.

Dr. Frhr. v. Leonrod.

Formulare.

Was in den folgenden Formularen in lateinischer Kursivschrift gedruckt ist, dient als Beispiel für die Benützung der Formulare.

Das K. Amtsgericht ...., den ...... ten .... S. 421. **Formular I.**

An
das **K. Oberlandesgericht**
Zweibrücken
(Grundbuchaufsicht).

Betreff

Formular I: Schriftlicher Verkehr des Amtsgerichts mit dem Aufsichtsbeamten.

S. 423.

K. Oberlandesgericht Zweibrücken
(Der Grundbuchaufsichtsbeamte).

Zweibrücken, den ...... ten .... **Formular Ia.**

Betreff:

An
das K. Amtsgericht
(Grundbuch)
....

Formular Ia: Schriftlicher Verkehr des Aufsichtsbeamten.

S. 425.

Anlegung des Grundbuchs in der Steuergemeinde *Kleinassenheim.*

Formular II.

In der Gemeinde *Kleinassenheim* hat die Anlegung des Grundbuchs am *2. Januar 1899* begonnen.

Demnächst werden die im Grundsteuerkataster als Besitzer von Grundstücken des Gemeindebezirks bezeichneten Personen vom Amtsgericht über die Rechtsverhältnisse ihrer Grundstücke vernommen werden. Die Grundbesitzer haben über den Erwerb des Eigentums Aufschluß zu geben sowie ihre Erwerbsurkunden und den berichtigten Auszug aus dem Grundsteuerkataster dem Gerichte vorzulegen. Sie haben dem Gericht über die Belastungen, die an ihren Grundstücken bestehen, insbesondere über Vorzugsrechte und Hypotheken, Aufschluß zu geben.

Alle anderen Personen, zu deren Gunsten an den Grundstücken des Gemeindebezirks Rechte, insbesondere Vorzugsrechte, Hypotheken, Nießbrauchsrechte, oder Rechte an solchen Rechten, Verfügungsbeschränkungen oder Auflösungsrechte bestehen, müssen diese Rechte im Anlegungsverfahren bei dem Gericht anmelden, widrigenfalls die Rechte im Range hinter die angemeldeten Rechte zurücktreten. Für Grunddienstbarkeiten gilt dies nicht, doch können auch die Grunddienstbarkeiten im Anlegungsverfahren angemeldet werden.

Die Anmeldung kann schriftlich oder mündlich erfolgen. Die erforderlichen Belege müssen eingereicht werden.

Langfelden, den *2. Januar 1899.*

K. Amtsgericht.

Finkenberger, Amtsrichter.

Formular II: Bekanntmachung des Beginns des Anlegungsverfahrens.

S. 427.

Flurbuch der Steuergemeinde *Kleinassenheim.*

Formular III.

Pl.Nr.	Name und Stand des im Kataster eingetragenen Besitzers	Wohnort	Bebauungs-art	Flächen-inhalt			Besitz-Nr.	Bemerkungen
	Im langen Rain			h	a	q		
1318	Wagner *Friedrich IV, Ackerer*	— *)	*A*	—	*13*	*26*	*125*	
1319	Frühauf *Franz, Wirt*	*Ilbesheim*	*A*	—	*26*	*29*	*194*	

*) Wenn in der dritten Spalte kein Eintrag steht, so bedeutet das, daß der Besitzer in der Gemeinde wohnt, für die das Flurbuch angelegt ist.

Formular III: Flurbuch.

S. 429 u. 430. **Formular IV.**

(Titelblatt.*)

K. Amtsgericht *Langfelden.* Steuergemeinde *Kleinassenheim.*

Besitzerliste.

Formular IV: Besitzerliste.

(Innenseite.*)

	I	II	III
1	*Allmannsberger Johann III, Mehlhändler in Kleinassenheim*	*25. 316. 1719.*	
2	*Baumann Karl Friedrich, Wirt in Böbingen*	*28. 9987. 1823. 12833. 1916. 14936. 2175. 17652. 3466. 17653. 4567. 20488.*	*2. 9. 27. 139. 542.*
3	*Winter Johann III, Ackerer † Kinder und Erben, in Kleinassenheim*		
4	*Wormser Isaak, Güterhändler und Zeitler Franz, Holzhändler in Kleinassenheim*	*181. 182.*	
5	*Wormser Isaak, Güterhändler Nr. 4*	*236. 16843. 3955. 17921. 4822. 20342. 5936. 21445. 6421. 21446. 7300. 21447 1/2.*	*15. 19. 29. 33. 342. 462. 530.*
6	*Zeitler Franz, Holzhändler Nr. 4*	*33. 194. 1219. 2436. 4849.*	*320. 516.*

S. 431 u. 432. **Formular V.**

(Titelblatt.)

K. Amtsgericht *Langfelden.* Steuergemeinde *Kleinassenheim.*

Vorbesitzerliste,

enthaltend die Einschreibungen im Hypothekenbuch, in denen Grundstücke des Gemeindebezirks *Kleinassenheim* nicht auf den Namen der im Flurbuch als Besitzer bezeichneten Personen belastet sind.

Formular V: Vorbesitzerliste.

(Innenseite.)

Pl.Nr.	Nummern der Bordereaux	Pl.Nr.	Nummern der Bordereaux
1819	*17. 36. 56.*		
2856	*48. 113.*		
3612	*192. 287.*		

*) Diese Bezeichnungen finden sich im Originaltext weder hier noch an den sonstigen Stellen, wo sie der Deutlichkeit halber beigesetzt sind.

S. 433 u. 434. **Formular VI.**

(Titelblatt.)

K. Amtsgericht *Langfelden.* Steuergemeinde *Kleinassenheim.*

Gläubigerliste.

Formular VI: Gläubigerliste.

(Innenseite.)

Name der Gläubiger	Nummern der Bordereaux	Bemerkungen
Adler *Friedrich II, Gutsbesitzer in Kleinassenheim*	*13*	
Ammann & Grub, *Produktenhandlung in Langfelden*	*19*	
Altdorfer Darlehenskasse, *Eingetr. Genossenschaft mit unbeschr. Haftpflicht in Altdorf*	*36. 237**)	
Arzberger *Thomas, Güterhändler in Grossassenheim*	*198*	*Zession von 500 M. an Isidor Löwenstein, Handelsmann in Langfelden.*
Attenberger *Barbara, Ehefrau des Franz Weltner, Ackerer in Grossassenheim*	*135. 312**)	

*) Aus der beigesetzten zweiten Nummer ist zu entnehmen, daß in der Forderung oder der Hypothek irgend eine Veränderung eingetreten ist, die sich aus dem Bordereau Nr. 237 oder 312 ergibt. Letzteren Falls etwa eine Subrogation in die ges. Hypothek der Ehefrau.

S. 435.

(Titelblatt.)

An Herrn *Theodor Kleinberger, Gutsbesitzer in Kleinassenheim.*

Formular VII. Auf der Rückseite sind die Einschreibungen angegeben, die sich zu Ihren Gunsten im Hypothekenbuche gegen Grundstücke des Gemeindebezirks *Kleinassenheim* finden.

Sie werden ersucht, dem Amtsgericht unverzüglich mitzuteilen, ob und in welchem Umfange die eingeschriebenen Rechte noch bestehen und welche davon Sie zur Eintragung in das Grundbuch anmelden wollen. In das Grundbuch können die Rechte nur in dem Umfang eingetragen werden, in dem sie noch bestehen. Sind also Abschlagszahlungen erfolgt, so sind sie zu berücksichtigen. Es liegt in Ihrem Interesse, eine von Ihrem Schuldner anerkannte Abrechnung vorzulegen. Nicht angemeldete Rechte treten im Range hinter die angemeldeten Rechte zurück.

Sie werden gebeten, Ihre Antwort auf diese Zuschrift zu setzen.

Wenn keine oder eine ungenügende Antwort erfolgt, wird Ihr persönliches Erscheinen vor Gericht angeordnet werden.

Langfelden, den *21. Dezember 1898.*

K. Amtsgericht.

Finkenberger, Amtsrichter.

S. 436.

(Innenseite.)

Gläubiger: *Theodor Kleinberger, Gutsbesitzer in Kleinassenheim.*

Bordereau Nr. *135*	*Jakob* **Hitzenecker**, *Ackerer in Kleinassenheim*	*Kaufbrief Notar* **Müller** *Langfelden 17. XII. 97.*	*600 M. 4 %* *Rang vom 18. XII. 97.*	*Pl. Nr. 317. 318.*	
Bordereau Nr. *216*	*Karl* **Aulenfeld**, *Schlossermeister in Fischbach.*	*Schuld- und Pfandverschreibung Notar* **Will** *Langfelden 28. II. 98.*	*1600 M. 4½ %* *Rang vom 1. III. 97.*	*Pl. Nr. 124. 1319. 1528. 2785. 4689. 5859. 12513. 14842. 19316.*	*Es sind Grundstücke im Gemeindebezirke von Grossassenheim mitverpfändet.*

Formular VII: Auszug aus der Gläubigerliste.

K. Amtsgericht *Langfelden.* Steuergemeinde *Kleinassenheim.*

(Titelblatt.)

Anmeldungsliste.

Verzeichnis der im Laufe des Anlegungsverfahrens angemeldeten Rechte an Grundstücken des Gemeindebezirks *Kleinassenheim.*

(Innenseite.)

Nr.	Name, Stand und Wohnort des Berechtigten	Name, Stand und Wohnort des Eigentümers des belasteten Grundstücks	Bezeichnung der belasteten Grundstücke nach Plannummern	Bezeichnung des Rechtes	Titel	Betrag und Rang	Eintragung im Grundbuch	Bemerkungen
1.	2.	3.	4.	5.	6.	7.	8.	9.
		Abteilung I: Anmeldungen vor dem		**Ablaufe der Ausschlußfrist.**				
1	*Karl Friedrich* Erbstösser, *Privatmann in Kleinassenheim*	*Heinrich* Ackermann, *Kaufmann in Zellbach*	*2839. 3940. 4195. 17825½.*	*Vertragsmässige Hypothek.*	*Schuld- und Pfandverschreibung des Notars* Hauck *in Zellbach 13. XI. 1897.*	*20 000 M. zu 5% Rang vom 15. XI. 1897.*	*XVII, 39 Abt. III Nr. 4*	*Angemeldet im Termine vom 17. Mai 1899 oder: Angemeldet laut Protokoll vom 17. Mai 1899 oder: Angemeldet durch Schreiben vom 17. Mai 1899.*

Die Richtigkeit bestätigt:
Langfelden, den 9. Mai 1899.

Finkenberger, Amtsrichter.

Formular VIII: Anmeldungsliste.

S. 441 u. 442. Formular VIII a.

(Titelblatt.)

K. Amtsgericht *Langfelden.* Steuergemeinde *Kleinassenheim.*

Register zur Anmeldungsliste.

(Innenseite.)

A.		B.	
Abel Franz, Kaufmann, Kleinassenheim.	*17*	*Balder Theobald, Wirt, Innerbach.*	*125*
Adam Heinrich, Gutsbesitzer, Grossassenheim.	*22*		

Formular VIII a: Register zur Anmeldungsliste.

S. 443. K. Amtsgericht *Langfelden.* Steuergemeinde *Kleinassenheim.*

Auszug aus der Anmeldungsliste.

Formular IX.

Für *Karl Friedrich Erbstösser, Privatmann in Kleinassenheim,* sind folgende Rechte im Anlegungsverfahren angemeldet worden:

I. Anmeldungen vor dem Ablaufe der Ausschlußfrist

1. Vertragsmässige Hypothek an den Grundstücken Pl.Nr. 2839, 3940, 4195, 17825 1/2 wegen einer Darlehensforderung von 20,000 M. nebst 5 % Zinsen gegen Heinrich Ackermann, Kaufmann in Zellbach mit Rang vom 15. November 1897.

....

2.

3.

4.

5.

Langfelden, den *8. März 1899.*

K. Amtsgericht.

Finkenberger, Amtsrichter.

Formular IX: Auszug aus der Anmeldungsliste.

Eigentumsbescheinigung.

S. 445. Formular X.

Es wird bescheinigt, daß *Herr Rudolf Mohrbacher, Gutsbesitzer in Kleinassenheim*

in der Gemeinde *Kleinassenheim* als Eigentümer folgender Grundstücke des Gemeindebezirks gilt:

Pl.Nr. 1329, Acker in der Frohnhecke zu 0,263 ha neben Jakob Dürrschmidt und der alten Strasse.

Pl.Nr. 7859, Wiese in den Thalwiesen zu 1,579 ha neben Gemeinde Kleinassenheim und Friedrich Merz.

Kleinassenheim, den *3. März 1899.*

Der Bürgermeister

L. S. *Feldner.*

Formular X: Eigentumsbescheinigung.

Erbbescheinigung.

S. 447. Formular XI.

Es wird bescheinigt, daß *Herr Friedrich Wengler, Bäckermeister und Wirt in Kleinassenheim,*

der Sohn des verstorbenen Bäckermeisters Johann Jakob Wengler von Kleinassenheim ist, daß nähere Verwandte *des* Verstorbenen oder andere Verwandte gleichen Grades nicht bekannt und daß Ansprüche anderer Personen auf den Nachlaß nicht zur Kenntnis des Unterzeichneten gekommen sind.

Kleinassenheim, den *17. Mai 1899.*

Der Bürgermeister

L. S. *Feldner.*

Formular XI: Erbbescheinigung.

S. 449.

Formular XII.

Ladung.

In dem Verfahren zur Anlegung des Grundbuchs in der Steuergemeinde *Kleinassenheim* ist Ihre Vernehmung erforderlich.

Sie werden geladen,

Montag, den *19. August 1899 nach*mittags *3* Uhr

im Gemeindehause zu Kleinassenheim zu erscheinen.

Personen, die trotz gehöriger Ladung nicht erscheinen, können für jedes Ausbleiben mit einer Geldstrafe bis zu 150 M. belegt werden. Zum Vernehmungstermine wollen Sie für Ihre in dem Gemeindebezirke von *Kleinassenheim* gelegenen Grundstücke die Erwerbsurkunden, insbesondere Kaufs- und Versteigerungsurkunden, Teilungsauszüge, Inventare, Testamente, Schenkungsurkunden, Eheverträge, sowie einen berichtigten Auszug aus dem Grundsteuerkataster mitbringen. Wenn Sie keine Erwerbsurkunden haben, kann Ihnen vom Bürgermeister unentgeltlich eine Eigentumsbescheinigung ausgestellt werden.

Wenn auf Ihren Grundstücken Vorzugsrechte oder Hypotheken ruhen, so empfiehlt es sich, daß Sie sich mit Ihren Gläubigern ins Benehmen setzen, damit Sie über die Belastungen genaue Auskunft geben können; Sie ersparen sich dadurch weitere Gänge zum Gerichte.

Langfelden, den *15. August 1899.*

K. Amtsgericht.

Finkenberger, Amtsrichter.

An

Herrn Rudolph Mohrbacher, Gutsbesitzer

in

Kleinassenheim.

Formular XII: Ladung eines Eigentümers.

S. 451.

Formular XIII.

Verzeichnis

der zum Termine vom *19. August 1899* in *das Gemeindehaus von Kleinassenheim* zu ladenden Personen.

Name, Stand, Wohnort der Personen	Eigenschaft	Unterschrift; Bemerkungen
Adel *Karl Franz, Tüncher, Kleinassenheim*	*Eigentümer*	*gez. Adel.*
Ableiter *Friedrich, Tagner, Kleinassenheim*	*Auskunftsperson*	*gez. Ableiter.*
Rosenstiel *Abraham, Handelsmann, Kleinassenheim*	*Berechtigter*	*Unterschrift verweigert Mack, Gemeindediener.*
Muther *Philipp, Ackerer, Kleinassenheim*	*Eigentümer*	*Ladung unthunlich.*

Formular XIII: Ladungsverzeichnis.

Ladung.

S. 453. Formular XIV.

In dem Verfahren zur Anlegung des Grundbuchs in der Steuergemeinde *Kleinassenheim* ist Ihre Vernehmung erforderlich.

Sie werden geladen,

Montag, den *19. August 1899 nach*mittags *3* Uhr

im Gemeindehause zu Kleinassenheim zu erscheinen, um über die von Ihnen angemeldeten Rechte an den Grundstücken *des Ackerers Karl Philipp Langenmantel in Kleinassenheim* Auskunft zu geben und dem Gerichte den Nachweis zu erbringen, daß die von Ihnen angemeldeten Rechte bestehen.

Personen, die trotz gehöriger Ladung nicht erscheinen, können für jedes Ausbleiben mit einer Geldstrafe bis zu 150 *M.* belegt werden.

Zum Vernehmungstermine wollen Sie die zum Nachweise der angemeldeten Rechte erforderlichen Urkunden, insbesondere Notariatsurkunden, Urteile, Eheverträge, und alle in Ihrem Besitze befindlichen Bordereaux mitbringen.

Es empfiehlt sich, daß Sie sich vor dem Termine mit Ihrem Schuldner ins Benehmen setzen, damit Sie über die von Ihnen angemeldeten Rechte genauen Aufschluß geben können; Sie ersparen sich dadurch weitere Gänge zum Gerichte.

Rechte, die nicht nachgewiesen werden können, werden in das Grundbuch nur dann eingetragen, wenn der Eigentümer des belasteten Grundstücks die Eintragung bewilligt.

Langfelden, den *1. August 1899.*

K. Amtsgericht.

Finkenberger, Amtsrichter.

An
Herrn Karl Friedrich Erbstösser, Privatmann
in
Kleinassenheim.

Formular XIV: Ladung eines Berechtigten.

Ladung.

S. 455. Formular XV.

In dem Verfahren zur Anlegung des Grundbuchs in der Steuergemeinde *Kleinassenheim* ist Ihre Vernehmung erforderlich.

Sie werden geladen,

Montag, den *19. August 1899 vor*mittags $^{1}/_{2}9$ Uhr

im Gemeindehause zu Kleinassenheim zu erscheinen.

Personen, die trotz gehöriger Ladung nicht erscheinen, können für jedes Ausbleiben mit einer Geldstrafe bis zu 150 *M.* belegt werden. Sie sollen Auskunft geben über die Eigentumsverhältnisse der *dem Gutsbesitzer Rudolf Mohrbacher* von *Kleinassenheim* gehörenden Grundstücke und über die daran bestehenden Vorzugsrechte, Hypotheken und sonstigen Rechte.

Es empfiehlt sich, daß Sie sich vor dem Termin über diese Rechtsverhältnisse genau unterrichten; Sie ersparen sich dadurch weitere Gänge zum Gerichte.

Langfelden, den *1. August 1899.*

K. Amtsgericht.

Finkenberger, Amtsrichter.

An
Herrn Franz Barth, Feldschütze
in
Kleinassenheim.

Formular XV: Ladung einer Auskunftsperson.

S. 457. K. Amtsgericht *Langfelden*. Steuergemeinde *Kleinassenheim*.

Mitteilung.

Formular XVI. Das K. Amtsgericht hat angeordnet, daß die unten bezeichneten Grundstücke des Gemeindebezirks *Kleinassenheim* als Ihr Eigentum in das Grundbuch eingetragen werden. Etwaige Einwendungen gegen die Eintragung wollen Sie alsbald schriftlich oder mündlich bei dem Gerichte vorbringen.

Pl.Nr. 1395, Acker im Graben zu 0,254 ha,
Pl.Nr. 1978, Weinberg im Ungeheuer zu 0,163 ha,
Pl.Nr. 2839, Wiese in den Thalwiesen zu 2,894 ha,
Pl.Nr. 4189, 4189 1/2, 4189 1/3 Wald in der alten Ödung zu 3,804 ha.

Langfelden, den *29. Mai 1899.*

K. Amtsgericht.
Halder, Anlegungskommissär.

An
Herrn Friedrich Theodor Paulmann,
Gutsbesitzer
in
Hohenburg.

Formular XVI: Mitteilung über die Anordnung der Eintragung des Eigentums.

S. 459. K. Amtsgericht *Langfelden*. Steuergemeinde *Kleinassenheim*.

Mitteilung.

Formular XVII. Das K. Amtsgericht hat angeordnet, daß Sie und die nachbezeichneten Personen, nämlich:

1. *Peter Fischbacher, Ackerer in Grossassenheim,*
2. *Jakob Fischbacher, Schreiner in Hollfeld,*
3. *Elisabetha Merz, geb. Fischbacher, Ehefrau des Barbiers Friedrich Drexler in Langfelden,*
4. *Margaretha Fischbacher, ledige Näherin in Kleinassenheim,*
5. *Heinrich Fischbacher, Bahnarbeiter in Langfelden*

je als Miteigentümer zu 1/6 an den unten bezeichneten Grundstücken des Gemeindebezirks *Kleinassenheim* in das Grundbuch eingetragen werden. Etwaige Einwendungen gegen die Eintragung wollen Sie alsbald schriftlich oder mündlich bei dem Gerichte vorbringen. Erheben Sie bis zum Ablaufe der Ausschlußfrist keine Einwendung, so erfolgt die Eintragung.

Langfelden, den *17. Juni 1899.*

K. Amtsgericht.
Halder, Anlegungskommissär.

Verzeichnis der Grundstücke:

1. *Pl.Nr. 2784, Acker am alten Weg zu 0,756 ha*
2. *Pl.Nr. 2784 1/2, Acker ebenda zu 0,358 ha*
3. *Pl.Nr. 1819, Weinberg im Idig zu 0,265 ha*

An
Herrn Adolf Fischbacher, Kaufmann
in
Hollfeld.

Formular XVII: Mitteilung über die Eintragung als Miteigentümer.

K. Amtsgericht *Langfelden.* Steuergemeinde *Kleinassenheim.* S. 461.

Mitteilung.

Das K. Amtsgericht hat angeordnet, daß *der Fuhrmann Franz Jakob Kastenberger* von *Hollfeld* als Eigentümer von **Formular XVIII.**

1. Pl.Nr. 1828, Acker im alten Stall zu 0,913 ha,
2. Pl.Nr. 7986, Acker in der Grube zu 0,589 ha,
3. Pl.Nr. 1493, Weinberg im alten Forst zu 0,316 ha,
4. Pl.Nr. 8979, Wiese in den Oberwiesen zu 1,263 ha,
5. Pl.Nr. 119 1/2, Baumstück in den Augärten zu 0,393 ha

in das Grundbuch eingetragen wird, wenn Sie nicht binnen zwei Wochen von dem Empfange dieser Mitteilung an bei dem Gerichte schriftlich oder mündlich Widerspruch gegen die Eintragung erheben. Wenn die Frist abläuft, ohne daß Sie Widerspruch erhoben haben, erfolgt die Eintragung des *Kastenberger* als Eigentümer.

Langfelden, den *5. Mai 1899.*

K. Amtsgericht.
Halder, Anlegungskommissär.

An
Herrn Heinrich Frühauf, Ackerer
in
Kleinassenheim.

Formular XVIII: Mitteilung über die Anordnung der Eintragung und über die Befugnis, Widerspruch dagegen zu erheben.

K. Amtsgericht *Langfelden.* Steuergemeinde *Kleinassenheim.* S. 463.

Mitteilung.

Das K. Amtsgericht hat angeordnet, daß folgende Grundstücke des Gemeindebezirks *Kleinassenheim,* nämlich **Formular XIX.**

Pl.Nr. 1893, Acker im Rain zu 0,173 ha
Pl.Nr. 1894, Acker im Rain zu 0,225 ha

als Eigentum des Güterhändlers *Salomon Weiss von Grossassenheim* in das Grundbuch eingetragen werden. Zugleich wurde angeordnet, daß zu Ihren Gunsten ein Widerspruch gegen das Eigenthum des *Weiss* an diesen Grundstücken in das Grundbuch eingetragen wird.

Dieser Widerspruch wird von Amtswegen gelöscht werden, wenn Sie nicht bis zur Beendigung des Anlegungsverfahrens / zum *1. September d. Js.**) dem Gerichte nachweisen, daß Sie gegen *Weiss* Klage auf Feststellung Ihres Eigentums an den bezeichneten Grundstücken erhoben haben.

Langfelden, den *29. Mai 1899.*

K. Amtsgericht.
Halder, Anlegungskommissär.

An
Herrn Jakob Frick VI, Ackerer
in
Kleinassenheim.

Formular XIX: Mitteilung über die Eintragung eines Widerspruchs.

---

*) Wenn die Frist bis zu dem Zeitpunkte, in welchem das Grundbuch als angelegt anzusehen ist, voraussichtlich nicht mehr drei Monate beträgt, ist hier eine Frist von drei Monaten einzusetzen. Die Frist ist so zu berechnen, daß sie von dem Empfange der Mitteilung an läuft. Das nicht Zutreffende ist im Formular zu durchstreichen.

S. 465. K. Amtsgericht *Langfelden.* Steuergemeinde *Kleinassenheim*

Verzeichnis

Formular XX. der Personen, für die ein Widerspruch nach §§ 15, 16 der Verordnung vom 28. August 1898, die Anlegung des Grundbuchs in der Pfalz betreffend, in das Grundbuch eingetragen wurde.

Lfde. Nr.	Name rc. der Person, für die der Widerspruch eingetragen ist	Stelle des Grundbuchs	Nummer des Protokolls	Bemerkungen
1.	~~*Winter Theodor, Kaufmann, Hollfeld.*~~	~~*II 37*~~	~~*145*~~	*Frist verstrichen.*
2.	*Auerbacher Friedrich, Kaminkehrer, Kleinassenheim.*	*III 7*	*429*	*Klagenachweis erbracht.*

Formular XX: Verzeichnis der Widersprüche nach §§ 15, 16 der Anlegungsverordnung.

S. 467. K. Amtsgericht *Langfelden.* Steuergemeinde *Kleinassenheim.*

Mitteilung.

Formular XXI. Das K. Amtsgericht hat angeordnet, daß folgende Grundstücke des Gemeindebezirks *Kleinassenheim* als Ihr Eigentum in das Grundbuch eingetragen werden:

Pl.Nr. 1796, Acker am Bürgerweg zu 0,154 ha
Pl.Nr. 2197, Weinberg am Kieselberg zu 0,163 ha
Pl.Nr. 1289, Wiese in der Mulde zu 1,935 ha
Pl.Nr. 1892, 1892 1/2, 1892 1/3, Wald am Schlossberg zu 2,964 ha.

Zugleich hat das Gericht angeordnet, daß folgende Rechte an den dabei bezeichneten Grundstücken eingetragen werden:

1. Sicherungshypothek auf Pl.Nr. 1796, 2197, 1289 mit Rang vom 10. Oktober 1898 wegen einer Darlehensforderung von 500 Mk. zu 5% verzinslich für Johann Jakob Schmitt, Fuhrmann in Kleinassenheim. Einzutragen an erster Stelle.

Etwaige Einwendungen gegen die Eintragung wollen Sie alsbald schriftlich oder mündlich bei dem Gerichte vorbringen.

Langfelden, den *17. März 1900.*

K. Amtsgericht.
Finkenberger, Amtsrichter.

An
Herrn Karl Friedrich Tischer,
Kaufmann
in
Langfelden.

Formular XXI: Mitteilung an den Eigentümer über die Eintragung des Eigentums und die von ihm bewilligte Eintragung einer Belastung.

K. Amtsgericht *Langfelden.* Steuergemeinde *Kleinassenheim.* S. 469.

Mitteilung.

Das K. Amtsgericht hat angeordnet, daß auf den Grundstücken **Formular XXII.**

Pl.Nr. 7285, Acker in den Langäckern zu 0,736 ha
Pl.Nr. 18293, Wiese am Bach zu 0,893 ha
Pl.Nr. 1429, Baumstück an der neuen Strasse zu 0,598 ha
Pl.Nr. 9825, Weinberg am Sommerberg zu 0.213 ha,

deren Eintragung im Grundbuch auf Ihren Namen angeordnet ist, folgende Belastungen eingetragen werden:

1. *Sicherungshypothek mit Rang vom 2. Mai 1897 wegen einer Darlehensforderung von 500 M. mit Zinsen zu 5% seit 1. Juli 1897, rückzahlbar auf erstes Begehren, für Abraham Seligmann, Viehhändler in Langfelden.*
2. *Auf Pl.Nr. 7285 allein Sicherheitshypothek mit Rang vom 18. März 1896 wegen einer Restkaufpreisforderung von 250 M. mit Zinsen zu 5% seit 1. Juni 1898, rückzahlbar sofort, für Theodor Wagner, Wirt in Kleinassenheim. Gleichzeitig wird zur Sicherung des Anspruchs auf Rückübertragung des Eigentums für den Genannten eine Vormerkung eingetragen.*

Sie sind befugt, zu verlangen, daß ein Widerspruch gegen die Eintragung der bezeichneten Rechte in das Grundbuch eingetragen wird. Die Eintragung des Widerspruchs kann schriftlich oder mündlich bei dem Gerichte beantragt werden.

Langfelden, den *24. April 1900.*

K. Amtsgericht.
Halder, Anlegungskommissär.

An
Herrn Jakob März, Wirt
in
Kleinassenheim.

Formular XXII: Mitteilung an den Eigentümer über die Anordnung der Eintragung von Belastungen, für die er die Eintragungsbewilligung nicht erteilt hat, und Mitteilung, daß er die Eintragung eines Widerspruchs verlangen kann.

K. Amtsgericht *Langfelden.* Steuergemeinde *Kleinassenheim.* S. 471.

Mitteilung.

Das K. Amtsgericht hat angeordnet, daß zu Ihren Gunsten folgende Rechte an Grundstücken *des Gemeindeschreibers Adolf Kleinmann in Kleinassenheim* in das Grundbuch eingetragen werden: **Formular XXIII.**

1. *Sicherungshypothek auf Pl.Nr. 1829, 1748, 3685, 10893, 1716, 3502 mit Rang vom 16. Mai 1897 wegen einer Darlehensforderung von 6000 M., verzinslich zu 5% seit 13. Mai 1897, rückzahlbar ¼ Jahr nach der Kündigung*). Der Hypothek geht eine Hypothek von 1600 M. und ein Niessbrauchsrecht vor.*
2. *Sicherungshypothek auf Pl.Nr. 129, 129½, 130 mit Rang vom 28. März 1898 wegen einer Restkaufpreisforderung von 18,000 M., verzinslich zu 5% seit 28. März 1898, zahlbar in 4 gleichen Teilbeträgen an Weihnachten 1899, 1900, 1901, 1902.*) Der Hypothek geht eine Hypothek von 2000 M. vor.*
   Zur Sicherung ihres Anspruchs auf Rückübertragung des Eigentums an Pl.Nr. 129, 129½, 130 wird eine Vormerkung eingetragen.

Etwaige Einwendungen gegen die Eintragung wollen Sie alsbald schriftlich oder mündlich bei dem Gerichte vorbringen.

Langfelden, den *16. Juni 1900.*

K. Amtsgericht.
Halder, Anlegungskommissär.

An
Herrn Theodor Ackermann, Privatmann
in
Grossassenheim.

Formular XXIII: Mitteilung über die Anordnung der Eintragung von Rechten.

*) Die Angaben über die Zeit, seit welcher die Zinsen laufen und über die Rückzahlbarkeit der Hauptsumme sind nur geboten, wenn in der Eintragung nicht auf die Eintragungsbewilligung Bezug genommen werden kann.

S. 473. Formular XXIV.

K. Amtsgericht *Langfelden.* Gegenwärtig: *Karl Finkenberger* k. Amtsrichter. *Friedrich Hurtig* Hilfsarbeiter als Gerichtsschreiber.	Anlegung des Grundbuchs in der Steuergemeinde *Kleinassenheim.* **Protokoll** über die Verhandlungen in dem Termine vom *19. August 1900* aufgenommen *im Gemeindehause zu Kleinassenheim.*
Bes. Liste 238 E	1. *Friedrich* **Türk**, *Eisenbahnbeamter in Langfelden, ledig.* *Pl.Nr. 1829, Acker im langen Rain zu 0,718 ha habe ich laut Kaufakts des Notars Will in Langfelden vom 18. Dezember 1895 von dem Mehlhändler Karl Semmelbauer in Kleinassenheim gekauft. Der Kaufpreis ist im Akte quittiert. Das Grundstück ist nicht belastet.* *Kaufakt liegt vor. Eintragung angeordnet.*
Bes. Liste 648 A S. 474. E	2. *Jakob* **Sendinger**, *Schuhmacher in Kleinassenheim, verheiratet, in Fahrnisgemeinschaft.* *Pl.Nr. 13, Haus mit Hofraum in der Hintergasse Nr. 24 in Kleinassenheim zu 0,021 ha gehört nicht mehr mir. Ich habe es am 7. August l. J. an den Schneidermeister Martin Beck in Kleinassenheim verkauft und erteile die Bewilligung, dass die Eheleute Beck als Eigentümer in das Grundbuch eingetragen werden. Zugleich beantrage ich Eintragung meines Kaufprivilegs und meines Resolutionsrechts.* *Martin* **Beck**, *Schneidermeister in Kleinassenheim, verheiratet, in Fahrnisgemeinschaft, herbeigerufen, erklärt:* *Ich habe das Haus Nr. 24 in der Hintergasse, wie angegeben, gekauft und lege die notarielle Kaufurkunde vor. Der Kauf ist während der Ehe geschlossen. Der Kaufpreis mit 6570 M., verzinslich zu 5 % vom 1. Oktober 1899 ab, zahlbar in vier gleichen Teilbeträgen an Martini 1899, 1900, 1901, 1902, steht noch aus. Ich lege Vollmacht von meiner Frau Katharina, geb. Spindler, errichtet von Notar Will in Langfelden am 3. April 1900 vor und bewillige eigenen Namens und Namens meiner Frau die Eintragung einer Sicherungshypothek auf das Grundstück für obigen Betrag nach Massgabe des für die Einschreibung des Kaufpreisprivilegs errichteten Bordereau, das ich zu den Akten gebe. Gegen die beantragte Eintragung einer Vormerkung habe ich nichts zu erinnern.* *Unterz.: Sendinger. Beck.* *Die Urkunden liegen vor; Bordereau geht zu den Akten.* *Es wird Eintragung angeordnet* *1. der Eheleute Beck als Eigentümer von Pl.Nr. 13.* *2. der Sicherungshypothek zu Gunsten des Sendinger.* *3. der Vormerkung zu Gunsten des Sendinger.*
	etc. etc.

Formular XXIV: Protokoll über die Verhandlungen im Termine.

Vorläufiges Grundbuchblatt Nr. ..... **Steuergemeinde** *Kleinassenheim.* S. 475. Formular XXV.

Besitzerliste Nr.
Protokoll Nr.

Formular XXV: Vorläufiges Grundbuchblatt.

Vorläufiges Grundbuchblatt Nr. *238.* **Steuergemeinde** *Kleinassenheim.* S. 477. Formular XXVa.

Besitzerliste Nr. *812.*
Protokoll Nr. *49.*

Walter Friedrich, der Junge, Ackerer und Ehefrau Elisabetha, geb. Allmannsberger, Kleinassenheim, in Fahrnisgemeinschaft.

Abteilung I

1.	*Pl.Nr 17*	*0,068 ha*	*Haus Nr. 18 in der grossen Strasse mit Hof und Schuppen.*
2.	*Pl.Nr 18, 18 1/2, 19*	*0,357 ha*	*Garten in der grossen Strasse.*
3.	*Pl.Nr 295*	*0,495 ha*	*Weinberg im Ungeheuer.*
4.	*Pl.Nr 1716*	*1,859 ha*	*Wiese in den Thalwiesen.*
5.	*Pl.Nr 1816, 1817, 1818*	*2,735 ha*	*Wald am frischen Eck.*

Abteilung II

1.	*1*	*Wohnungsrecht an den beiden Stuben des Obergeschosses rechts des Flurs für Theobald Walter, Vorbehaltsmann, Kleinassenheim, mit Rang vom 18. Februar 1895.*
2.	*3*	*Vormerkung zur Sicherung des Anspruchs auf Rückübertragung des Eigentums für Jakob Hinterberger, Gastwirt in Kleinassenheim, mit Rang vom 12. September 1896.*

Abteilung III

1	*3*	*Sicherungshypothek an Pl.Nr. 295 mit Rang vom 12. September 1896 wegen Restkaufpreisforderung von 1756 M zu 4 % für Jakob Hinterberger, Gastwirt in Kleinassenheim laut Eintr.-Bew. vom 26. Mai 1899.*
2	*1. 2. 3. 4. 5*	*Sicherungshypothek an Pl.Nr. 17, 18, 18 1/2, 19, 295, 1716, 1816, 1817, 1818 mit Rang vom 30. Mai 1897 wegen Darlehensforderung von 10000 M. zu 3 1/2 % für Abraham Reinthaler, Privatmann in Langfelden laut Eintr.-Bew. vom 17. Oktober 1899.*

Geprüft.
Langfelden, den *2. September 1900.*
K. Amtsgericht.
Finkenberger, Amtsrichter.

Formular XXVa: Beispiel.

S. 479. (Titelblatt.)

Formular XXVI. K. Amtsgericht *Langfelden.* Steuergemeinde *Kleinassenheim.*

Verzeichnis

der in die vorläufigen Grundbuchblätter als Berechtigte eingetragenen Personen.

Formular XXVI: Register zu den vorläufigen Grundbuchblättern.

S. 480. (Innenseite.)

1.	*Albrecht Karl Friedrich II*	*Dreher*	*Grossassenheim*	*16. 324.*
2.	*Baumann Franz der Junge*	*Wirt*	*Kleinassenheim*	*27. 484. 542.*
3.	*Casselmann Theodor*	*Gutsbesitzer*	„	*29.*
4.	*Dietrich Albert*	*Kaufmann*	„	*12. 25. 36. 49. 52. 133. 136. 139. 348. 547.*
5.	*Eckert Nikolaus*	*Ackerer*	„	*103.*

S. 481.

Formular XXVII.

Anlegung des Grundbuchs in der Steuergemeinde *Kleinassenheim.*

Die vorläufigen Grundbuchblätter für die Steuergemeinde *Kleinassenheim* liegen in der Zeit vom *26. August* bis zum *10. September 1901* auf dem Bürgermeisteramte zu *Kleinassenheim* zur Einsichtnahme auf.

Zur Anbringung von Einwendungen gegen die Einträge ist Termin anberaumt auf *Freitag,* den *11. September 1901* vormittags *9* Uhr *im Gemeindehause* zu *Kleinassenheim.*

Langfelden, den *13. August 1901.*

K. Amtsgericht.
Finkenberger, Amtsrichter.

Formular XXVII: Bekanntmachung über die Auflegung der vorläufigen Grundbuchblätter.

Anlegung des Grundbuchs in der Steuergemeinde *Kleinassenheim.* S. 483. Formular XXVIII.

In dem Verfahren zur Anlegung des Grundbuchs in der Steuergemeinde *Kleinassenheim* ist das Ermittelungsverfahren über die an den Grundstücken des Gemeindebezirks bestehenden Rechte beendigt.

Alle Personen, welche Rechte an einem Grundstücke des Gemeindebezirks glauben geltend machen zu können, die Anmeldung aber bisher unterlassen haben, werden aufgefordert, ihre Rechte innerhalb einer Ausschlußfrist von 3 Monaten bei dem Amtsgerichte schriftlich oder mündlich unter Beifügung der urkundlichen Belege anzumelden. Rechte, die innerhalb dieser Frist nicht angemeldet werden, treten im Range hinter die angemeldeten Rechte zurück. Ein Recht, das in den letzten zehn Tagen vor dem Ablaufe der Frist begründet wird, kann binnen zehn Tagen nach dem Ablaufe der Frist mit der gleichen Wirkung angemeldet werden, als wenn die Anmeldung während der Frist erfolgt wäre. Grunddienstbarkeiten brauchen nicht angemeldet zu werden.

Die Ausschlußfrist beginnt am *1. Juli 1901* und endigt am *30. September 1901.*

Langfelden, den *12. Juni 1901.*

K. Amtsgericht.

Finkenberger, Amtsrichter.

Formular XXVIII: Bekanntmachung der Ausschlußfrist.

(1. Seite.) S. 485. Formular XXIX.

Grundbuchblatt 118.

		Bei der Anlegung des Grundbuchs eingetragen:	
	Waltenberger	*Heinrich, Bahnarbeiter in Neidenfels, s. Grundbuch für Frankenach-Neidenfels A Bd. I, 13.*	

(2. Seite.) S. 486.

Formular XXIX: Schutzblatt.

S. 487.

(Titelblatt.)

Grundbuch

für die Steuergemeinde

Kleinassenheim.

Band I.

Das Grundbuch ist seit dem heutigen Tage als angelegt anzusehen.

Langfelden, den *1. März 1902.*

K. Amtsgericht.
Finkenberger, Amtsrichter.

Formular XXX: Grundbuch.

S. 488.

(Die 2. Seite ist leer.)

(3. Seite.)

Grundbuchblatt Nr. 36.

		Bei der Anlegung des Grundbuchs eingetragen:	
1.	Walter	Friedrich der Junge, Ackerer in Kleinassenheim. Finkenberger.	Gelöscht s. Nr. 2.
		oder:	
1.	Waltenberger	Emanuel, Güterhändler in Langfelden. Finkenberger.	
		oder:	
1.	Adt	Friedrich, Fuhrmann und Ackerer in Grossassenheim. Finkenberger.	
		oder:	
1.	Walter	Elisabeth, geborene Allmannsberger, Ehefrau des Ackerers Friedrich W. in Kleinassenheim, in Fahrnisgemeinschaft. Finkenberger.	
		Bei der Anlegung des Grundbuchs Nr. 1 gelöscht und eingetragen:	
2.	1. Walter	Friedrich, Sohn von Friedrich, Bäckermeister in Kleinassenheim,	
	2. Hirtenbacher	Elisabeth, geborene Walter, Ehefrau des Hufschmieds Johann Jakob Hirtenbacher in Grossassenheim, in Errungenschaftsgemeinschaft,	
	3. Walter	Franz Karl, Bahnbediensteter in Langfelden,	
	4. Walter	Elisabeth, geborene Allmannsberger, Witwe des Friedrich Walter des Jungen, Ackerers in Kleinassenheim. Nr. 1, 2, 3, 4 in aufgehobener Gütergemeinschaft des alten Rechtes. Nr. 1, 2, 3 in Erbengemeinschaft des alten Rechtes als Miteigentümer zu je 1/3 der Hälfte, Nr. 4 Miteigentümerin zur Hälfte. Finkenberger.	

S. 489.

S. 490.

36

(4. Seite.)

Abteilung I.

		Bei der Anlegung des Grundbuchs eingetragen:	
1.	Pl.Nr. 1797	Acker im Langfeld zu 0,451 ha laut registrierten Privatkaufakts vom 17. Mai 1867.	Gelöscht s. Nr. 13
2.	Pl.Nr. 2173	Acker auf der Platte zu 0,354 ha laut Kaufurkunde des Notars Ballbach in Langfelden vom 18. Juni 1875.	
3.	Pl.Nr. 1725	Wiese in den Thalwiesen obere Gewann zu 1,231 ha, zufolge Testaments vor Notar Obermeier in Hollfeld vom 25. September 1873, erworben am 19. August 1879.	
4.	Pl.Nr. 131	Wohnhaus Nr. 135 in der hinteren Langgasse in Kleinassenheim mit Stall und Hofraum zu 0,092 ha durch Erbgang erworben am 19. Mai 1880.	
5.	Pl.Nr. 132	Garten und Baumstück ebenda zu 0,446 ha erworben mit Nr. 4.	
6.	Pl.Nr. 1936	Wald am oberen Heidelbeerkopf zu 1,36 ha laut Teilungsversteigerung des Notars Ballbach in Langfelden vom 27. Juni 1885.	
7.	Pl.Nr. 1937		
8.	Pl.Nr. 1938		
9.	Pl.Nr. 1518	Acker am unteren Thorweg zu 0,264 ha laut Schenkungsurkunde des Notars Obermeier in Hollfeld vom 13. Januar 1898. Der Eigentümer hat das Recht, über Pl.Nr. 1519 zu fahren.	s. Bd. II, 98 Abt. II Nr. 4 Widerspruch s. Nr. 10.
10.	—	Widerspruch gegen den Eintrag des Eigentums an Pl.Nr. 1518 für Karl Anton Friedheimer, Kaufmann in Kleinassenheim.	

(Fortsetzung auf nächster Seite.)

S. 490 u. 491.

11.	*Pl.Nr. 7856*	*Erbbaurecht an dem auf Pl.Nr. 7856 stehenden Wohnhaus Nr. 39 in der Kreuzgasse zu Kleinassenheim laut Urkunde des Notars Maybacher in Kleinlegelbach vom 22. März 1893.*	*s. Bd. I, 13 Abt. II Nr 2.*
12.	*Pl.Nr. 9859*	*Vererbliches und veräusserliches Recht an dem ersten Obergeschosse des auf Pl.Nr. 9859 erbauten Wohnhauses Nr. 23 in der Krautgasse zu Kleinassenheim. Dem Inhaber des Rechtes steht das Recht zu, den Hausflur und die Treppe zu allen Zwecken zu benutzen, die sich aus seinem Nutzungsrecht an dem Obergeschoss ergeben, laut Urkunde des Notars Maybacher in Kleinlegelbach vom 27. Mai 1895. Erwerbspreis 2105 M. Finkenberger.*	*s. Bd. II, 134 Abt. II Nr. 1.*
		Bei der Anlegung des Grundbuchs eingetragen:	
13.	—	*Nr. 1, Pl.Nr. 1797, gelöscht wegen Verkaufs. Finkenberger.*	
		Bei der Anlegung des Grundbuchs eingetragen:	
14.	*Pl.Nr. 2819*	*Weinberg im Ungeheuer zu 0,163 ha laut Kaufurkunde des Notars Will in Hollfeld vom 29. Dezember 1900. Finkenberger.*	

(5. Seite.)

36

Abteilung I.

S. 492.

36

(6. Seite.)

Abteilung II.

		Bei der Anlegung des Grundbuchs eingetragen:	
1.	*4*	*Wohnungsrecht in Pl.Nr. 131 mit Rang vom 2. Juni 1880 für Nikolaus Walter, Vorbehaltsmann in Kleinassenheim, laut Eintragungsbewilligung vom 18. Januar 1901. GBA. Nr. 137.*	
		Finkenberger.	
		Bei der Anlegung des Grundbuchs eingetragen:	*s. Abt. III Nr. 4.*
2.	*14*	*Vormerkung zur Sicherung des Anspruchs auf Rückübertragung des Eigentums an Pl.Nr. 2819 und des Anspruchs auf Übertragung des Eigentums an den Ersteher bei der vertragsmässigen Versteigerung für den Verkäufer Ferdinand Schalkmann, Weingutsbesitzer in Idigberg, mit Rang vom 30. Dezember 1900.*	
		Finkenberger.	

S. 493.

(7. Seite.)

36

Abteilung III.

		Bei der Anlegung des Grundbuchs eingetragen:			
1 / I	1. 2. 3. 4. 5. 6. 7. 8. 9.	Sicherungshypothek an Pl.Nr. 1797, 2173, 1725, 131, 132, 1936, 1937, 1938, 1518 mit Rang vom 29. März 1898 wegen Darlehensforderung von zwölftausend fünfhundert Mark, verzinslich zu fünf vom Hundert für Gottfried Mindersberger, Privatmann von Niederarnheim, laut Eintragungsbewilligung vom 17. Mai 1901. GBA. Nr. 28. Mitverpfändet sind die Grundstücke Nr. 3, 4, 5 von Grundbuchblatt I, 38.	12500	—	Widerspruch Nr. 2 — Abtretung Nr. 5. Pfandentlassung Nr. 5.
2	1. 2. 3. 4. 5. 6. 7. 8. 9.	Widerspruch des Eigentümers gegen die Höhe der Forderung in Nr. 1, soweit sie den Betrag von 10500 M. übersteigt.			Pfandentlastung Nr. 5.
3		Von der Forderung Nr. 1 zweitausend Mark mit Zinsen zu fünf vom Hundert seit dem 1. Mai 1899 abgetreten an Jonathan Rosenfeld, Handelsmann in Oberbergen, laut Eintragsbewilligung vom 13. Juni 1901. GBA. Nr. 69 Finkenberger.			

(Fortsetzung auf nächster Seite.)

S. 493 u. 494.

		Bei der Anlegung des Grundbuchs eingetragen:			
4 II	14	Sicherungshypothek an Pl.Nr. 2819 mit Rang vom 30 Dezember 1900 wegen Kaufpreisrestforderung von zweitausend Mark, verzinslich zu viereinhalb vom Hundert, für den in Abteilung II Nr. 2 bezeichneten Verkäufer laut Eintragsbewilligung vom 25. August 1902. GBA. Nr. 177. Finkenberger.	2000	—	s. Abt. II, Nr 2.
		Bei der Anlegung des Grundbuchs eingetragen:			
5		In Nr. 1 Pl.Nr. 1797 aus der Pfandhaftung entlassen am 2. Januar 1902 Finkenberger.			

(8. Seite.)

36

Abteilung III.

(Titelblatt.) S. 495.

Sachregister

zum Grundbuche der Steuergemeinde

Kleinassenheim.

Formular XXXI: Sachregister.

(Innenseite.) S. 496.

Der Grundstücke			Grundbuchblatt	Bemerkungen
Plan-nummer	Flächen-inhalt	Lage und Bebauungsart		
1985	*0,102 ha*	*Wohnhaus mit Hofraum und Schuppen am alten Weg*	*I, 17—II, 110.*	
1986	*0,893 ha*	*Acker am alten Weg*	*II, 139.*	
1986 1/2	*0,893 ha*	*Acker am alten Weg*	*I, 78.*	
1987	*0,589 ha*	*Acker am alten Weg*	*II, 191.*	*Nr. 1987 1/2 s. S. 199.*
1988	*1,131 ha*	*Wiese am Wasserhang*	*I, 58.*	

S. 497. (Titelblatt)

Personenregister
zum Grundbuche der Steuergemeinde
Kleinassenheim.

Formular XXXII: Personenregister.

S. 498. (Innenseite.)

Der Eigentümer		Grundbuch-blatt	Bemerkungen
Zu- und Vorname, Stand	Wohnort		
Abel *Friedrich Wilhelm, Fuhrmann*	*Kleinassenheim*	*I, 13*	
Achmann *Karl Theodor, Weingutsbesitzer*	„	*I, 15*	
Adelmann *Albert, Gutsbesitzer und Wirt*	*Grossassenheim*	*II, 113*	
Adelmann *Albert, Gutsbesitzer und Wirt*	„	*II, 117*	*Gemeinschaftliches Blatt.*
Ast *Friederike, geb. Kühlmann, Ehefrau des Ackerers Franz Ast*	*Hollfeld*	*III, 217*	
Aktienbrauerei Hollfeld	„	*II, 99*	
Abt *Johann Jakob, Vorbehaltsmann*	*Kleinassenheim*	*III, 216*	

(Titelblatt.) S. 499.

K. Amtsgericht *Langfelden*. Steuergemeinde *Kleinassenheim*.

Verzeichnis
der nicht in das Grundbuch eingetragenen Grundstücke.

Formular XXXIII: Verzeichnis der nicht eingetragenen Grundstücke.

(Innenseite.) S. 500.

Lauf. Nr.	Des Grundstücks			Im Flurbuch als Besitzer bezeichnete Person	Grund der unterbliebenen Eintragung
	Pl.Nr.	Flächeninhalt	Lage und Bebauungsart		
1	*2589*	*1,726 ha*	*Wiese am triefenden Hang*	*Karl Franz Willenbücher*	*Eigentum streitig*
~~*2*~~	~~*3796*~~	~~*0,341 ha*~~	~~*Acker in den Gärten*~~	~~*Maria Frühauf, geb. Weiss, Ehefrau des Spenglers Adam Frühauf, Kleinassenheim*~~	~~*Teilung anhängig*~~ *nachträglich eingetragen Bd. II, 117*
3	*1317 1/2*	*0,421 ha*	*Acker am grünen Eck*	*Karl Furtner, Wagner, Hollfeld*	*Konkurs*
4	*12167*	*0,537 ha*	*Acker in der langen Gewann*	*Bartholomäus Seidenbacher, Bäckermeister, Grossassenheim*	*Zwangsversteigerung*

S. 501. (1. Seite.)

Anlegung des Grundbuchs in der Steuergemeinde *Kleinassenheim*.

Formular XXXIV. Nach einer Verfügung des K. Staatsministeriums der Justiz vom *14. Januar 1902* ist das Grundbuch für die Steuergemeinde *Kleinassenheim*

vom *ersten März 1902* an

als angelegt anzusehen.

Von der Anlegung des Grundbuchs sind folgende Grundstücke ausgenommen:

1. Pl.Nr. 1705, Acker im alten Bannwalde zu 0,539 ha
2 Pl.Nr. 3956, Wiese im Entenfeld zu 1,258 ha

....

....

....

2c.

Formular XXXIV: Bekanntmachung über die Beendigung des Anlegungsverfahrens.

S. 502. (2. Seite.)

Alle Personen, welche seit dem Ablaufe der Ausschlußfrist (1. Oktober 1901) Rechte an einem der nicht ausgenommenen Grundstücke erworben haben oder bis zum Ablaufe des *28. Februar 1902* noch erwerben, werden aufgefordert, die Rechte bis zum Ablaufe des *28. Februar 1902* bei dem Gerichte schriftlich oder mündlich anzumelden. Rechte, die bis zu diesem Zeitpunkte nicht angemeldet sind, treten im Range hinter die angemeldeten Rechte zurück. Grunddienstbarkeiten brauchen nicht angemeldet zu werden.

Langfelden, den *10. Februar 1902.*

K. Amtsgericht
Finkenberger
Amtsrichter.

(1. Seite.) S. 503.

Anlegung des Grundbuchs in der Steuergemeinde *Kleinassenheim.*

Nach einer Verfügung des K. Staatsministeriums der Justiz vom *26. Mai 1902* ist das Grundbuch für die nachbezeichneten Grundstücke der Steuergemeinde *Kleinassenheim* Formular XXXV.

vom *1. Juli 1902* an

für angelegt anzusehen.

1. Grundstücke des Ackerers Friedrich Wagner in Kleinassenheim:
Pl.Nr. 819, Acker im Boll zu 0,758 ha
Pl.Nr. 1725, Wiese in den Bachwiesen zu 0,985 ha
Pl.Nr. 8543, Weinberg am Sommerberg zu 0,314 ha

2. Grundstücke des Gastwirts Theobald Welker in Grossassenheim:
Pl.Nr. 36, Wohnhaus Nr. 17 in der Hauptstrasse in Kleinassenheim mit Hof und Schuppen zu 0,046 ha
Pl.Nr. 37, Pflanzgarten allda zu 0,585 ha

3. Pl.Nr. 2589, Acker am Platteneck zu 0,896 ha, dem Fuhrmann Franz Brunner in Kleinassenheim gehörend

4. Pl.Nr. 1701, Acker im alten Bannwalde zu 0,539 ha, dem Kaufmann Heinrich Metzner in Kleinassenheim gehörend

5. Pl.Nr. 3956, Wiese im Entenfeld zu 1,258 ha, der Barbara Kettenring, geb. Mohr, Ehefrau des Hufschmieds Kettenring in Grossassenheim, gehörend

Formular XXXV: Bekanntmachung über die nachträgliche Anlegung des Grundbuchs.

S. 504.

(2. Seite.)

Alle Personen, welche seit dem Ablaufe der Ausschlußfrist *(1. Oktober 1901)* Rechte an einem der oben bezeichneten Grundstücke erworben haben oder bis zum *30. Juni 1902* noch erwerben, werden aufgefordert, die Rechte bis zum Ablauf des *30. Juni 1902* bei dem Gerichte schriftlich oder mündlich anzumelden. Rechte, die bis zu diesem Zeitpunkte nicht angemeldet werden, treten im Range hinter die angemeldeten Rechte zurück. Grunddienstbarkeiten brauchen nicht angemeldet werden.

Langfelden, den *5. Juni 1902.*

K. Amtsgericht (Grundbuchamt).

Finkenberger,
Amtsrichter.

S. 505. **Inhaltsübersicht der Grundbuchanlegungsordnung.**

Nr. 21662. 18. S. 507.

Bekanntmachung des Kgl. Staatsministeriums der Finanzen, die Anlegung des Grundbuchs in den Landestheilen rechts des Rheins und in der Pfalz betr., vom 21. Oktober 1898.

(Finanzministerialblatt Nr. 27 vom 27. Oktober 1898 S. 507, 508.)

Bei der Anlegung des Grundbuchs wird in den Landestheilen rechts des Rheins und in der Pfalz in der Regel als Eigenthümer eingetragen, wer im Grundsteuerkataster (Flurbuch) als Besitzer bezeichnet ist, wenn er das Eigenthum glaubhaft macht (§ 12 der k. Verordnung vom 23. Juli 1898, die Anlegung des Grundbuchs in den Landestheilen rechts des Rheins betr., § 13 der k. Verordnung vom 28. August 1898, die Anlegung des || Grund- S. 508.
buches in der Pfalz betr., Ges.- u. V.-Bl. S. 493, 561). Wer das Eigenthum an einem Grundstücke beansprucht, hat daher außer dem Erwerbsnachweise auch einen berichtigten Auszug aus dem Grundsteuerkataster vorzulegen (§ 45 Abs. 4 der Geschäftsanweisung für die Anlegungsbeamten vom 1. Oktober 1898, Justiz-Min.-Bl. S. 532, Fin.-Min.-Bl. S. 443; § 12 der k. Verordnung vom 28. August 1898). Hienach haben die Betheiligten vor der Geltendmachung ihrer Eigenthumsansprüche für die Berichtigung der in ihrem Besitze befindlichen Auszüge aus dem Grundsteuerkataster zu sorgen und, falls sie einen solchen Auszug über ihren Grundbesitz nicht haben, diesen sich zu verschaffen. Dies ist in der Nr. 61 der Grundbuchanlegungsordnung für die Pfalz vom 14. September 1898 (Justiz-Min.-Bl. S. 295) auch ausdrücklich ausgesprochen.

Auch die Anlegungsbeamten und Anlegungskommissäre im diesseitigen Bayern und die Amtsgerichte in der Pfalz haben, wenn ihnen im Anlegungsverfahren Auszüge aus dem Grundsteuerkataster vorgelegt werden, die nicht richtig gestellt sind, von Amtswegen die Berichtigung zu veranlassen und, wenn von dem Betheiligten ein Katasterauszug nicht vorgelegt werden kann, von Amtswegen einen solchen Auszug zu erholen.

Im Einverständnisse mit dem k. Staatsministerium der Justiz werden die k. Rentämter in den Landestheilen rechts des Rheins und in der Pfalz angewiesen, den durch die Anlegung des Grundbuches veranlaßten Ersuchen von Gerichten und Privaten um Ertheilung von Auszügen aus dem Grundsteuerkataster und um Berichtigung (Evidentstellung) solcher Auszüge mit thunlichster Beschleunigung zu entsprechen.

Die Ersuchen sind gemäß Art. 12 des Gesetzes vom 18. Juni 1898, die Vorbereitung der Anlegung des Grundbuchs in den Landestheilen rechts des Rheins betr., und Art. 32 des Gesetzes vom 1. Juli 1898 über das Liegenschaftsrecht in der Pfalz gebührenfrei zu behandeln und zu erledigen.

München, den 21. Oktober 1898.

Dr. Frhr. von Riedel.

Kolibri 360 GmbH
Ferdinand-Jühlke-Straße 7
99095 Erfurt, Deutschland
produktsicherheit@kolibri360.de